कला के सामाजिक उद्गम

गिओर्गी प्लेखानोव की दो महत्त्वपूर्ण कृतियाँ

कला के सामाजिक उद्‌गम

गिओर्गी प्लेखानोव

अनुवाद

विश्वनाथ मिश्र

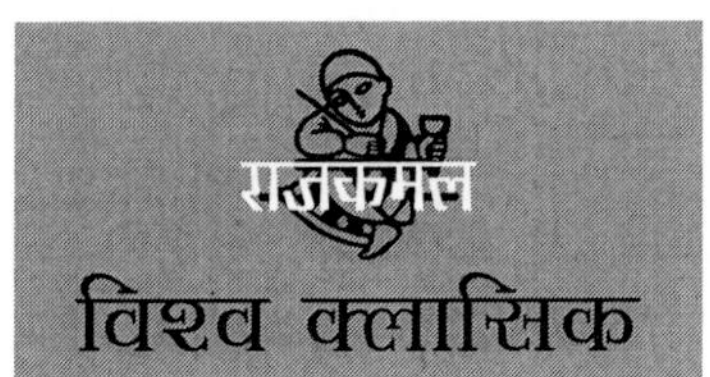

ISBN : 978-81-267-0739-3

मूल्य : ₹250

पहला संस्करण : 2003

This book is printed on **Print on Demand** Technology : 2025

प्रकाशक : राजकमल प्रकाशन प्रा. लि.
1-बी, नेताजी सुभाष मार्ग, दरियागंज
नई दिल्ली-110 002

शाखाएँ : अशोक राजपथ, साइंस कॉलेज के सामने, पटना-800 006
पहली मंजिल, दरबारी बिल्डिंग, महात्मा गांधी मार्ग, प्रयागराज-211 001
1, अनमोल सोराबजी सन्तुक लेन, धोबी तलाव, मरीन लाइंस, मुम्बई-400 002

वेबसाइट : www.rajkamalprakashan.com
ई-मेल : info@rajkamalprakashan.com

चयन रामबाबू

संयोजन हरीश आनन्द

KALA KE SAMAJIK UDGAM
(Unaddressed Letters & Art and Social Life) by Georgi Plekhanov
Translated *by* Vishwanath Mishra

कला के सामाजिक उद्‌गम

अनुक्रम

मार्क्सवादी सौन्दर्यशास्त्र के प्रथम सिद्धान्तकार : प्लेखानोव

मार्क्सवादी दर्शन के इतिहास की कल्पना गिओर्गी वलेन्तिनोविच प्लेखानोव के बिना नहीं की जा सकती। रूस का सामाजिक-जनवादी मजदूर आन्दोलन प्लेखानोव के बिना सम्भव ही नहीं हुआ होता। उन्हें "रूसी मार्क्सवाद का संस्थापक" भी कहा जाता है। उन्होंने रूस में मार्क्सवाद के प्रचारक, भाष्यकार और व्याख्याकार की ही भूमिका नहीं निभायी, बल्कि एक मौलिक चिन्तक के रूप में मार्क्सवादी दर्शन को विकसित भी किया। इस तथ्य से भी कम ही लोग परिचित होंगे कि मार्क्स की विचारधारा को द्वन्द्वात्मक भौतिकवाद नाम प्लेखानोव ने ही दिया था।

बाद के दौर में उनके तमाम विचलनों, मेन्शेविकों के करीब चले जाने और मध्यमार्गी अवस्थिति अपनाने के बावजूद लेनिन ने उनके अवदानों का ऊँचा मूल्यांकन किया और वह कहते थे कि प्लेखानोव को पढ़े बिना कोई मार्क्सवादी नहीं बन सकता।

प्लेखानोव से पहले मार्क्सवादी चिन्तन का केन्द्र यूरोप था। प्लेखानोव के समय ही रूस इसका नया केन्द्र बना। द्वन्द्वात्मक और ऐतिहासिक भौतिकवाद पर लिखी उनकी बेजोड़ पुस्तकों ने मार्क्सवादी चिन्तन को समृद्ध किया और मार्क्सवादी क्रान्तिकारियों की कई पीढ़ियों को प्रशिक्षित किया।

दर्शन और राजनीति विषयक कृतियों के अलावा प्लेखानोव ने ही सबसे पहले मार्क्सवादी नजरिये से साहित्य और सौन्दर्यशास्त्र की समस्याओं पर सुसंगत ढंग से विचार किया। मार्क्स-एंगेल्स ने कला-साहित्य पर अलग से कुछ नहीं लिखा। उनके लेखन में कला का कोई सुव्यवस्थित सिद्धान्त नहीं मिलता। लेकिन इन दोनों महान विचारकों की सौन्दर्यशास्त्र और कला में शुरू से ही गहरी रुचि थी जो जीवनपर्यन्त बनी रही और इनसे जुड़े प्रश्नों पर *ग्रुण्ड्रिस्से, पूँजी* और अन्य कृतियों तथा पत्रों में की गई संक्षिप्त चर्चाएँ एक मार्क्सवादी सौन्दर्यशास्त्र विकसित करने के अनेक प्रयासों का आधार बनती रही हैं। मार्क्स-एंगेल्स ने ऐतिहासिक भौतिकवादी नजरिये से आर्थिक-राजनीतिक समस्याओं के विश्लेषण के साथ-साथ कलात्मक-सांस्कृतिक

अधिरचना को भी देखा जिसके सूत्र उनके लेखन में जगह-जगह बिखरे हैं। इन सूत्रों को समेटकर सामाजिक जीवन से कला के अन्तर्सम्बन्धों पर, कला के सामाजिक स्रोतों पर, वर्ग समाज में कला की भूमिका पर और पूँजीवादी समाज में कला के पराभव पर मार्क्सवादी अवस्थिति को जिस व्यक्ति ने सबसे पहले सूत्रबद्ध किया वह प्लेखानोव ही थे। कहा जा सकता है कि मार्क्सवादी सौन्दर्यशास्त्र ने एक व्यवस्थित रूप में प्लेखानोव की कृतियों में ही शक्ल ली। उन्हें कला-साहित्य की मार्क्सवादी वैचारिकी के सूत्रधार के रूप में देखा जा सकता है। मार्क्स-एंगेल्स ने कला को देखने का एक नजरिया दिया, कुछ सूत्र दिये; उन्हें एक फ्रेमवर्क में व्यवस्थित करने, सुसंगत-सांगोपांग स्वरूप देने का काम सर्वप्रथम प्लेखानोव ने किया। *टॉम बॉटमोर* के शब्दों में, *"साहित्य के वर्ग-विश्लेषण की कुंजीभूत अवधारणा–वर्ग समतुल्यों की अवधारणा–मार्क्स या एंगेल्स ने नहीं बल्कि प्लेखानोव ने दी थी जिन्हें मेहरिंग के साथ प्रथम मार्क्सवादी साहित्यिक सिद्धान्तकारों में से एक माना जा सकता है।"*

रूस के लिपेत्स्की ओब्लास्त (उपप्रान्त) के गुदालोव्का गाँव में एक छोटे जागीरदार के परिवार में 29 नवम्बर 1856 को जन्मे प्लेखानोव की आरम्भिक शिक्षा वोरोनेझ के सैन्य जिमनेजियम में हुई। 1873 में वह सेण्ट पीटर्सबर्ग चले गये और 1874 में सेण्ट पीटर्सबर्ग खनन संस्थान में दाखिला लिया जहाँ से उन्हें 1876 में क्रान्तिकारी आन्दोलन में भाग लेने के कारण निकाल दिया गया। 1875 में ही वह क्रान्तिकारी आन्दोलन में सक्रिय हो गये थे और क्रान्तिकारी नरोदवादी (लोकवादी) तथा "जनता के पास जाओ" आन्दोलनों में हिस्सा लेने लगे थे।

प्लेखानोव ने सेण्ट पीटर्सबर्ग में मजदूरों के बीच काम करते हुए जमीनी प्रचार कार्य का अनुभव हासिल किया। 1876 में उन्होंने सेण्ट पीटर्सबर्ग में कजान कैथेड्रल के सामने हुए ऐतिहासिक प्रदर्शन में शिरकत की और जारशाही के खिलाफ भाषण दिया। 'जमीन और आजादी' नाम के नरोदवादी संगठन के 1879 में विभाजित हो जाने के बाद प्लेखानोव 'ब्लैक रिपार्टीशन' नाम के नरोदवादी ग्रुप के नेताओं में से एक बने। जारशाही की राजनीतिक पुलिस उनके पीछे पड़ी हुई थी और गिरफ्तारी से बचने के लिए उन्हें जनवरी 1880 में देश छोड़ना पड़ा और तब से लेकर 1917 की फरवरी क्रान्ति तक वह स्विट्ज़रलैण्ड, इटली, फ्रांस और अन्य पश्चिमी यूरोपीय देशों में निर्वासन में रहे।

निर्वासन के दौरान अनेक कारणों ने प्लेखानोव के चिन्तन में उथल-पुथल मचा दी और वह नरोदवादी विचारधारा के दृढ़ आलोचक बन गये। इनमें सबसे बड़ा कारण था रूस में पूँजीवाद का तेजी से हुआ विकास और इसके साथ-साथ मजदूर आन्दोलन

का विस्तार। साथ ही, नरोदवाद सिद्धान्त और व्यवहार, दोनों स्तरों पर संकटग्रस्त हो रहा था। मजदूरों के बीच काम करने के प्लेखानोव के निजी अनुभवों और पश्चिमी यूरोप के मजदूर आन्दोलन के इतिहास से परिचय तथा मार्क्स-एंगेल्स की कृतियों के अध्ययन ने भी इनके चिन्तन को बदलने में अहम भूमिका निभायी। 1882-83 में प्लेखानोव मार्क्सवादी विश्वदृष्टि को अपना चुके थे और उन्होंने रूस में प्रभावी नरोदवादी विचारधारा की प्रखर आलोचना शुरू कर दी। 1883 में उन्होंने जिनेवा में पहले रूसी मार्क्सवादी संगठन--श्रम मुक्ति दल की नींव डाली और इसका कार्यक्रम तैयार किया। इसके सदस्यों में पी.बी. अक्सेलरोद, वेरा जासुलिच, एल.जी. द्यूस और वी.एन. इग्नातोव शामिल थे। इस ग्रुप के सदस्यों ने मार्क्स और एंगेल्स की कई प्रतियों का रूसी में अनुवाद कर प्रकाशित किया। निर्वासन के दौरान 1882 में प्लेखानोव ने 'कम्युनिस्ट घोषणापत्र' का रूसी अनुवाद किया जिसकी भूमिका मार्क्स-एंगेल्स ने लिखी थी। यह घोषणापत्र का पहला प्रामाणिक रूसी अनुवाद था क्योंकि 1869 में अराजकतावादी विचारक बाकुनिन द्वारा किये अनुवाद में काफी गलतियाँ थीं। उन्होंने 'लुडविग फायरबाख और क्लासिकी जर्मन दर्शन का अन्त', 'फायरबाख पर थीसिस' तथा 'पवित्र परिवार' के कुछ अंशों का भी अनुवाद किया। 'समाजवाद और राजनीतिक संघर्ष' (1883), 'हमारे मतभेद' (1885) और 'क्रान्तिकारी आन्दोलन में रूसी मजदूर' (1895) जैसी अपनी कृतियों से प्लेखानोव ने नरोदवादी विचारधारा पर करारी चोट की। लेनिन के अनुसार, प्लेखानोव की कृति 'इतिहास के एकतत्त्ववादी दृष्टिकोण के विकास के बारे में' (1895) ने रूसी मार्क्सवादियों की पूरी एक पीढ़ी तैयार करने में मदद की।

पश्चिमी यूरोप के मजदूर आन्दोलन के अनेक प्रतिनिधियों के साथ प्लेखानोव के घनिष्ठ सम्बन्ध थे। 1889 में दूसरे इण्टरनेशनल की स्थापना के समय से ही वह उसमें सक्रिय थे। इसी दौरान उनकी एंगेल्स से मुलाकात हुई जो मित्रता में बदल गई। एंगेल्स ने प्लेखानोव की आरम्भिक मार्क्सवादी कृतियों की सराहना की और पहले रूसी मार्क्सवादी ग्रुप की गतिविधियों को अपना पूरा समर्थन दिया। रूस में 1880 के दशक में जो विभिन्न मार्क्सवादी मण्डल बने, उन पर प्लेखानोव के नेतृत्व वाले श्रम मुक्ति दल का खासा प्रभाव था। जैसा कि लेनिन ने लिखा है, प्लेखानोव के ग्रुप ने सामाजिक-जनवादी मजदूर आन्दोलन की सैद्धान्तिक बुनियाद रखी और मजदूर वर्गीय आन्दोलन की ओर पहला कदम बढ़ाया।

1890 के पूरे दशक में चोरी से रूस लाये जाने वाले श्रम मुक्ति दल के पर्चों-पुस्तिकाओं ने देश में मार्क्सवादी क्रान्तिकारियों की अच्छी-खासी संख्या तैयार की। श्रम मुक्ति दल द्वारा अनूदित तथा वितरित की गयी मार्क्सवादी कृतियों के मार्गदर्शन में रूस में मजदूर यूनियनों की गतिविधियों में आये उभार के फलस्वरूप

1898 में रूसी सामाजिक-जनवादी मजदूर पार्टी का गठन हुआ।

वर्ष 1895 की शुरुआत में प्लेखानोव से लेनिन की पहली मुलाकात हुई। और उन्होंने श्रम मुक्ति दल तथा रूस ने मार्क्सवादी संगठनों के बीच सम्बन्ध स्थापित करने पर सहमति बनाई। प्लेखानोव उदारवादी नरोदवादियों, "कानूनी मार्क्सवाद" और अर्थवाद के विरुद्ध वैचारिक संघर्ष तथा बर्नस्टीन के अवसरवाद का भण्डाफोड़ करने में लेनिन के साथ शामिल हो गये। नरोदवाद के विरुद्ध संघर्ष में प्लेखानोव ने क्रान्ति के लिए केवल रूसी किसानों पर भरोसा करने तथा आतंकवादी तौर-तरीकों की कमियाँ उजागर कीं और समाजवादी क्रान्ति के लिए मजदूर वर्ग को संगठित करने पर बल दिया।

इस दौरान लेनिन प्लेखानोव के सबसे प्रखर समर्थकों में थे। 1900 में लेनिन द्वारा शुरू किये गये *इस्क्रा* अखबार में प्लेखानोव नियमित रूप से लिखते थे और बर्नस्टीन जैसे अवसरवादियों पर उन्होंने मिलकर प्रहार किया। सामाजिक-जनवादी मजदूर पार्टी की 1903 में हुई दूसरी कांग्रेस में प्लेखानोव ने अवसरवादियों के विरुद्ध संघर्ष तथा मार्क्सवादी उसूलों की हिफाजत में लेनिन का साथ दिया। बोल्शेविकों और मेन्शेविकों के बीच पार्टी के विभाजन के बाद उन्होंने बीच की अवस्थिति अपनाई और दोनों गुटों की एकता की कोशिश करते रहे। लेकिन क्रान्ति की रणनीति और रणकौशल सम्बन्धी सवालों पर बोल्शेविकों के साथ उनके मतभेद बढ़ते गये।

वर्ष 1903 से 1917 के बीच प्लेखानोव की राजनीतिक गतिविधियों और उनकी विश्व दृष्टि के बीच बुनियादी अन्तरविरोध उभर आये। एक ओर वह रूस में समाजवादी क्रान्ति के लेनिनवादी रास्ते का विरोध कर रहे थे, दूसरी ओर दार्शनिक के रूप में प्लेखानोव एक जुझारू भौतिकवादी और बुर्जुआ प्रत्ययवादी दर्शन के विरुद्ध संघर्ष करने वाले अग्रणी मार्क्सवादी थे। इसी दौरान उन्होंने कला और सौन्दर्यशास्त्र सम्बन्धी कई महत्त्वपूर्ण कृतियाँ भी लिखीं। प्लेखानोव के राजनीतिक विचारों में विचलन का प्रभाव इन कृतियों में भी कई जगह दिखाई देता है, फिर भी उनका महत्त्व कम नहीं हुआ है।

लेनिन के शब्दों में, प्लेखानोव एक "प्रखर सिद्धान्तकार थे जिन्होंने अवसरवाद, बर्नस्टीनवाद तथा मार्क्सवाद विरोधी दार्शनिकों के विरुद्ध संघर्ष में महत्त्वपूर्ण योगदान किया। वह एक ऐसे व्यक्ति थे जिनकी 1903-07 के दौर की रणकौशलात्मक भूलों ने 1908-12 के कठिन दिनों के दौरान 'भूमिगत आन्दोलन' की सराहना करने और इसके शत्रुओं तथा विरोधियों का भण्डाफोड़ करने से उन्हें नहीं रोका।" फरवरी क्रान्ति के बाद रूस लौटने पर प्लेखानोव ने अस्थायी सरकार तथा उसकी युद्ध नीति का समर्थन किया और समाजवादी क्रान्ति के लेनिनवादी रास्ते की मुखालफत जारी रखी। वह अक्टूबर क्रान्ति के विरोधी थे लेकिन उन्होंने प्रतिक्रान्ति का समर्थन करने से

इंकार कर दिया।

अक्टूबर क्रान्ति सफल होने के कुछ महीने बाद ही 30 मई, 1918 को लेनिनग्राद ओब्लास्त के तेरिओकी में प्लेखानोव का निधन हो गया। उन्हें पेत्रोग्राद में दफनाया गया।

प्लेखानोव में काम करने की असाधारण क्षमता थी। दर्शन और राजनीतिक विषयों के अलावा उन्होंने इतिहास, अर्थशास्त्र, समाजशास्त्र, नृतत्त्वशास्त्र, सौन्दर्यशास्त्र, धर्म और नास्तिकता के क्षेत्र में भी गहन शोध किया। अपने साथ प्लेखानोव के लम्बे मतभेदों और उनके कई विचलनों के बावजूद लेनिन उनकी कृतियों को अत्यन्त महत्त्वपूर्ण मानते थे। युवा कम्युनिस्टों को उनकी सलाह थी : "प्लेखानोव की सभी दार्शनिक कृतियों का अध्ययन—और मेरा मतलब है *अध्ययन*—किये बिना आप एक *वास्तविक*, बुद्धिमान कम्युनिस्ट बनने की उम्मीद नहीं कर सकते, क्योंकि दुनिया में कहीं भी मार्क्सवाद पर इससे बेहतर कुछ नहीं लिखा गया है।" 1883 से 1903 के बीच लिखी प्लेखानोव की कृतियों *(भौतिकवाद के इतिहास पर निबन्ध, इतिहास के एकतत्त्ववादी दृष्टिकोण के विकास के बारे में, इतिहास की भौतिकवादी अवधारणा, इतिहास में व्यक्ति की भूमिका, हेगेल के निधन की 60वीं वर्षगाँठ पर* और *एन.जी. चेर्नीशेव्स्की)* को पढ़ने पर वह विशेष जोर देते थे।

कला-साहित्य-संस्कृति के प्रश्नों पर प्लेखानोव की कृतियों में सर्वोपरि और सर्वाधिक महत्त्वपूर्ण हैं *'असम्बोधित पत्र'* और *'कला और सामाजिक जीवन'*। इसके अलावा उन्होंने हर्ज़ेन, चेर्नीशेव्स्की, बेलिंस्की और दोब्रोल्यूबोव के कला सम्बन्धी विचारों पर, फ्रेंच नाटक और चित्रकला पर तथा बुर्जुआ कला पर अपने लेखों और टिप्पणियों में ऐतिहासिक भौतिकवादी दृष्टि से कला की विभिन्न समस्याओं का प्रखर और विचारोत्तेजक विश्लेषण प्रस्तुत किया।

कला-सिद्धान्त और साहित्यालोचना के मार्क्सवादी आधार की प्लेखानोव की तलाश नरोदवादियों और "डिकेडेण्ट"* कवियों के विचारों के विरुद्ध, मनोगतवाद के तमाम रूपों के विरुद्ध संघर्ष से शुरू हुई। यथार्थवादी साहित्य के लिए उनका लम्बा संघर्ष सौन्दर्यशास्त्र सम्बन्धी उनके विचारों की विशिष्टता है। अपने कला सिद्धान्त

---

* *डिकेडेण्ट* : 19वीं शताब्दी के उत्तरार्द्ध में फ्रांस तथा इंग्लैण्ड के प्रतीकवादी कवियों का ग्रुप। उनका लक्ष्य हर तरह के नैतिक और सामाजिक दायित्वों से मुक्त साहित्य का सृजन था। फ्रांस में उन्होंने 1886 से 1889 तक *La Decadent* नाम से एक पत्रिका भी निकाली। इस आन्दोलन से जुड़े कवियों में फ्रांस के बिम्बो, वर्लेन और मलार्मे तथा इंग्लैण्ड के आर्थर साइमंस, आस्कर वाइल्ड और अर्नेस्ट डाउसन शामिल थे।

के भौतिकवादी आधार की जमीन पर खड़े होकर उन्होंने कलात्मक यथार्थवाद की लगातार हिफाजत की। भौतिकवादी सौन्दर्यशास्त्र की परम्परा की हिफाजत करते और उसे विकसित करते हुए प्लेखानोव का मानना था कि यथार्थ की प्रामाणिक प्रस्तुति कला का मुख्य मानदण्ड और इसका प्रमुख गुण है। वह लगातार इस बात पर बल देते रहे कि यथार्थ ही कला का मुख्य स्रोत है।

कलात्मक सृजन को वस्तुगत जगत से स्वतंत्र मानने वाले और कला को मानवात्मा की अन्तर्भूत अभिव्यक्ति बताने वाले प्रत्ययवादी सौन्दर्यशास्त्रियों के विपरीत प्लेखानोव ने दर्शाया कि कला की जड़ें वास्तविक जीवन में होती हैं और यह सामाजिक जीवन से ही निःसृत होती हैं।

प्लेखानोव ने बेलिंस्की, चेर्नीशेव्स्की, हर्ज़न और दोब्रोल्यूबोव के क्रान्तिकारी-जनवादी विचारों को सौन्दर्यशास्त्र के क्षेत्र में मार्क्सवाद से पूर्व के सर्वोन्नत विचारों के रूप में स्वीकार किया और इस विरासत को आगे बढ़ाया। कला और साहित्य की एक वैज्ञानिक, मार्क्सवादी समझ विकसित करने का प्रयास उनकी सभी कृतियों की विशिष्टता है।

प्लेखानोव के लेखन का एक अत्यन्त महत्त्वपूर्ण पक्ष आलोचना को वैज्ञानिक बनाने, साहित्य सम्बन्धी निर्णयों के लिए सुदृढ़ सैद्धान्तिक आधार तलाशने की दिशा में उनके प्रयास हैं। कला-सिद्धान्त और आलोचनात्मक निर्णय का यह आधार प्लेखानोव को मार्क्सवादी विश्वदृष्टि में मिला। कला सम्बन्धी अपनी शुरुआती कृतियों में से एक में उन्होंने यह विश्वास व्यक्त किया है कि कला और आलोचना के सिद्धान्त का भावी विकास अब केवल मार्क्सवादी आधार पर ही सम्भव है। उन्होंने कहा, "मुझे पूरा विश्वास है कि आलोचना (ज्यादा सटीक रूप में, सौन्दर्य का वैज्ञानिक सिद्धान्त) अब तभी आगे विकसित हो सकती है जब वह इतिहास की भौतिकवादी अवधारणा पर आधारित हो।"

कला और साहित्य पर प्लेखानोव की ज्यादातर कृतियों का मुख्य उद्देश्य कला और इसकी सामाजिक भूमिका को भौतिकवादी दृष्टि से प्रमाणित करना था। इन कृतियों में *'बेलिंस्की की साहित्यिक दृष्टि'* (1897), *'चेर्निशेव्स्की का सौन्दर्यशास्त्रीय सिद्धान्त'* (1897), *'असम्बोधित पत्र'* (1899-1900), *'अठारहवीं सदी के फ्रेंच नाटक और चित्रकला पर समाजशास्त्रीय दृष्टिकोण से एक नजर'* (1905) तथा *'कला और सामाजिक जीवन'* (1912) प्रमुख हैं।

असम्बोधित पत्र में प्लेखानोव ने मनुष्य की वैचारिक गतिविधियों से भिन्न कला की विशिष्ट प्रकृति का विस्तार से विश्लेषण किया है। उनका कहना है कि विज्ञान सामाजिक जीवन का संज्ञान अमूर्त धारणाओं के रूप में करता है जबकि कला उस बिन्दु से शुरू होती है जहाँ छाया-प्रभाव, विचार और अनुभूतियाँ बिम्बों में अभिव्यक्ति

पाते हैं। यही कला की विशिष्ट प्रकृति है। प्लेखानोव पुनर्प्रस्तुति या चित्रण (Representation) को कला का आवश्यक विशिष्ट गुण मानते थे। इस प्रश्न पर उन्होंने क्लासिकीय सौन्दर्यशास्त्र की परम्परा को प्रस्थानबिन्दु माना। कला को बिम्बों में जीवन की पुनर्प्रस्तुति के रूप में परिभाषित करते हुए वह काफी हद तक बेलिंस्की और चेर्नीशेव्स्की के सौन्दर्यशास्त्र की कुछ प्रस्थापनाओं को विकसित करते हैं। लेकिन यह सोचना गलत होगा कि प्लेखानोव महज पहले कही गयी बातों को ही दोहरा रहे थे। उस समय कला की चित्रणवादी प्रकृति पर बल एक महत्त्वपूर्ण आवश्यकता थी। एक ओर रूस में शुल्यातिकोव जैसे भौंडे समाजशास्त्रियों के विरुद्ध संघर्ष के लिए प्लेखानोव इस पर बल दे रहे थे, जो साहित्य और प्रचार सामग्री के अन्तर को ही अनदेखा करते थे। दूसरी ओर 19वीं शताब्दी के अन्त और 20वीं शताब्दी के शुरू में प्लेखानोव "कला, कला के लिए" के उस अभियान को देख रहे थे जो न सिर्फ यथार्थवादी साहित्य के सामान्य वैचारिक सिद्धान्तों के विरुद्ध था बल्कि इसके कलात्मक सिद्धान्तों का भी विरोध करता था। उन्होंने कलात्मक बिम्ब को रूपवाद और रहस्यवाद की निर्जीव अमूर्तता के विभिन्न रूपों में छिन्न-भिन्न किये जाने की प्रवृत्ति को पहचाना और इसकी कड़ी आलोचना की।

कला की विशिष्ट प्रकृति, यथार्थ की बिम्बों में पुनर्प्रस्तुति के प्रश्न पर प्लेखानोव के विचार आज भी महत्त्वपूर्ण हैं। कला की चित्रणवादी प्रकृति को प्लेखानोव से बहुत पहले क्लासिकी सौन्दर्यशास्त्र में स्थापित किया गया था। लेकिन विभिन्न दौरों में कलात्मक बिम्ब की समस्या के नये आयाम उद्घाटित हुए हैं, यह अधिक जटिल हुई है और तीखे विवादों का विषय बनती रही है। प्लेखानोव ने न केवल कला की विशिष्ट प्रकृति पर क्लासिकी सौन्दर्यशास्त्र के विचारों की ओर ध्यान दिलाया बल्कि उन्होंने इस बात को भी देख लिया था कि बुर्जुआ पतनशील कला की विभिन्न किस्मों के विरुद्ध यथार्थवाद के लिए संघर्ष के हित में कलात्मक बिम्ब की समस्या को हल करना अत्यन्त महत्त्वपूर्ण है।

प्लेखानोव ने मानकीय सौन्दर्यशास्त्र में "सुन्दरता" के निरपेक्ष मानदण्ड को खारिज किया। अपनी कृति *कला और सामाजिक जीवन* में वह लुनाचार्स्की से मतभेद स्पष्ट करते हुए कहते हैं कि कला का कोई भी निरपेक्ष मानदण्ड नहीं है और न ही हो सकता है क्योंकि लोगों की सौन्दर्य की धारणा हमेशा एक-सी नहीं रहती बल्कि ऐतिहासिक विकास के क्रम में बदलती रहती है। लेकिन अगर सौन्दर्य का कोई निरपेक्ष मानदण्ड नहीं होता तो इसका अर्थ यह नहीं कि कोई वस्तुगत कलात्मक मानदण्ड ही नहीं होता। प्लेखानोव के अनुसार, वस्तुगत कलात्मक मानदण्ड रूप और अन्तर्वस्तु की संगति में निहित होता है। वह कहते हैं कि किसी कलाकृति का रूप इसमें व्यक्त विचार के जितना ही अधिक अनुरूप होगा वह कृति उतनी ही सफल होगी। यह एक

वस्तुगत मानदण्ड है। *असम्बोधित पत्र* में भी वह अपनी इस प्रस्थापना पर बल देते हैं। प्लेखानोव के अनुसार कलात्मक सृजन के सभी नियम "अन्ततः इस नियम के अधीन होते हैं : *रूप अन्तर्वस्तु से मेल खाना चाहिए*... यह नियम कला की सभी शाखाओं के लिए महत्त्वपूर्ण है।"

प्लेखानोव ने सिद्ध किया कि विभिन्न सामाजिक समूहों के लोगों की कलात्मक अभिरुचियों के उद्‌गम और विकास का सम्बन्ध सामाजिक जीवन की दशाओं से होता है। उन्होंने अत्यन्त विश्वसनीय ढंग से उन सिद्धान्तों की गलती उजागर की जिनके अनुसार सौन्दर्यबोध का सम्बन्ध मुख्यतः मनुष्य की जैविक विशिष्टताओं से है। उन्होंने कहा कि जीवविज्ञान इस प्रश्न का उत्तर नहीं दे सकता कि हमारी कलात्मक अभिरुचियाँ कैसे पैदा हुईं; इनके ऐतिहासिक विकास की व्याख्या करने में तो वह और भी कम समर्थ है। *असम्बोधित पत्र* में वह कहते हैं, "*मानव-प्रकृति* के कारण मनुष्य में कलात्मक अभिरुचियाँ और धारणाएँ *हो सकती हैं।* लेकिन *इस सम्भावना के वास्तविकता* में रूपान्तरण का निर्धारण *उसके इर्द-गिर्द की दशाएँ* करती हैं। इन्हीं से तय होता है कि किसी सामाजिक मनुष्य (यानी किसी समाज, जन या वर्ग) की कोई विशिष्ट सौन्दर्यात्मक अभिरुचि और अवधारणा ही क्यों होती है, कोई दूसरी क्यों नहीं होती।"

कला के उद्‌गम और विकास में सामाजिक और जैविक कारकों की भूमिका पर प्लेखानोव के विचारों में कुछ ऐसे तत्त्व भी हैं जिन्हें स्वीकार नहीं किया जा सकता। खासकर, बाद के दौर में उन्होंने कई जगह जैविक कारणों पर अत्यधिक जोर दिया है। *कला और सामाजिक जीवन* में वह कहते हैं, "किसी भी समाज या सामाजिक वर्ग में सौन्दर्य के प्रचलित आदर्श की जड़ें अंशतः मानवजाति के विकास की जैविक दशाओं में होती हैं...और अंशतः उन ऐतिहासिक दशाओं में होती हैं जिनके अन्तर्गत वह समाज या वर्ग विकसित हुआ होता है।" प्लेखानोव का यह कथन भ्रम पैदा करने वाला है क्योंकि यह जैविक और ऐतिहासिक कारकों को एक ही पलड़े पर रखता है। कई लेखकों ने इसी प्रश्न पर प्लेखानोव के अन्य कथनों को दरकिनार कर इसके महत्त्व को बढ़ा-चढ़ाकर प्रस्तुत किया है। लेकिन अगर हम प्लेखानोव के सौन्दर्यशास्त्र सम्बन्धी विचारों को समग्रता में लें तो यह स्पष्ट हो जाता है कि वह जैविक कारक को निर्णायक महत्त्व नहीं देते और मनुष्य के सौन्दर्यबोध की सामाजिक प्रकृति के विचार को ही पुष्ट करते हैं। साथ ही हमें यह भी याद रखना होगा कि प्लेखानोव ने अपने उन भौंडे समाजशास्त्रीय आलोचकों का पुरजोर खण्डन किया जो इस बात से ही इंकार करते थे कि रंग, स्वर, लय-ताल, स्थान, अनुपात आदि के मनुष्य के बोध की विशिष्टताओं का कला में कोई महत्त्व है।

प्लेखानोव ने कला के आदिम रूपों का बहुत गहराई से अध्ययन किया। इसका

महत्त्व स्पष्ट करते हुए वह कहते हैं कि आदिम कला के नमूने लोगों के श्रम से कला के रिश्तों को और इसकी सामाजिक प्रकति को अत्यन्त स्पष्टता से प्रकट करते हैं। वह मुख्यतः आखेटक कबीलों की कलाकृतियों पर ध्यान देते हैं जिनके यहाँ उत्पादक शक्तियों का विकास पशुपालक तथा खेतिहर कबीलों की तुलना में बहुत कम हुआ था। इससे कला के उद्गमों की खोज-बीन सम्भव हो जाती है क्योंकि लोगों के श्रम और रोजमर्रा के जीवन से इसके रिश्ते बिल्कुल स्पष्ट दीखते हैं। प्लेखानोव के शब्दों में, "यहाँ जीवन अपने सरलतम रूप में हमारे सामने उपस्थित होता है और अपने रहस्य और भी आसानी से खोलकर रख देता है।"

प्लेखानोव के अनुसार रेखांकन और नृत्य जैसी कलात्मक विधाओं का मूलतः एक उपयोगितावादी उद्देश्य था या वे उत्पादन की क्रियाओं से सीधे जुड़ी हुई थीं। जैसे, किसी नदी के किनारे बने मछली के रेखांकन से उस नदी में पाई जाने वाली मछलियों का पता चलता था, आदिम मनुष्य का नृत्य किसी उत्पादन प्रक्रिया की पुनर्प्रस्तुति होता था और शारीरिक अभ्यास का काम करता था, गीत-संगीत की लय श्रमकार्य को आसान बनाती थी, आदि। आदिम समाज में कलात्मक सृजन के विशद् अध्ययन से प्लेखानोव यह निष्कर्ष प्रस्तुत करते हैं कि उत्पादक कार्य कला से पहले अस्तित्व में आया। आम तौर पर, मनुष्य ने वस्तुओं और परिघटनाओं को पहले उपयोगितावादी दृष्टि से देखा, और बाद में जाकर ही उसने सौन्दर्यात्मक दृष्टि से उन्हें देखना शुरू किया।

कला के उद्गम के अध्ययन के आधार पर उन्होंने वैज्ञानिक सौन्दर्यशास्त्र के ऐतिहासिक भौतिकवादी सिद्धान्त विकसित करने का प्रयास किया। प्रचुर उदाहरणों की मदद से उन्होंने इन सिद्धान्तों को गलत सिद्ध किया कि कला मनुष्य की उत्पादक गतिविधि के पहले से विद्यमान है। स्पेंसर और अन्स्र्ट ग्रॉस जैसे विद्वानों के तर्कों को काटते हुए उन्होंने दर्शाया कि आदिम समाज में कला प्रत्यक्षतः मानवीय श्रम से अनुकूलित होती थी। प्लेखानोव अर्थशास्त्री कार्ल ब्यूशर की इस बात से सहमत थे कि विकास की आरम्भिक अवस्थाओं में कार्य, संगीत और कविता एक-दूसरे से जुड़े हुए थे। लेकिन उन्होंने स्पष्ट किया कि इस त्रयी में मुख्य तत्त्व कार्य ही था और संगीत एवं कविता का स्थान उसके बाद था।

असम्बोधित पत्र में प्लेखानोव ने आदिम जनों की कला के विभिन्न उदाहरणों के जरिये दर्शाया कि कला का अर्थव्यवस्था के साथ एक घनिष्ठ कार्य-कारण सम्बन्ध होता है। इस दृष्टिकोण से उन्होंने आदिम समाज में नृत्य की व्याख्या श्रम (जैसे आखेट) के आनन्द को फिर से महसूस करने के रूप में और संगीत की व्याख्या (लय के जरिये) श्रम के सहायक होने के रूप में की। लेकिन श्रम, खेल और कला के सामान्य सम्बन्ध की विस्तार से और बहुतेरे उदाहरणों सहित चर्चा करते हुए उन्होंने

बताया कि भौतिक जीवन की आवश्यकताओं में कला का एक उपयोगितावादी स्रोत अवश्य है परन्तु सौन्दर्यात्मक रसास्वादन अपने आप में एक आनन्दपूर्ण गतिविधि बन जाता है। प्लेखानोव के अनुसार, आदिम स्तर पर अर्थव्यवस्था सीधे कला को प्रभावित करती है लेकिन बाद में यह प्रभाव केवल अप्रत्यक्ष रूप में ही होता है, वर्ग विभाजनों और वर्ग प्रभुत्व के जरिये।

प्लेखानोव द्वारा कला की प्रकृति की भौतिकवादी व्याख्या ने उस समय एक महत्त्वपूर्ण उद्देश्य को पूरा किया। जिस दृढ़ता के साथ और जिस सुसंगत ढंग से उन्होंने इस विचार को आगे बढ़ाया कि कला सामाजिक दशाओं से अनुकूलित होती है उसने क्रान्तिकारी विचार के रास्ते से प्रत्ययवाद और हर किस्म के भौंडे विचारों को समाप्त करने में अहम भूमिका निभाई। साहित्य के प्रति भौतिकवादी नजरिये को विकृत किये जाने के प्रयासों का प्लेखानोव ने हमेशा ही कड़ा प्रतिवाद किया। उन्होंने तथाकथित आर्थिक भौतिकवादियों के अति सरलीकृत विचारों की अवैज्ञानिक प्रकृति को उजागर किया, जो अपने भौंडे विचारों से मार्क्सवादी सौन्दर्यशास्त्र को बदनाम करते थे।

आदिम जनों की कला के अध्ययन से कला के उद्‌गम सम्बन्धी प्रश्नों का उत्तर देने में तो मदद मिलती है, लेकिन मानव समाज की उच्चतर मंजिलों में इसके विकास के नियमों को समझने के लिए यह सामग्री मुहैया नहीं कराता। अपने जन्म के समय कला सीधे अर्थव्यवस्था से जुड़ी होती है, पर बाद की अवस्थाओं में यह सम्बन्ध अत्यन्त जटिल रूप में अभिव्यक्त होता है। भौंडी समाजशास्त्रीय दृष्टि से कला के इतिहास को देखनेवाले आदिम काल में उत्पादन और आर्थिक प्रणाली से कला के प्रत्यक्ष सम्बन्ध को उत्तरवर्ती दौरों की कला पर भी लागू करने की कोशिश करते थे। प्लेखानोव ने इस यांत्रिक दृष्टिकोण को खारिज किया। वह कहते हैं, “आदिम, कमोबेश साम्यवादी समाज में, कला आर्थिक दशाओं और उत्पादक शक्तियों की स्थिति से प्रत्यक्षतः प्रभावित होती है। पर सभ्य समाज में ललित कलाओं का विकास समाज में *वर्गों के संघर्ष* से निर्धारित होता है।”

समाज के भौतिक मूलाधार और कला के बीच सम्बन्धों की जटिलताओं की ओर ध्यान खींचकर प्लेखानोव ने मनुष्य की एक विशिष्ट प्रकार की आत्मिक गतिविधि के रूप में कला की प्रकृति को उजागर किया। सौन्दर्यशास्त्र की प्रत्ययवादी चिन्तन प्रणालियों के विपरीत उनका मानना था कि सामाजिक सम्बन्ध ही कला के विकास की मुख्य चालक शक्ति होते हैं। साहित्य में किसी धारा के उभरने या लुप्त हो जाने तथा विभिन्न धाराओं के द्वन्द्व और टकराव के कारणों की तलाश प्लेखानोव ने सामाजिक जीवन में, विभिन्न वर्गों की स्थिति में और उन सामाजिक सम्बन्धों में की जो अपने समय में कला की प्रकृति को निर्धारित करते हैं।

प्लेखानोव ने नरोदवादियों और मार्क्सवाद के अन्य विरोधियों पर तीखा प्रहार

किया जो कहते थे कि मार्क्सवाद कला के जटिल और जीवन्त विकास को अति सरलीकृत और रूढ़ योजनाबद्ध ढंग से देखता है तथा विचारों, कलात्मक परम्पराओं आदि की भूमिका और प्रभावों को अनदेखा करता है। प्लेखानोव के अनुसार, सामाजिक जीवन से कला का सम्बन्ध अत्यन्त विविध रूपों में प्रकट होता है और प्रायः अप्रत्यक्ष होता है। उन्होंने मनोविज्ञान, राजनीति, दर्शन और नैतिक मूल्यों जैसे सामाजिक जीवन के पहलुओं की भूमिका स्पष्ट करने का प्रयास किया जो कला से सीधे जुड़े होते हैं।

आर्थिक भौतिकवादियों के यांत्रिक विचारों के बिपरीत प्लेखानोव ने दर्शाया कि मनुष्य जाति के राजनीतिक और आत्मिक जीवन के सभी पहलुओं का, सांस्कृतिक परम्पराओं का तथा विभिन्न देशों और कालों की कलात्मक रचनाओं का कला के विकास में क्या महत्त्व होता है। ऐतिहासिक दशाओं के कारण सामाजिक जीवन के इन पहलुओं में से किसी एक का प्रभाव प्रायः सामने आ जाता है। कला पर व्याख्यानों के लिए अपने नोट्स में प्लेखानोव लिखते हैं, "सामाजिक विकास के किन्हीं अवसरों पर, राजनीतिक कारक का साहित्य पर प्रभाव आर्थिक कारक से बढ़कर होता है। उदाहरण के लिए, उन्नीसवीं शताब्दी में (पुनर्स्थापन काल में)। मूल में तो अर्थव्यवस्था रहती ही है, लेकिन कभी-कभी यह अपना प्रभाव राजनीति के जरिये नहीं, बल्कि उदाहरण के लिए, दर्शन के जरिये डालती है। यह इस बात पर निर्भर करता है कि किसी निश्चित आर्थिक मूलाधार पर *किस किस्म* के सामाजिक सम्बन्ध विकसित हुए हैं, लेकिन ऐसा लगता है कि यह इस तथ्य पर भी निर्भर करता है कि, किसी कारणवश, ये कारक कभी तो एक-दूसरे को कमजोर ढंग से प्रभावित करते हैं और कभी उनका प्रभाव काफी अधिक होता है।"

प्लेखानोव ने कला की सक्रिय भूमिका को उजागर करने का प्रयास किया और इस बात पर बल दिया कि केवल मार्क्सवादी सौन्दर्यशास्त्र ही इस प्रश्न का वास्तविक वैज्ञानिक समाधान प्रस्तुत करता है। सौन्दर्यशास्त्र सम्बन्धी प्लेखानोव के विचारों को कई बार एकपक्षीय ढंग से प्रस्तुत किया जाता है और उनके इस वक्तव्य का ही उल्लेख किया जाता है कि कला सामाजिक स्थितियों से अनुकूलित होती है और मूलाधार पर निर्भर करती है। उनकी उन प्रस्थापनाओं पर कहीं कम ध्यान दिया गया है जिनमें प्लेखानोव इस अनुकूलन की ऐतिहासिक विशिष्टताओं, कला और सामाजिक जीवन की परस्पर अन्तर्क्रिया और इसके ऐतिहासिक विकास की विशिष्ट प्रकृति की चर्चा करते हैं।

नरोदवादी और मार्क्सवाद के अन्य विरोधी कहते थे कि मार्क्सवादी दृष्टिकोण कला को एक निष्क्रिय और नियतिबद्ध भूमिका में देखता है जो पूरी तरह मूलाधार की गति से पूर्व-निर्धारित होती है और सामाजिक जीवन पर इसके सक्रिय प्रभाव को

नकारता है। प्लेखानोव ने लगातार इन आरोपों को गलत सिद्ध किया और कला के संज्ञानात्मक महत्त्व तथा यथार्थ के रूपान्तरण में इसकी भूमिका को उजागर किया। उन्होंने प्रकृतवादी कला-सिद्धान्तों का विरोध किया जो कला के कार्य को महज जीवन के निष्क्रिय परावर्तन तक सीमित कर देते थे। प्लेखानोव ने "शुद्ध परावर्तन", यानी चिन्तन तथा यथार्थ के संज्ञान के अन्य तरीकों से कला को पृथक करने के दृष्टिकोण को स्वीकार नहीं किया।

प्लेखानोव ने इस धारणा का भी विरोध किया कि एक सामाजिक व्यवस्था का स्थान दूसरी सामाजिक व्यवस्था द्वारा ले लिये जाने पर एक किस्म की कला का स्थान दूसरे किस्म की कला अपने आप ही ले लेती है। उन्होंने विस्तृत उदाहरणों सहित यह दर्शाया कि सामाजिक परिवर्तन के दौरान होनेवाली उथल-पुथल से गहरे रूप में प्रभावित होने के बावजूद साहित्य और कला में निरन्तरता और सापेक्षिक स्वतंत्रता होती है और उनके विकास के अपने विशिष्ट नियम होते हैं। अनेक कलात्मक परिघटनाएँ उन्हें जन्म देने वाले युग के बीत जाने के बाद भी मौजूद रहती हैं और लोगों की नई पीढ़ियों की चेतना को प्रभावित करती रहती हैं। हालाँकि स्वयं प्लेखानोव कुछ अवसरों पर अपने इस दृष्टिकोण से भटकते दिखाई देते हैं। उदाहरण के लिए, उनकी इस राय से सहमत नहीं हुआ जा सकता कि अलेक्सान्द्र पुश्किन की कृतियाँ आधुनिक पाठक, मजदूर वर्ग के लिए पुरानी पड़ चुकी हैं। लेकिन कुल मिलाकर प्लेखानोव की कृतियों में यह बात उभरती है कि मार्क्सवाद अतीत की प्रगतिशील विरासत का ऊँचा मूल्यांकन करता है और नई कला को समग्र कलात्मक विकास की तार्किक निरन्तरता के रूप में देखता है।

असम्बोधित पत्र में प्लेखानोव ने एच. ताइने, सेण्ट-बोव, एफ. ब्रूनेतिएर और जी. लैंसन जैसे कला-इतिहासज्ञों और सौन्दर्यशास्त्रियों के विचारों का विस्तार से विश्लेषण किया है। सौन्दर्यात्मक विकास सम्बन्धी ताइने के विचारों का आकलन करते हुए वह एन्टीथीसिस के सिद्धान्त के उसके अध्ययन का विशेष उल्लेख करते हैं। लेकिन कला के विकास का विश्लेषण करते हुए प्लेखानोव कभी-कभी ताइने के प्रति अनालोचनात्मक रुख अपनाते हैं जिसने कला के नियमों को मानव प्रकृति के दो परस्पर विरोधी गुणों—"अनुकरण" की प्रवृत्ति और "खण्डन" करने की प्रवृत्ति तक सीमित कर दिया। ताइने के अनुसार "अनुकरण" और "खण्डन" की इच्छा मानव प्रकृति में अन्तर्निहित होती है, और इन्हीं जैविक गुणों के कारण लय और सममिति (symmetry) का बोध पैदा होता है। लेकिन प्लेखानोव के अनुसार "अनुकरण" और "खण्डन" के चरित्र और उनकी ठोस अन्तर्वस्तु का निर्धारण ऐतिहासिक शक्तियों द्वारा होता है। अनुकरण और खण्डन के नियमों और साथ ही साथ उनके आपसी सम्बन्ध को प्लेखानोव इंग्लैण्ड के समाज में बदलावों के साथ शेक्सपियर के नाटकों

के प्रति बदलते रुख के उदाहरण से दर्शाते हैं। कला में एण्टीथीसिस के नियम की चर्चा प्लेखानोव ने इतिहास की भौतिकवादी धारणा पर अपने व्याख्यानों में भी की है। उस वक्त प्रचलित हुई "अश्रुपूरित कॉमेडी" नाटकों की नई शैली की व्याख्या एण्टीथीसिस के रूप में पेश करते हुए वह इसे साहित्य और थिएटर में नैतिक पतन के विरुद्ध "प्रतिक्रिया" बताते हैं।

प्लेखानोव ने थीसिस और एण्टीथीसिस के नियम को साहित्य और क़ला के विकास के मुख्य नियम के तौर पर स्वीकार किया जिससे सहमत नहीं हुआ जा सकता। यह कुछ खास मामलों में द्वन्द्वात्मक गति के एक उदाहरण के रूप में सामने आता है और इसे कलात्मक विकास का सामान्य नियम मानने का कोई आधार नहीं है। लेकिन आम तौर पर प्लेखानोव कला को मार्क्सवादी दृष्टिकोण से देखते हुए इसे सर्वप्रथम और सर्वोपरि रूप से सामाजिक इतिहास की एक परिघटना मानते हैं। अनुकरण के नियम का केवल जैविक आधार पर अध्ययन करने वाले जी. टार्ड जैसे सौन्दर्यशास्त्रियों की आलोचना करते हुए उन्होंने दिखाया कि अनुकरण की मनुष्य की नैसर्गिक इच्छा किन्हीं विशिष्ट सामाजिक स्थितियों और सम्बन्धों में ही अभिव्यक्त होती है। फिर भी प्लेखानोव कई अवसरों पर थीसिस और एण्टीथीसिस के सिद्धान्त को साहित्य और कला के विकास के मूलभूत नियम के रूप में पेश करते हैं, और ऐसा वे केवल आदिम जनों की आदिम कला के सन्दर्भ में ही नहीं बल्कि आधुनिक युग के विकसित कलात्मक सृजन के सम्बन्ध में भी करते हैं। निस्सन्देह ऐसी गलत धारणाएँ प्लेखानोव के बुनियादी रूप से सही वैज्ञानिक भौतिकवादी विचारों से टकराती हैं।

प्लेखानोव ने इस मार्क्सवादी विचार को आगे बढ़ाया कि किसी युग के साहित्यिक विकास के अन्तरविरोध हमेशा ही सामाजिक अन्तरविरोधों तथा वर्गों की दृष्टियों, अवस्थितियों और संघर्षों को अभिव्यक्त करते हैं। उन्होंने साहित्यिक परिघटनाओं के ठोस ऐतिहासिक विश्लेषण के जरिये इस विचार को विकसित किया।

साहित्य के ऐतिहासिक विकास के नियमों पर प्लेखानोव की विचार-प्रणाली महज अनुकरण और खण्डन के सिद्धान्त तक ही सीमित नहीं है। यह उल्लेखनीय है कि इतिहास सम्बन्धी अपनी कृतियों में उन्होंने इस सिद्धान्त की शायद ही कहीं चर्चा की हो। हालाँकि कुछ लेखकों ने कला के विकास पर प्लेखानोव के अन्य, अधिक महत्त्वपूर्ण विचारों की उपेक्षा कर उनकी इस प्रस्थापना पर ही जोर दिया है लेकिन इससे प्लेखानोव के कला-सिद्धान्त का मूल्यांकन करना कतई उचित नहीं है।

प्लेखानोव ने इस धारणा को पुष्ट किया कि किसी भी जन के साहित्य और कला का उसके इतिहास, वर्गों के संघर्ष, उनके दृष्टिकोण और मनोविज्ञान के साथ घनिष्ठ सम्बन्ध होता है। मार्क्स और एंगेल्स के बाद प्लेखानोव ने इस विचार की दृढ़ता से

हिफाजत की कि कला और साहित्य का विकास समाज के अग्रवर्ती विकास पर निर्भर होता है। हालाँकि कला और समाज के अन्तर्सम्बन्धों को लेकर उनके विचार एक हद तक भौंडे भौतिकवाद के शिकार हैं। लेकिन यहाँ इस बात को ध्यान में रखना होगा कि प्लेखानोव का कला सम्बन्धी अधिकांश लेखन प्रत्यक्षवाद और प्रत्ययवाद की बुर्जुआ धाराओं के विरुद्ध तीखे संघर्ष के दौरान लिखा गया और इस वजह से भी उनके तर्कों में एक हद तक एकांगीपन आ सकता है। बहरहाल, इन कमियों और विचलनों के बावजूद प्लेखानोव के कला-सिद्धान्त की मुख्य अन्तर्वस्तु कलात्मक सृजन के विकास की ऐतिहासिक प्रकृति और इसके वर्गीय आधारों को स्पष्ट करना है। साहित्य और कला के विकास की ऐतिहासिक पद्धति का विरोध करने वाले विभिन्न विचारों के विरुद्ध प्लेखानोव की विरासत अत्यन्त मूल्यवान है।

'कला, कला के लिए' के विचार की प्लेखानोव ने तीखी आलोचना की। उन्होंने दर्शाया कि यह विचार उन्हीं दौरों में उभरकर आता है जब लेखक और कलाकार अपने इर्द-गिर्द की सामाजिक दशाओं से कट जाते हैं। उन्होंने कहा कि यह विचार हमेशा ही प्रतिक्रियावादी शासक वर्गों की सेवा करता है। लेकिन जब समाज में वर्ग संघर्ष तीखा होता है तो शासक वर्ग और उसके विचारक खुद ही इस विचार को छोड़ देते हैं और कला को अपने बचाव के एक हथियार के रूप में इस्तेमाल करने की कोशिश करने लगते हैं।

कला और सामाजिक जीवन में फ्रांसीसी स्वछन्दतावादियों की विस्तार से चर्चा करते हुए प्लेखानोव इंगित करते हैं कि ये स्वछन्दतावादी बुर्जुआ फूहड़ता, धनलिप्सा, भ्रष्टाचार आदि की तीखी निन्दा करते हैं, लेकिन जब इन बुर्जुआ मूल्यों को पैदा करने वाले बुर्जुआ सामाजिक सम्बन्धों की बात आती है तो वे न केवल चुप्पी साध जाते हैं बल्कि इन सामाजिक सम्बन्धों के खात्मे के लिए चलने वाले आन्दोलनों के विरोध में भी खड़े नजर आते हैं। इस प्रवृत्ति को हम आज के भारत में भी देख सकते हैं जहाँ ऐसे लेखकों और कलाकारों की कमी नहीं है जो अन्याय, अनाचार, भ्रष्टाचार और सर्वत्र व्यापी लोभ-लालच की संस्कृति का रोना तो रोते हैं, लेकिन इन्हें जन्म और पोषण देनेवाली सामाजिक व्यवस्था में आमूल परिवर्तन के सवाल पर बगलें झाँकने लगते हैं।

प्लेखानोव ने एक ऐसे समय में कला की विचारधारात्मक प्रकृति और लोगों तक प्रगतिशील सामाजिक विचार ले जाने के इसके कर्त्तव्य पर बल दिया जब डिकेडेण्ट और प्रकृतवादी साहित्यकारों ने "आदर्शों और सिद्धान्तों की अनुपस्थिति" को ही मुख्य कलात्मक गुण का दर्जा दे दिया था। कला में यथार्थ चित्रण की पुरजोर वकालत करते

हुए भी उन्होंने कहा कि किसी कलाकृति की गुणवत्ता महज इसी बात पर निर्भर नहीं करती कि वह कितनी प्रामणिकता के साथ यथार्थ को प्रस्तुत करती है, बल्कि यह उसमें व्यक्त विचारों के महत्त्व पर भी निर्भर करती है। प्लेखानोव के अनुसार कोई भी कलाकृति विचारों से रिक्त नहीं होती, लेकिन साथ ही, हर विचार भी किसी कलाकृति का आधार नहीं बन सकता। वह रस्किन के इन शब्दों का हवाला देते हैं कि कोई युवती अपने खोये प्रेम का गीत गा सकती है, लेकिन कोई कंजूस अपने खोये धन का गीत नहीं गा सकता। इस पर टिप्पणी करते हुए प्लेखानोव कहते हैं : "कोई कंजूस अपने धन का गीत क्यों नहीं गा सकता? सिर्फ इसलिए, क्योंकि अगर वह गायेगा भी तो उसका गीत किसी के दिल को छुएगा नहीं, यानी वह उसके तथा अन्य लोगों के बीच सम्प्रेषण के माध्यम का काम नहीं कर सकेगा।" "मिथ्या विचारों" के सम्बन्ध में प्लेखानोव की प्रसिद्ध प्रस्थापना का यही आधार है। अपने लेखों *'कला और सामाजिक जीवन' 'हेनरिक इब्सन'* और *'डा. स्टॉकमान्स' सन'* में उन्होंने इस प्रस्थापना को असरदार ढंग से प्रस्तुत किया है।

लेकिन प्लेखानोव ने इस अति सरलीकृत विचार का समर्थन नहीं किया कि गलत दृष्टिकोण से लैस लेखक प्रतिभाशाली होने पर भी कोई कलात्मक रचना नहीं दे सकता। बुर्जुआ वर्ग के समर्थक कलाकारों के "मिथ्या विचारों" के उनकी कला पर घातक प्रभाव की चर्चा करते हुए प्लेखानोव ने स्पष्ट किया कि बुर्जुआ कला के पतन की बात साहित्य के विकास की पूरी प्रक्रिया के सन्दर्भ में लागू होती है, एक-एक कलाकार के सन्दर्भ में नहीं। उन्होंने कहा, "यह सोचना विचित्र होगा कि आज के बुर्जुआ विचारक कोई भी उल्लेखनीय कृति रचने में पूरी तरह असमर्थ हो चुके हैं। निश्चित ही, ऐसी कृतियों की सम्भावना अब भी है। लेकिन निस्सन्देह, यह सम्भावना काफी कम हो चुकी है। इसके अलावा, कलात्मक गुणों के कारण उल्लेखनीय कृतियों पर भी अब पतनशीलता के युग की छाप रहेगी।"

प्लेखानोव ने बार-बार इस बात पर जोर दिया कि एक गलत, प्रतिक्रियावादी विचार कलाकार की दृष्टिसीमा को संकुचित कर देता है। वह कहते हैं कि जब किसी मिथ्या विचार को किसी कलाकृति का आधार बनाया जाता है तो यह रचना में ऐसे अन्तरविरोध पैदा कर देता है जो इसके कलात्मक गुण को भी क्षरित कर देते हैं।

कला में विचारों और संवेदनाओं की एकता के क्लासिकी सौन्दर्यशास्त्र के विचार को प्लेखानोव ने भौतिकवादी आधार पर पुष्ट और विकसित किया। उन्होंने लेव तोल्स्तोय की कला की इस परिभाषा से असहमति व्यक्त करते हुए उसे एकांगी बताया कि कला सारतः मनुष्य के भावनात्मक संसर्ग का एक माध्यम है। इसकी आलोचना करते हुए प्लेखानोव ने अपने दृष्टिकोण को इस रूप में प्रस्तुत किया : "...न ही यह सच है कि कला *केवल* मनुष्य की भावनाओं को अभिव्यक्त करती है। नहीं, यह

उनकी भावनाओं *और उनके विचारों,* दोनों को अभिव्यक्त करती है—हालाँकि यह उन्हें अमूर्त रूप में नहीं बल्कि जीवन्त बिम्बों में अभिव्यक्त करती है।...बहरहाल, मैं सोचता हूँ कि कला वहीं से शुरू होती है, जहाँ कोई मनुष्य उन भावनाओं *और विचारों* को अपने भीतर फिर से जगाता है, जिन्हें उसने अपने यथार्थ परिवेश के प्रभाव में अनुभव किया था, और सुनिश्चित बिम्बों में उन्हें अभिव्यक्त करता है।"

प्लेखानोव ने कला और साहित्य में सभी पतनशील रुझानों की तीखी आलोचना की। उनकी दृष्टि में समकालीन बुर्जुआ कला की मुख्य विशेषता थी जीवन से इसका कटाव, घोर व्यक्तिवाद और मानवीय प्रयत्नों-संघर्षों को महत्त्वहीन तथा विकृत रूप में पेश करना।

पूँजीवादी समाज में कला के क्षरण पर प्लेखानोव ने विस्तार से विचार किया। विभिन्न प्रकार की पतनशील रुझानों के रूप में उन्नीसवीं शताब्दी के अन्त तथा बीसवीं शताब्दी के प्रारम्भ में कला के संकट और पतन की व्याख्या वह कला के प्रति पूँजीवादी व्यवस्था के दुश्मनाना रुख से करते हैं। उन्हीं के शब्दों में, "जो पूँजीवाद उत्पादन के क्षेत्र में आधुनिक मानवजाति को उपलब्ध सभी उत्पादक शक्तियों के उपयोग को बाधित करता है, वह कलात्मक सृजन के दायरे में भी एक बाधा बन जाता है।"

साहित्य के अलावा चित्रकला प्लेखानोव का प्रिय विषय था। निर्वासन के दौरान यूरोप के विभिन्न देशों में रहते हुए उन्हें प्राचीन तथा आधुनिक कला के उस्तादों की कृतियों को नजदीक से देखने का अवसर मिला। अपने कई लेखों में उन्होंने पेण्टिंग की विभिन्न शाखाओं का पहली बार ऐतिहासिक भौतिकवादी दृष्टिकोण से विश्लेषण प्रस्तुत किया। वह साहित्य की तरह ही रूपंकर कलाओं में भी यथार्थवाद के पुरजोर हिमायती थे। हालाँकि चित्रकला में क्यूबिज़्म और फ्यूचरिज़्म जैसी शैलियों पर उनकी सोच एक हद तक यांत्रिक थी लेकिन अठारहवीं शताब्दी की फ्रेंच पेण्टिंग और इम्प्रेशनिज़्म पर उनके विचारों ने कला में यथार्थवादी दृष्टिकोण को आगे बढ़ाया। आरम्भिक इम्प्रेशनिस्ट उस्तादों की कृतियों की सराहना करते हुए भी प्लेखानोव ने इंगित किया कि कला की इस शैली की मुख्य कमजोरी थी कि वह मानवीय, सामाजिक अन्तर्वस्तु को विकसित करने में असफल रही। उन्होंने ऐसी कला की आलोचना की जो मनुष्य के जीवन, भावनाओं, विचारों—मनुष्य से सरोकार रखनेवाली हर चीज के प्रति उदासीन रहकर महज अपनी तकनीक, चित्रण के उपकरणों को माँजने-निखारने पर ही ध्यान केन्द्रित करती है। इसके बरक्स प्लेखानोव ने ऐसी मानवीय कला का पक्ष लिया जो प्रगतिशील विचारों और उदात्त भावनाओं को प्रतिबिम्बित करती है।

क्रान्तिकारी दौरों की कला पर प्लेखानोव के विचार आज अत्यन्त प्रासंगिक हैं।

उन्होंने अब भी प्रचलित इस धारणा की आलोचना की कि क्रान्तिकारी उथल-पुथल के दौर कलात्मक सृजन के लिए प्रतिकूल होते हैं और "जब तोपें गरजती हैं तो कला की देवियाँ खामोश हो जाती हैं।" उनकी दलील थी कि क्रान्ति के दौर कला को नये अवसर और नई दिशा देते हैं। फ्रांसीसी नाटक और चित्रकला पर अपने लेख में वह कहते हैं कि सैंसक्युलोत्स* ने कला को "एक ऐसी राह दिखाई जिस पर चलने में *उच्च वर्गों की कला* असमर्थ रही थी : कला अब *समूची जनता* की चीज हो गई।" उनकी पुरजोर दलील थी कि जनसाधारण की चेतना की क्रान्तिकारी जागृति कलात्मक सृजन के गतिरोध को तोड़ती है और कला को व्यापक जनसमुदाय की दिलचस्पी का विषय बनाकर उसे नया जीवन देती है।

प्लेखानोव मार्क्सवादी साहित्यालोचना और कला आलोचना के सैद्धान्तिक प्रवर्तक ही नहीं, बल्कि सोवियत सौन्दर्यशास्त्र के आदिपुरुष भी थे। लुनाचार्स्की, वोरोव्स्की, वोरोन्स्की, लिफ़शित्ज आदि प्रखर सोवियत मार्क्सवादी आलोचकों की जो पीढ़ी बीसवीं सदी के दूसरे दशक में सामने आयी उसकी कल्पना प्लेखानोव के बिना नहीं की जा सकती। उनके एक आरम्भिक शिष्य और बाद में राजनीतिक विरोधी अनातोली लुनाचार्स्की ने प्लेखानोव के बारे में लिखा है : "उनकी सौन्दर्यशास्त्रीय समझ अद्भुत थी—कला सम्बन्धी मामलों में उनकी निर्णय क्षमता व्यापक और पूर्वाग्रहों से मुक्त थी। मेरे विचार से प्लेखानोव की अभिरुचियाँ अचूक थीं। अगर वह किसी कलाकृति को नापसन्द करते थे तो महज चन्द शब्दों में, और ऐसी घातक व्यंग्योक्ति के साथ अपनी राय रखने में समर्थ थे कि अगर आप उनसे असहमत हों तो भी आपके पास निरुत्तर होने के सिवा कोई रास्ता नहीं रह जाता था। जो कलाकृतियाँ उन्हें भाती थीं उनके बारे में प्लेखानोव ऐसी सुस्पष्टता और प्रायः ऐसे उत्साह के साथ बोलते थे जिससे कोई भी यह समझ सकता था कि कला के इतिहास पर उनका लेखन इतना प्रभावशाली क्यों है। हालाँकि उन्होंने कुछ ही दौरों पर और अपेक्षाकृत काफी कम लेखन किया है फिर भी जो कुछ उन्होंने लिखा है वह उस क्षेत्र में किये गये भावी काम के लिए कसौटी साबित हुआ है।...मैंने गिओर्गी वलेन्तिनोविच के साथ अपनी शुरुआती मुलाकातों में जो उत्प्रेरण और अन्तर्दृष्टि हासिल की वह मुझे किसी भी पुस्तक से, किसी भी संग्रहालय से नहीं मिली।..."

---

* सैंसक्युलोत्स फ्रांसीसी क्रान्ति के दौरान उग्रपंथियों को कहा जाता था। इस शब्द का अर्थ था बिरजिस न पहननेवाले। मूलतः सैंसक्युलोत्स बास्तीय पर धावा बोलनेवाले पेरिस के मजदूरों को कहा गया जो कुलीनों की बिरजिस के बजाय पतलून पहनते थे। बाद में दांतों और मारा जैसे रैडिकल नेताओं को भी यही नाम दे दिया गया।—सं.

आज भी कला-साहित्य की मार्क्सवादी सैद्धान्तिकी की सही समझ हासिल करने, और भाँति-भाँति के नववामपंथी विचलनों को समझने की दृष्टि से प्लेखानोव का कला-साहित्य विषयक लेखन क्लासिकी की भूमिका निभाता है। खासकर आज, जबकि ऐसी तमाम विचार-सरणियाँ विभिन्न रूपों में फिर से सामने आ रही हैं, जिनका मार्क्सवाद लगभग एक शताब्दी पहले ही सुसंगत उत्तर दे चुका है, तो प्लेखानोव को नये सिरे से पढ़ना बेहद जरूरी है।

–कात्यायनी

सत्यम

असम्बोधित पत्र 1899-1900 में लिखे गये थे और ऐतिहासिक भौतिकवाद के दृष्टिकोण से कला की उत्पत्ति और विकास का विश्लेषण करनेवाली प्लेखानोव की पहली कृतियों में से हैं।

प्लेखानोव की संकलित रचनाओं के कुछ संस्करणों में ये छह पत्रों के रूप में प्रकाशित हुए थे। *असम्बोधित पत्र* के लेखन और प्रकाशन के इतिहास का अध्ययन करने के बाद शोधकर्ता इस निष्कर्ष पर पहुँचे कि तीसरा पत्र दूसरे की समापन किश्त है और पाँचवें तथा छठे पत्र एक ही विषयवस्तु से जुड़े हैं और एक ही पत्र के दो भाग हैं।

मास्को से प्रकाशित *सेलेक्टेड फिलोसोफिकल वर्क्स* के पाँचवें खण्ड में पूर्ववर्ती दूसरे और तीसरे पत्र को एक ही पत्र के रूप में प्रकाशित किया गया है तथा इसका उपशीर्षक 'दूसरा पत्र' दिया गया है। पहले का चौथा पत्र अब तीसरा हो गया है और पाँचवाँ तथा छठा पत्र एक साथ चौथे पत्र के रूप में प्रकाशित है।

पहला पत्र *नौचनोये ओबोज़रेनिये* (वैज्ञानिक समीक्षा) पत्रिका के 1899 के अंक 11 में प्रकाशित हुआ था। इसका शीर्षक था "असम्बोधित पत्र, *प्रथम पत्र*"। इसके अलावा इस पत्र का अपना शीर्षक था—"कला के बारे में"। कुछ महीने बाद *नौचनोये ओबोज़रेनिये* के मार्च 1900 अंक में दूसरा पत्र प्रकाशित हुआ जिसका शीर्षक था "आदिम जनों की कला।" इसके अन्त में "क्रमशः" लिखा था और पत्रिका के 1900 के अंक 6 में इसका दूसरा भाग प्रकाशित हुआ। शेष दो पत्र प्लेखानोव के जीवनकाल में प्रकाशित नहीं हुए।

असम्बोधित पत्र

(1899-1900)

प्रथम पत्र

कला के बारे में

प्रिय महोदय,

हमारी चर्चा का विषय कला है। लेकिन किसी भी सटीक विवेचना के लिए, चाहे उसकी जो भी विषयवस्तु हो, आवश्यक है एक सटीक पारिभाषिक शब्दावली का इस्तेमाल किया जाए। अतः सर्वप्रथम यही बताना आवश्यक है कि *कला* शब्द से हम ठीक-ठीक क्या अभिप्राय रखते हैं। दूसरी तरफ, यह भी असन्दिग्ध है कि किसी भी विषय की किसी भी सन्तोषजनक परिभाषा पर जाँच-पड़ताल के बाद ही पहुँचा जा सकता है। इसका मतलब यह हुआ कि हमें एक ऐसी चीज को परिभाषित करना है जिसे अभी हम परिभाषित करने की स्थिति में नहीं हैं। यह अन्तरविरोध कैसे हल किया जा सकता है? मैं समझता हूँ इसे इस तरह हल किया जा सकता है : फिलहाल मैं एक कामचलाऊ परिभाषा से प्रस्थान करूँ, और जैसे-जैसे जाँच-पड़ताल के दौरान सवाल स्पष्ट होता जाए, वैसे-वैसे उसे परिवर्द्धित और संशोधित करता चलूँ।

मैं किस परिभाषा से प्रस्थान करूँ?

लेव तोल्स्तोय अपनी कृति, *कला क्या है?* में कला की ऐसी तमाम परिभाषाएँ उद्धृत करते हैं जो उन्हें परस्पर अन्तरविरोधी प्रतीत होती हैं, और वे सब उन्हें असन्तोषजनक लगती हैं। परन्तु वास्तविकता यह है कि ये परिभाषाएँ एक-दूसरे से उतनी भिन्न नहीं हैं, और न ही उतनी गलत हैं जितनी कि वह सोचते हैं। लेकिन हम यही मान लेते हैं कि वे सब की सब वाकई बुरी परिभाषाएँ हैं, और यह देखें कि क्या स्वयं उनके द्वारा दी गयी कला की परिभाषा को हम स्वीकार कर सकते हैं।

वह कहते हैं, "कला मानवीय संसर्ग का एक साधन है।...संसर्ग के इस साधन को जो चीज शब्दों के जरिये संसर्ग से अलग करती है, वह यह है कि शब्दों की सहायता से मनुष्य अपने *विचारों* को दूसरे मनुष्य तक सम्प्रेषित करता है; जबकि कला की सहायता से लोग अपनी *भावनाओं* को सम्प्रेषित करते हैं।" (जोर हमारा)

फिलहाल मैं एक ही टिप्पणी करना चाहूँगा।

काउण्ट तोल्स्तोय के विचार से, कला मनुष्य की *भावनाओं* को अभिव्यक्त करती

है, और शब्द उनके *विचारों* को। यह सच नहीं है। शब्द मनुष्य के सिर्फ विचारों को ही नहीं अभिव्यक्त करते हैं, बल्कि उनकी भावनाओं को *भी* अभिव्यक्त करते हैं। इसका प्रमाण है *कविता,* जिसका माध्यम *शब्द* ही हैं।

काउण्ट तोल्स्तोय स्वयं कहते हैं :

"किसी के भीतर एक समय की अनुभूत भावना को फिर से जगाना और उसे फिर से जगाने के बाद, गति, रेखाओं, रंग, शब्दों में अभिव्यक्त बिम्बों आदि के जरिये दूसरों तक इस ढंग से सम्प्रेषित करना, कि वे भी उसी भावना को अनुभव करें—कला का यही कार्य होता है।" इससे यह एकदम स्पष्ट हो जाता है कि, मानवीय संसर्ग के एक साधन के रूप में शब्दों को विशिष्ट और कला से अलग नहीं माना जा सकता।

यह भी सच नहीं है कि कला *केवल* मनुष्य की भावनाओं को ही अभिव्यक्त करती है। नहीं, यह उनकी भावनाओं *और उनके विचार,* दोनों ही को अभिव्यक्त करती है—लेकिन, उन्हें *अमूर्त रूप से* नहीं, बल्कि *जीवन्त बिम्बों में* अभिव्यक्त करती है। और यही कला की प्रमुख विशिष्टता है। काउण्ट तोल्स्तोय के विचार से, "कला तब जन्म लेती है जब मनुष्य अपने द्वारा अनुभूत की जा चुकी भावना को, दूसरों तक सम्प्रेषित करने की गरज से, अपने भीतर पुनः जागृत करता है और उसे किन्हीं बाह्य प्रतीकों के जरिये अभिव्यक्त करता है।" लेकिन मैं समझता हूँ कि कला तब जन्म लेती है जब मनुष्य अपने इर्द-गिर्द के यथार्थ के प्रभाव के अन्तर्गत अनुभूत भावनाओं *और विचारों* को अपने भीतर पुनः जागृत करता है और *उन्हें निश्चित बिम्बों में अभिव्यक्त करता है।* यह तो सर्वविदित है कि ज्यादातर मामलों में मनुष्य अपने पुनर्जागृत विचारों एवं भावनाओं को *दूसरों तक* सम्प्रेषित करने के उद्देश्य से ऐसा ही करता है। कला एक *सामाजिक* परिघटना है।

फिलहाल मैं काउण्ट तोल्स्तोय की कला की परिभाषा में इतना ही संशोधन करना चाहूँगा।

लेकिन महोदय, मैं *युद्ध और शान्ति* के लेखक के इन विचारों पर भी गौर करने का अनुरोध करूँगा :

"प्रत्येक काल में और प्रत्येक मानव-समाज में, इस बात की धार्मिक चेतना हमेशा ही उस समाज के सभी सदस्यों में मौजूद रही है कि क्या अच्छा है और क्या बुरा, और यह धार्मिक चेतना ही कला द्वारा सम्प्रेषित भावनाओं का मूल्य-निर्धारण करती है।"

अपनी जाँच-पड़ताल में, अन्य बातों के साथ-साथ, हमें यह भी देखना है कि यह विचार कहाँ तक सही है। इस पर सर्वाधिक ध्यान देना आवश्यक है, क्योंकि यह हमें *मानव-विकास के इतिहास में कला की भूमिका* के बहुत करीब ला देता है।

अब जबकि हमारे पास कला की एक प्रारम्भिक परिभाषा है तो मेरे लिए यह

स्पष्ट करना आवश्यक है कि मैं किस दृष्टिकोण से इसे देखता हूँ।

मैं पूरी बेबाकी से और बिना किसी घुमाव-फिराव के कहना चाहूँगा कि मैं सभी सामाजिक परिघटनाओं की भाँति कला को भी, इतिहास की भौतिकवादी अवधारणा के दृष्टिकोण से देखता हूँ।

इतिहास की भौतिकवादी अवधारणा क्या है?

गणित में, जैसा कि हम जानते हैं, एक तरीका है जिसे *असंगति प्रदर्शन* कहते हैं, जो अप्रत्यक्ष सबूत का एक तरीका है। मैं इसकी तर्ज पर एक ऐसे तरीके का सहारा लेना चाहूँगा जिसे *अप्रत्यक्ष व्याख्या* कहा जा सकता है। अर्थात्, पहले मैं यह स्पष्ट करूँगा कि इतिहास की *प्रत्ययवादी* अवधारणा क्या है, और फिर मैं दिखाउँगा कि यह किस तरह अपनी विपरीत, इतिहास की *भौतिकवादी* अवधारणा, से अलग है।

इतिहास की प्रत्ययवादी अवधारणा, अपने शुद्ध रूप में, इस विश्वास में निहित है कि विचार और ज्ञान का विकास ही मानव-इतिहास की गति का अन्तिम और आधारभूत कारण है। यह दृष्टिकोण अठारहवीं सदी में पूरी तरह हावी रहा, और उन्नीसवीं सदी तक भी जारी रहा। सेण्ट-साइमन और ओग्यूस्त कोम्त भी इसे दृढ़ता से स्वीकार करते थे, हालाँकि कुछ मामलों में उनका दृष्टिकोण अठारहवीं सदी के दार्शनिकों के दृष्टिकोण के ठीक विपरीत था। उदाहरण के लिए, सेण्ट साइमन प्रश्न करता है कि यूनानियों का सामाजिक संगठन कैसे अस्तित्व में आया।* और वह इसका यह जवाब देता है : "उनके लिए धार्मिक प्रणाली राजनीतिक प्रणाली के आधार का काम करती थी।...राजनीतिक प्रणाली का ढाँचा धार्मिक प्रणाली के आधार पर तैयार हुआ था।" इसके प्रमाण के तौर पर वह इस तथ्य का हवाला देता है कि यूनानियों की ओलिम्पस एक "गण सभा" थी, और कि यूनानी लोगों के सभी संविधानों की, चाहे वे एक-दूसरे से कितनी भी भिन्नता क्यों न रखते हों, एक सर्वनिष्ठ विशेषता यह थी कि वे सब गणतांत्रिक थे। इतना ही नहीं, सेण्ट-साइमन के विचार से, यूनानियों की राजनीतिक प्रणाली के आधार का काम करने वाली धार्मिक प्रणाली अपने आप में उनकी वैज्ञानिक अवधारणाओं की समग्रता से, उनकी *वैज्ञानिक विश्व-प्रणाली* से उत्पन्न हुई थी। इस प्रकार, यूनानियों की वैज्ञानिक अवधारणाएँ ही उनके सामाजिक जीवन का आधार थीं, और इन अवधारणाओं का विकास ही उनके ऐतिहासिक विकास का मुख्य स्रोत था, तथा यही वह मुख्य कारण था जो इतिहास के विकास-क्रम में एक प्रकार के सामाजिक जीवन को दूसरे प्रकार के सामाजिक जीवन द्वारा विस्थापित करने में निर्धारक का काम करता था।

---

* सेण्ट-साइमन की दृष्टि में यूनानियों का विशेष महत्त्व था क्योंकि वह मानता था कि, "पहली बार यूनानियों में ही मानव-मस्तिष्क ने समाज के संगठन पर गम्भीरता से विचार करना शुरू किया।"

इसी प्रकार, ओग्यूस्त कोम्त का भी यही विचार था कि "समूची सामाजिक प्रक्रिया, अन्तिम रूप से विचारों पर ही आधारित होती है।" यह विश्वकोशकारों के दृष्टिकोण का दुहराव भर था, जिनका मानना था कि विचार ही दुनिया पर शासन करते हैं।

प्रत्ययवाद की एक और भी किस्म है, जिसकी अभिव्यक्ति हीगेल के निरपेक्ष प्रत्ययवाद में हुई। उसके दृष्टिकोण से मनुष्य के विकास का इतिहास कैसे व्याख्यायित किया गया? इसे मैं एक उदाहरण के जरिये स्पष्ट करना चाहूँगा। हीगेल सवाल उठाता है : यूनान के पतन का क्या कारण था? वह इसके कई कारण बताता है, लेकिन, उसकी दृष्टि में, इसका मुख्य कारण यह था कि निरपेक्ष विचार के विकास में यूनान सिर्फ एक अवस्था को प्रतिबिम्बित करता था, और जब यह अवस्था गुजर गयी, तो उसका पतन होना ही था।

स्पष्ट है कि हीगेल के विचार से—हालाँकि वह जानता था कि "*लेसडाइमोन का पतन सम्पत्ति की असमानता के कारण हुआ*"—सामाजिक सम्बन्धों और मानव-विकास के समूचे इतिहास का निर्धारण अन्ततः तर्क द्वारा, *विचार के विकास द्वारा,* होता है।

इतिहास की भौतिकवादी दृष्टि इस दृष्टि के धुर विपरीत है। जहाँ सेण्ट-साइमन, इतिहास को प्रत्ययवादी अवस्थिति से देखते हुए, यह मानता है कि यूनानियों के सामाजिक सम्बन्ध उनके धार्मिक विचारों के कारण बने थे, वहीं उसके विपरीत, मैं, जो *भौतिकवादी* दृष्टि में विश्वास करता हूँ, यह कहना चाहूँगा कि यूनानियों की गण सभा ओलिम्पस उनकी सामाजिक प्रणाली का प्रतिबिम्बन थी। और, इस सवाल के जवाब में कि यूनानियों की धार्मिक दृष्टि कहाँ से पैदा हुई थी, जहाँ सेण्ट-साइमन कहता है कि वह उनकी वैज्ञानिक विश्व-दृष्टि से पैदा हुई थी, वहीं उसके विपरीत, मेरा मानना है कि यूनानियों की वैज्ञानिक विश्व-दृष्टि स्वयं में, अपने ऐतिहासिक विकास के क्रम में, हेलेनिक लोगों (प्राचीन यूनानियों—अनु.) द्वारा किये गये उत्पादक शक्तियों के विकास से निर्धारित हुआ था।*

सामान्य रूप से मेरी इतिहास-दृष्टि यही है। क्या यह सही है? इसे सही सिद्ध करने का यह उपयुक्त अवसर नहीं है। यहाँ पर आपसे मैं यही चाहूँगा कि आप *मान लें* कि यह सही है, और इसे ही *कला के बारे में हमारी जाँच-पड़ताल का प्रस्थान बिन्दु* मानकर मेरे साथ चलें। कहने की जरूरत नहीं कि *कला के इस विशिष्ट प्रश्न* की

---

* कई वर्ष पहले ए. एस्पिनास की पुस्तक *'हिस्ट्री ऑफ टेक्नोलॉजी'* पेरिस में प्रकाशित हुई थी जो प्राचीन यूनानियों की विश्व-दृष्टि के विकास की व्याख्या उनकी उत्पादक शक्तियों के विकास से करने का एक प्रयास है। यह एक अत्यन्त महत्त्वपूर्ण और दिलचस्प प्रयास है जिसके लिए हमें एस्पिनास का आभारी होना चाहिए, इस तथ्य के बावजूद कि उसकी विवेचना में ब्योरों की कई गलतियाँ हैं।

जाँच-पड़ताल के साथ ही *इतिहास की मेरी सामान्य दृष्टि* की भी जाँच हो जायेगी। क्योंकि अगर यह सामान्य दृष्टि गलत है, तो इसे अपना प्रस्थान-बिन्दु मान लेने के बाद, हम कला के विकास की व्याख्या करने में ज्यादा आगे नहीं बढ़ पायेंगे। लेकिन अगर हमें ऐसा लगे कि अन्य किसी दृष्टि की अपेक्षा, इस दृष्टि से कला के विकास की बेहतर व्याख्या की जा सकती है, तो इस दृष्टि के समर्थन में हमें एक नया और सशक्त तर्क हासिल हो जायेगा।

लेकिन यहाँ मुझे एक आपत्ति उठाये जाने का पूर्वाभास हो रहा है। डार्विन ने अपनी कृति, *मनुष्य की उत्पत्ति* (*Descent of man and Selection in Relation to Sex*) में, ढेरों तथ्य यह दर्शाने के लिए पेश किये हैं कि प्राणियों के जीवन में *सौन्दर्य का बोध* एक अत्यन्त महत्त्वपूर्ण भूमिका निभाता है। इन तथ्यों की ओर इंगित किया जायेगा और यह नतीजा निकाला जायेगा कि सौन्दर्यबोध की उत्पत्ति की *जीववैज्ञानिक* व्याख्या की जानी चाहिए। और तब मुझसे यह कहा जा सकता है कि यह अस्वीकार्य ("संकीर्ण") है कि मनुष्यों में इस बोध की उत्पत्ति को *एकमात्र उनके समाज के आर्थिक रूप से* ही सम्बद्ध किया जाये। और चूँकि प्रजातियों के विकास के बारे में डार्विन की दृष्टि भी एक भौतिकवादी दृष्टि ही है, इसलिए मुझसे यह भी कहा जा सकता है कि एकांगी ऐतिहासिक ("आर्थिक") भौतिकवाद की आलोचना के लिए जीववैज्ञानिक भौतिकवाद पर्याप्त सूचनाएँ प्रदान करता है।

मैं इस आपत्ति की गम्भीरता को महसूस करता हूँ और इसीलिए इसकी विवेचना करना चाहूँगा। यह काफी उपयोगी होगा, क्योंकि इसका जवाब देने के दौरान ही, मैं ऐसी ही उन सभी आपत्तियों का भी जवाब दे सकूँगा, जो प्राणियों के मानसिक (psychical) जीवन के आधार पर उठायी जा सकती हैं।

सबसे पहले, यथासम्भव पूरी शुद्धता के साथ उस निष्कर्ष को परिभाषित करने की कोशिश करें जो *डार्विन* द्वारा पेश किये गये तथ्यों से निकाला जा सकता है। और इसके लिए, देखते हैं कि इन तथ्यों से स्वयं डार्विन ने क्या निष्कर्ष निकाला है।

मनुष्य की उत्पत्ति के बारे उसकी पुस्तक के अध्याय दो, खण्ड एक में हम पढ़ते हैं :

"*सौन्दर्य का बोध*–इस बोध को सिर्फ मनुष्य की ही विशिष्टता घोषित किया गया है। लेकिन जब हम एक नर पक्षी को मादा पक्षी के सामने अपने खूबसूरत पंखों या शानदार रंगों को प्रदर्शित करते हुए देखते हैं, जबकि दूसरे पक्षी जो इतने सजीले नहीं होते, ऐसा प्रदर्शन नहीं करते, तब इसमें सन्देह की कोई गुंजाइश ही नहीं रह जाती कि मादा पक्षी अपने नर साथी के सौन्दर्य को पसन्द करती है। चूँकि हर जगह की स्त्रियाँ इन पंखों से अपने आप को सजाती हैं, इसलिए इन अलंकरणों के सौन्दर्य पर कोई सन्देह नहीं किया जा सकता। मर्मर-पक्षी के घोंसले और ब्रोवर पक्षी के

कलरव-कुंज रंग-बिरंगी वस्तुओं से सजे होते हैं : इससे पता चलता है कि उनमें सौन्दर्य की धारणा होती है। यही बात पक्षियों के गाने के बारे में भी कही जा सकती है। प्रणय की ऋतु में अनेक नर पक्षी जो मधुर तान छेड़ते हैं, उसकी सराहना निश्चय ही मादाएँ करती हैं। यदि मादाएँ अपने नर साथियों के सुन्दर रंगों, अलंकरणों और स्वरों की सराहना नहीं करतीं तो नर पक्षियों द्वारा मादाओं के समक्ष अपने लुभावने गुणों के प्रदर्शन की सारी मेहनत और चिन्ता बेकार की होती; और यह बात असम्भव लगती है।

"एक निश्चित ढंग से सजे हुए निश्चित रंग और निश्चित स्वर क्यों आनन्दित करते हैं, इसे समझा पाना वैसे ही कठिन है जैसे यह कि कुछ निश्चित स्वाद और सुगन्ध क्यों अधिक रुचिकर लगते हैं। लेकिन पूरे विश्वासपूर्वक यह कहा जा सकता है कि मनुष्य और निम्नतर श्रेणी के बहुतेरे प्राणी एक जैसे रंगों और एक जैसे स्वरों को पसन्द करते हैं।"*

इस प्रकार, डार्विन द्वारा पेश किये गये तथ्य यह संकेत देते हैं कि निम्नतर श्रेणी के प्राणी भी, मनुष्य की भाँति ही, सौन्दर्य-सुख अनुभव करने में समर्थ होते हैं, और कि हमारी सौन्दर्यात्मक रुचियाँ कभी-कभी निम्नतर श्रेणी के प्राणियों की सौन्दर्यात्मक रुचियों से मेल खाती हैं।** लेकिन इन तथ्यों से इन रुचियों की उत्पत्ति स्पष्ट नहीं होती। यदि जीवविज्ञान हमारी सौन्दर्यात्मक रुचियों की *उत्पत्ति* को स्पष्ट नहीं कर पाता, तो उनके *ऐतिहासिक विकास* को तो और भी स्पष्ट नहीं कर सकता। बहरहाल, डार्विन की और सुनें।

वह आगे कहता है, "जहाँ तक स्त्री-सौन्दर्य की बात है, सुन्दर के प्रति रुचि मानव-मस्तिष्क की कोई विशिष्ट प्रकृति नहीं है, कारण कि यह मनुष्य की भिन्न-भिन्न नस्लों में काफी भिन्न-भिन्न होती है; यहाँ तक कि यह एक ही नस्ल के भिन्न-भिन्न राष्ट्रों में भी एक समान नहीं होती। अगर हम अधिकांश आदिवासी लोगों द्वारा पसन्द किये जाने वाले भद्दे अलंकरणों और वैसे ही भद्दे संगीत को देखें तो, दावे के साथ कहा जा सकता है कि उनकी सौन्दर्यबोध की क्षमता उतनी विकसित नहीं होती, जितनी कि कुछ निश्चित प्राणियों में, उदाहरणस्वरूप, पक्षियों में होती है।"

अब यदि सुन्दर के प्रति धारणा एक ही नस्ल के भिन्न-भिन्न राष्ट्रों में

---

* चार्ल्स डार्विन की *'दि डिसेण्ट ऑफ मैन'* का रूसी अनुवाद, सेण्ट पीटर्सबर्ग, 1899, प्रो. आई.एम. सेचेनोव द्वारा सम्पादित

** वालेस की राय में, डार्विन ने प्राणियों के लैंगिक चयन में सौन्दर्यबोध के महत्त्व को काफी बढ़ा-चढ़ाकर प्रस्तुत किया है। वालेस की बात कितनी सही है, इसका फैसला जीव वैज्ञानिकों पर छोड़ते हुए मैं यह मान लेता हूँ कि डार्विन का विचार बिल्कुल सही है, और आप इस बात से सहमत होंगे कि यह मान्यता मेरे उद्देश्य के लिए सबसे कम अनुकूल है।

भिन्न-भिन्न हो सकती है, तो यह स्पष्ट ही है कि इस विभिन्नता का कारण जीवविज्ञान में नहीं खोजा जा सकता। डार्विन स्वयं कहता है कि हमारी यह खोज किसी और दिशा में निर्दिष्ट होनी चाहिए। उसकी पुस्तक के दूसरे अंग्रेजी संस्करण में, मेरे द्वारा ऊपर उद्धृत किये गये पैराग्राफ में निम्नलिखित शब्द देखने को मिलते हैं, जो पहले अंग्रेजी संस्करण के आई.एम. सेचेनोव द्वारा सम्पादित रूसी अनुवाद में नहीं हैं : "लेकिन सुसंस्कृत लोगों में ऐसे (अर्थात् सौन्दर्यात्मक) संवेदन संश्लिष्ट विचारों और विचार-शृंखलाओं के साथ घनिष्ठता से जुड़े होते हैं।"*

यह एक बहुत ही महत्त्वपूर्ण कथन है। यह हमें *जीवविज्ञान से समाजशास्त्र की ओर* निर्दिष्ट करता है, क्योंकि इससे स्पष्ट हो जाता है कि डार्विन के विचार से, सामाजिक कारण इस तथ्य को निर्धारित करते हैं कि सुसंस्कृत लोगों में सौन्दर्यात्मक संवेदन संश्लिष्ट विचारों के साथ जुड़े होते हैं। लेकिन डार्विन का यह सोचना क्या सही है कि ऐसे संवेदन *केवल* सुसंस्कृत लोगों में ही होते हैं? नहीं, उसका यह कहना सही नहीं है, और इसे आसानी से जाना जा सकता है। आइये, एक उदाहरण लें। सब जानते हैं कि प्राणियों की खालों, नाखूनों और दाँतों का आदिम लोगों के आभूषणों में महत्त्वपूर्ण स्थान है। इसका कारण क्या है? क्या इसका कारण इन वस्तुओं में रंग और रेखाओं के संयोजन में निहित है? नहीं, तथ्य यह है कि आदिम मनुष्य शेर की खाल, नाखून और दाँतों से या भैंस की खाल और सींगों से, खुद को अपनी फुर्ती और ताकत के प्रतीक के तौर पर सजाते हैं : जिसने एक फुर्तीले शेर को हरा दिया हो, वह स्वयं फुर्तीला है, जिसने ताकतवर भैंसे को पछाड़ दिया हो, वह स्वयं ताकतवर है। इसमें अन्धविश्वास भी हो सकता है। स्कूलक्राफ्ट बताता है कि पश्चिमी अमेरिका के रेड इण्डियन कबीले, अपने क्षेत्र में पाये जाने वाले सबसे खूँखार जानवर, भूरे भालू, के नाखूनों से बने आभूषण पहनने के बेहद शौकीन होते हैं। इन रेड इण्डियन योद्धाओं का यह विश्वास है कि जो भी अपने आप को भूरे भालू के नाखूनों से सजाता है उसमें भालू जैसी ही उग्रता और साहस आ जाता है। उसके लिए, जैसा कि स्कूलक्राफ्ट का कहना है, ये नाखून अंशतः आभूषण होते हैं, और अंशतः ताबीज।**

बेशक इस मामले में यह स्वीकार करना असम्भव है कि शुरू-शुरू में रेड इण्डियनों को जानवरों की खाल, नाखून और दाँत इन चीजों के विशिष्ट रंग और

---

* *दि डिसेण्ट ऑफ मैन,* 1883, पृ. 92. ये शब्द सम्भवतः इस पुस्तक के नये रूसी अनुवाद में हैं, पर अभी वह मेरे पास नहीं है।

** हेनरी रोव स्कूलक्राफ्ट, *हिस्टॉरिकल ऐण्ड स्टैटिस्टिकल इंफॉर्मेशन रिस्पेक्टिंग दि हिस्ट्री, कंडीशन एण्ड प्रास्पेक्ट्स ऑफ दि रेड इण्डियन ट्राइब्स ऑफ दि युनाइटेड स्टेट्स*। ग्रंथ 3, पृ. 216

रेखाओं के संयोजनों के कारण ही पसन्द आये थे।* नहीं, इसके विपरीत, यही ज्यादा सम्भव लगता है कि ये चीजें पहले-पहल मात्र साहस, फुर्ती और ताकत के प्रतीक के तौर पर धारण की गयी होंगी, और आगे चलकर साहस, फुर्ती और ताकत के प्रतीक होने के ही नाते, ये चीजें सौन्दर्यात्मक संवेदन जगाने लगीं और आभूषणों का रूप ग्रहण कर लिया। तब इसका मतलब यह है कि "आदिवासी लोगों में सौन्दर्यात्मक संवेदनों को केवल" संश्लिष्ट विचारों के साथ *"जोड़ा ही नहीं जा सकता"* बल्कि कभी-कभी वे ठीक ऐसे विचारों के प्रभाव में ही *उत्पन्न* हो सकते हैं।

एक दूसरा उदाहरण लें। यह विदित है कि कई अफ्रीकी कबीलों की स्त्रियाँ अपनी बाँहों और पैरों में लोहे के कड़े पहनती हैं। धनी लोगों की पत्नियाँ कभी-कभी तीस या चालीस पौण्ड के ऐसे आभूषणों से लदी रहती हैं।

निस्सन्देह ये आभूषण बेहद असुविधाजनक होते हैं, लेकिन तब भी दासता की ये बेड़ियाँ, जैसा कि श्वीनफर्थ उन्हें कहता है, खुशी-खुशी पहनी जाती हैं। आखिर क्यों नीग्रो स्त्री इन भारी-भरकम बेड़ियों को पहनकर खुश होती है? इसलिए कि इनकी वजह से वह खुद को और दूसरों को *सुन्दर* प्रतीत होती है। लेकिन वह सुन्दर क्यों प्रतीत होती है? स्पष्टतः यह विचारों के एक संश्लिष्ट संयोजन का ही परिणाम है। ऐसे आभूषणों के प्रति आसक्ति उन्हीं कबीलों में पायी जाती है, जो, श्वीनफर्थ के शब्दों में, *लौह युग* से होकर गुजर रहे होते हैं, अर्थात्, दूसरे शब्दों में, ये ऐसे कबीले हैं, जिनके लिए लोहा एक बहुमूल्य धातु है। *बहुमूल्य चीजें* इसलिए *सुन्दर* लगती हैं कि उनके साथ सम्पत्ति की धारणा जुड़ी होती है। जब डिंका कबीले की कोई स्त्री, *बीस* पौण्ड लोहे के कड़े पहनती है तो वह खुद को और दूसरों को उस समय से ज्यादा सुन्दर लगती है जब वह सिर्फ *दो* पौण्ड लोहा पहनती थी, यानी जब वह *गरीब* थी। स्पष्ट है कि यहाँ कड़ों की सुन्दरता नहीं, बल्कि उनके साथ जुड़ी सम्पत्ति की धारणा का मोल है।

एक तीसरा उदाहरण। जाम्बेजी के ऊपरी भाग में बाटोका कबीले के लोग उस आदमी को कुरूप मानते हैं जिसके ऊपरी नुकीले दाँत निकाल नहीं लिये गये होते हैं। सौन्दर्य की यह विचित्र अवधारणा कैसे पैदा हुई? स्पष्टतः यह विचारों के संश्लिष्ट संयोजन से उत्पन्न हुई। बाटोका कबीले के लोग अपने ऊपरी दाँत इसलिए निकलवा लेते हैं कि वे *जुगाली करने वाले जानवरों* की भाँति दिखना पसन्द करते हैं। यह समझ आनेवाली बात नहीं लगती। लेकिन बाटोका एक पशुपालक कबीला है और वे अपने गाय-बैलों की लगभग पूजा करते हैं। यहाँ भी वही बात है कि जो बहुमूल्य है वह सुन्दर है, और कि सौन्दर्यात्मक अवधारणाएँ बिल्कुल भिन्न किस्म के विचारों से

* कुछ मामलों में ऐसी वस्तुएँ केवल अपने रंग के कारण ही प्रिय लगती हैं, लेकिन इसके बारे में बाद में।

उत्पन्न होती हैं।

अन्त में, स्वयं डार्विन द्वारा, लिविंग्स्टन के हवाले से दिये गये एक उदाहरण को लें। माकोलोलो कबीले की स्त्रियाँ अपना ऊपरी होठ छिदवाती हैं और उसके छेद में धातु या बाँस का बड़ा-सा छल्ला पहनती हैं, जिसे *पलेले* कहा जाता है। जब इस कबीले के एक मुखिया से पूछा गया कि स्त्रियाँ ये छल्ले क्यों पहनती हैं, तो उसने "ऐसे मूर्खतापूर्ण सवाल पर स्पष्टतः आश्चर्य प्रकट करते हुए", जवाब दिया : "सौन्दर्य के लिए। स्त्रियों के पास बस यही एक सुन्दर चीज है। पुरुषों के दाढ़ी होती है, स्त्रियों के तो होती नहीं। *पलेले* के बिना वे कैसी दिखेंगी?" यह बता पाना कठिन है कि *पलेले* पहनने का यह रिवाज कहाँ से आया, लेकिन, स्पष्टतः इसकी शुरुआत विचारों के किसी बहुत संश्लिष्ट संयोजन में ही खोजनी होगी, न कि जीवविज्ञान के नियमों में, जिनका तनिक भी (प्रत्यक्ष) सम्बन्ध इस चलन से नहीं है।*

इन उदाहरणों की रोशनी में, मैं कह सकता हूँ कि आदिम मनुष्य के मन में भी रंगों या वस्तुओं के रूपों के निश्चित संयोजनों द्वारा उत्पन्न संवेदन बहुत संश्लिष्ट विचारों के साथ जुड़े होते हैं, और ऐसे अनेक रूप और संयोजन केवल इसके कारण ही सुन्दर प्रतीत होते हैं।

ऐसे संवेदन कैसे उत्पन्न होते हैं? और वे संश्लिष्ट विचार कहाँ से आते हैं जो किन्हीं वस्तुओं को देखते ही हमारे भीतर होने वाले संवेदनों से सम्बद्ध होते हैं? जाहिर है कि *जीववैज्ञानिक* इन प्रश्नों के उत्तर नहीं दे सकता; इनका उत्तर केवल *समाजशास्त्री* ही दे सकता है। और यदि इतिहास की भौतिकवादी दृष्टि, अन्य किसी भी दृष्टि की अपेक्षा, यह जवाब देने में अधिक सक्षम है; यदि हमें यह मालूम है कि उपर्युक्त सम्बद्ध और संश्लिष्ट विचार, अन्तिम रूप से, किसी समाज और उसकी अर्थव्यवस्था की उत्पादक शक्तियों की स्थिति द्वारा निर्धारित होते हैं, तो यह स्वीकार करना ही पड़ेगा कि डार्विनवाद इतिहास की उस भौतिकवादी दृष्टि का कतई निषेध नहीं करता जिसका वर्णन करने की मैंने कोशिश की है।

मैं यहाँ पर डार्विनवाद और इतिहास की भौतिकवादी दृष्टि के बीच सम्बन्ध को लेकर बहुत विस्तार में नहीं जा सकता। लेकिन इस विषय पर कुछ और बातें अवश्य कहना चाहूँगा।

इन पंक्तियों पर गौर करें : "सबसे पहले यह स्पष्ट कर देना उचित है कि मैं यह नहीं कहना चाहता कि किसी भी सामाजिक प्राणी की बौद्धिक क्षमताएँ यदि मनुष्य की बौद्धिक क्षमताओं की भाँति सक्रिय और विकसित हो जायें तो उसमें हमारे जैसा ही नैतिकता बोध आ जायेगा।

* आदिम समाज में उत्पादक शक्तियों के विकास के सम्बन्ध में इसकी व्याख्या मैं आगे करूँगा।

"ठीक वैसे ही जैसे विविध जानवर सौन्दर्य का कुछ न कुछ बोध रखते हैं, पर वे बिल्कुल भिन्न-भिन्न वस्तुओं को सराहते हैं, उसी प्रकार उनमें सही और गलत का बोध भी हो सकता है, भले ही इसके नाते वे आचरण-व्यवहार के बिल्कुल भिन्न ढर्रे क्यों न अपनाते हों।

"उदाहरण के लिए, यदि मनुष्यों का पालन-पोषण ठीक वैसी ही दशाओं में हुआ होता, जैसी दशाओं में मधुमक्खियों का होता है, तब इसमें सन्देह की शायद ही कोई गुंजाइश होती कि हमारी अनब्याही मादाएँ, श्रमिक मधुमक्खियों की भाँति ही, अपने भाइयों को मार डालना एक पवित्र कार्य समझतीं, और माताएँ अपनी उर्वरा बेटियों को मार डालने की कोशिश करतीं; और कोई भी इसमें हस्तक्षेप करने की नहीं सोचता। फिर भी, मधुमक्खी, या अन्य किसी भी सामाजिक प्राणी के पास सही या गलत की, या विवेक की कोई न कोई भावना अवश्य होती है।"*

इन शब्दों से क्या अर्थ निकलता है? यही कि मनुष्य की नैतिक अवधारणाएँ *निरपेक्ष* नहीं हैं; कि वे उसकी जीवन-दशाओं में परिवर्तन के साथ परिवर्तित होती रहती हैं।

लेकिन इन दशाओं को कौन उत्पन्न करता है? उन्हें कौन परिवर्तित करता है? डार्विन इस बिन्दु पर कुछ भी नहीं कहता, और यदि हम दावा करें और साबित कर दें कि ये दशाएँ उत्पादक शक्तियों द्वारा उत्पन्न की जाती हैं और इन्हीं शक्तियों के विकास के फलस्वरूप परिवर्तित होती हैं, तो डार्विन का विरोध करने के बजाय, हम उसके कथन का समर्थन ही करेंगे, तथा वह जिस बात की व्याख्या नहीं कर सकता, उसे हम स्पष्ट कर देंगे, और ऐसा हम *सामाजिक* परिघटनाओं के अध्ययन में उसी सिद्धान्त का प्रयोग करके करेंगे, जिसकी बदौलत उसने *जीवविज्ञान* की इतनी महान सेवा की।

सामान्य तौर पर, डार्विनवाद और भौतिकवादी इतिहास-दृष्टि के बीच विभाजक-रेखा खींचना बड़ी अजीब बात है। डार्विन का क्षेत्र एकदम अलग था। उसने एक *जीववैज्ञानिक प्रजाति* के रूप में मनुष्य की उत्पत्ति की जाँच-पड़ताल की। भौतिकवादी दृष्टि के समर्थक इस प्रजाति के *ऐतिहासिक* जीवन की व्याख्या करने की कोशिश करते हैं। उनके अनुसन्धान का क्षेत्र ठीक वहीं से शुरू होता हैं जहाँ पर डार्विनवादियों के अनुसन्धान का क्षेत्र खत्म होता है। भौतिकवादियों का कार्य डार्विनवादियों के कार्य की जगह नहीं ले सकता, और ठीक इसी तरह, डार्विनवादियों की सर्वाधिक प्रखर खोजें भी भौतिकवादियों के अनुसन्धान की जगह नहीं ले सकतीं; वे भौतिकवादियों के लिए सिर्फ जमीन तैयार करने का काम करते हैं, ठीक वैसे ही जैसे भौतिकशास्त्री रसायनशास्त्री के लिए जमीन तैयार करने का काम करता है, और रसायनशास्त्री के

* *दि डिसेण्ट ऑफ मैन,* 1883

अनुसन्धानों को किसी भी तरह अनावश्यक नहीं बनाता।* इन सारी बातों का निचोड़ यह है। डार्विन का सिद्धान्त, अपने समय में, *जैविक* विज्ञान के विकास में एक महान और आवश्यक प्रगति था, और इसने इस विज्ञान और इसके प्रति समर्पित लोगों द्वारा उस समय की जा सकने वाली सभी अपेक्षाओं को पूर्णरूपेण पूरा किया। क्या ऐसा ही इतिहास की भौतिकवादी दृष्टि के बारे में कहा जा सकता है? और क्या यह भी दावा किया जा सकता है कि यह सिद्धान्त अपने समय में सामाजिक विज्ञान के विकास में एक महान और अनिवार्य प्रगति था? और क्या यह अब भी इस विज्ञान की सभी अपेक्षाओं को पूरा करने में समर्थ है? मेरा उत्तर है : हाँ, और बार-बार हाँ! और मुझे उम्मीद है कि मैं इन पत्रों में, अंशतः, यह साबित कर दूँगा कि यह विश्वास निराधार नहीं है।

लेकिन सौन्दर्यबोध पर लौटें। मैंने डार्विन के जिन शब्दों को उद्धृत किया है उनसे स्पष्ट है कि वह *सौन्दर्यात्मक अभिरुचि* के विकास को उसी दृष्टिकोण से देखता था

---

* यहाँ एक स्पष्टीकरण आवश्यक है। जब मैं यह कहता हूँ कि डार्विनवादी जीववैज्ञानिक समाजशास्त्रीय विवेचना के लिए जमीन तैयार करते हैं, तो इसे इसी अर्थ में लिया जाना चाहिए कि *जैविक रूपों के विकास के सम्बन्ध में* जीवविज्ञान की उपलब्धियाँ *सामाजिक संगठन के विकास और उसकी उपलब्धियों : मानवीय विचार एवं भावनाओं के विकास के सम्बन्ध में* समाजशास्त्र की वैज्ञानिक विधि को पूर्ण बनाने में मदद करती हैं। लेकिन मैं हैकेल जैसे, डार्विनवादियों के सामाजिक विचारों से सहमत नहीं हूँ। हमारे साहित्य में पहले ही यह इंगित किया जा चुका है कि डार्विनवादी जीववैज्ञानिक मानव समाज पर अपने विमर्श में डार्विन की *पद्धति* का इस्तेमाल नहीं करते; वे बस उन पशुओं (मुख्यतः शिकारी पशुओं) की मूलवृत्तियों को आदर्श के रूप में प्रस्तुत कर देते हैं जो उस महान जीववैज्ञानिक के अनुसन्धान का विषय थे। डार्विन सामाजिक प्रश्नों पर "सुनिश्चित" होने से कोसों दूर था; लेकिन अपने सिद्धान्त से उस सामाजिक प्रश्नों पर जो दृष्टिकोण निःसृत किया, वह उससे बिल्कुल अलग है जो अधिकांश डार्विनवादी प्रस्तुत करते हैं। डार्विन मानता था कि सामाजिक मूलवृत्तियों का विकास *"प्रजातियों के लिए अत्यन्त लाभकारी था।"* वे डार्विनवादी इस विचार से कतई सहमत नहीं हो सकते जो समाज में *हरेक का हरेक के विरुद्ध संघर्ष* की बात करते हैं। यह सच है कि डार्विन कहता है कि "सभी मनुष्यों के बीच खुली प्रतिस्पर्धा होनी चाहिए; और योग्यतम मनुष्य को सर्वोत्तम का स्थान लेने तथा सबसे अधिक सन्तानें उत्पन्न करने से कानून अथवा प्रथाओं द्वारा नहीं रोका जाना चाहिए।" लेकिन समाज में हरेक के हरेक के विरुद्ध संघर्ष में विश्वास करने वाले इन शब्दों को व्यर्थ ही उद्धृत करते हैं। उन्हें सेण्ट-साइमनवादियों को याद करना चाहिए। प्रतिस्पर्धा के बारे में वे भी डार्विन जैसी ही बात करते थे लेकिन प्रतिस्पर्धा के नाम पर उन्होंने ऐसे सामाजिक सुधारों की माँग की जिनका हैकेल और उसके अनुयायी शायद ही समर्थन करेंगे।[1] प्रतिस्पर्धा एक तरह की होती है, और प्रतिस्पर्धा दूसरी तरह की भी होती है, ठीक वैसे ही, जैसे स्गानरेल के शब्दों में, लकड़ी का गट्ठर एक किस्म का होता है और लकड़ी का गट्ठर दूसरी किस्म का भी होता है।[2]

जिससे *नैतिकता बोध* के विकास को। मनुष्य, और अनेक जानवर, सुन्दर का बोध रखते हैं, अर्थात् उनके भीतर, कुछ निश्चित वस्तुओं या परिघटनाओं के प्रभाव में, एक विशेष प्रकार के आनन्द ("सौन्दर्यात्मक") की अनुभूति करने की क्षमता होती है। लेकिन ठीक-ठीक कौन-कौन-सी वस्तुएँ और परिघटनाएँ उन्हें यह आनन्द प्रदान करती हैं, यह उन दशाओं पर निर्भर है जिनमें वे पलते-बढ़ते हैं, जीते और कार्यशील रहते हैं। *मानव प्रकृति* के कारण ही मनुष्य में सौन्दर्यात्मक अभिरुचियाँ और अवधारणाएँ पायी जाती हैं। *उसके इर्द-गिर्द की दशाएँ ही* इस *सम्भावना के यथार्थ में परिवर्तन* को निर्धारित करती हैं; ये दशाएँ ही यह स्पष्ट करती हैं कि क्यों सामाजिक मनुष्य (अर्थात्, किसी समाज, किसी जन-समुदाय या वर्ग) में *अन्य प्रकार की नहीं,* बल्कि किन्हीं विशेष प्रकार की अभिरुचियाँ और अवधारणाएँ पायी जाती हैं।

इस विषय पर डार्विन के कथन से स्वतः ही यह निष्कर्ष निकलता है। इतिहास की भौतिकवादी दृष्टि के समर्थकों में से कोई भी इस निष्कर्ष का विरोध नहीं करेगा। बल्कि, इसके विपरीत, उसे इसमें इस दृष्टि की एक नयी पुष्टि ही दिखायी देगी। निश्चय ही ऐसा कभी नहीं हुआ है कि उनमें से किसी ने भी मानव प्रकृति की आम तौर पर ज्ञात विशेषताओं से इंकार किया हो, या किसी मनमाने ढंग से व्याख्या की हो। ज्यादा से ज्यादा उन्होंने यही कहा है कि यदि मानव प्रकृति अपरिवर्तनशील है, तो यह उस ऐतिहासिक प्रक्रिया की व्याख्या नहीं कर सकती जो दरअसल निरन्तर *परिवर्तनशील* परिघटनाओं का समुच्चय है, लेकिन यदि यह ऐतिहासिक विकास के क्रम में स्वयं *परिवर्तित होती रहती है,* तब स्पष्ट ही इसके परिवर्तनों का एक बाह्य कारण अवश्य होना चाहिए। इसलिए इन दोनों में से किसी भी दशा में, इतिहासकार और समाजशास्त्री का कार्यभार मानव-प्रकृति की विशेषताओं का विवेचन करने से बढ़कर होता है।

हम मानव-प्रकृति की एक विशेषता, अनुकरण वृत्ति को लेते हैं। टार्ड, जिसने अनुकरण के नियमों पर एक बेहद दिलचस्प निबन्ध लिखा है,[3] इसे समाज की आत्मा, मानता है। जैसा कि वह परिभाषित करता है, प्रत्येक सामाजिक समूह ऐसे मनुष्यों का समुच्चय होता है जो अंशतः वर्तमान में एक दूसरे का अनुकरण करते हैं और अंशतः अतीत में भी एक ही मॉडल का अनुकरण करते रहे हैं। अनुकरण ने निस्सन्देह हमारे सभी विचारों, अभिरुचियों, प्रचलनों और रिवाजों के इतिहास में बहुत बड़ी भूमिका निभाई है। इसके महत्त्व को तो उससे पिछली सदी में (अर्थात् सत्रहवीं सदी में—अनु.) भौतिकवादी पहले ही रेखांकित कर चुके हैं : हेल्वेतियस का कहना था मनुष्य पूरी तरह अनुकरण में ही जीता है। लेकिन इसमें भी सन्देह नहीं कि अनुकरण के नियमों के अनुसन्धान का टार्ड का आधार गलत है।

जब स्टुअर्ट वंश की पुनर्स्थापना से ब्रिटेन में अस्थायी तौर पर पुराना कुलीनतंत्र फिर से स्थापित हो गया, तो इन कुलीनों ने क्रान्तिकारी निम्न बुर्जुआ वर्ग के उग्र

प्रतिनिधियों प्यूरिटनों का *अनुकरण करने* में तनिक भी रुचि नहीं दिखायी, बल्कि, उन आदतों और अभिरुचियों में जबर्दस्त रुचि प्रदर्शित की जो प्यूरिटन तौर-तरीकों के *एकदम विपरीत* थीं। प्यूरिटनों की कठोर नैतिकताओं की जगह हद दर्जे की लम्पटताओं ने ले ली। जिन चीजों को, प्यूरिटन वर्जित करते थे, अब वे ही चीजें रुचिकर और अनुकरणीय बन गयीं। प्यूरिटन बेहद धार्मिक थे, पर पुनर्स्थापनाकाल का उच्च वर्गीय समाज अब अपनी अधार्मिकता का प्रदर्शन करता था। प्यूरिटन थिएटर और साहित्य का दमन करते थे; उनके पतन ने थिएटर और साहित्य के प्रति एक नयी और जबर्दस्त आसक्ति पैदा कर दी। प्यूरिटन छोटे-छोटे बाल रखते थे और वेशभूषा की सजावट को बुरा मानते थे; पुनर्स्थापना के बाद, लम्बे-लम्बे बालों वाले विग और विलासितापूर्ण परिधानों का फैशन चल पड़ा। प्यूरिटन ताश खेलने पर रोक लगाते थे, लेकिन पुनर्स्थापना के बाद, जुआ खेलना एक नशा बन गया और ऐसी ही तमाम और चीजें भी प्रचलन में आ गयीं। संक्षेप में, यहाँ पर *अनुकरण* नहीं *बल्कि अन्तरविरोध* अपनी भूमिका निभा रहा था, जो स्पष्टतः अनुकरण की भाँति ही मानव-प्रकृति के गुणों में है। लेकिन मानव-प्रकृति के गुणों में निहित अन्तरविरोध की यह प्रवृत्ति सत्रहवीं सदी के ब्रिटेन में बुर्जुआ वर्ग और कुलीनतंत्र के बीच के सम्बन्धों में इतने सशक्त ढंग से क्यों अभिव्यक्त हुई? इसका कारण यह था कि यह सदी कुलीनतंत्र और बुर्जुआ वर्ग, या ज्यादा सटीक ढंग से कहें तो कुलीन तंत्र और पूरी "तृतीय श्रेणी" के बीच बहुत ही उग्र संघर्ष की सदी थी। अतः हम कह सकते हैं कि भले ही मनुष्य में, असन्दिग्ध रूप से, अनुकरण की प्रबल प्रवृत्ति होती है, फिर भी यह केवल निश्चित *सामाजिक सम्बन्धों*, उदाहरणस्वरूप, उन सामाजिक सम्बन्धों में ही प्रकट होती है जो सत्रहवीं सदी के फ्रांस में मौजूद थे, जब बुर्जुआ वर्ग ने बड़ी तत्परता से, हालाँकि बहुत सफलतापूर्वक नहीं, कुलीन तंत्र का अनुकरण किया था : जरा मोलियर की कृति *बुर्जुआ जेंटिलमैन* को याद भर कर लीजिये। लेकिन दूसरे सामाजिक सम्बन्धों में अनुकरण की यह प्रवृत्ति गायब हो जाती है और अपनी विपरीत प्रवृत्ति का मार्ग प्रशस्त कर देती है, जिसको फिलहाल मैं *अन्तरविरोध* की प्रवृत्ति कहूँगा।

लेकिन नहीं, मैं इसे ठीक से नहीं रख रहा। सत्रहवीं सदी में अनुकरण की प्रवृत्ति अंग्रेजों में गायब नहीं हुई : सम्भवतः यह *एक ही वर्ग* के सदस्यों के बीच के सम्बन्धों में अपनी समस्त पूर्ववर्ती ताकत के साथ अभिव्यक्त हुई। (अलेक्सान्द्र) बेल्जेम ने उस काल के उच्च अंग्रेजी समाज के बारे में कहा है : "ये लोग नास्तिक भी नहीं थे, वे किसी आनुभविक आधार के बिना ही धर्म से इंकार करते थे, ताकि वे राउण्डहेड्स[4] न समझ लिये जायें, और इसलिए भी ताकि वे सोच-विचार करने की जहमत से बचे रहें।" इन लोगों के बारे में बेधड़क कहा जा सकता है कि वे अनुकरण के नाते धर्म से इंकार करते थे। लेकिन अपने से अधिक गम्भीर *नास्तिकों का अनुकरण* करने में,

वे *प्यूरिटनों का विरोध कर रहे थे।* इस प्रकार अनुकरण *अन्तरविरोध का एक स्रोत था।* लेकिन, हम जानते हैं कि अगर कुलीन अंग्रेजों में से अपेक्षाकृत कमजोर दिमाग वाले अपेक्षाकृत तेज दिमागवालों के नास्तिकतावाद का *अनुकरण* करते थे, तो इसका कारण यह था कि नास्तिकतावाद एक अच्छा रूप था, और ऐसा एकमात्र उसके *विरोधी* रूप के नाते, यानी प्यूरिटनवाद के विरुद्ध प्रतिक्रिया का एक रूप होने के नाते ही था—यह एक ऐसी प्रतिक्रिया थी जो उपरोक्त *वर्ग संघर्ष* का ही परिणाम था। अतः, *मानसिक परिघटनाओं के इस संश्लिष्ट द्वंद्व की जड़ में ऐसे तथ्य थे जिनकी प्रवृत्ति सामाजिक थी।* इससे यह स्पष्ट हो जाता है कि मैंने डार्विन के कथनों से जिस हद तक और जिस अर्थ में निष्कर्ष निकाला है वह सही है, अर्थात् यह कि मानव-प्रकृति के नाते मनुष्य की कुछ निश्चित अवधारणाएँ (या अभिरुचियाँ या रुझानें) *हो सकती* हैं, लेकिन इस *सम्भावना का यथार्थ* में रूपान्तरण मनुष्य के परिवेश पर निर्भर करता है; इन दशाओं के चलते ही उसमें कुछ विशिष्ट प्रकार की अवधारणाएँ (या रुझानें या रुचियाँ) होती हैं। अगर मैं गलत नहीं हूँ तो ठीक यही बात इतिहास की भौतिकवादी दृष्टि का एक रूसी समर्थक मुझसे पहले कह चुका है।[5]

"एक बार जब पेट में भोजन की एक निश्चित मात्रा आ जाती है, तब वह आमाशयिक पाचन के सामान्य नियमों के अनुसार कार्य करने लगता है। लेकिन क्या कोई इन नियमों की सहायता से इस सवाल का जवाब दे सकता है कि क्यों स्वादिष्ट और पौष्टिक भोजन प्रतिदिन आपके पेट में जाता है, जबकि मेरे पेट में इसका आगमन कभी-कभार ही होता है? क्या ये नियम इस बात को स्पष्ट कर सकते हैं कि क्यों कुछ लोग खूब खाते रहते हैं, जबकि दूसरे भूखे रह जाते हैं? ऐसा लगता है कि जवाब कहीं और, अर्थात् किन्हीं दूसरे प्रकार के नियमों में खोजना होगा। ऐसा ही मानव-मस्तिष्क के सम्बन्ध में भी है। जब इसे एक निश्चित स्थिति में रख दिया जाता है, जब परिवेश इस पर कुछ निश्चित प्रभाव डाल देता है, तब यह उन्हें कुछ निश्चित सामान्य नियमों के अनुसार संयोजित करने लगता है (यहाँ भी, प्राप्त प्रभावों की विविधता के अनुसार, अत्यन्त विविध प्रकार के परिणाम प्राप्त होते हैं)। लेकिन वह कौन-सी चीज है जो दिमाग को उस स्थिति में रखती है? वह कौन-सी चीज है जो नये प्रभावों के अन्तर्वाह और चरित्र को निर्धारित करती है? यह ऐसा सवाल है जिसका जवाब विचार के किसी नियम द्वारा नहीं दिया जा सकता।

"इसके अतिरिक्त, कल्पना कीजिये कि एक ऊँची मीनार से एक गेंद गिर रही है। इसकी गतियाँ सर्वविदित और सरल यांत्रिकी के नियम के अनुसार होंगी। लेकिन मान लीजिये कि अचानक यह गेंद एक ढलवा पटल से टकराती है। तब इसकी गति एक दूसरे, और सरल एवं सर्वविदित *यांत्रिकी के नियम* के अनुसार परिवर्तित हो जायेगी। नतीजतन, हमें गति की एक खण्डित रेखा प्राप्त होगी, जिसके बारे में कहना चाहिए

कि यह उपरोक्त दो नियमों की संयुक्त कार्रवाई का परिणाम है। लेकिन गेंद जिस ढलवा पटल से टकरायी थी, वह कहाँ से आया? इसे पहले या दूसरे नियम या दोनों की संयुक्त कार्रवाई के आधार पर नहीं स्पष्ट किया जा सकता। मानव-विचार के मामले में भी ठीक यही बात है। वे परिस्थितियाँ कहाँ से आती हैं जिनके कारण इसकी गतियाँ किन्हीं नियमों की कार्रवाई का विषय बनीं? इसे न तो गति के पृथक-पृथक नियमों द्वारा स्पष्ट किया जा सकता है, और न ही उनकी संयुक्त कार्रवाई द्वारा।"

मुझे पक्का विश्वास है कि विचारधाराओं के इतिहास को केवल वे ही लोग समझ सकते हैं जो इस सीधी-सरल सचाई को आत्मसात कर चुके हैं।

अब बात को आगे बढ़ायें। जब मैं अनुकरण की चर्चा कर रहा था, तो मैं उस विपरीत प्रवृत्ति को ही इंगित कर रहा था जिसे मैंने अन्तरविरोध की प्रवृत्ति कहा है। इसकी और निकटता से जाँच-पड़ताल आवश्यक है।

हम जानते हैं कि जिसे डार्विन ने *"प्रति-थीसिस का सिद्धान्त"* कहा है, वह मनुष्यों और जानवरों में भावनाओं की अभिव्यक्ति में कितनी बड़ी भूमिका निभाता है। "मस्तिष्क की निश्चित अवस्थाओं के कारण कुछ आदतन होनेवाली गतियाँ उत्पन्न होती हैं, जो पहले काम आती थीं, या शायद अब भी काम आती हैं; और हम यह देख सकते हैं कि जब एक प्रत्यक्षतः विपरीत मनःस्थिति उत्पन्न होती है तो ठीक विपरीत प्रकृति की गतियों को सम्पादित करने की एक प्रबल और अनैच्छिक प्रवृत्ति भी पैदा होती है, हालाँकि ये पहले कभी काम में नहीं आई होती हैं।"* डार्विन ने ऐसे तमाम उदाहरण प्रस्तुत किये हैं जो बड़े विश्वसनीय ढंग से यह दर्शाते हैं कि *"प्रति-थीसिस का सिद्धान्त"* भावनाओं की अभिव्यक्ति में वाकई महत्त्वपूर्ण भूमिका निभाता है। मैं पूछता हूँ कि क्या *रिवाजों* की उत्पत्ति और विकास में इसकी भूमिका को नहीं देखा जाना चाहिए?

जब कोई कुत्ता टाँगें ऊपर करके अपने मालिक के पैरों पर लोटता है, तो इसकी यह मुद्रा किसी भी प्रतिरोध प्रदर्शन के पूर्ण विरोध में होती है और पूर्ण समर्पणशीलता प्रदर्शित करती है। यहाँ पर प्रति-थीसिस का सिद्धान्त पूरी प्रखरता के साथ लागू होता दिखता है। लेकिन मेरी समझ से, यह निम्नलिखित मामले में और भी स्पष्ट है जिसका उल्लेख यात्री बर्टन ने अपनी किताब में किया है। जब *वन्यामवेज़ी* कबीले के नीग्रो किसी शत्रु कबीले के गाँव के पास से गुजरते हैं तो वे हथियार लेकर नहीं चलते हैं, ताकि कोई उत्तेजना न भड़के। लेकिन अपने निवास-स्थान पर उनमें से हर कोई कम से कम मूठदार छड़ी से लैस जरूर होता है। अब यदि वह कुत्ता जो चित्त लोट जाता है, डार्विन के अनुसार, आदमी से, या किसी अजनबी कुत्ते से यह कहता प्रतीत होता

* डार्विन, *दि एक्सप्रेशन ऑफ दि इमोशंस इन मैन ऐण्ड एनिमल्स,* रूसी अनुवाद, सेण्ट पीटर्सबर्ग, 1872, पृ. 43

है कि, "देखो मैं तुम्हारा दास हूँ!"—तो वन्यामवेजी नीग्री ऐसे अवसर पर अपना हथियार रखकर, जब उसे साथ लिये होना आवश्यक प्रतीत होता है, अपने शत्रु को सन्देश देता है : "आत्मरक्षा की बात भी मेरे मन में नहीं है। मुझे आपकी उदारहृदयता पर पूरा भरोसा है।"

दोनों मामलों में विचार एक ही है—और उसकी अभिव्यक्ति भी एक ही तरह की है—अर्थात् एक ऐसी कार्रवाई के द्वारा जो उस कार्रवाई के ठीक विपरीत है जो ऐसी दशा में अपरिहार्य होती, जब इरादा समर्पणशीलता के बजाय, शत्रुतापूर्ण होता।

हमें प्रति-थीसिस के सिद्धान्त की स्पष्ट अभिव्यक्ति उन रिवाजों में भी देखने को मिलती है जो शोक की अभिव्यक्ति के लिए होते हैं। डेविड और चार्ल्स लिविंग्स्टन बताते हैं कि कोई भी नीग्रो स्त्री, *मृत व्यक्ति के प्रति शोक-संवेदना प्रकट करने के समय को छोड़कर,* बिना आभूषण पहने कभी भी सार्वजनिक तौर पर बाहर नहीं जाती।

निआम-निआम नीग्रो लोगों में पति और पत्नी दोनों ही केश-विन्यास का काफी ख्याल रखते हैं, फिर भी जब कोई सम्बन्धी मर जाता है तो उसके प्रति शोक के तौर पर पुरुष अपने बाल मुँडवा लेते हैं। द्यू शाइलू के अनुसार, अफ्रीका में नीग्रो लोग कबीले के किसी महत्त्वपूर्ण व्यक्ति के मर जाने पर *गन्दे कपड़े पहन लेते हैं।* बोर्निओ के कुछ आदिवासी आम तौर पर पहना जानेवाला *सूती सारोंग* उतारकर, और उसकी जगह पुराने जमाने में पहने जाने वाले *छाल के कपड़े* पहनकर शोक व्यक्त करते हैं; इसी मकसद से, कुछ मंगोलियाई कबीले अपने कपड़े *उलटकर* पहन लेते हैं। इन सभी मामलों में, भावना की अभिव्यक्ति *ऐसे कार्यों* द्वारा की जाती है जो *उन कार्यों के विपरीत होते हैं जिन्हें सामान्य जीवन में स्वाभाविक, आवश्यक, उपयोगी या सुखकर माना जाता है।*

सामान्य जीवन में गन्दे कपड़े उतारकर साफ-सुथरे कपड़े पहनना अच्छा माना जाता है, लेकिन शोक प्रकट करते समय प्रति-थीसिस के सिद्धान्त के तहत, साफ कपड़ों की जगह गन्दे कपड़े पहन लिये जाते हैं। उल्लिखित बोर्निओवासी आम तौर पर सूती कपड़े पहनना पसन्द करते हैं, न कि छाल के कपड़े पहनना, लेकिन जब उन्हें शोक प्रकट करना होता है, तब प्रति-थीसिस का सिद्धान्त उन्हें छाल के कपड़े पहनने के लिए प्रेरित करता है। अन्य सभी लोगों की भाँति, मंगोलियाई भी अपने कपड़े सीधे ही पहनते हैं, लेकिन चूँकि यह उन्हें सामान्य जीवन में स्वाभाविक लगता है, इसीलिए जब किसी शोकपूर्ण घटना से उनका साधारण जीवन अस्त-व्यस्त हो जाता है, तब वे अपने कपड़े उलटकर पहन लेते हैं। यहाँ एक और भी विचित्र उदाहरण दिया जा सकता है। श्वीनफर्थ का कहना है कि कई अफ्रीकी नीग्रो *अपने गले में रस्सी का फन्दा डालकर* शोक प्रकट करते हैं। यहाँ पर शोक एक ऐसी भावना से प्रकट किया जाता है जो आत्मरक्षा की नैसर्गिक भावना के ठीक विपरीत होती है। ऐसे ढेरों उदाहरण दिये जा सकते हैं।

अतः मुझे पक्का विश्वास है कि हमारे रिवाजों का एक बड़ा हिस्सा प्रति-थीसिस के सिद्धान्त से ही उत्पन्न हुआ है।

अगर मेरा यह विश्वास सही है—और मैं मानता हूँ कि यह बिल्कुल सही है—तो हम यह भी मान ले सकते हैं कि हमारी *सौन्दर्यात्मक अभिरुचियों* का विकास भी अंशतः इसी सिद्धान्त के प्रभाव में हुआ है। लेकिन क्या यह मान्यता तथ्यों से पुष्ट होती है? मैं समझता हूँ कि होती है।

सेनेगाम्बिया में धनी स्त्रियाँ इतने छोटे जूते पहनती हैं कि उसमें पूरा पैर नहीं समा सकता, जिसके नाते इन स्त्रियों की चाल बेढब हो जाती है। लेकिन ऐसी चाल बेहद आकर्षक मानी जाती है।

ऐसा कैसे हुआ होगा?

इसे समझने के लिए, पहले यह जानना जरूरी है कि ऐसे जूते गरीब स्त्रियाँ नहीं पहनतीं, जिन्हें श्रम कार्य करना होता है और जिन्हें साधारण चाल से चलना होता है। वे धनी नखरेबाज स्त्रियों की भाँति नहीं चल सकतीं, क्योंकि इससे समय अधिक बर्बाद होता। धनी स्त्रियों की बेढब चाल मुख्यतः इसी कारण आकर्षक लगती है कि उनके लिए समय की कोई कीमत नहीं होती, क्योंकि वे श्रम कार्य से मुक्त होती हैं। इस चाल का अपने आप में कोई मतलब नहीं है; इसे महत्त्व *सिर्फ इसीलिए* मिलता है कि *यह चाल श्रमकार्य के बोझ से लदी (और इसलिए, गरीब) स्त्रियों की चाल के विपरीत* होती है।

यहाँ पर *"प्रति-थीसिस के सिद्धान्त"* की कार्रवाई एकदम सीधी है। लेकिन गौर करें कि यह *सामाजिक कारणों* से अर्थात् सेनेगाम्बियाई नीग्रो लोगों के बीच सम्पत्ति की असमानता की मौजूदगी के कारण क्रियाशील होता है।

हमने ऊपर पुनर्स्थापना काल के ब्रिटिश कुलीनों की नैतिकताओं के बारे में जो कुछ कहा है उसे याद करते हुए मैं उम्मीद करता हूँ कि आप भी इस बात से सहमत होंगे कि उनके द्वारा प्रदर्शित अन्तरविरोध की प्रवृत्ति, *सामाजिक मनोविज्ञान में डार्विन के प्रति-थीसिस के सिद्धान्त* का ही एक विशिष्ट उदाहरण प्रस्तुत करती है। लेकिन यहाँ एक और बिन्दु को देखा जाना चाहिए।

उद्यमशीलता, धैर्य, शालीनता, मितव्ययिता, कठोर घरेलू नैतिकताएँ आदि सद्‌गुण ब्रिटिश बुर्जुआ वर्ग के लिए उस वक्त बहुत उपयोगी थे जब वह समाज में एक अपेक्षाकृत ऊँची स्थिति हासिल करने की कोशिश कर रहा था। लेकिन जो दुर्गुण बुर्जुआ सद्‌गुणों के विपरीत थे, वे बुर्जुआ वर्ग के विरुद्ध अपने अस्तित्व के लिए संघर्ष कर रहे ब्रिटिश कुलीनतंत्र के लिए व्यर्थ थे। उनसे इस संघर्ष में कुलीन तंत्र को कोई नया अस्त्र नहीं मिलता था, और वे सिर्फ एक मनोवैज्ञानिक परिणाम के तौर पर सामने आये थे। ब्रिटिश कुलीनों के लिए बुर्जुआ सद्‌गुणों के विपरीत दुर्गुणों की ओर रुझान उपयोगी नहीं था,

बल्कि यह रुझान जगाने वाली भावना उपयोगी थी, यानी उस वर्ग के प्रति घृणा जिसकी पूर्ण विजय का मतलब होता कुलीन तंत्र के विशेषाधिकारों का पूर्ण खात्मा। दुर्गुण के प्रति कुलीनतंत्र की यह रुझान सिर्फ एक *अन्योन्याश्रयी विचलन* भर (डार्विन की शब्दावली में) थी। ऐसे *अन्योन्याश्रयी* विचलन सामाजिक मनोविज्ञान में आम तौर पर प्रचलित हैं। इन पर अवश्य ध्यान दिया जाना चाहिए। लेकिन यह भी ध्यान में रखना आवश्यक है कि ये भी, अन्तिम रूप से, *सामाजिक कारणों* से ही उत्पन्न होते हैं।

हम अंग्रेजी साहित्य के इतिहास से यह जानते हैं कि उच्च वर्ग की सौन्दर्यात्मक अवधारणाएँ कितने प्रबल रूप में इस प्रति-थीसिस के सिद्धान्त की मनोवैज्ञानिक कार्रवाई द्वारा प्रभावित थीं, यहाँ प्रति-थीसिस का सिद्धान्त वर्ग-संघर्ष द्वारा प्रेरित हुआ था। ब्रिटिश कुलीनतंत्र के लोग, जो अपने निर्वासन के दौरान फ्रांस में रह रहे थे, उस फ्रांसीसी साहित्य और फ्रांसीसी थिएटर से परिचित हुए थे जो एक परिष्कृत कुलीनतांत्रिक समाज के उत्कृष्ट और अनूठे उत्पाद थे, और इसीलिए एलिजाबेथ काल के अंग्रेजी थिएटर और अंग्रेजी साहित्य की अपेक्षा इन लोगों की कुलीनतांत्रिक रुझानों से ज्यादा मेल खाते थे। पुनर्स्थापना के बाद, अंग्रेजी नाट्य-मंच और अंग्रेजी साहित्य फ्रांसीसी अभिरुचि के प्रभाव में आ गये। शेक्सपियर को उसी तरह "पियक्कड़ असभ्य" कहकर दुत्कारा जाने लगा जिस तरह क्लासिकी परम्परा से जुड़े फ्रांसीसी उस पर नाक-भौं सिकोड़ते थे। उसके नाटक *रोमियो और जूलिएट* को *"बुरा"* और *मिडसमर नाइट्स ड्रीम* को *हास्यास्पद और नीरस* कहा जाने लगा; *हेनरी तृतीय* को *"एक मामूली रचना"* तथा *ओथेलो* को *"एक घटिया रचना"* कहा गया। यह दृष्टिकोण अगली सदी में भी पूरी तरह खत्म नहीं हुआ। ह्यूम यह मानता था कि शेक्सपियर की नाट्य-प्रतिभा को वैसे ही बढ़ा-चढ़ाकर आँका जाता है जैसे विरूपित और बेडौल शरीर बहुत बड़े होने का आभास देते हैं। उसने इस महान नाटककार पर "समस्त नाट्य-कला और व्यवहार से पूरी तरह अनभिज्ञ" होने का आरोप लगाया। *पोप* ने खेद प्रकट किया कि शेक्सपियर ने "जनसाधारण" के लिए लिखा और "अपने सम्राट के संरक्षण और दरबार के प्रोत्साहन" के बगैर ही लिखते रहने का रास्ता अख्तियार किया। यहाँ तक कि शेक्सपियर के उत्साही प्रशंसक, लब्धप्रतिष्ठ *गैरिक* ने भी अपने "आदर्श" को *कुलीन बनाने* की कोशिश की। *हैमलेट* के अपने मंचनों में उसने कब्र खोदनेवालों के दृश्य को कुछ ज्यादा ही रुखड़ा बनाकर छोड़ दिया। उसने *किंग लियर* को सुखान्तक बना दिया। लेकिन अंग्रेजी थिएटर देखने वाली जनता का *जनतांत्रिक* तबका शेक्सपियर का भारी प्रशंसक बना रहा। गैरिक जानता था कि उसके नाटकों में हेरफेर करके वह जनता के इस तबके से जबर्दस्त विरोध भड़क उठने का खतरा मोल ले रहा था। उसके मित्र, अपने पत्रों में, उसे इस खतरे का सामना करने का "साहस" दिखाने के लिए बधाइयाँ देते थे। उनमें से एक ने लिखा भी था : "क्योंकि मैं अंग्रेज भीड़ को जानता हूँ"।

सत्रहवीं सदी के उत्तरार्द्ध में कुलीनतांत्रिक नैतिकताओं की शिथिलता, जैसा कि हम जानते हैं, अंग्रेजी नाट्य-मंच पर भी प्रतिबिम्बित हुई, जहाँ यह अविश्वसनीयता की हद तक पहुँच गयी थी। 1660 और 1690 के बीच लिखे गये लगभग सभी सुखान्तक नाटक, लगभग निरपवाद रूप से वे ही थे जिन्हें एडुअर्ड एंगेल ने पोर्नोग्राफिक कहा है। इस तथ्य की रोशनी में, यह तय ही था कि देर-सबेर, प्रति-थीसिस के सिद्धान्त के अनुसार, इंग्लैण्ड में ऐसी नाट्य-कृतियाँ आनी थीं जिनका मुख्य उद्देश्य घरेलू सद्गुणों और मध्यवर्गीय नैतिक शुद्धता को चित्रित और प्रशंसित करना होता। और कुछ ही समय बाद ऐसी कृतियाँ वास्तव में अंग्रेजी बुर्जुआ वर्ग के बौद्धिक प्रतिनिधियों द्वारा रची भी जाने लगीं। लेकिन इस प्रकार की नाट्य कृतियों पर चर्चा मैं आगे, फ्रांसीसी *"अश्रुपूरित सुखान्तकी"* की विवेचना के दौरान करूँगा।

जहाँ तक मुझे जानकारी है, सौन्दर्यात्मक अवधारणाओं के इतिहास में प्रति-थीसिस के सिद्धान्त के महत्त्व को हिप्पोलाइट ताइने ने अत्यन्त प्रखरता से रेखांकित किया है और अत्यन्त कुशलतापूर्वक परिभाषित किया है।*

अपनी विनोदपूर्ण और दिलचस्प कृति, *पिरेनीज़ की यात्रा* में वह अपने साथी मोस्यू पॉल के साथ एक वार्तालाप का वर्णन करता है, जिसमें उसका साथी, स्पष्टतः स्वयं लेखक का ही दृष्टिकोण व्यक्त करता है : "तुम वर्साइ जा रहे हो और फिर भी तुम सत्रहवीं सदी की अभिरुचि का विरोध करते हो।...लेकिन एक क्षण रुक कर आज की अपनी जरूरतों और आदतों के अनुसार फैसला करो।...आज हम जंगल का दृश्य देख कर ठीक ही उसकी सराहना करते हैं, वैसे ही जैसे इस तरह के भूदृश्य देखकर वे ठीक ही ऊब जाया करते थे। सत्रहवीं सदी में असली पहाड़ों से अधिक भद्दा और कुछ नहीं था।** ये पहाड़ उनके मन में अनेक अरुचिकर विचार पैदा करते थे। लोग अभी हाल ही में गृह-युद्ध और अर्द्ध-बर्बरता के युग से निकले थे और ये पहाड़ उनके मन में भूख की, बारिश और बर्फ में घोड़े पर लम्बी-लम्बी यात्राओं की, कीड़ों-मकोड़ों से भरे गन्दे घुड़सालों की, चोकर से भरी घटिया किस्म की काली रोटी की यादें जगाते थे। वे बर्बरता से वैसे ही ऊब चुके थे, जैसे हम सभ्यता से ऊब चुके हैं।...ये पहाड़ हमें हमारे फुटपाथों, दफ्तरों और दुकानों से राहत देते हैं। जंगली दृश्य

---

* टार्ड के पास द्वन्द्ववाद के सिद्धान्त पर 1897 में प्रकाशित अपनी कृति में प्रतिथीसिस के सिद्धान्त के *मनोवैज्ञानिक* कार्य की विवेचना करने का अच्छा अवसर था लेकिन किसी कारणवश उसने इस अवसर का उपयोग नहीं किया और इस विषय पर चन्द टिप्पणियों तक ही सीमित रहा। वह कहता है कि यह पुस्तक कोई समाजशास्त्रीय निबन्ध नहीं है। लेकिन अगर वह अपना प्रत्ययवादी दृष्टिकोण नहीं छोड़ता है तो शायद वह समाजशास्त्र को समर्पित निबन्ध में भी इस विषय को नहीं उठा पायेगा।

** यह न भूलें कि यह वार्तालाप पिरेनीज़ के पहाड़ों में होता है।

हमें सिर्फ इसी वजह से सुहावने लगते हैं। और अगर ऐसा नहीं होता तो ये हमें उतने ही भद्दे लगते जितने कि ये मादाम द मेन्तेनों को लगते थे।"

कोई जंगली भूदृश्य हमें सुहावना इसीलिए लगता है कि हम शहरी दृश्यों से ऊब चुके हैं। सत्रहवीं सदी में लोगों को जंगली स्थानों के बजाय शहरी दृश्य और कृत्रिम बगीचे अधिक सुहाते थे। यहाँ पर "प्रति-थीसिस का सिद्धान्त" असन्दिग्ध रूप से लागू होता है। और चूँकि यह असन्दिग्ध है, इसलिए यह उन मनोवैज्ञानिक नियमों को भी स्पष्ट रूप से दर्शा देता है जो सामान्य तौर पर विचारधारा के इतिहास को, और विशेष तौर पर कला के इतिहास को समझने की कुंजी का काम कर सकते हैं।

प्रति-थीसिस के सिद्धान्त ने सत्रहवीं सदी के लोगों के मनोविज्ञान में वही भूमिका निभायी थी जो वह आज के हमारे समकालीनों के मनोविज्ञान में अदा कर रहा है। लेकिन सवाल यह है कि हमारी सौन्दर्यात्मक अभिरुचियाँ सत्रहवीं सदी के लोगों की सौन्दर्यात्मक अभिरुचियों के विपरीत क्यों हैं?

इसलिए कि हम एक पूर्णतः भिन्न स्थिति में जी रहे हैं। इस प्रकार हम पुनः अपने उसी सुपरिचित निष्कर्ष पर पहुँच जाते हैं कि मनुष्य की मनोवैज्ञानिक प्रकृति के कारण ही उसमें सौन्दर्यात्मक अवधारणाएँ होती हैं, और कि डार्विन का प्रति-थीसिस का सिद्धान्त (हीगेल का "अन्तरविरोध") इन अवधारणाओं के क्रिया-विधान में अत्यन्त महत्त्वपूर्ण भूमिका अदा करता है, जिसे अभी तक पर्याप्त महत्त्व नहीं दिया गया है। लेकिन किसी सामाजिक मनुष्य की कुछ विशिष्ट अभिरुचियाँ ही क्यों होती हैं, क्यों कुछ विशिष्ट चीजें ही उसे भाती हैं—ये सारी बातें उसके इर्द-गिर्द की दशाओं पर निर्भर करती हैं। ताइने द्वारा दिया गया उदाहरण भी इन दशाओं के चरित्र का एक अच्छा संकेत देता है; इस उदाहरण से यह स्पष्ट हो जाता है कि ये सामाजिक दशाएँ हैं जो अपनी समग्रता में—फिलहाल मैं मोटे तौर पर कहूँ तो—मानव-संस्कृति के विकास द्वारा निर्धारित होती हैं।*

यहाँ मैं आपकी तरफ से एक आपत्ति का पूर्वानुमान कर रहा हूँ। आप कह सकते हैं : "मान लेते हैं कि ताइने द्वारा दिये गये उदाहरण में *सामाजिक* दशाओं को ही वह कारण माना गया है जो हमारे मनोविज्ञान के बुनियादी नियमों को कार्यशील बनाता है। यह भी मान लेते हैं कि आपने स्वयं जो उदाहरण दिये हैं वे भी यही बात

---

* सभ्यता की सबसे निचली पायदानों पर ही अन्तरविरोध का मनोवैज्ञानिक सिद्धान्त पुरुष और स्त्री के बीच श्रम विभाजन के द्वारा क्रियाशील हो चुका है। वी.आई. जोकेल्सन कहता है कि "पुरुष और स्त्रियों के बीच दो पृथक समूहों के रूप में परस्पर विरोध युकागिरों की आदिम व्यवस्था की विशेषता है। यह उनके खेलों में भी दिखाई देता है जहाँ पुरुष और स्त्रियाँ दो उग्र प्रतिद्वन्द्वी दलों के रूप में आमने-सामने होते हैं। उनकी भाषा में कुछ ध्वनियों का उच्चारण स्त्रियाँ पुरुषों से अलग ढंग से करती हैं। स्त्रियाँ मातृवंश को अधिक महत्त्व देती हैं →

कहते हैं। लेकिन क्या ऐसे उदाहरण भी नहीं दिये जा सकते जो एकदम भिन्न बात को सिद्ध करें? क्या हम ऐसे उदाहरणों से परिचित नहीं हैं जो यह दर्शाते हैं कि हमारे मनोविज्ञान के नियम हमारे *इर्द-गिर्द की प्रकृति* के प्रभाव से क्रियाशील होते हैं?"

मेरा जवाब है बेशक, हम ऐसे उदाहरणों से परिचित हैं, और यहाँ तक कि ताइने द्वारा दिया गया उदाहरण भी *प्रकृति* के हमारे ऊपर प्रभावों के प्रति हमारे दृष्टिकोण से सम्बन्धित है। लेकिन कुल मुद्दा यह है कि प्रकृति के प्रति हमारे दृष्टिकोण में परिवर्तन के साथ उसका हम पर पड़नेवाला प्रभाव परिवर्तित होता रहता है, और हमारा दृष्टिकोण हमारी (अर्थात् सामाजिक) संस्कृति के विकास द्वारा निर्धारित होता है।

ताइने द्वारा दिया गया उदाहरण भूदृश्य से सम्बन्धित है। इस बात पर गौर करें, कि भूदृश्य पेण्टिंग के इतिहास में एक स्थायी स्थान नहीं रखता है। माइकेलएंजिलो और उसके समकालीनों ने इसे नजरन्दाज कर दिया था। इटली में इसको अहमियत तब मिलनी शुरू हुई जब पुनर्जागरण अन्त के करीब, अपने उतार पर था।

सत्रहवीं और यहाँ तक कि अठारहवीं सदी के फ्रांसीसी कलाकारों ने भी इसे अलग से कोई अहमियत नहीं दी। यह स्थिति उन्नीसवीं सदी में आकर अचानक बदल गयी, जब भूदृश्य की स्वतंत्र अहमियत आँकी जाने लगी और युवा कलाकार—जैसे फ्लेर, कैबात, थिओडोर रूसो आदि—प्रकृति की गोद में, पेरिस के बाहरी परिवेश में, फोंतेनब्लो और मेलुन में प्रेरणा तलाशने लगे, जिसकी सम्भावना की ओर ल ब्रुन या बाउशर के समय के कलाकारों का ध्यान भी नहीं गया था। क्यों? इसलिए कि फ्रांस में सामाजिक सम्बन्ध बदल चुके थे, और इसके बाद फ्रांसीसियों का मनोविज्ञान भी बदल चुका था।

और पुरुष पितृवंश को। उनके यहाँ पेशों का विशिष्टीकरण हो चुका है और दोनों लैंगिक समूहों के लिए काम के अलग-अलग दायरे तय हैं।" *(ऑन दि रिवर्स यासाच्नाया एण्ड कोर्कोदोन, एनशंट युकागिर लाइफ ऐण्ड लिटरेचर,* सेण्ट पीटर्सबर्ग, 1898, पृ. 5)

लगता है श्री जोकेल्सन यह नहीं देख पाये कि स्त्री-पुरुषों के बीच पेशों का विशिष्टीकरण ही उस वैषम्य का आधार था जो उन्होंने देखा, न कि इसका उल्टा था।

यह वैषम्य स्त्री-पुरुषों के आभूषणों में भी झलकता है, इसकी गवाही कई यात्रियों ने दी है। उदाहरण के लिए : "हर जगह की तरह यहाँ भी ज्यादा ताकतवर लैंगिक समूह दूसरे से खुद को अलग दिखाने की भरपूर कोशिश करता है और पुरुषों का प्रसाधन स्त्रियों से एकदम भिन्न होता है (श्वीनफर्थ)। जहाँ (निआन-निआम कबीले के) पुरुष अपने बालों को सजाने पर खासा समय खर्च करते हैं, वहीं स्त्रियों का केशविन्यास सरल और साधारण होता है।" पुरुषों और स्त्रियों के बीच श्रम विभाजन के *नृत्यों* पर प्रभाव के बारे में जानने के लिए ब्राजील के मूलनिवासियों पर फॉन डेन स्टाइनेन की पुस्तक देखिये (बर्लिन, 1894)। यह विश्वासपूर्वक कहा जा सकता है कि *स्त्री* से अलग दिखने की पुरुष की इच्छा *पशुओं* से अलग दिखने की उसकी इच्छा से पहले उत्पन्न हुई होगी। निश्चय ही, इस मामले में, मानव मनोविज्ञान के मूलभूत गुण विरोधाभासी ढंग से अभिव्यक्त होते हैं।

इस प्रकार सामाजिक विकास की भिन्न-भिन्न कालावधियों में मनुष्य प्रकृति से भिन्न-भिन्न प्रभाव ग्रहण करता है, क्योंकि वह उसे भिन्न-भिन्न दृष्टिकोणों से देखता है।

बेशक, मनुष्य की मनोवैज्ञानिक प्रकृति के सामान्य नियम इनमें से किसी भी कालावधि में, स्थगित नहीं होते। लेकिन चूँकि विविध कालावधियों में, भिन्न-भिन्न सामाजिक सम्बन्धों के कारण, मनुष्य के मस्तिष्क में प्रवेश करनेवाली सामग्री एक ही जैसी नहीं होती, इसलिए यह आश्चर्यजनक नहीं है कि अन्तिम परिणाम भी एक जैसे नहीं होते।

एक और उदाहरण लें। कुछ लेखकों का विचार है कि मनुष्य के बाहरी रूपरंग में जो चीज निम्नतर श्रेणी के जानवरों के रूपरंग से मेल खाती है, वह भद्दी मालूम पड़ती है। यह बात सभ्य लोगों के लिए सच है, गोकि इसके भी तमाम अपवाद हैं : "सिंह जैसा सिर" हममें से किसी को भद्दा नहीं लगता। लेकिन ऐसे अपवादों के बावजूद, यह कहा जा सकता है कि जब मनुष्य को यह अहसास हो जाता है कि वह जन्तु-जगत में अन्य किसी भी प्राणी से उच्चतर है, तब वह उनके सदृश दिखने से डरने लगता है, और उनसे भेद को *रेखांकित* करने और *बढ़ा-चढ़ाकर* पेश करने की कोशिश करता है।*

लेकिन यही बात आदिम जनों के लिए सच नहीं है। हम जानते हैं कि उनमें से कुछेक अपने ऊपरी नुकीले दाँतों को इसलिए निकलवा देते हैं कि वे जुगाली करने वाले जानवरों जैसे लगें, कुछ शिकारी जानवरों जैसे दिखने के लिए दाँतों को नुकीला बनाते हैं, कुछ ऐसे भी हैं जो अपने बालों को सींगों की शक्ल में गूँथते हैं, आदि-आदि।**

* "प्रकृति के आदर्शीकरण में मूर्तिकला को स्वयं प्रकृति ने ही निर्देशित किया : इसने मुख्यतः उन विशिष्टताओं को ज्यादा उभारा जो मनुष्य को पशु से अलग करती हैं। सीधा खड़ा होने की मुद्रा ने टाँगों की लम्बाई और सुगढ़ता को बढ़ाया, पशु जगत में उत्तरोत्तर सीधा होता हुआ माथे का कोण यूनानी लोगों जैसे सुतवाँ माथे के रूप में विकसित हुआ, जबकि यह आम नियम, कि जब प्रकृति कुछ तराशती है तो वह भोथरे ढंग से नहीं बल्कि निश्चयात्मक ढंग से ऐसा करती है, आँखों के सुगठित कोटरों और बराबरी से तराशे होठों के रूप में सामने आया।" लोट्ज़े, 1868

** मिशनरी हेकेवेल्डर बताता है कि एक बार वह अपने एक परिचित रेड इण्डियन से मिलने गया और उसे नृत्य के लिए तैयार होते हुए पाया। जैसा कि हम जानते ही हैं, आदिम जनों के लिए नृत्य का सामाजिक महत्त्व बहुत अधिक है। रेड इण्डियन ने अपना चेहरा कितने जटिल ढंग से रंगा हुआ था उसका वर्णन मिशनरी ने इस प्रकार किया है : "हमने उसका चेहरा एक बगल से देखा तो उसकी नाक बाज की चोंच जैसी लगी...जब हमने उसका चेहरा दूसरी ओर घुमाया तो वही नाक अब सुअर के थूथन जैसी दिख रही थी।...वह अपनी चित्रकारी से खुश लग रहा था और दर्पण में अपने काम को सन्तोष और गर्व के साथ निहार रहा था।" पेरिस से 1822 में छपी उसकी पुस्तक में उत्तर अमेरिकी रेड इण्डियनों के प्रसाधन और पोशाकों के बारे में और भी दिलचस्प जानकारियाँ हैं।

जानवरों का अनुकरण करने की यह प्रवृत्ति प्रायः आदिम जनों के धार्मिक विश्वासों से जुड़ी होती है।*

लेकिन इससे कोई फर्क नहीं पड़ता।

कारण कि यदि आदिम जन निम्नतर श्रेणी के जानवरों को हमारी नजर से देखते तो उन जानवरों का उनके धार्मिक विचारों में कोई स्थान नहीं होता। परन्तु वे उन्हें हमसे भिन्न नजर से देखते हैं। क्यों? इसलिए कि *वे संस्कृति के एक भिन्न स्तर पर होते हैं।* अतः यदि मनुष्य एक जगह निम्नतर श्रेणी के जानवरों जैसा, और दूसरी जगह उनसे भिन्न दिखने की कोशिश करते हैं, तो यह उनकी संस्कृति के स्तर पर, अर्थात् उन *सामाजिक* दशाओं पर निर्भर करता है, जिनकी चर्चा मैं कर चुका हूँ। लेकिन यहाँ पर मैं अपनी बात अपेक्षाकृत अधिक स्पष्टता से रखना चाहूँगा। मैं कहना चाहूँगा कि यह सब उनकी उत्पादक शक्तियों के विकास के स्तर पर, उनकी उत्पादन-प्रणाली पर निर्भर करता है। और मुझ पर अतिशयोक्ति-कथन और "एकांगीपन" का आरोप न लगे, इसके लिए, मैं विद्वान जर्मन यात्री फॉन डेन स्टाइनेन की बात को अपने पक्ष में उद्धृत करूँगा जिसकी चर्चा मैं पहले कर चुका हूँ। वह ब्राजीली रेड इण्डियनों के बारे में कहता है : "हम इन लोगों को सिर्फ तभी समझ सकते हैं जब हम उन्हें आखेटक जीवन-शैली की उपज मानें। उनके अनुभव का सबसे महत्त्वपूर्ण भाग पशु-जगत से सम्बद्ध है, और इसी अनुभव के आधार पर उनका दृष्टिकोण निर्मित हुआ है। इसी के अनुरूप उनके कलात्मक प्रतीक भी उबाऊ एकरसता के साथ पशु-जगत से ही निःसृत हुए हैं। कहा जा सकता है कि उनकी अद्भुत रूप से समृद्ध कला की जड़ें पूरी तरह उनके आखेटक जीवन में ही हैं।

चेर्नीशेव्स्की ने अपने निबन्ध *कला का यथार्थ के साथ सौन्दर्यात्मक सम्बन्ध* में लिखा है : "पौधों में हमें जो चीज भाती है वह है उनके हरे-भरे रंग और रूप की ताजगी, क्योंकि इससे मजबूती और ताजगी से भरे जीवन की झलक मिलती है। एक मुरझाता हुआ पौधा या फिर वह पौधा जिसमें जीवन-रस बहुत थोड़ा रह गया हो, मनहूस लगते हैं।" चेर्नीशेव्स्की का यह निबन्ध सौन्दर्यात्मक समस्याओं पर फायरबाखियाई भौतिकवाद के सामान्य सिद्धान्तों के प्रयोग का एक अत्यन्त दिलचस्प और अनूठा उदाहरण है।

लेकिन इस भौतिकवाद में इतिहास हमेशा ही एक कमजोर बिन्दु रहा था, और इसे मेरे द्वारा अभी-अभी उद्धृत पंक्तियों में स्पष्टतः देखा जा सकता है : "पौधों में हमें जो चीज भाती है...।"

"हमें" से क्या मतलब है? मनुष्यों की अभिरुचियाँ अत्यन्त विविध होती हैं, जैसा कि स्वयं चेर्नीशेव्स्की इसी शोध-निबन्ध में कई बार इंगित कर चुके हैं। हम जानते

---

* जे.जी. फ्रेजर, *टोटेमिज़्म,* पेरिस, 1898; श्वीनफर्थ, *ए जर्नी थ्रू अफ्रीका,* ग्रंथ एक.

हैं कि आदिम कबीले, उदाहरणस्वरूप दक्षिणी अफ्रीका की जंगली बुशमैन जातियों के लोग और आस्ट्रेलियाई—कभी अपने आप को फूलों से नहीं सजाते, गोकि वे जिन देशों में रहते हैं वहाँ फूल प्रचुर मात्रा में पाये जाते हैं। कहा जा सकता है कि तस्मानियाई इस मामले में अपवाद हैं, लेकिन अब इस कथन की सच्चाई सिद्ध करना सम्भव नहीं है : मूल तस्मानियाई लुप्त हो चुके हैं। बहरहाल, किसी भी सूरत में, यह तो सुविदित है कि आदिम—या और सही कहें तो, *आखेटक* लोगों की *सजावटी कला* अपने प्रतीक पशु-जगत से ही प्राप्त करती है, और कि इसमें पौधों का कोई स्थान नहीं है। आधुनिक विज्ञान इसमें भी उत्पादक शक्तियों की दशा के अलावा और कोई कारण नहीं मानता।

अर्न्स्ट ग्रॉस का कहना है कि "आखेटक कबीले प्रकृति से जो सजावटी प्रतीक ग्रहण करते हैं उनमें सिर्फ पशु एवं मानव-रूप ही शामिल होते हैं। इस प्रकार वे उन्हीं चीजों को चुनते हैं जो उनके लिए सर्वाधिक व्यावहारिक दिलचस्पी की चीजें होती हैं। आदिम आखेटक पुरुष वनस्पतियाँ बीनने का काम, जो बेशक उनके लिए भी आवश्यक होता है, एक कमतर पेशा समझकर स्त्री-समुदाय के लिए छोड़ देते हैं, और इस काम में वे कोई दिलचस्पी नहीं लेते। इसी से स्पष्ट हो जाता है कि क्यों आखेटक पुरुषों के आभूषणों में पौधों से कलात्मक प्रतीक लेने का लेशमात्र भी अंश नहीं मिलता, जबकि यही चीज सभ्य लोगों की सजावटी कला में इतनी अधिक विकसित हो चुकी है। वास्तव में, पशु-आभूषणों से वनस्पति-आभूषणों में संक्रमण सभ्यता के इतिहास में एक भारी प्रगति का—आखेट से कृषि में संक्रमण का—सूचक है।"

अगर यह सब सच है, तो हम डार्विन के कथनों से निकाले गये अपने निष्कर्ष को निम्नलिखित रूप में संशोधित कर सकते हैं : आदिम आखेटकों की मनोवैज्ञानिक प्रकृति ही आम तौर पर उनकी सौन्दर्यात्मक अभिरुचियाँ और अवधारणाएँ निर्धारित करती है, लेकिन उनकी आखेटक जीवन-प्रणाली, अर्थात्, उनकी उत्पादक शक्तियों की दशा ही उनकी विशिष्ट सौन्दर्यात्मक अभिरुचियों एवं अवधारणाओं को निर्धारित करती है। इस प्रकार, यह निष्कर्ष, आखेटक कबीलों की कला पर प्रकाश डालने के साथ ही साथ, इतिहास की भौतिकवादी दृष्टि के पक्ष में भी एक और तर्क बन जाता है।

(सभ्य लोगों में कला पर उत्पादन की तकनीक का प्रत्यक्ष प्रभाव बिरला ही होता है। यह तथ्य, जो इतिहास की भौतिकवादी दृष्टि के विरोध में जाता प्रतीत हो सकता है, वास्तव में, उसकी पुष्टि ही करता है। लेकिन हम इस बिन्दु को किसी दूसरे अवसर पर चर्चा के लिए छोड़ दे रहे हैं।)*

मैं अब एक दूसरे मनोवैज्ञानिक नियम की चर्चा करना चाहूँगा, क्योंकि उसने भी

---

* देखें फ्रेडरिक क्रिस्टोल की पुस्तक *एबाउट साउथ अफ्रीका* की राउल एलियर द्वारा लिखी दिलचस्प भूमिका, पेरिस, 1897

कला के इतिहास में एक बड़ी भूमिका अदा की है, लेकिन उस पर भी अभी तक समुचित ध्यान नहीं दिया जा सका है।

बर्टन कुछ अफ्रीकी नीग्रो लोगों के बारे में बताता है कि उनमें संगीत का बोध बहुत कम विकसित है, लेकिन तब भी वे लय-ताल के प्रति आश्चर्यजनक रूप से संवेदनशील होते हैं : "मछुआरों का चप्पू चलाना, कुलियों का बोझ लेकर चलना और गृहणियों का जाँते पर अनाज पीसना—ये सारे काम गीत गाते हुए किये जाते हैं।" कैसालिस भी बासुतो कबीले के काफिरों के बारे में यही बात बताता है, जिनका उसने बहुत विधिवत अध्ययन किया था। "इस कबीले की स्त्रियाँ अपनी बाँहों में धातु के कड़े पहनती हैं जो हर हरकत पर खनकते रहते हैं। वे अक्सर जाँते पर अनाज पीसने के लिए एकत्र होती हैं और अपने हाथों की सधी हुई गति के साथ कोई गीत गाती रहती हैं जिसकी लय उनके कड़ों की खनक से मेल खाती है।" कैसालिस बताता है कि इस कबीले के पुरुष जब चमड़ा सिझाने का काम कर रहे होते हैं तो वे अपनी "हर हरकत के साथ एक विचित्र आवाज निकालते हैं, जिसका अर्थ समझ सकने में मैं असमर्थ था।" यह कबीला संगीत में जो चीज खास तौर से पसन्द करता है वह है लय-ताल, और वह उन्हीं गीतों को सर्वाधिक पसन्द करता है जिनमें यह लय-ताल सर्वाधिक सुस्पष्ट होती है। बासुतो कबीले के लोग नाचते समय अपने हाथों और पैरों से ताल देते हैं जिससे उनके शरीर पर लटके हुए झुनझुनों से पैदा होने वाली आवाज तेज होती जाती है। इसी तरह, ब्राजीली रेड इण्डियन अपने संगीत में लय-ताल का जबर्दस्त बोध प्रदर्शित करते हैं, लेकिन *स्वर-माधुर्य* में वे बहुत कमजोर हैं तथा *सुर-संगीत* का तनिक भी बोध नहीं रखते। यही बात आस्ट्रेलियाई मूलनिवासियों के बारे में भी कही जा सकती है।* संक्षेप में, सभी आदिम जनों में लय-ताल का बहुत महत्त्व होता है। लय-ताल के प्रति संवेदना, और संगीतात्मक क्षमता सामान्य तौर पर, मनुष्य की मनो-शारीरिक प्रकृति की प्रमुख विशेषताओं में से एक प्रतीत होती है। और ऐसा सिर्फ मनुष्य में ही नहीं है। डार्विन कहता है कि सांगीतिक लय-ताल का रस लेने की नहीं तो, कम से कम उसका बोध करने की क्षमता प्रकटतः सभी प्राणियों में पायी जाती है और यह असन्दिग्ध रूप से उनकी स्नायु-प्रणाली की शरीर-क्रियात्मक प्रकृति से जुड़ी होती है। इस बात की रोशनी में, कोई यह मान सकता है कि इस क्षमता की अभिव्यक्ति, जो मनुष्य के साथ ही अन्य प्राणियों में भी पायी जाती है, आम तौर पर मनुष्य के सामाजिक जीवन की दशाओं से या खास तौर से, उसकी उत्पादक शक्तियों की दशा से सम्बन्धित नहीं है। पहली नजर में यह भले ही बहुत

* देखें, ई.जे. आयर, "मैनर्स ऐण्ड कस्टम्स ऑफ दि एबॉरिजिंस ऑफ आस्ट्रेलिया", *जर्नल ऑफ एक्सपिडिशंस ऑफ डिस्कवरी इण्टु सेण्ट्रल आस्ट्रेलिया ऐण्ड ओवरलैण्ड* में संकलित, लन्दन, 1847

स्वाभाविक लगता हो, परन्तु यह तथ्यों की रोशनी में खरा नहीं उतरता। विज्ञान ने दिखा दिया है कि ऐसा सम्बन्ध होता ही है। और गौर करें, कि विज्ञान की इस सच्चाई को एक अत्यन्त प्रतिष्ठित *अर्थशास्त्री—कार्ल ब्यूशर* ने सिद्ध किया है।

जैसा कि मेरे द्वारा ऊपर उद्धृत तथ्यों से स्पष्ट है, लय-ताल का बोध करने और रस लेने की मानवीय क्षमता की बदौलत ही आदिम उत्पादनकर्ता अपने श्रम-कार्य के दौरान निश्चित लय-ताल से संगति कर लेता है, और अपने नपे-तुले स्वरों या अपने शरीर से लटकी वस्तुओं की लयबद्ध खनक के साथ, अपनी शारीरिक क्रियाओं की संगति बैठा लेता है। लेकिन वह कौन-सी चीज है जो आदिम उत्पादनकर्ता की लय-ताल को निर्धारित करती है? उत्पादन के दौरान उसकी शारीरिक क्रियाएँ एक विशिष्ट प्रकार की लयबद्धता की संगति में ही होती हैं? यह चीज *किसी उत्पादक प्रक्रिया के प्रौद्योगिकीय चरित्र पर, उत्पादन के उस रूप की तकनीक पर,* निर्भर करती है। आदिम कबीलों में प्रत्येक प्रकार के श्रम-कार्य के अपने अलग ही बोल होते हैं, जिसकी धुन उस प्रकार के श्रम-कार्य में की जाने वाली विशिष्ट शारीरिक क्रियाओं की लय के साथ सटीक ढंग से अनुकूलित होती है।* उत्पादक शक्तियों के विकास के साथ-साथ उत्पादन-प्रक्रिया में लयबद्ध गतिविधि का महत्त्व घटता जाता है, फिर भी सभ्य लोगों तक में भी—उदाहरणस्वरूप, जर्मन किसानों में—ब्यूशर के अनुसार, साल के हरेक मौसम के लिए अलग श्रम-गीत होते हैं, और हरेक प्रकार के श्रम-कार्य का अपना अलग संगीत होता है।

यह भी गौरतलब है कि ये गीत अकेले गायक द्वारा गाये जाते हैं या पूरी गायक मण्डली द्वारा—यह इस पर निर्भर करता है कि श्रम-कार्य *कैसे* किया जाता है—एक उत्पादनकर्ता द्वारा या एक समूह द्वारा, और समूह द्वारा गाये जाने वाले श्रम-गीतों की भी कई कोटियाँ हो जाती हैं। इन सभी मामलों में, गीत की लय-ताल पूरी तरह उत्पादन-प्रक्रिया की लय-ताल से ही निर्धारित होती है। इतना ही नहीं, उत्पादन-प्रक्रिया का प्रौद्योगिकीय चरित्र श्रमकार्य के साथ गाये जाने वाले गीत की *अन्तर्वस्तु* पर भी निर्णायक प्रभाव डालता है। ब्यूशर श्रमकार्य, संगीत और गीत के बीच अन्तर्सम्बन्ध को लेकर किये गये अपने अध्ययन के आधार पर इस निष्कर्ष पर पहुँचा है कि "श्रमकार्य, संगीत और गीत, अपने विकास की आरम्भिक अवस्था में, एक दूसरे के साथ घनिष्ठ रूप से जुड़े हुए थे, लेकिन इस त्रयी का बुनियादी तत्त्व श्रमकार्य था, दूसरे तत्त्व उसके मातहत थे।"

चूँकि कई उत्पादन-प्रक्रियाओं के साथ-साथ निःसृत होने वाली ध्वनियों का अपने आप में संगीतात्मक प्रभाव होता है, और चूँकि आदिम जनों के लिए संगीत में मुख्य

---

* के. ब्यूशर, *वर्क ऐण्ड रिद्म,* लीपज़िग, 1896

चीज *लय-ताल* होती है, इसलिए यह समझना कठिन नहीं है कि कैसे उनकी सरल सांगीतिक रचनाएँ उनकी श्रम की *वस्तु* पर श्रम के *उपकरणों* के आघात से उत्पन्न होने वाली ध्वनियों से ही निःसृत होती हैं। ऐसा इन ध्वनियों का स्वराघात बढ़ाकर, उनकी लय-ताल में एक निश्चित विविधता भरकर, और आम तौर पर उन्हें मानवीय भावनाओं की अभिव्यक्त के अनुकूल बनाकर किया जाता है। लेकिन इसके लिए पहले यह जरूरी होता है कि *श्रम के उपकरणों* में इस ढंग से परिवर्तन किये जायें कि वे *वाद्य-उपकरणों* में रूपान्तरित हो जायें।

ऐसे रूपान्तरण से गुजरने वाले पहले उपकरण वे ही होंगे जिनके द्वारा उत्पादनकर्ता अपनी श्रम की वस्तु पर महज *आघात* भर करते रहे होंगे। हम जानते हैं कि *ढोल* आदिम जनों में अत्यन्त व्यापक रूप से प्रचलित है, और उनमें से कुछेक के लिए तो अब भी यही एकमात्र वाद्ययंत्र है। तार वाले वाद्ययंत्र शुरू-शुरू में इसी कोटि में आते थे, क्योंकि आदिम संगीतकार उनके *तारों पर आघात करके* उन्हें बजाते हैं। फूँक कर बजाये जाने वाले वाद्ययंत्रों का उनके बीच गौण स्थान है : इनमें सर्वाधिक प्रचलित है बाँसुरी, जिसे अक्सर मिलकर किये जाने वाले श्रम-कार्य के दौरान बजाया जाता है, ताकि उसमें लयबद्ध नियमितता बनी रहे। मैं यहाँ पर कविता के जन्म से सम्बन्धित ब्यूशर के दृष्टिकोण की विस्तार से चर्चा नहीं कर सकता, आगे किसी पत्र में ऐसा करना बेहतर होगा। यहाँ संक्षेप में बस मैं इतना ही कहना चाहूँगा कि ब्यूशर का विश्वास है कि कविता का जन्म शरीर की ऊर्जस्वी लयबद्ध क्रियाओं से, खास तौर से ऐसी क्रियाओं से हुआ, जिन्हें हम श्रमकार्य कहते हैं, और कि यह बात कविता के सिर्फ *रूप* के लिए ही नहीं, बल्कि उसकी *अन्तर्वस्तु* के लिए भी सच है।

अब यदि ब्यूशर के ये निष्कर्ष सही हैं, तो हम अधिकारपूर्वक कह सकते हैं कि मनुष्य की प्रकृति (उसकी स्नायु-प्रणाली की शरीर-क्रियात्मक प्रकृति) ने उसे सांगीतिक लय-ताल का बोध करने और रस लेने की क्षमता प्रदान की, जबकि उसकी उत्पादन की तकनीक ने इस क्षपता के उत्तरवर्ती विकास को निर्धारित किया है।

तथाकथित आदिम जनों की उत्पादक शक्तियों की दशा और उनकी कला के बीच के सम्बन्ध को अनुसन्धानकर्ताओं ने बहुत पहले ही पहचान लिया था। परन्तु चूँकि उनमें से ज्यादातर प्रत्ययवादी दृष्टिकोण को मानते थे, इसलिए उन्होंने इस सम्बन्ध को जान लेने के बावजूद इसे गलत ढंग से ही व्याख्यायित किया। उदाहरण के लिए, एक प्रसिद्ध कला-इतिहासकार, विल्हेल्म ल्यू का कहना है कि आदिम जनों की कला रचनाओं पर *प्राकृतिक आवश्यकता* की छाप होती है, जबकि सभ्य राष्ट्रों की कला-रचनाएँ *बौद्धिक चेतना* से अनुप्रेरित होती हैं। इस विभेदीकरण का आधार प्रत्ययवादी पूर्वाग्रह के अलावा और कुछ नहीं है। वास्तव में, सभ्य लोगों की कला भी आवश्यकता से उतनी ही अनुप्रेरित होती है, जितनी कि आदिम कला। अन्तर सिर्फ

इतना ही है कि सभ्य लोगों में प्रौद्योगिकी और उत्पादन प्रणाली पर कला की *प्रत्यक्ष निर्भरता* नहीं रह जाती है। निस्सन्देह मेरी जानकारी में, यह एक बहुत बड़ा अन्तर है। लेकिन मुझे यह भी पता है कि यह भी सामाजिक उत्पादक शक्तियों के विकास के अलावा और किसी चीज से निर्धारित नहीं होता, क्योंकि यह विकास ही विभिन्न वर्गों के बीच सामाजिक श्रम के विभाजन को जन्म देता है। अतः इससे भी कला के इतिहास की भौतिकवादी दृष्टि, खारिज होने के बजाय, और पुष्ट ही होती है।

यहाँ पर मैं "सममिति के नियम" (law of symmetry) की ओर इंगित करना चाहूँगा। इसका महत्त्व असन्दिग्ध है। इसका आधार क्या है? सभी प्राणियों के शरीरों की भाँति, शायद मनुष्य के अपने शरीर की संरचना में ही। केवल विकलांगों और विरूपित व्यक्तियों के शरीरों में ही सममिति नहीं होती, और वे निश्चय ही शारीरिक रूप से सामान्य लोगों पर अप्रिय प्रभाव छोड़ते होंगे। इस तरह, सममिति पसन्द करने की क्षमता हमें स्वयं प्रकृति ने ही प्रदान की है। लेकिन हम नहीं कह सकते कि यदि इस क्षमता को आदिम जनों की जीवन-प्रणाली से शक्ति और पोषण नहीं मिला होता तो यह कितनी विकसित हो पायी होती। हमें मालूम है कि आदिम जन मुख्यतः आखेटक ही रहे हैं। इस जीवन-प्रणाली का एक प्रभाव तो, जैसा कि हम पहले ही जान चुके हैं, यह रहा है कि पशु-जगत से ग्रहण किये गये मूलभाव ही उनकी सजावटी कला में प्रभावी रहे हैं। और यही चीज आदिम कलाकार को—कम उम्र में ही—सममिति के नियम पर खास तौर से ध्यान देने के लिए प्रेरित करती रही है।*

सममिति का मनुष्य का बोध स्पष्टतः इन्हीं मॉडलों के अनुसार प्रशिक्षित होता है, इस बात को इस तथ्य की रोशनी में देखा जा सकता है कि असभ्य जन (और सिर्फ असभ्य जन ही नहीं) अपनी सजावटी कला में, *उदग्र* सममिति के बजाय, *क्षैतिज* सममिति अधिक पसन्द करते हैं**: आप किसी भी मनुष्य या पशु पर (जो बेशक बेडौल न हो) नजर डालें, और आप देखेंगे कि इसकी सममिति उदग्र प्रकार की नहीं, बल्कि *क्षैतिज* प्रकार की है। यहाँ इस बात को भी ध्यान में रखने की जरूरत है कि हथियार और बर्तन भी अपने प्रकार और उद्देश्य के अनुरूप ही एक सममितीय आकृति

---

* मैं कम उम्र से ही शुरू होने की बात इसलिए करता हूँ क्योंकि आदिम जनों में बच्चों के खेल कलात्मक प्रतिभा के प्रशिक्षण का भी काम करते हैं। मिशनरी क्रिस्टोल के अनुसार बासुतो कबीले के बच्चे खुद ही मिट्टी से बैल, घोड़े आदि के खिलौने बनाते हैं। कहने की जरूरत नहीं कि ये बचकानी मूर्तियाँ काफी अनगढ़ होती हैं, फिर भी सभ्य इलाकों के बच्चे इन नन्हें अफ्रीकी "जंगलियों" का मुकाबला नहीं कर सकते। आदिम समाज में बच्चों का मनोरंजन वयस्कों की उत्पादक गतिविधियों से घनिष्ठता से जुड़ा होता है। यह *"खेल"* के सामाजिक जीवन से सम्बन्ध के बारे में बहुत कुछ बताता है, जिसे मैं अगले पत्र में दर्शाऊँगा।

** आस्ट्रेलियाई ढालों के डिजाइनों के लिए देखें, ग्रॉस की पुस्तक *बिगनिंग ऑफ आर्ट*।

की अपेक्षा रखते हैं। अन्त में, जैसा कि ग्रॉस एकदम सही कहता है, यदि आस्ट्रेलियाई असभ्य जन, अपनी ढाल को अलंकृत करते हुए, सममिति के महत्त्व को उसी प्रकार समझते हैं जिस प्रकार पार्थेनॉन के उन्नत शिल्पी समझते थे, तो यह स्पष्ट ही है कि सममिति का बोध स्वयं में कला के इतिहास की व्याख्या नहीं कर सकता और कि तब इस मामले में भी हमें वही कहना चाहिए जो कि हम अन्य मामलों में कह चुके हैं : मनुष्य को यह क्षमता प्रकृति प्रदान करती है, लेकिन इस क्षमता का अभ्यास और व्यावहारिक प्रयोग उसकी संस्कृति के विकास द्वारा निर्धारित होता है।

यहाँ मैं फिर जानबूझकर एक अस्पष्ट अभिव्यक्ति के रूप में *संस्कृति* शब्द का इस्तेमाल कर रहा हूँ। आप इसे पढ़कर, उत्तेजित हो कह सकते हैं : "इससे किसी ने भी कभी इंकार नहीं किया। हम तो बस यही कहते हैं कि संस्कृति का विकास केवल उत्पादक शक्तियों के विकास से, यानी अर्थशास्त्र से निर्धारित नहीं होता।"

इस तरह की आपत्तियों से मैं अच्छी तरह परिचित हूँ। और मैं स्वीकार करता हूँ कि मैं कभी भी यह नहीं समझ सका हूँ कि क्यों प्रतिभावान लोग भी इसकी जड़ में निहित भयंकर तार्किक भूल को देख पाने में विफल रह जाते हैं।

आप वास्तव में कहना यह चाहते हैं कि संस्कृति का विकास किन्हीं अन्य "कारकों" से भी निर्धारित होना चाहिए। मैं पूछता हूँ : क्या कला इनमें से एक है? बेशक आप यही कहेंगे कि हाँ है, और तब हमारे सामने यह स्थिति आती है : मानव-संस्कृति का विकास, अन्य चीजों के साथ-साथ, कला के विकास द्वारा निर्धारित होता है और कला का विकास मानव-संस्कृति के विकास द्वारा निर्धारित होता है। और आपको अन्य सभी "कारकों" जैसे अर्थव्यवस्था, नागरिक कानून, राजनीतिक संस्थाओं, नैतिकताओं आदि के लिए भी यही कहना पड़ेगा। इसका क्या निष्कर्ष होगा? यही, कि संस्कृति का विकास सभी पूर्वोक्त कारकों की कार्रवाई द्वारा निर्धारित होता है, और सभी पूर्वोक्त कारकों का विकास संस्कृति के विकास द्वारा निर्धारित होता है। यह वही पुरानी तार्किक भ्रान्ति है जिस पर हमारे पूर्वज विश्वास करते थे—धरती किस पर टिकी है? ह्वेल पर। और ह्वेल? पानी पर। पानी? धरती पर। और धरती? ह्वेल पर—यह विचित्र तर्क ऐसे ही गोल-गोल घूमता रहता है।

आप इस बात से सहमत होंगे कि, जब सामाजिक विकास की गम्भीर समस्याओं पर छानबीन करनी हो तो थोड़ी अधिक गम्भीरता से तर्क करने की कोशिश होनी चाहिए।

मेरा गहरा विश्वास है कि आलोचना (अधिक सटीक कहें तो, सौन्दर्यशास्त्र का वैज्ञानिक सिद्धान्त) अब केवल तभी आगे बढ़ सकती है जब उसे इतिहास की भौतिकवादी अवधारणा पर आधारित किया जाये। मैं यह भी मानता हूँ कि अतीत में भी आलोचना के विद्वान जैसे-जैसे मेरे द्वारा समर्थित इतिहास-दृष्टि के निकट

पहुँचते गये, वैसे-वैसे आलोचना का आधार मजबूत होता गया। उदाहरण के तौर पर, मैं फ्रांस में *आलोचना के विकास* को इंगित करना चाहूँगा।

फ्रांस में इसका विकास आम तौर पर ऐतिहासिक चिन्तन के विकास के साथ घनिष्ठतापूर्वक जुड़ा हुआ था। जैसा कि मैं पहले ही कह चुका हूँ, अठारहवीं सदी के प्रबोधनकर्ता इतिहास को प्रत्ययवादी दृष्टि से ही देखते थे। उन्हें ज्ञान के संचय और वितरण में ही मनुष्य की ऐतिहासिक प्रगति का प्रमुख और सबसे गम्भीर कारण दिखायी देता था। लेकिन यदि वास्तव में विज्ञान की प्रगति और मानवीय चिन्तन का विकास ही सामान्य तौर पर ऐतिहासिक प्रगति का प्रमुख और सबसे महत्त्वपूर्ण कारण है, तो यह पूछना स्वाभाविक ही है कि स्वयं चिन्तन के विकास को कौन-सी चीज निर्धारित करती है? अठारहवीं सदी के दृष्टिकोण से, *सिर्फ एक ही* जवाब सम्भव था: मनुष्य की प्रकृति, उसमें अन्तर्भूत नियम, जो उसके चिन्तन के विकास को निर्धारित करते हैं। लेकिन यदि मनुष्य की प्रकृति ही उसके चिन्तन के *समग्र* विकास को निर्धारित करती है, तो यह स्पष्ट है कि यही *साहित्य और कला के विकास* को भी निर्धारित करती है। अतः केवल मनुष्य की प्रकृति—दूसरी कोई चीज नहीं—कला के विकास की कुँजी प्रदान कर सकती है और उसे ऐसा करना चाहिए।

मानव-प्रकृति कें गुणों के कारण मनुष्य विविध अवस्थाओं से होकर गुजरता है : बचपन, युवावस्था, प्रौढ़ावस्था आदि। साहित्य और कला भी अपने विकास में इन्हीं अवस्थाओं से होकर गुजरते हैं।

"क्या कभी कोई ऐसा जन-समुदाय रहा होगा जो पहले कवि और बाद में चिन्तक न रहा हो?" यह सवाल ग्रिम ने अपनी पत्रिका *करेस्पॉण्डेंस लितरेर*[6] में उठाया था। इस सवाल के जरिये वह कहना चाहता था कि कविता के स्वर्णिम दिन लोगों के बचपन और युवावस्था के दिनों की भाँति होते हैं, तथा दर्शन की प्रगति उनकी प्रौढ़ावस्था के दिनों की भाँति होती है। अठारहवीं सदी के इस दृष्टिकोण की विरासत उन्नीसवीं सदी में भी जारी रही। यहाँ तक कि आज भी यह विरासत हमें मदाम द स्ताएल की चर्चित पुस्तक *साहित्य और सामाजिक संस्थाओं के सम्बन्धों पर विचार* में देखने को मिलती है, जिसमें इसके साथ-साथ एक बिल्कुल भिन्न दृष्टिकोण के भी बीज पर्याप्त मात्रा में मौजूद हैं। मदाम द स्ताएल का कहना है कि "यूनानी साहित्य की तीन भिन्न-भिन्न कालावधियों की पड़ताल करते हुए, हमें मानव-मस्तिष्क की एक प्राकृतिक गति दिखायी देती है। होमर पहली कालावधि का अभिलाक्षणिक प्रतिनिधि है; पेरिक्लीज के काल में, हमें नाटक, वाग्मिता एवं नैतिकता की तीव्र प्रगति तथा दर्शन की शुरुआत देखने को मिलती है; सिकन्दर के काल में, दार्शनिक विज्ञानों का अपेक्षाकृत अधिक गहन अध्ययन साहित्य के प्रतिष्ठित व्यक्तियों का मुख्य कार्य बन गया। निस्सन्देह, कविता के सर्वोच्च शिखर पर पहुँचने के लिए मानव-मस्तिष्क

का निश्चित स्तर तक विकास आवश्यक होता है; लेकिन इसके बावजूद, जब सभ्यता और दर्शन की प्रगति कल्पना की कुछ गलतियों को ठीक करने लगती है तब साहित्य की इस शाखा की चमक एक हद तक धुँधली पड़ ही जाती है।"

इसका मतलब यह हुआ कि यदि कोई राष्ट्र अपनी युवावस्था को पार कर चुका है, तो उसकी कविता किसी न किसी हद तक अवनति की ओर ही जाने को बाध्य हो जाती है।

मदाम द स्ताएल जानती थीं कि आधुनिक राष्ट्र अपनी समस्त बौद्धिक उपलब्धियों के बावजूद, एक भी ऐसी काव्यात्मक कृति नहीं उत्पन्न कर सके थे, जो *इलियड* या *ओडिसी* से बढ़कर कही जा सकती थी। इस तथ्य ने मानव जाति के निरन्तर और अग्रगामी प्रवीणीकरण में उनके विश्वास को झकझोर दिया था, और इसीलिए वह अठारहवीं सदी से विरासत में मिले विभिन्न अवस्थाओं के सिद्धान्त को नहीं छोड़ना चाहती थीं, जिसकी सहायता से इस कठिनाई को आसानी से हल किया जा सकता था।

इस सिद्धान्त की दृष्टि से, जैसा कि हम देख सकते हैं, कविता की अवनति आधुनिक विश्व के सभ्य राष्ट्रों की बौद्धिक प्रौढ़ता का एक लक्षण थी। लेकिन अगर मदाम द स्ताएल इन उपमाओं को आधुनिक राष्ट्रों के साहित्य के इतिहास पर लागू करना छोड़ दें, तो वह इसे एक बिल्कुल भिन्न दृष्टि से देख सकेंगी। इस मामले में उनकी उक्त पुस्तक के वे अध्याय खास तौर से दिलचस्प हैं जिनमें वह फ्रांसीसी साहित्य की विवेचना करती हैं। एक अध्याय में वह बताती हैं कि "फ्रांसीसी तड़क-भड़क और अभिरुचियाँ सभी यूरोपीय देशों में फ्रांस की पहचान बन गयी हैं। इस अभिरुचि और तड़क-भड़क को आम तौर पर राष्ट्रीय चरित्र से जोड़ा जाता है; लेकिन किसी राष्ट्र का चरित्र उन संस्थाओं और दशाओं का प्रतिफल ही तो होता है जो उसकी समृद्धि, उसके हितों और उसके रिवाजों को प्रभावित करती हैं? पिछले दस वर्षों में, यहाँ तक कि क्रान्ति के सबसे शान्त क्षणों में भी, सर्वाधिक मनोरंजक विषमताएँ भी एक भी व्यंग्योक्ति या एक भी दिलचस्पी टिप्पणी को जन्म नहीं दे सकीं। फ्रांस की नियति को प्रभावित करने वाले अनेक व्यक्तियों के पास न तो परिष्कृत अभिव्यक्ति थी और न ही प्रखर मेधा; कहा तो यहाँ तक जा सकता है कि उनका प्रभाव अंशतः उनकी विषण्णता, उनकी अल्पभाषिता, और उनकी ठंढी उग्रता के ही कारण था।" ये पंक्तियाँ किसको इंगित कर रही हैं, और कहाँ तक यह इंगिति तथ्यों से मेल खाती है—यह यहाँ पर हमारे लिए महत्त्वपूर्ण नहीं है। हमें बस यही ध्यान देना है कि मदाम द स्ताएल के विचार से, *राष्ट्रीय चरित्र ऐतिहासिक दशाओं की ही उपज होता है।* लेकिन राष्ट्रीय चरित्र किसी राष्ट्र की आत्मिक अभिलाक्षणिकताओं में प्रकट होने वाली मानव-प्रकृति ही तो होता है।

और अगर किसी भी राष्ट्र की प्रकृति उसके ऐतिहासिक विकास की *उपज* है, तो

स्पष्ट ही है कि यह इस विकास की *प्रमुख चालक शक्ति* नहीं हो सकती। तब इसका मतलब यह हुआ कि *साहित्य* जो किसी राष्ट्र के आत्मिक चरित्र का प्रतिबिम्बन होता है, उन्हीं ऐतिहासिक दशाओं की उपज है जिनसे राष्ट्रीय चरित्र पैदा होता है। अतः मानव-प्रकृति और किसी राष्ट्र के चरित्र से नहीं बल्कि उसके इतिहास और उसकी सामाजिक प्रणाली से ही उसके साहित्य की व्याख्या की जा सकती है। इसी दृष्टि से मदाम द स्ताएल फ्रांस के साहित्य पर विचार करती हैं। जिस अध्याय में वह सत्रहवीं सदी के फ्रांसीसी साहित्य पर चर्चा करती हैं, वह फ्रांसीसी साहित्य के प्रभावी चरित्र की, उस वक्त फ्रांस में मौजूद सामाजिक एवं राजनीतिक सम्बन्धों के जरिये, तथा फ्रांसीसी कुलीन तंत्र के मनोविज्ञान के जरिये व्याख्या करने का एक बेहद दिलचस्प प्रयास है।

इसमें हमें उस काल के सत्ताधारी वर्ग के मनोविज्ञान के बारे में कुछ बहुत सूक्ष्म अवलोकन तथा फ्रांसीसी साहित्य के भविष्य से सम्बन्धित कुछ बहुत पैने विचार मिलते हैं। मदाम द स्ताएल कहती हैं कि, "फ्रांस में एक नयी राजनीतिक व्यवस्था कायम हो जाने पर, चाहे उसका जो भी रूप हो, हमें वैसा (सत्रहवीं सदी के साहित्य जैसा) कुछ भी देखने को नहीं मिलेगा, और यह इस बात का एक अच्छा सबूत होगा कि तथाकथित फ्रांसीसी वाक्पटुता और फ्रांसीसी लालित्य महज उन राजतंत्रात्मक संस्थाओं एवं परम्पराओं की प्रत्यक्ष और आवश्यक उपज थे जो फ्रांस में सदियों से चली आ रही थी !" यही नया विचार, जिसके अनुसार साहित्य सामाजिक प्रणाली की उपज होता है, धीरे-धीरे उन्नीसवीं सदी में यूरोपीय आलोचना का प्रभावी विचार बन गया।

फ्रांस में, इसी बात को गीजो ने अपने साहित्यिक निबन्धों में दुहराया।* यही

---

* गीज़ो के साहित्यिक विचार फ्रांस में ऐतिहासिक चिन्तन के विकास पर इतना प्रखर प्रकाश डालते हैं कि सरसरी तौर ही सही, उनकी चर्चा आवश्यक है। अपनी कृति Vies des Poetes francais du siecle de Louis XIV, (पेरिस, 1813) में गीजो कहता है कि यूनानी साहित्य का इतिहास मानव-मस्तिष्क के प्राकृतिक विकास को प्रतिबिम्बित करता है, लेकिन आधुनिक जनों के मामले में समस्या अधिक जटिल है : यहाँ "बहुत से गौण कारणों" को ध्यान में रखना पड़ता है। लेकिन जब वह फ्रांसीसी साहित्य के इतिहास पर पहुँचता है और इन "गौण कारणों" की छानबीन शुरू करता है तो हम पाते हैं कि इन सबकी *जड़ें फ्रांस के सामाजिक सम्बन्धों* में हैं, जिनके प्रभाव में वहाँ के विभिन्न सामाजिक वर्गों और तबकों की अभिरुचियों और आदतों का विकास हुआ है। शेक्सपियर पर अपने निबन्ध में गीजो फ्रांसीसी दुखान्त नाटकों को वर्ग मनोविज्ञान का एक प्रतिबिम्बन मानता है। उसके विचार से, आम तौर पर ड्रामा का इतिहास सामाजिक सम्बन्धों के इतिहास के साथ घनिष्ठता से जुड़ा हुआ है। लेकिन यह विचार कि यूनानी साहित्य मानव-मस्तिष्क के "प्राकृतिक" विकास की उपज था, गीजो ने *एसे ऑन शेक्सपियर* के प्रकाशन के समय भी छोड़ा नहीं था। इसके विपरीत *प्राकृतिक इतिहास* पर उसके विचारों में यही दृष्टिकोण फिर से सामने आता है। 1821 में प्रकाशित *एसेज़ आन दि हिस्ट्री ऑफ फ्रांस* में गीजो यह विचार प्रस्तुत करता है कि प्रत्येक देश की →

बात सेण्ट-बोव ने भी कही हालाँकि उसने कुछ आपत्तियों के साथ इसे स्वीकार किया। अन्ततः इसकी पूर्ण और प्रखर अभिव्यक्ति ताइने की कृतियों में हुई।

ताइने का दृढ़ विश्वास था कि "लोगों की स्थिति में होनेवाला प्रत्येक परिवर्तन उनकी मानसिकता में भी परिवर्तन ला देता है।"

लेकिन किसी समाज की मानसिकता ही उसके साहित्य और उसकी कला की व्याख्या करती है, क्योंकि "जीवन्त प्रकृति के उत्पादनों की भाँति ही, मानवीय चेतना के उत्पादन भी केवल उनके वातावरण के सापेक्ष ही समझे जा सकते हैं।" अतः किसी भी देश की कला और साहित्य के इतिहास को समझने के लिए, उस देश के वासियों की स्थिति में हुए परिवर्तनों का अध्ययन आवश्यक है। यह एक असन्दिग्ध सच्चाई है। इस सच्चाई के जीवन्त और प्रतिभापूर्ण चित्रण के लिए ताइने की कृतियों *कला का दर्शन, अंग्रेजी साहित्य का इतिहास* या *इटली की यात्राएँ* को पढ़ लेना काफी है। लेकिन तब भी, मदाम द स्ताएल और अपने अन्य पूर्ववर्तियों की भाँति ताइने इतिहास की प्रत्ययवादी दृष्टि को मानता रहा, और इसी नाते वह इतनी जीवन्तता और इतनी प्रतिभा के साथ निरूपित इस असन्दिग्ध सच्चाई से वे सारे लाभ लेने से वंचित रह गया जो साहित्य और कला के एक इतिहासकार के रूप में ग्रहण किये जा सकते थे।

चूँकि प्रत्ययवादी मानव-मस्तिष्क के विकास को ही ऐतिहासिक प्रगति का निर्णायक कारण मानते हैं, इसलिए, ताइने की बातों से यही निष्कर्ष निकलता है कि लोगों की *मानसिकता उनकी स्थिति* द्वारा निर्धारित होती है और कि *उनकी स्थिति उनकी मानसिकता* द्वारा निर्धारित होती है। इसने अनेक अन्तरविरोध और कठिनाइयाँ

राजनीतिक प्रणाली उसके "नागरिक जीवन" से निर्धारित होती है, और नागरिक जीवन—कम से कम आधुनिक विश्व में—भूस्वामित्व के साथ वैसे ही जुड़ा होता है, जैसे कार्य कारण से जुड़ा होता है। यह *"कम से कम"* काफी गौरतलब है। यह दर्शाता है कि गीजो आधुनिक विश्व के लोगों के नागरिक जीवन के विपरीत, प्राचीन जनों के नागरिक जीवन को भूस्वामित्व के, या आम तौर पर आर्थिक सम्बन्धों के इतिहास का परिणाम नहीं, बल्कि *"मानव-मस्तिष्क के प्राकृतिक विकास"* की उपज मानता है। यह बात इस दृष्टिकोण से पूरी तरह मेल खाती है कि यूनानी साहित्य का विकास एक अपवाद था। अगर यह भी बता दिया जाये कि *एसेज़ ऑन दि हिस्ट्री ऑफ फ्रांस* के प्रकाशन के समय गीज़ो अपने अखबारी लेखों में प्रखरता और दृढ़ता के साथ इस विचार की वकालत कर रहा था कि फ्रांस का "निर्माण वर्ग संघर्ष के द्वारा" हुआ था, तो इस बात में जरा भी सन्देह नहीं रह जाता कि आधुनिक इतिहासकारों ने आधुनिक समाज में वर्ग संघर्ष को प्राचीन काल में हुए वर्ग संघर्ष से पहले देख लिया था। यह जानना दिलचस्प है कि थूसीडाइड्स और पोलीबियस जैसे प्राचीन इतिहासकार अपने समय के समाज में वर्गों के संघर्ष को प्राकृतिक और स्वयंसिद्ध मानते थे, वैसे ही जैसे कम्यूनों में रहने वाले हमारे किसान अपने ग्राम कम्यूनों (समुदायों) में बड़े और छोटे भूस्वामियों के संघर्ष को मानते हैं।

उत्पन्न कीं, जिनका समाधान ताइने ने अठारहवीं सदी के दार्शनिकों की भाँति, मानव-प्रकृति के तर्क से किया, जो उसके लेखन में *जाति* या *नस्ल* के रूप में आया। उसने इस कुंजी से जो दरवाजे खोलने की कोशिश की उन्हें निम्नलिखित उदाहरण से स्पष्टतः जाना जा सकता है। हम जानते हैं कि पुनर्जागरण सबसे पहले इटली में शुरू हुआ, और इटली, सामान्य तौर पर, वह पहला देश रहा, जिसने मध्ययुगीन जीवन-शैली को खत्म किया। इटलीवासियों की स्थिति में इस *परिवर्तन* का कारण क्या था? ताइने का कहना है कि इतालवी जाति की विशेषताएँ इसका कारण थीं।* यह स्पष्टीकरण कितना सन्तोषजनक है, इसका निर्णय मैं आपके ऊपर छोड़कर एक दूसरा उदाहरण देना चाहूँगा। रोम के शिआरा पैलेस में, ताइने ने पूसिन का बनाया गया एक लैण्डस्केप देखा, और इस सिलसिले में लिखा कि इतालवी लोगों में अपने विशिष्ट जातीय गुणों के चलते, भूदृश्य की एक विशिष्ट धारणा है; उनके लिए यह बस एक विशाल विला होता है, जबकि जर्मन नस्ल प्रकृति से प्रकृति के रूप में ही प्रेम करती है। फिर भी, एक अन्य स्थान पर पूसिन के भूदृश्यों के सन्दर्भ में स्वयं ताइने ही कहता है : "उन्हें ठीक से सराहने के लिए, (क्लासिकी) त्रासदी का, क्लासिकी कविता का, अत्युक्तिपूर्ण शिष्टाचार और राज्यतंत्रात्मक भव्यता का प्रेमी होना आवश्यक है। ऐसे मनोभाव हमारे समकालीनों के मनोभावों से कोसों दूर हैं।" लेकिन हमारे समकालीनों के मनोभाव उन लोगों के मनोभावों से इतने भिन्न क्यों हैं जो अत्युक्तिपूर्ण शिष्टाचार, क्लासिकी त्रासदी और एलेक्सेंड्राइन कविता से प्रेम करते थे? क्या इसका कारण यह है कि ल रुवा सोलेल के काल के फ्रांसीसी लोग उन्नीसवीं सदी के फ्रांसीसी लोगों से *भिन्न नस्ल* के थे? अजीब सवाल है न? क्या स्वयं ताइने ही जोर देकर और आग्रहपूर्वक इस बात को बार-बार नहीं कहता कि जब लोगों की स्थिति बदलती है तो उनकी मानसिकता भी बदल जाती है? हम इसे भूले नहीं हैं और फिर उसी की बात दुहराते हैं : हमारे समय के लोगों की स्थिति सत्रहवीं सदी के लोगों की स्थिति से अत्यन्त भिन्न है, और इसीलिए हमारे समय के लोगों के मनोभाव भी ब्वालो और रासीन के समकालीनों के मनोभावों से बहुत भिन्न हैं। बस इतना जानना बाकी रह जाता है कि पुरानी व्यवस्था की जगह वर्तमान बुर्जुआ व्यवस्था ने क्यों ले ली, और क्यों अब उस देश में मण्डी का शासन हो गया जहाँ लुई चौदहवाँ लगभग बिना किसी अतिशयोक्ति के कह सकता था कि "मैं ही राज्य हूँ"। इस सवाल का सन्तोषजनक जवाब उस देश के आर्थिक इतिहास द्वारा दिया जा चुका है।

आपको पता होगा कि बिल्कुल अलग-अलग दृष्टिकोण रखने वाले लेखकों ने

* "चूँकि इतालवी नस्ल एक तरह से अकालपुष्पित है, और चूँकि जर्मन नस्ल का प्रभाव उसके आधे भाग तक ही रहा, इसलिए आधुनिक युग का विकास वहाँ अन्य देशों की तुलना में जल्दी हुआ।" ताइने, *वॉएज टु इटली,* पेरिस, 1872

भी ताइने के विचारों का विरोध किया है। मैं नहीं जानता कि आप उनके विरोध को कैसे लेते हैं, लेकिन मैं कहना चाहूँगा कि ताइने के आलोचकों में से कोई भी उस थीसिस को हिला पाने में सफल नहीं हो सका है जो सौन्दर्यशास्त्र के उसके सिद्धान्त का सार है, अर्थात् यह कि कला मनुष्य की मानसिकता का उत्पाद है, और मनुष्य की मानसिकता उसकी स्थिति में परिवर्तन के साथ परिवर्तित होती है। इसी प्रकार, इनमें से कोई उस बुनियादी अन्तरविरोध को नहीं पहचान सका है जिसने ताइने के दृष्टिकोण के किसी सार्थक विकास को असम्भव बना दिया है; उनमें से किसी ने भी यह नहीं गौर किया कि, उसकी इतिहास-दृष्टि के अनुसार, मनुष्य की मानसिकता उसकी स्थिति द्वारा निर्धारित होती है, जबकि यही उसकी स्थिति का कारण भी है। उनमें से किसी ने भी इस पर ध्यान क्यों नहीं दिया? इसलिए कि स्वयं उनकी इतिहास-दृष्टि भी इसी अन्तरविरोध से ग्रस्त थी। लेकिन यह अन्तरविरोध है क्या? इसके संरचनात्मक तत्त्व क्या हैं? यह दो तत्त्वों से मिलकर बनी है, जिनमें से एक को *प्रत्ययवादी* और दूसरे को *भौतिकवादी* इतिहास-दृष्टि कहते हैं। जब ताइने कहता है कि लोगों की स्थिति बदलने पर उनकी मानसिकता बदल जाती है, तब वह एक भौतिकवादी है; लेकिन जब वही ताइने यह कहता है कि लोगों की स्थिति उनकी मानसिकता द्वारा निर्धारित होती है, तब वह अठारहवीं सदी की प्रत्ययवादी दृष्टि को ही दुहराता है। यह बताने की शायद जरूरत नहीं कि साहित्य और कला के इतिहास पर उसके सर्वोत्तम विचार उसकी प्रत्ययवादी दृष्टि की देन नहीं हैं।

इससे क्या निष्कर्ष निकाला जा सकता है? यही कि जिस अन्तरविरोध ने फ्रांसीसी कला-आलोचकों की बुद्धिमत्तापूर्ण और गहन दृष्टि के और सार्थक विकास को असम्भव बना दिया, उससे केवल वही बच सकता था जो यह कहता : किसी भी जनसमुदाय की कला उसकी मानसिकता द्वारा निर्धारित होती है, उसकी मानसिकता उसकी स्थिति की उपज होती है, और उसकी स्थिति अन्ततः उसकी उत्पादक शक्तियों की दशा और उसके उत्पादन सम्बन्धों द्वारा निर्धारित होती है। लेकिन ऐसा कहनेवाला व्यक्ति इतिहास की भौतिकवादी दृष्टि की प्रस्तुति कर रहा होता।

लेकिन अब पत्र समाप्त करने का समय आ गया है। बाकी अगले पत्र में। अगर मेरे दृष्टिकोण की "संकीर्णता" से आपको कहीं ठेस पहुँची हो तो मुझे क्षमा करेंगे। अगले पत्र में मैं आदिम जनों की कला के बारे में चर्चा करूँगा, और आशा करता हूँ कि मैं उसमें यह दर्शा सकूँगा कि मेरी दृष्टि उतनी संकीर्ण नहीं है जितनी कि आपने सोचा था, और शायद अभी भी सोचते हैं।

दूसरा पत्र

आदिम जन की कला

प्रिय महोदय,

मेरे विचार से, लोगों की कला और उनकी अर्थव्यवस्था के बीच हमेशा ही एक घनिष्ठ सम्बन्ध होता है। अतः आदिम जन की कला की विवेचना शुरू करने से पहले, मैं आदिम अर्थव्यवस्था की प्रमुख विशेषताओं को इंगित कर देना आवश्यक समझता हूँ।

सामान्य तौर पर कहें तो, जैसा कि एक लेखक ने आलंकारिक ढंग से कहा है, किसी *"आर्थिक"* भौतिकवादी के लिए "अपनी धुन आर्थिक तार की झंकार से शुरू करना" बिल्कुल स्वाभाविक है।[7] और इस मामले में तो, एक विशिष्ट और महत्त्वपूर्ण कारण है, जिसके नाते इस "तार" को मेरे अनुसन्धान का प्रस्थान-बिन्दु होना चाहिए।

अभी हाल तक नृजाति-विज्ञान से परिचित समाजशास्त्रियों एवं अर्थशास्त्रियों के बीच यह दृढ़ विश्वास प्रचलित रहा है कि आदिम समाजों की अर्थव्यवस्था एक उत्कृष्ट *सामुदायिक* अर्थव्यवस्था थी। 1879 में एम.एम. कोवालेव्स्की ने लिखा था, "आजकल आदिम संस्कृति का अध्ययन करने वाले इतिहासकार-नृजाति वैज्ञानिक यह जानते हैं कि उनके अनुसन्धान के विषय अलग-अलग व्यक्ति नहीं हैं जो स्वयं अपने द्वारा स्थापित प्राधिकारों के अन्तर्गत एक-दूसरे से मिलजुलकर रहने के लिए आपस में सहमति बना लेते हैं, और न ही उनके अनुसन्धान के विषय पृथक-पृथक परिवार हैं जो अति प्राचीन काल से मौजूद रहे हैं और धीरे-धीरे सामान्य सामाजिक संस्थाओं में विकसित हुए, बल्कि उनके अनुसन्धान के विषय स्त्री-पुरुषों के झुण्ड-जैसे समूह, यानी ऐसे समूह हैं जिनके भीतर विभेदीकरण की एक धीमी और स्वतःस्फूर्त प्रक्रिया चलती रही है, जिसके फलस्वरूप निजी परिवार और व्यक्तिगत सम्पत्ति—जो कि शुरू में सिर्फ चल-सम्पत्ति थी—की उत्पत्ति हुई है।"*

यहाँ तक कि शुरू-शुरू में भोजन भी, जो "चल सम्पत्ति का सबसे महत्त्वपूर्ण और बुनियादी रूप" है, झुण्ड जैसे समूह के सदस्यों की साझा सम्पत्ति था। बटोरे गये भोजन

* *कम्युनल लैण्ड ओनरशिप, दि कॉजेज, कोर्स ऐण्ड कनसिक्वेंसेज़ ऑफ इट्स डिक्लाइन*

का भिन्न-भिन्न परिवारों के बीच बँटवारा केवल उन्हीं कबीलों में शुरू हुआ जो विकास के अपेक्षाकृत उच्चतर स्तर पर पहुँच चुके थे।

आदिम आर्थिक प्रणाली के इसी दृष्टिकोण को दिवंगत एन.आई. जिबर ने भी प्रस्तुत किया है, जिनकी सुप्रसिद्ध पुस्तक *आदिम आर्थिक संस्कृति पर निबन्ध* इसी परिकल्पना की आलोचनात्मक विवेचना को लेकर है "कि कम्यून प्रणाली, अपनी विविध अवस्थाओं में, विकास के आरम्भिक चरणों की आर्थिक गतिविधि का सार्वभौमिक रूप रही है।" जिबर व्यापक तथ्यात्मक सूचनाओं के आधार पर, (हालाँकि इन सूचनाओं का विश्लेषण एकदम व्यवस्थित ढंग से किया हुआ नहीं कहा जा सकता) इस नतीजे पर पहुँचा था कि "मछली मारने, शिकार करने, हमला और बचाव करने, पशु-पालन करने, खेती के लिए जंगल साफ करने, सिंचाई करने, जमीन जोतने, घर बनाने और जाल, नाव आदि बड़े उपकरण बनाने में होने वाले सरल श्रम-सहकार के साथ स्वाभाविक ही था कि प्रत्येक उत्पादित चीज का उपभोग भी संयुक्त रूप से किया जाता, और इसीलिए अचल और यहाँ तक कि चल सम्पत्ति का भी साझा स्वामित्व ही होता था, ताकि उसे आस-पड़ोस के समूहों के अतिक्रमण से बचाया जा सके।"

मैं ऐसे कई और अनुसन्धानकर्ताओं का उल्लेख कर सकता हूँ जो अपने विषय के कम आधिकारिक विद्वान नहीं हैं। लेकिन निश्चय ही आप स्वयं भी उन्हें जानते हैं। इसीलिए मैं बहुत उद्धरण नहीं दूँगा, बल्कि महज इतना ही कहूँगा कि आजकल *"आदिम समुदाय"* के सिद्धान्त का विरोध करने की एक प्रवृत्ति चल पड़ी है। उदाहरण के लिए, कार्ल ब्यूशर, जिसे मैं अपने प्रथम पत्र में उद्धृत कर चुका हूँ, कहता है कि आदिम समुदाय का सिद्धान्त तथ्यों से मेल नहीं खाता। उसके विचार से, जिन्हें वास्तव में आदिम जन कहा जा सकता है, वे *समुदाय* से कोसों दूर हैं। उनकी अर्थव्यवस्था को *व्यक्तिवादी* कहना सही होगा, लेकिन यह शब्द भी सटीक नहीं है, क्योंकि उनकी जीवन-शैली में "अर्थव्यवस्था" की सर्वाधिक सारभूत विशेषताओं का ही अभाव रहा है।

अपने निबन्ध *आदिम आर्थिक प्रणाली* में वह बताता है कि "अर्थव्यवस्था से हमारा तात्पर्य हमेशा ही लोगों की उस संयुक्त कार्रवाई से रहा है जिसका लक्ष्य उपयोगी चीजें अर्जित करना है। अर्थव्यवस्था का अर्थ केवल किसी निश्चित समय से नहीं बल्कि भविष्य के प्रति भी सरोकार रखना, और समय के मितव्ययितापूर्ण इस्तेमाल तथा उसके सोद्देश्य वितरण से भी होता है; उसमें श्रम, चीजों का मूल्यांकन और उनके उपभोग का नियमन, तथा सांस्कृतिक विरासत का पीढ़ी-दर-पीढ़ी हस्तान्तरण भी शामिल है।" लेकिन निम्नतर कबीलों के जीवन में इन विशेषताओं के सिर्फ अत्यन्त क्षीण आदिम रूप ही देखने को मिल सकते हैं। "बुशमैन या वेद्दा

कबीले के जीवन से यदि आग और तीर-धनुष के इस्तेमाल को निकाल दिया जाये तो यह सिर्फ भोजन की व्यक्तिगत तलाश के रूप में दिखायी देगा। प्रत्येक बुशमैन को खुद भोजन जुटाना होता है। वह और उसके साथी एक निश्चित दायरे के भीतर, वन्यपशुओं की भाँति इधर-उधर नंगे और निहत्थे भटकते हैं।...सब स्त्री-पुरुष जो कुछ अपने हाथों से पकड़ पाते हैं या नाखूनों से जमीन खोदकर निकालते हैं–छोटे जानवर, कन्दमूल, फल आदि–उन्हें वे वैसे ही कच्चा खाते हैं। कभी-कभी वे छोटे समूहों या बड़े झुण्डों में एकत्र होते हैं, फिर बिखरते हैं, जो इस बात पर निर्भर करता है कि वह क्षेत्र खाद्य वनस्पतियों या शिकार की दृष्टि से कितना समृद्ध है; लेकिन ऐसे झुण्ड कभी स्थायी समाजों का रूप नहीं लेते हैं। वे व्यक्ति के जीवन को आसान नहीं बनाते। यह तस्वीर आधुनिक सुसंस्कृत व्यक्ति को बहुत अच्छी नहीं लग सकती है, लेकिन अनुभव से प्राप्त जानकारियाँ हमें इसे इसी रूप में चित्रित करने को विवश करती हैं। इसमें कोई बात काल्पनिक नहीं है, हमने महज यही किया है कि निम्नतर आखेटक लोगों के जीवन से बस उस चीज को, अर्थात् हथियारों और आग के इस्तेमाल को, निकाल दिया है, जो आम तौर पर संस्कृति के चिह्न माने जाते हैं।"

यह स्वीकार करना होगा कि यह तस्वीर उस आदिम समुदाय अर्थव्यवस्था की धारणा से एकदम भिन्न है जो एम.एम. कोवालेव्स्की और एन.आई. जिबर के लेखनों के प्रभाव से हमारे दिमाग में बनी हुई थी।

मैं नहीं जानता, कि इन दो तस्वीरों में से कौन-सी आपको "अच्छी लगेगी"। लेकिन यह महत्त्वपूर्ण नहीं है। महत्त्वपूर्ण यह नहीं है कि आपको या मुझे या अन्य किसी को भी *कौन-सी तस्वीर अच्छी लगेगी,* बल्कि महत्त्वपूर्ण यह है कि क्या ब्यूशर द्वारा खींची गयी तस्वीर *सच्ची* है, क्या वह तथ्यों से मेल खाती है, विज्ञान द्वारा एकत्र किये गये आनुभविक आँकड़ों से मेल खाती है। ये प्रश्न सिर्फ आर्थिक विकास के इतिहास के लिए ही महत्त्वपूर्ण नहीं हैं : यह उन सभी के लिए अत्यन्त महत्त्वपूर्ण हैं जो आदिम संस्कृति के किसी न किसी पहलू की खोजबीन कर रहे होते हैं। निस्सन्देह यह अकारण नहीं है कि कला को जीवन का प्रतिबिम्बन कहा जाता है। यदि "असभ्य" जन सचमुच वैसे ही व्यक्तिवादी रहे हैं, जैसा कि ब्यूशर उन्हें चित्रित करता है, तब तो उनके व्यक्तिवाद की विशेषताएँ अनिवार्यतः उनकी कला में भी झलकनी ही चाहिए। इसके अतिरिक्त, कला प्रमुख तौर पर *सामाजिक* जीवन का प्रतिबिम्ब होती है; लेकिन अगर आप असभ्य जन को ब्यूशर की नजर से देखें तो आपका यह कहना सही होगा कि जहाँ पर *"भोजन व्यक्तिगत तलाश"* का चलन हो, और जहाँ पर लोग किसी भी साझा गतिविधि में भाग नहीं लेते, वहाँ कोई कला नहीं हो सकती।

इस सबके साथ यह भी जोड़ देना जरूरी है : निस्सन्देह ब्यूशर *चिन्तनशील* वैज्ञानिकों की कोटि में आता है, जिनकी संख्या दुर्भाग्य से उतनी अधिक नहीं है जितनी कि होनी चाहिए, और इसीलिए उसके दृष्टिकोण पर चाहे वह गलत ही क्यों न हो, गम्भीरता से ध्यान दिये जाने की अपेक्षा है।

असभ्य जीवन की उसकी तस्वीर की और निकटता से जाँच-पड़ताल करते हैं।

ब्यूशर ने इस तस्वीर को तथाकथित निम्नतर आखेटक कबीलों की जीवन-शैली से सम्बन्धित सूचनाओं के आधार पर चित्रित किया है, और इन सूचनाओं से सिर्फ संस्कृति के चिह्न को, अर्थात् हथियारों और आग के इस्तेमाल को हटा दिया है। इस प्रकार वह स्वयं ही उस रास्ते का संकेत कर देता है जिसका अनुसरण करते हुए हमें उसकी तस्वीर का विश्लेषण करना होगा। अर्थात्, सबसे पहले हमें उसके द्वारा इस्तेमाल किये गये आनुभविक आँकड़ों की सत्यता जाँचनी होगी, यानी दूसरे शब्दों में, हमें यह देखना होगा कि निम्नतर आखेटक कबीले वास्तव में आज कैसे *जी रहे हैं*, और तब उस सुदूर *अतीत* में उनके जीवन की कल्पना करनी होगी जब अभी वे आग और हथियारों के इस्तेमाल से अपरिचित ही थे। पहले तथ्य, फिर उसके बाद परिकल्पना।

ब्यूशर, बुशमैन और श्रीलंका के वेद्दा कबीलों की बात कहता है। क्या यह कहा जा सकता है कि इन कबीलों की जीवन-शैली में, जो निस्सन्देह निम्नतर आखेटक कबीलों से सम्बन्धित है, अर्थव्यवस्था का कोई चिह्न नहीं है, और कि हरेक व्यक्ति एकदम अपने ही संसाधनों पर निर्भर रहता है? मेरा कहना है कि ऐसा नहीं हो सकता।

पहले बुशमैन कबीले को लें। यह विदित है कि इस कबीले के लोग अक्सर 200-300 के झुण्ड बनाकर संयुक्त रूप से शिकार करते हैं। यह साहचर्य निस्सन्देह उत्पादन के उद्देश्य से ही होता है और तब मानी हुई बात है कि ऐसे शिकार के लिए श्रम और समय दोनों का सोद्देश्य वितरण, "आवश्यक" होगा, क्योंकि ऐसे अवसरों पर बुशमैन को बाड़ बनानी पड़ती है, जो कभी-कभी कई-कई मील तक फैली होती है; गड्ढे खोदने पड़ते हैं और उनके तलों में नुकीले खूँटे गाड़ने पड़ते हैं, तथा ऐसे तमाम काम करने पड़ते हैं। कहने की आवश्यकता नहीं कि यह सब तात्कालिक आवश्यकतावश ही नहीं, बल्कि भविष्य को भी ध्यान में रखकर किया जाता है।

थिओफिलस हान कहता है कि "यह मान लिया गया है कि उनमें कोई आर्थिक बोध नहीं होता है, और जब किताबों में उनका हवाला दिया जाता है, तो एक लेखक दूसरे लेखक की गलतियों की नकल करता रहता है। निश्चय ही बुशमैनों में राजनीतिक या राजकीय अर्थव्यवस्था की कोई धारणा नहीं होती, लेकिन यह उन्हें खराब मौसम के लिए पहले से व्यवस्था करने के बारे में सोचने से नहीं रोकता।"

और सचमुच, वे मारे गये जानवरों के मांस का एक भाग भविष्य के लिए अलग रखते हैं, जिसे वे सीधे शिकार में भाग लेने में असमर्थ हो चुके बूढ़ों की देखरेख में गुफाओं के भीतर या ढँकी हुई कन्दराओं में छिपा देते हैं। वे कुछ कन्द-मूलों का भी संग्रह करते हैं। भारी मात्रा में एकत्र किये गये इन कन्द-मूलों को बुशमैन चिड़ियों के घोंसलों में रखते हैं। यह भी ज्ञात है कि वे *टिड्डियों* का संग्रह करते हैं, जिनको पकड़ने के लिए भी वे गहरे, लम्बे गड्ढे खोदते हैं।

इससे स्पष्ट है कि लिप्पर्ट के हवाले से ब्यूशर का यह दावा कितना गलत है कि निम्नतर आखेटक कबीले संग्रह करने के बारे में नहीं सोचते।

यह सच है कि सामूहिक शिकार के बाद, बुशमैनों के बड़े-बड़े आखेटक झुण्ड छोटे-छोटे समूहों में बिखर जाते हैं। लेकिन एक छोटे समूह का सदस्य होना एक बात है, और अकेले अपने सहारे छोड़ दिया जाना दूसरी बात है। इसके अतिरिक्त, विभिन्न दिशाओं में बिखर जाने के बावजूद बुशमैन एक-दूसरे से सम्पर्क करते रहते हैं। बेचुआन कबीले के लोगों ने लिश्टेंस्टाइन को बताया कि बुशमैन अलावों के जरिये एक-दूसरे को संकेत देते रहे हैं, जिसके चलते वे आस-पड़ोस के अन्य सभी कबीलों की अपेक्षा कहीं अधिक व्यापक क्षेत्र की जानकारी रखते हैं, जबकि अन्य कबीलों का सांस्कृतिक स्तर उनसे काफी ऊँचा है।* मैं समझता हूँ कि यदि बुशमैन *अकेले अपने सहारे ही जीते* और यदि उनके बीच *"व्यक्तिगत रूप से भोजन तलाश करने"* का ही चलन होता, तो ऐसे रिवाज उनके बीच पैदा ही नहीं हुए होते।

अब वेद्दा कबीले को लें। ये आखेटक जन (मैं यहाँ पर बिल्कुल असभ्य जनों की बात कर रहा हूँ, जिन्हें अंग्रेज रॉक वेद्दा कहते हैं) बुशमैनों की भाँति ही, छोटे-छोटे गोत्र-समूहों में रहते हैं, और प्रत्येक गोत्र-समूह द्वारा "भोजन की तलाश" उसके सभी सदस्यों के संयुक्त प्रयास से की जाती है। हाँ, यह सच है कि वेद्दा लोगों के बारे में अद्यतन और कुछ मामलों में पूर्ण विवरण देनेवाली किताब के लेखक, जर्मन शोधकर्ता, पॉल और फिट्ज सारासिन उन्हें पक्के व्यक्तिवादियों के रूप में पेश करते हैं। उनका कहना है कि अतीत में, जब सांस्कृतिक विकास के उच्चतर स्तर पर पहुँचे आस-पड़ोस के कबीलों के प्रभाव में वेद्दा जनों के आदिम सामाजिक सम्बन्ध छिन्न-भिन्न नहीं हुए थे, तब उनका आखेट-क्षेत्र विभिन्न परिवारों के बीच विभाजित था।

यह एकदम गलत धारणा है। वेद्दा लोगों की आदिम सामाजिक प्रणाली से सम्बन्धित सारासिन बन्धुओं की परिकल्पना जिस साक्ष्य पर आधारित है वह एकदम भिन्न ही संकेत देता है। उदाहरण के लिए, ये लेखक किसी वान हुन्स का साक्ष्य प्रस्तुत करते हैं, जो सत्रहवीं सदी में श्रीलंका का गवर्नर था। लेकिन वान हुन्स जो कुछ कहता है

* टिएरा फ्यूजियाई जन भी अलावों की मदद से एक-दूसरे को संकेत देते हैं। देखें डार्विन, *जर्नल ऑफ रिसर्चेज़*, लन्दन, 1839.

उससे केवल यही स्पष्ट होता है कि वेद्दा लोग जिस क्षेत्र में बसते थे वह अलग-अलग उप-क्षेत्रों में विभाजित था, लेकिन उससे यह नहीं पता चलता कि ये उप-क्षेत्र *अलग-अलग परिवारों* के थे। सत्रहवीं सदी के एक दूसरे लेखक, नॉक्स का कहना है कि जंगलों में वेद्दा लोगों की "क्षेत्रीय सीमाएँ आपस में बँटी हुई" थीं, और कि "शिकार करने या फल बटोरने के दौरान उनके समूह इन क्षेत्रीय सीमाओं का उल्लंघन नहीं करते थे।"

यहाँ पर "समूहों" की चर्चा है, *अलग-अलग परिवारों* की नहीं, और यह माना जा सकता है कि नॉक्स के दिमाग में उपक्षेत्रों की सीमाएँ अलग-अलग परिवारों की नहीं, बल्कि काफी बड़े गोत्र-समूहों से सम्बन्धित थीं। पॉल और फिट्ज सारासिन अंग्रेज लेखक टेण्ट को भी उद्धृत करते हैं। लेकिन टेनेण्ट क्या कहता है? वह कहता है कि वेद्दा लोगों का क्षेत्र *"रक्त-सम्बन्ध से जुड़े परिवारों के गोत्र-समूहों" के बीच* विभाजित था।*

गोत्र-समूह और अलग-अलग परिवार, दोनों भिन्न चीजें हैं। बेशक, वेद्दा गोत्र संख्यात्मक दृष्टि से छोटे थे। टेनेण्ट स्पष्टतः उन्हें "छोटे-छोटे गोत्र-समूह" कहता है। और यह समझ में आने वाली बात है। वेद्दा जन उत्पादक शक्तियों के विकास के जिस निम्न स्तर पर थे, वहाँ गोत्र-समूह बड़ा नहीं हो सकता था, लेकिन मुद्दा यह नहीं है। इस मामले में हमारे लिए वेद्दा गोत्र-समूह का आकार महत्त्वपूर्ण नहीं, बल्कि कबीले के अलग-अलग व्यक्तियों के जीवन में उसकी भूमिका का महत्त्व है। क्या यह कहा जा सकता है कि इसकी कोई भूमिका नहीं है, क्या गोत्र समूह अलग-अलग व्यक्तियों का जीवन आसान नहीं बनाता है? ऐसा कतई नहीं है। यह ज्ञात है कि वेद्दा गोत्र-समूह अपने मुखियों के निर्देश के तहत ही इधर-उधर घूमते हैं। यह भी ज्ञात है कि रात में बच्चे और तरुण मुखिया के इर्द-गिर्द सोते हैं, और गोत्र-समूह के वयस्क सदस्य उनके चारों ओर एक सजीव जंजीर के रूप में लेटते हैं, शत्रु के आक्रमण से उनकी रक्षा के लिए बिल्कुल तैयार। यह रिवाज, निस्सन्देह अलग-अलग व्यक्तियों के जीवन को आसान बनाता है, और पूरे कबीले के जीवन को भी। एकजुटता की अन्य अभिव्यक्तियाँ भी जीवन को आसान बनाती हैं। उदाहरण के लिए, गोत्र समूह जो कुछ भी अर्जित करता है, उसमें से विधवाओं को उनका हिस्सा मिलता रहता है।**

अगर उनमें इस तरह का सामाजिक जुड़ाव न होता, और अगर उनके बीच "व्यक्तिगत रूप से भोजन की तलाश करने" का ही रिवाज होता, तो अपने पतियों का संरक्षण खो चुकी स्त्रियों की नियति निश्चय ही एकदम भिन्न होती।

निचोड़ के तौर पर मैं इतना और जोड़ना चाहूँगा कि बुशमैनों की भाँति, वेद्दा भी स्वयं अपनी आवश्यकता की पूर्ति के लिए तथा पड़ोसी कबीलों के साथ

---

* टेनेण्ट, *सीलोन, एन् एकाउण्ट ऑफ दि आइलैंड्स,* लन्दन, 1880, ग्रंथ दो

** टेनेण्ट, वेद्दाओं में एक-पत्नी विवाह प्रचलित है।

अदला-बदली के लिए *मांस और शिकार के दूसरे उत्पादों का संग्रह करते हैं।* कैप्टन रिबेरो ने तो यहाँ तक दावा किया है कि वेद्दा लोग ताजा मांस बिल्कुल नहीं खाते थे, बल्कि उन्हें पट्टियों में काटकर पेड़ों के कोटरों में सुरक्षित रखते थे, और इस भण्डार से केवल साल के अन्त में ही निकालते थे। यह शायद अतिशयोक्ति है, लेकिन आपसे एक बार फिर इस बात पर गौर करने का आग्रह करूँगा कि बुशमैनों की ही तरह वेद्दा लोगों का उदाहरण भी ब्यूशर के इस विचार को खारिज ही करता है कि असभ्य जन भविष्य के लिए संग्रह नहीं करते। और स्वयं ब्यूशर के ही अनुसार, रसद का संग्रह करना किसी अर्थव्यवस्था का स्पष्टतम चिह्न है।

अण्डमान द्वीप समूह के आदिवासी, मिन्कोपी,* सांस्कृतिक पैमाने पर वेद्दा लोगों से अधिक विकसित नहीं हैं, लेकिन वे भी गोत्र-समूहों में रहते हैं और अक्सर समूह में ही शिकार करते हैं। युवा अविवाहित पुरुषों द्वारा किया गया हर शिकार *सबकी साझा सम्पत्ति* होती है और उसे गोत्र-समूह के मुखिया के निर्देशानुसार विभाजित किया जाता है। जो पुरुष शिकार में शामिल नहीं होते, उन्हें भी शिकार में हिस्सा मिलता है, क्योंकि यह माना जाता है कि यदि वे समुदाय के हित में दूसरे काम में व्यस्त नहीं होते तो वे भी शिकार करने गये होते। शिकार के बाद अपने डेरे पर लौटकर शिकारी जन अलाव के इर्द-गिर्द बैठकर खाते-पीते हैं, नाचते और गाते हैं। दावत में उन दुर्भाग्यशाली लोगों को भी हिस्सा मिलता है जो बिरले ही कभी कोई शिकार कर पाते हैं, और यहाँ तक कि उन काहिलों को भी हिस्सा मिलता है जो यूँ ही अपना वक्त जाया करते रहते हैं।** क्या यह सब "व्यक्तिगत रूप से भोजन की तलाश" की बात से मेल खाता है, और क्या इसकी रोशनी में यह कहा जा सकता है कि मिन्कोपी गोत्र-समूह अलग-अलग व्यक्ति के जीवन को आसान नहीं बनाते? हरगिज नहीं। बल्कि इसके विपरीत, निश्चित तौर पर यही कहा जा सकता है कि मिन्कोपी जनों के जीवन से सम्बन्धित आनुभविक आँकड़े ब्यूशर द्वारा चित्रित तस्वीर से कतई मेल नहीं खाते।

आदिम आखेटक कबीलों की जीवन-प्रणाली का चरित्र-चित्रण करने के लिए, ब्यूशर फिलिप्पीन द्वीप समूह के नेग्रिटो लोगों के जीवन के बारे में शादेनबर्ग के विवरण का हवाला देता है। लेकिन कोई भी शादेनबर्ग के उस आलेख को गौर से पढ़कर यह जान सकता है कि नेग्रिटो लोग भी अपना जीवन-संघर्ष *अलग-अलग व्यक्तियों के रूप में नहीं,* बल्कि *गोत्र-समूह के संयुक्त प्रयासों के जरिये* चलाते हैं। शादेनबर्ग एक स्पेनी

---

* लन्दन से प्रकाशित पत्रिका *नेचर* में छपे लेख में कहा गया है कि अण्डमान द्वीपों के निवासियों के लिए कभी-कभी मिन्कोपी शब्द का प्रयोग किया जाता है, लेकिन इसका कोई आधार नहीं है और ख़ुद आदिवासी या उनके पड़ोसी भी ऐसा नहीं करते हैं।

** ई.एच. मैन, "ऑन दि एबोरिजिनल इनहेबिटेंट्स ऑफ दि अण्डमान आइलैंड्स", *जर्नल ऑफ दि एंथ्रोपोलॉजिकल इंस्टीट्यूट ऑफ ग्रेट ब्रिटेन ऐण्ड आयरलैंड ग्रन्थ 12*

पादरी को उद्धृत करता है जो कहता है कि नेग्रिटो लोगों में, "पिता, माता और बच्चे सभी अपने-अपने तीर-धनुष रखते हैं और एक साथ शिकार करने जाते हैं।" इससे कोई यह सोच सकता है कि वे अलग-अलग व्यक्तियों के तौर पर नहीं तो कम से कम छोटे-छोटे परिवारों के रूप में तो रहते ही होंगे। लेकिन बात ऐसी नहीं है। नेग्रिटो "परिवार" एक गोत्र-समूह है, जिसमें से 20 से 80 तक सदस्य रहते हैं। इस गोत्र-समूह के सदस्य एक मुखिया के निर्देशन में एक समुदाय के रूप में इधर-उधर घूमते हैं, और वह मुखिया ही डेरों की जगहें चुनता है, शिकार-अभियानों का समय नियत करता है, आदि। दिन के समय बूढ़े लोग, अशक्त लोग और बच्चे एक बड़े अलाव के इर्द-गिर्द बैठे रहते हैं जबकि गोत्र-समूह के वयस्क सदस्य जंगल में शिकार करते हैं। रात में वे सब के सब अलाव के इर्द-गिर्द बेतरतीब सोते हैं।

अक्सर ही, बच्चे और—इस पर खास तौर से गौर किया जाना चाहिए—स्त्रियाँ भी शिकार में भागीदारी करती हैं। ऐसे समय वे सब एक साथ जाते हैं, "ओरांग-उटांगों के झुण्ड की भाँति"। यहाँ पर भी, मुझे "व्यक्तिगत रूप से भोजन तलाश करने" का कोई साक्ष्य नहीं दिखायी देता।

विकास के इसी स्तर पर मध्य अफ्रीका के पिग्मी भी हैं, जिनका अभी हाल ही में एक हद तक प्रामाणिक अध्ययन हो सका है। इन कबीलों के बारे में हाल के अनुसन्धानकर्ताओं द्वारा एकत्र की गयी समस्त "आनुभविक सूचनाएँ" "व्यक्तिगत रूप से भोजन की तलाश" के सिद्धान्त को खारिज करती हैं। वे सामूहिक रूप से जानवरों का शिकार करते हैं और आसपास के किसानों के खेतों में सामूहिक रूप से लूटपाट करते हैं। "पुरुष हरावल दस्ते में होते हैं और जरूरत पड़ने पर बर्बाद खेतों के मालिकों से लड़ते भी हैं, वहीं स्त्रियाँ लूटी गयी फसल को बटोरती हैं, उनके गट्ठर बनाती हैं और लादकर ले जाती हैं।" यहाँ हमें *व्यक्तिवाद नहीं बल्कि सहकार* और यहाँ तक कि *श्रम विभाजन* ही दिखायी देता है।

मैं यहाँ पर ब्राजीली बोतोकुडो या आस्ट्रेलियाई मूलनिवासियों की चर्चा नहीं करूँगा, क्योंकि ऐसा करने पर मुझे फिर उन्हीं बातों को दुहराना पड़ेगा जिन्हें मैं पहले ही कई दूसरे अन्य आखेटक कबीलों के सम्बन्ध में कह चुका हूँ।* अब उन आदिम

* आस्ट्रेलियाई मूलनिवासियों के बारे में मैं बस एक बात कहूँगा : जहाँ ब्यूशर का मानना है कि उनके सामाजिक सम्बन्धों को मुश्किल से सामाजिक संश्रय कहा जा सकता है, वहीं पूर्वाग्रह से मुक्त अनुसन्धानकर्ताओं का मत एकदम भिन्न है। उदाहरणार्थ, "आस्ट्रेलियाई कबीला एक संगठित समाज होता है जो सरल परम्परागत नियमों से संचालित होता है। समुदाय के विभिन्न हिस्सों के मुखिया या शासक इन नियमों को लागू कराते हैं और आपस में सलाह-मशविरा करके अपने अधिकारों का प्रयोग करते हैं।..." आर.एच. मैथ्यूज, दि कामिलारोई क्लास सिस्टम ऑफ दि आस्ट्रेलियन एबोरिजिंस", *प्रोसीडिंग्स ऐण्ड ट्रांजैक्शंस ऑफ दि क्वींसलैण्ड ब्रांच ऑफ दि रायल जिओग्राफिकल सोसायटी ऑफ आस्ट्रेलेशिया,* ग्रंथ एक, ब्रिस्बेन, 1895.

जनों पर नजर डालना ज्यादा उपयोगी होगा जिनकी उत्पादक शक्तियाँ पहले से ही विकास के उच्चतर स्तर पर पहुँच चुकी हैं। अमेरिका में ऐसी तमाम जन-जातियाँ हैं।

उत्तरी अमेरिका के रेड इण्डियन *सगोत्रीय समूहों में* रहते हैं और इन गोत्रों से निष्कासन एक भीषण दण्ड होता है जो केवल गम्भीर अपराधों के लिए ही दिया जाता है।* अकेले इसी तथ्य से यह स्पष्ट हो जाता है कि वे व्यक्तिवाद से कितने दूर हैं, जबकि ब्यूशर व्यक्तिवाद को ही आदिम कबीलों की अभिलाक्षणिक विशिष्टता बताता है। इन रेड इण्डियनों में गोत्र ही भूस्वामी, नियम-निर्माता, व्यक्ति, और कई मामलों में उसके वारिस और उत्तराधिकारी के अधिकारों के उल्लंघनों के लिए प्रतिशोध लेनेवाला होता है। गोत्र की शक्ति और जीवन्तता पूरी तरह उसके सदस्यों की संख्या पर निर्भर करती है, और इसीलिए किसी सदस्य की मृत्यु बाकी सब के लिए एक भारी क्षति समझी जाती है। गोत्र नये सदस्यों को गोद लेकर इस क्षति की पूर्ति करने का प्रयास करते हैं। उत्तरी अमेरिका के रेड इण्डियनों में *गोद लेना* व्यापक रूप से प्रचलित है। इससे स्पष्ट है कि उनके जीवन-संघर्ष में समूह का संयुक्त प्रयास कितना अधिक महत्त्व रखता है, फिर भी ब्यूशर अपने पूर्वाग्रहग्रस्त दृष्टिकोण के नाते, इसे इस बात के सबूत के रूप में देखता है कि आदिम जनों में सगोत्रता का बोध बहुत कम विकसित है।**

उनके जीवन-संघर्ष में संयुक्त प्रयास कितना महत्त्व रखता है, इसे उनके सामूहिक रूप से शिकार करने और मछली मारने के रिवाज से भी जाना जा सकता है। मैं यहाँ पर, उदाहरण के तौर पर, ब्राजीली *बोरोरो* जनजाति की चर्चा करना चाहूँगा, जिनका अस्तित्व, फॉन डेन स्टाइनेन के अनुसार, केवल कबीले के हरावल की भूमिका निभाने वाले पुरुष सदस्यों पर ही निर्भर है, जो अक्सर काफी लम्बी अवधि तक सामूहिक रूप से शिकार करने में लगे रहते हैं।*** और यह कहना बहुत गलत न होगा कि सामूहिक शिकार अमेरिकी रेड इण्डियनों के जीवन में अत्यन्त महत्त्वपूर्ण

---

* गोत्र समूह से निष्कासन के बारे में देखें, पावेल, "ब्यान्दोत गवर्नमेण्ट", *फर्स्ट एनुअल रिपोर्ट ऑफ दि ब्यूरो ऑफ एथनोलाजी टु दि स्मिथसोनियन इंस्टीट्यूट,*

** स्वानेशियन जनों में गोद लेने की प्रथा विकसित नहीं होने की ओर इंगित करते हुए एम.एम. कोवालेव्स्की कहता है कि ऐसा उनकी गोत्र प्रणाली की दृढ़ता की वजह से है *(लॉज़ ऐण्ड कस्टॅस इन दि काकेशस,* ग्रंथ दो)। लेकिन गोत्रीय समुदाय की दृढ़ता उत्तर अमेरिकी इंडियनों अथवा एस्किमो लोगों में गोद लेने की प्रथा के काफी विकसित होने में बाधा नहीं बनती। इसलिए अगर स्वानेशियनों में गोद लेना प्रचलित नहीं है, तो इसका कारण गोत्रीय सम्बन्ध की दृढ़ता में नहीं बल्कि कहीं और तलाशा जाना चाहिए।

*** "उनका अस्तित्व केवल पुरुषों के घनिष्ठ आपसी सहयोग के बूते ही बना रह सकता था, जिन्हें अक्सर साझा शिकार अभियानों पर लम्बे समय के लिए घर से दूर रहना पड़ता था। अलग-अलग व्यक्तियों के लिए ऐसा करना नामुमकिन ही होता।" *एमंग दि सेण्ट्रल-ब्राज़ीलियन नेटिव्स,* बर्लिन, 1894.

केवल **तभी बना** जब उन्होंने शिकारी जीवन-शैली के निचले सोपान को छोड़ दिया था। बेशक। यह भी जरूर स्वीकार करना होगा कि नयी दुनिया के मूल कबीलों की महानतम सांस्कृतिक उपलब्धियों में से एक *कृषि* थी, जिसमें उनमें से बहुतेरे बड़ी मेहनत और निरन्तरता से लगे हुए थे। लेकिन कृषि उनके जीवन में आम तौर पर शिकार करने और खास तौर से कबीले के अनेक सदस्यों द्वारा संयुक्त रूप से शिकार करने के महत्त्व को सिर्फ *कम* ही कर सकी। अतः रेड इण्डियनों के सामूहिक शिकार की जीवन-शैली को निश्चय ही विकास के आखेट युग का एक स्वाभाविक और अभिलाक्षणिक प्रतिफल मानना होगा।

लेकिन कृषि ने भी आदिम अमेरिकी कबीले के जीवन में सहकारिता के महत्त्व को कम नहीं किया। इसका ठीक उल्टा हुआ है। अगर कृषि के प्रादुर्भाव से सामूहिक शिकार का महत्त्व कुछ हद तक कम भी हुआ तो भूमि की जुताई-गुड़ाई आदि ने सहकारिता के प्रयोग के लिए एक नया और बड़ा ही व्यापक क्षेत्र पैदा कर दिया। अमेरिकी रेड इण्डियनों में खेती का काम स्त्रियों के हिस्से में आता है और खेतों की जुताई-बुवाई स्त्रियों के *संयुक्त प्रयास* से होती है (कम से कम, कुछ समय पहले तक होती थी)। लाफितो पहले ही इसकी चर्चा कर चुका है। समकालीन अमेरिकी नृजाति वैज्ञानिक इस तथ्य पर तनिक भी सन्देह की गुंजाइश नहीं छोड़ते : मैं ऊपर उद्धृत पावेल की कृति *दि व्यान्दोत गवर्नमेण्ट* का हवाला देना चाहूँगा। वह कहता है : "खेती-बारी सामुदायिक रूप से की जाती है; अर्थात् गोत्र की सभी स्वस्थ स्त्रियाँ प्रत्येक गृहस्थी की जोत पर खेती-बारी के काम में हाथ बँटाती हैं।"* मैं दुनिया के अन्य भागों के आदिम जनों के जीवन में सामुदायिक श्रम के महत्त्व को रेखांकित करने वाले और कई उदाहरण दे सकता हूँ, लेकिन स्थान का अभाव मुझे विवश करता है कि मैं अपने आप को *न्यूजीलैण्डवासियों* के सामूहिक रूप से मछली मारने के सन्दर्भ तक ही सीमित रखूँ।

कई हजार फीट लम्बे जाल पूरा गोत्र मिलकर तैयार करता था और उन्हें उसके सभी सदस्यों के हित में इस्तेमाल किया जाता था। पोलक का कहना है कि "ऐसा लगता है कि सार्वभौमिक सहायता की यह प्रणाली ही सबसे प्राचीन समाज की मूल योजना रही है जो आदि काल से लेकर आज तक चली आ रही है।"** मैं समझता हूँ कि ब्यूशर ने आदिवासी जीवन की जो तस्वीर प्रस्तुत की है उसके आलोचनात्मक मूल्यांकन के लिए अब तक जो कुछ कहा गया है वह पर्याप्त है। तथ्य स्पष्टतः विश्वसनीय ढंग से

---

* यहाँ यह तथ्य उल्लेखनीय है कि भूमि के ये टुकड़े अलग-अलग परिवारों की सम्पत्ति नहीं होते, बल्कि गोत्रीय परिषद उन्हें इस्तेमाल के लिए आवंटित भर करती है। मैं यह भी बता दूँ कि इस परिषद में *स्त्रियाँ* ही होती हैं। पॉवेल, पूर्वोक्त।

** *मैनर्स ऐण्ड कस्टम्स ऑफ दि न्यूज़ीलैण्डर्स,* ग्रंथ दो

दर्शा रहे हैं कि असभ्य कहे जानेवालों के बीच भोजन की व्यक्तिगत तलाश नहीं, जैसा कि ब्यूशर दावा करता है, बल्कि समूचे गोत्र-समूह द्वारा अस्तित्व के लिए चलाया जानेवाला संघर्ष ही प्रचलित है। जिबर और कोवालेव्स्की के दृष्टिकोण से सहमत लेखकों ने इसकी पुष्टि की है। कला के बारे में हमारी छानबीन के लिए यह निष्कर्ष सबसे महत्त्वपूर्ण है। इसे पक्के तौर पर दिमाग में बैठा लेने की जरूरत है।

आइये अब आगे बढ़ें। लोग जिस ढंग से जीते हैं, स्वाभाविक तौर पर और अनिवार्य रूप से उसी से उनका समूचा चरित्र भी निर्धारित होता है। यदि "व्यक्तिगत रूप से भोजन की तलाश करने" का आदिवासियों में चलन रहा होता, तो वे निश्चय ही मैक्स स्टर्नर के आदर्श के अनुरूप पूर्ण व्यक्तिवादी और अहम्मन्यतावादी हुए होते। ब्यूशर उन्हें ऐसा ही मानता है। वह कहता है : "जीवन-रक्षा की जो मूलवृत्ति जानवरों को नियंत्रित करती है वही असभ्य जनों की भी प्रभावी मूलवृत्ति होती है। इस मूल वृत्ति की कार्रवाई स्थानिक रूप से अलग-अलग व्यक्तियों तक, और कालिक रूप से उस क्षण तक सीमित रहती है, जब इसकी आवश्यकता महसूस की जाती है। दूसरे शब्दों में, असभ्य जन *सिर्फ अपने ही बारे में* और *सिर्फ वर्तमान के बारे में* ही सोचते हैं।"

यहाँ भी, मैं आपसे यह नहीं पूछूँगा कि यह तस्वीर आपको पसन्द है या नहीं। मैं सिर्फ यही पूछना चाहूँगा : क्या यह तथ्यों के विपरीत नहीं है? मेरी दृष्टि में यह तथ्यों के विपरीत है, पूरी तरह है।

पहली बात, हमें पहले से ही मालूम है कि निम्नतम आखेटक कबीले भी भविष्य के लिए संग्रह करते हैं। इससे स्पष्ट है कि भविष्य की चिन्ता से वे पूरी तरह अनभिज्ञ नहीं हैं। और अगर वे भविष्य के लिए संग्रह नहीं भी करते, तब भी इससे अनिवार्यतः यह अर्थ नहीं निकलता कि वे सिर्फ वर्तमान के बारे में ही सोचते हैं। आखिर असभ्य जन एक सफल शिकार कर लेने के बाद भी अपने हथियार क्यों सुरक्षित रखते हैं? इसीलिए कि वे *भविष्य* में किये जाने वाले शिकारों और *भविष्य में* होने वाले शत्रुओं से टकरावों की चिन्ता करते हैं। और उन थैलों के बारे में क्या कहेंगे जिन्हें लगातार एक स्थान से दूसरे स्थान पर जाते हुए असभ्य कबीलों की स्त्रियाँ अपनी पीठ पर लादे रहती हैं? इन थैलों में जो सामान रखा होता है उनकी मामूली-सी जानकारी से भी असभ्य जनों की आर्थिक दूरदर्शिता के बारे में एक ऊँची राय बनती है। इन थैलों में तमाम तरह का सामान होता है—खाने योग्य जड़ों को पीसने के लिए चपटे पत्थर, काटने के लिए स्फटिक पत्थर के नेजे, चकमक पत्थर के नेजे, पत्थर के अतिरिक्त बसूले, कंगारू की पेशियों से बने तस्मे, ओपोसम का ऊन, विभिन्न रंगों की मिट्टी, छाल के टुकड़े, चर्बी के लोंदे तथा रास्ते में एकत्र किये गये फल-मूल। पूरा खजाना! अगर असभ्य जन आनेवाले कल के बारे में नहीं सोचते, तो उनकी स्त्रियाँ इन सारी चीजों को ढोकर क्यों ले चलतीं? बेशक, यूरोपीय मस्तिष्क को ऐसी आस्ट्रेलियाई स्त्री

की गृहस्थी का सामान बड़ा तुच्छ-सा लगेगा। लेकिन इतिहास में, और खास तौर पर, आर्थिक इतिहास में हर चीज सापेक्ष हुआ करती है।

बहरहाल, मेरी दिलचस्पी इस मामले के मनोवैज्ञानिक पहलू में है।

चूँकि व्यक्तिगत रूप से भोजन की तलाश आदिम समाज में प्रचलित नहीं रही है, इसलिए इसमें आश्चर्य की कोई बात नहीं कि असभ्य जन कतई व्यक्तिवादी या अहम्मन्य नहीं होते जैसा कि ब्यूशर उन्हें सिद्ध करता है। इसे सबसे विश्वसनीय अध्ययनकर्ताओं के निर्विवाद साक्ष्यों की रोशनी में स्पष्टतः देखा जा सकता है। कई सुस्पष्ट उदाहरण प्रस्तुत हैं।

एहरेनरीश ने बोतोकुडो लोगों के बारे में लिखा है कि "जहाँ तक भोजन का सवाल है, उनके बीच पूर्ण साम्यवाद लागू है। शिकार में मिली चीजें और उपहारस्वरूप प्राप्त वस्तुएँ समुदाय के सभी सदस्यों में वितरित की जाती हैं, भले ही प्रत्येक सदस्य को नगण्य हिस्सा ही क्यों न मिले।" एस्किमो लोगों में भी ऐसा ही है, जिनमें क्लुत्शाक के अनुसार, खाद्य-सामग्री और अन्य चल सम्पदा सबकी सम्पत्ति होती है। "जब तक मांस का एक भी टुकड़ा डेरे में बचा होता है, तब तक वह सबका होता है, और उसके वितरण में सबका, और खास तौर से बीमारों और सन्तानहीन विधवाओं का, ख्याल रखा जाता है।" क्लुत्शाक का यह साक्ष्य एस्किमो लोगों के बारे में एक और आधिकारिक विद्वान, क्रैन्ज द्वारा पहले ही दिये जा चुके साक्ष्य से पूरी तरह मेल खाता है। क्रैन्ज यह भी बताता है कि एस्किमो लोगों की जीवन-शैली आदिम साम्यवाद से बहुत मेल खाती है। कोई शिकारी जब भरे-पूरे थैले के साथ वापस आता है तो वह इसका सभी सदस्यों को वितरण करता है, और सर्वोपरि रूप से गरीब विधवाओं का ख्याल करता है। हरेक एस्किमो निश्चित रूप से अपनी वंशावली से परिचित होता है, और यह जरूरतमन्द के लिए बहुत अच्छी बात है "क्योंकि कोई भी अपने गरीब सम्बन्धी के लिए शर्मिन्दा नहीं होता, और यदि किसी धनी आदमी से बहुत दूर का सम्बन्ध भी हो तो किसी को भोजन का अभाव नहीं झेलना पड़ता।"

एस्किमो चरित्र की इस विशेषता की ओर अमेरिकी नृजाति-वैज्ञानिकों, उदाहरण के लिए, बोआस ने भी ध्यान दिलाया है।

शुरुआती अनुसन्धानकर्ताओं ने आस्ट्रेलियाई मूलनिवासियों को पक्के व्यक्तिवादियों के रूप में चित्रित किया था, पर नजदीक से देखने पर अब वे एकदम भिन्न दिखाई देते हैं। लेतूर्नो उनके बारे में बताता है कि—गोत्र-समूह की सीमा के भीतर—*हर चीज सबकी होती है।* इस कथन को निस्सन्देह सावधानी से लेना होगा, क्योंकि यह निर्विवाद है कि निजी सम्पत्ति के कुछ आरम्भिक तत्त्व आस्ट्रेलियाइयों के बीच मौजूद हैं। लेकिन निजी सम्पत्ति के ये आरम्भिक तत्त्व उस व्यक्तिवाद से अभी बहुत दूर हैं जिसकी बात ब्यूशर करता है।

और लेतूर्नो स्वयं ही फिसन और होबिट के आधिकारिक साक्ष्य के हवाले से उन नियमों का एक विस्तृत विवरण देता है, जिनके अनुसार कुछ आस्ट्रेलियाई कबीलों में शिकार का वितरण किया जाता है।

ये नियम सगोत्रता की प्रणाली से घनिष्ठ रूप से जुड़े हुए हैं, और उनकी मौजूदगी ही इस बात का पक्का सबूत है कि आस्ट्रेलियाई गोत्र-समूह के व्यक्तिगत सदस्यों द्वारा प्राप्त किया गया शिकार उनकी निजी सम्पत्ति नहीं होता। अगर आस्ट्रेलियाई व्यक्तिवादी होते, और पूरी तरह "व्यक्तिगत रूप से भोजन की तलाश" में ही लिप्त रहते, तो निश्चय ही यह उनकी निजी सम्पत्ति होता।

निम्नतर आखेटक कबीलों की सामाजिक मूलवृत्तियाँ कभी-कभी ऐसे नतीजे भी प्रस्तुत कर देती हैं जिनसे यूरोपियनों को आश्चर्य हो सकता है। उदाहरण के लिए, यदि कोई बुशमैन किसी किसान या चरवाहे से एक-दो पशु चुरा लेता है, तो बाकी सभी बुशमैन अपने आप को उस दावत में शामिल होने के अधिकारी समझते हैं जो आम तौर पर इस प्रकार के कारनामे के बाद होती ही है।

आदिम सामुदायिक मूलवृत्तियाँ सांस्कृतिक विकास के उच्चतर स्तरों पर भी बरकरार रहती हैं। समकालीन अमेरिकी नृजाति-वैज्ञानिक रेड इण्डियनों को पक्के समुदायवादियों के रूप में चित्रित करते हैं। उत्तर अमेरिकी नृजाति विज्ञान ब्यूरो के निदेशक, पावेल, जिन्हें मैं पहले ही उद्धृत कर चुका हूँ, स्पष्ट कहते हैं कि रेड इण्डियनों में *"सारी सम्पत्ति"* सामूहिक रूप से "गोत्र-समूह" की होती है, और भोजन, जो सबसे महत्त्वपूर्ण है, "किसी भी सूरत में" सिर्फ उसे जुटाने वाले व्यक्ति या परिवार द्वारा ही नहीं खाया जाता। भिन्न-भिन्न कबीलों में शिकार में मारे गये जानवर के मांस के वितरण के भिन्न-भिन्न नियम हैं, परन्तु वे सब समान वितरण के सिद्धान्त पर आधारित हैं।

"भूखे रेड इण्डियन को बस कहने भर की जरूरत होती है और इससे कोई फर्क नहीं पड़ता कि देने वाले के पास कितना थोड़ा बचा है या भविष्य कितना अन्धकारमय है।"* और गौर करें, कि प्राप्त करने का यह अधिकार केवल गोत्र या कबीले तक ही सीमित नहीं है। "जो शुरू-शुरू में सगोत्र सम्बन्धों द्वारा दिया गया अधिकार था, वह आगे चलकर व्यापक हो गया, और अन्ततः बिना किसी भेदभाव के आतिथ्य-सत्कार के रूप में स्थापित हो गया।" हमें डोर्से से पता चलता है कि जब ओमाहा रेड इण्डियनों के पास काफी अनाज हो गया था तथा पार्का और पावनी जनों के पास बहुत कम था, तो ओमाहा रेड इण्डियनों ने अपना अनाज उनके साथ बाँटा, और अपनी बारी

* "इण्डियन लिंग्विस्टिक फैमिलीज़", *सेवेंथ एनुअल रिपोर्ट ऑफ दि ब्यूरो ऑफ एथनोलॉजी।* मैं यह भी बता दूँ कि मेटिल्डा स्टीवेन्सन के अनुसार अमेरिकी रेड इण्डियनों में शिकार के बँटवारे में ताकतवर लोगों को कमजोरों की तुलना में कोई विशेषाधिकार प्राप्त नहीं होते ("दि सिआ", मेटिल्डा कोक्स स्टीवेन्सन, *इलेवेंथ एनुअल रिपोर्ट)।*

में पार्का और पावनी कबीलों ने भी ऐसा ही किया।* इस श्रेष्ठ परम्परा का उल्लेख लाफितो पहले ही कर चुका था, जिसने सही कहा था कि "यूरोपियन ऐसा नहीं करते।"

दक्षिण अमेरिका के रेड इण्डियनों पर चर्चा के लिए, मार्तियस और फॉन डेन स्टाइनेन को उद्धृत करना ही काफी होगा। मार्तियस ब्राजीली रेड इण्डियनों के बारे में बताता है कि उनके समुदाय के अनेक सदस्यों के संयुक्त प्रयास से हासिल की गयी चीजें उन सदस्यों की संयुक्त सम्पत्ति होती हैं, जबकि डेन स्टाइनेन के अनुसार, ब्राजीली *बकाइरी*–जिनके बारे में उसने गहन अध्ययन किया है–एक ही परिवार जैसे रहते हैं और आखेट करने या मछली मारने से जो कुछ भी मिलता है, उसे बाँट कर खाते हैं। जब बोरोरो शिकारी जगुआर मारता है, तो उसका मांस खाने के लिए दूसरे शिकारियों को दावत देता है, परन्तु उसका चमड़ा और दाँत उस पुरुष या स्त्री को दान कर देता है जो उस समुदाय में हाल में मरने वाले व्यक्ति का सबसे निकट सम्बन्धी होता है।

दक्षिण अफ्रीका के काफिर कबीलों का शिकारी अपने द्वारा हासिल की गयी चीज को अपनी मर्जी से नहीं निपटा सकता, बल्कि उसे औरों को भी उसमें से हिस्सा देना पड़ता है। जब कोई आदमी एक साँड़ जिबह करता है, तब सारे पड़ोसी उसके मेहमान के रूप में आ जुटते हैं और तब तक रहते हैं जब तक मांस का आखिरी हिस्सा भी नहीं खा लिया जाता। यहाँ तक कि "राजा" भी इस परम्परा के आगे झुकता है, और उसे अपनी प्रजा के साथ बाँटकर खाना पड़ता है। लाफितो के शब्दों में, यूरोपियन ऐसा नहीं करते।

हम एहरेनरीश की बदौलत पहले से ही जानते हैं कि जब किसी बोतोकुडो को कोई उपहार मिलता है, तो इसमें वह अपने गोत्र-समूह के सभी सदस्यों को साझीदार बनाता है। डार्विन ने ऐसा ही टिएरा डेलफ्यूजो वासियों के लिए भी कहा है, और दक्षिण अफ्रीका के आदिवासियों के बारे लिश्टेंस्टाइन ने भी ऐसा ही लिखा है। लिश्टेंस्टाइन के अनुसार, जो व्यक्ति अपने उपहार को औरों के साथ नहीं बाँटता वह बुरी तरह हँसी का पात्र बना दिया जाता है। जब फिट्ज और पॉल सारासिन ने एक वेद्दा जन को चाँदी का एक सिक्का दिया तो उसने अपनी कुल्हाड़ी इस तरह उठायी, मानो वह उसके टुकड़े करना चाहता हो और उसके बाद, उसने इशारे से कुछ और सिक्के माँगे, ताकि उन्हें वह औरों को भी दे सके। बेचुआनों के राजा, मुलिहावांग ने लिश्टेंस्टाइन के एक साथी से अनुरोध किया कि वह उसे उपहार *चुपके से* दे, नहीं तो उसे वह उपहार अपनी प्रजा के साथ बाँटना पड़ेगा। नोर्देन्स्किओल्ड बताता है कि जब वह चुकची कबीले के दौरे पर था, तो उसने कबीले के एक बच्चे को शक्कर का एक टुकड़ा दिया जिसे तत्काल सभी सदस्यों ने बारी-बारी से चूसना शुरू कर दिया।

---

* "ओमाहा सोशियोलॉजी", ओवेन डोर्से, *थर्ड एनुअल रिपोर्ट ऑफ दि ब्यूरो ऑफ एथनोलॉजी।*

इतना काफी है। ब्यूशर यह कहकर बहुत बड़ी गलती करता है कि असभ्य जन सिर्फ अपने बारे में ही सोचते हैं। आधुनिक नृजाति-वैज्ञानिकों द्वारा दी गयी आनुभविक सूचनाएँ इस मामले में तनिक भी सन्देह की गुंजाइश नहीं छोड़तीं। अतः अब हम तथ्यों से परिकल्पना की ओर बढ़ सकते हैं और यह पूछ सकते हैं कि हम उस अत्यन्त सुदूर काल के अपने असभ्य पूर्वजों के पारस्परिक सम्बन्धों को किस रूप में चित्रित करें जब वे आग और हथियारों के इस्तेमाल से भी अपरिचित थे। क्या हमारे पास इस विश्वास का कोई आधार है कि इस काल में व्यक्तिवाद का प्रचलन था, और सामाजिक एकजुटता अलग-अलग व्यक्ति के जीवन को आसान नहीं बनाती थी?

मुझे तो यही लगता है कि हमारे पास ऐसे विश्वास का तनिक भी आधार नहीं है। मुझे पुरानी दुनिया के बन्दरों की आदतों के बारे में जो कुछ भी जानकारी है, उसके आधार पर मैं समझता हूँ कि हमारे पूर्वज उस समय भी सामाजिक प्राणी ही थे, जब वे अभी सिर्फ "अर्द्ध-मानव" ही थे। एस्पिनास कहता है : "बन्दरों के झुण्ड को जो चीज अन्य जानवरों के झुण्ड से अलग करती है, वह है पहले, उसके अलग-अलग सदस्यों की एक-दूसरे को सहायता, यानी आपसी *एकजुटता;* और दूसरे, इसके सभी सदस्यों, यहाँ तक कि नर-सदस्यों की भी मुखिया के प्रति मातहती, या *आज्ञाकारिता,* जो सबकी देखभाल करता है। आप देख सकते हैं कि यहाँ हर तरह से एक सामाजिक संश्रय मौजूद है।

यह सच है कि बड़े मानवाभ वानरों में प्रकटतः सामाजिक जीवन की विशेष प्रवृत्ति नहीं दिखती। लेकिन उन्हें भी पूर्ण व्यक्तिवादी नहीं कहा जा सकता। उनमें से कुछ अक्सर इकट्ठा होकर समवेत स्वर में गाते हैं और खोखले पेड़ों पर अपने हाथों से थाप देते हैं। द्यू शाइलू ने गोरिल्लों के ऐसे समूह देखे हैं जिनमें आठ से दस तक सदस्य होते हैं; गिब्बन सौ से डेढ़ सौ के झुण्डों में देखे गये हैं। ओरांग-उटांग अलग-अलग परिवारों में रहते हैं, पर हमें इन जानवरों के जीवन की असाधारण दशाओं पर जरूर गौर करना होगा। ऐसा लगता है कि ये मानवाभ वानर अब जीवन के लिए संघर्ष करने में समर्थ नहीं रह गये हैं। वे अब समाप्त हो रहे हैं, उनकी संख्या तेजी से घट रही है और जैसा कि तोपिनार्द सही कहता है, उनकी वर्तमान जीवन-प्रणाली अब हमें इस बात का तनिक भी संकेत नहीं दे सकती कि वे पहले कैसे रहते थे।

बहरहाल, डार्विन का यह पक्का विश्वास था कि हमारे मानवाकार पूर्वज समाजों में रहते थे, और मुझे भी इस विश्वास के गलत होने का कोई कारण नहीं दिखता। और यदि हमारे मानवाकार पूर्वज समाजों में रहते थे, तो यह सवाल उठाना उचित ही है कि *कब,* अपने उत्तरवर्ती प्राणिगत विकास के किस क्षण में—*और क्यों* उनकी सामाजिक मूलवृत्तियों की जगह व्यक्तिवाद ने ले ली? मुझे तो नहीं मालूम। न ही ब्यूशर को मालूम है। वह इस बिन्दु पर हमें कुछ नहीं बताता।

इस तरह, जैसा कि हम देख रहे हैं, उसकी दलील न तो *परिकल्पनात्मक* विचारों से मेल खाती है और न ही तथ्यात्मक जानकारियों से।

व्यक्तिगत रूप से भोजन की तलाश से कोई अर्थव्यवस्था कैसे उत्पन्न हुई? ब्यूशर के विचार से इसे समझना अब लगभग असम्भव है। मैं समझता हूँ कि हम इस बिन्दु पर एक अवधारणा बना सकते हैं, बशर्ते कि हम यह मानकर चलें कि *शुरू में भोजन की तलाश व्यक्तिगत नहीं, बल्कि सामाजिक थी।* मनुष्यों ने शुरू-शुरू में सामाजिक प्राणियों के रूप में ठीक वैसे ही भोजन की "तलाश की", जैसे सामाजिक प्राणी "तलाश करते हैं" : यानी कमोबेश बड़े समूह प्रकृति के *तैयारशुदा* उपहारों को हासिल करने की दिशा में निर्दिष्ट हुए होंगे। अर्ल, जिसे मैं ऊपर उद्धृत कर चुका हूँ, द ला जिरोनिएर के साक्ष्य के आधार पर यह बताता है कि नेग्रिटो लोग अपने पूरे गोत्र-समूहों के साथ जब शिकार पर जाते हैं तो ऐसा लगता है जैसे ओरांग-उटांगों का झुण्ड धावे पर जा रहा हो। अक्का कबीले के पिग्मी भी ऐसे ही लगते हैं, जब वे झुण्ड बनाकर आस-पड़ोस के खेतों में लूटपाट करने जाते हैं। यदि "अर्थव्यवस्था" शब्द को उपयोगी चीजें हासिल करने के उद्देश्य से लोगों की संयुक्त कार्रवाई के अर्थ में समझा जाये, तो उपरोल्लिखित धावों को निश्चय ही आर्थिक गतिविधि के सबसे आरम्भिक रूप मानना होगा।

उपयोगी चीजें बटोरने की आरम्भिक विधि *प्रकृति प्रदत्त तैयारशुदा उपहारों को बटोरने* की ही विधि थी।* बेशक इस विधि को कई कोटियों में विभाजित किया जा सकता है, जिनमें मछली मारने और आखेट करने की विधियाँ भी हो सकती हैं। *बटोरने* की प्रणाली के बाद *उत्पादन* की प्रणाली आयी, और कभी-कभी ऐसा भी होता रहा कि लगभग अगोचर संक्रमणों की श्रृंखला में एक प्रणाली की जगह दूसरी प्रणाली लेती रही—जैसा कि, उदाहरण के तौर पर, कृषि के आरम्भिक इतिहास को देखने से पता चलता है। निस्सन्देह कृषि सबसे आदिम प्रणाली होते हुए भी, आर्थिक गतिविधि के सारे चिह्न पहले से ही लिये हुए है।**

और चूँकि शुरू-शुरू में खेतों में कृषि-कार्य गोत्र-समूह के संयुक्त प्रयासों के तहत

---

* जैसा कि पैंकोव ठीक ही कहता है, "मानव विकास की सबसे निचली पायदान पर आखेटक जन नहीं, बल्कि कन्द-मूल-फल बटोरने वाले जन रहे होंगे।" सारासिन बन्धुओं का भी यही मत है, जो कहते हैं कि विकास की अपेक्षाकृत उन्नत अवस्था में जाकर ही आखेट भोजन प्राप्त करने का महत्त्वपूर्ण साधन बना।

** इसी तरह, आस्ट्रेलियाइयों की कई प्रथाओं में आर्थिक गतिविधि के तत्त्व देखे जा सकते हैं जिनसे पता चलता है कि वे भविष्य के बारे में भी सोचते हैं। उनके बीच उन पौधों को जड़ सहित उखाड़ने की मनाही है जिनके फल वे खाते हैं। इसी तरह, वे जिन चिड़ियों के अण्डे खाते हैं, उनके घोंसलों को नष्ट नहीं करते। रात्ज़ेल, *एंथ्रोपी-ज्योग्राफ़ी।*

ही किया जाता था, अतः इसमें भी स्पष्ट तौर पर यही ढर्रा दिखायी देता है कि आदिम मनुष्य ने अपने मानवाकार पूर्वजों से विरासत में प्राप्त अपनी सामाजिक मूलवृत्तियों का अपनी आर्थिक गतिविधि में व्यापक प्रयोग किया। इन मूलवृत्तियों का उत्तरवर्ती इतिहास उन निरन्तर परिवर्तनशील सम्बन्धों द्वारा निर्धारित हुआ जिनके तहत मनुष्य अपनी आर्थिक गतिविधि में, या जैसा कि मार्क्स ने कहा है, अपने जीवन के उत्पादन की प्रक्रिया में, एक दूसरे के साथ जुड़े थे।[8] इससे अधिक स्वाभाविक बात और कुछ नहीं हो सकती थी, *और मैं नहीं समझता कि विकास के इस स्वाभाविक क्रम में न समझे जाने लायक क्या है।*

लेकिन जरा ठहरिये, ब्यूशर के अनुसार, कठिनाई यह है। उसका कहना है, "यह मान लेना स्पष्टतः स्वाभाविक है कि यह महत्त्वपूर्ण परिवर्तन (व्यक्तिगत रूप से भोजन की तलाश से एक अर्थव्यवस्था में संक्रमण) उस बिन्दु पर शुरू हुआ होगा जब तात्कालिक उपभोग के लिए, प्रकृति-प्रदत्त उपहारों के सरल विनियोजन की जगह अपेक्षाकृत अधिक दूरवर्ती लक्ष्य की दिशा में निर्दिष्ट उत्पादन ने ले ली होगी, और जब शारीरिक अंगों की नैसर्गिक गतिविधि की जगह श्रमकार्य, अर्थात् एक सचेत उद्देश्य के तहत शारीरिक ऊर्जा के इस्तेमाल ने ले ली होगी। लेकिन अभी इस विशुद्ध परिकल्पनात्मक आधार से हमें कुछ ज्यादा हासिल नहीं होगा। आदिम जनों द्वारा किया जानेवाला *श्रमकार्य* एक अस्पष्ट चीज ही है। हम इसके आरम्भ होने के बिन्दु के जितना ही निकट पहुँचते हैं, उतना ही यह अपने रूप और अन्तर्वस्तु दोनों में *खेल* के ज्यादा निकट प्रतीत होता है।"

इस प्रकार, भोजन की तलाश से आर्थिक गतिविधि की ओर संक्रमण को समझने में बाधा यही है कि श्रम कार्य और खेल के बीच एक विभाजक रेखा खींचना आसान नहीं है।

श्रमकार्य का खेल से—या, चाहें तो यह कह लें कि खेल का श्रमकार्य से--सम्बन्ध *कला के उद्भव* को स्पष्ट करने में सबसे महत्त्वपूर्ण प्रश्न है। अतः मैं आपको आमंत्रित करता हूँ, कि ब्यूशर इस बिन्दु पर जो कुछ कहता है उसे गौर से सुनें *और उसकी हर बात को सावधानीपूर्वक तौलें।* देखते हैं ब्यूशर क्या कहता है।

"यह सम्भव है कि मनुष्य महज भोजन की तलाश से परे जाने के लिए उन मूलवृत्तियों से प्रेरित हुआ हो जो उच्चतर प्राणियों में मिलती है, खास तौर से अनुकरणात्मक मूलवृत्ति और हर प्रकार के प्रयोगों के लिए नैसर्गिक रुझान। उदाहरण के लिए, पशुपालन की शुरुआत उपयोगी जानवरों से नहीं, बल्कि उन पशुओं से हुई जिन्हें मनुष्य सिर्फ अपने मनोरंजन के लिए पाल लेता है। मैन्युफैक्चरिंग उद्योग का विकास, स्पष्टतः सब जगह, शरीर को सजाने, गोदना गोदने, छेदने या शरीर के विभिन्न भागों को विरूपित करने के अन्य उपकरणों के निर्माण के साथ ही शुरू हुआ

होगा जिसके बाद आभूषणों, मुखौटों का निर्माण, छाल पर चित्रकारी, चित्रलिपि और इसी तरह के अन्य व्यवसाय धीरे-धीरे विकसित हुए होंगे।...इसी तरह, तकनीकी कुशलताएँ खेल के दौरान हासिल की जाती हैं और उनका व्यावहारिक उद्देश्य के लिए इस्तेमाल धीरे-धीरे होता है। विकास के चरणों के अब तक स्वीकृत क्रम को ठीक उसके विपरीत क्रम में लेना होगाः खेल श्रमकार्य से पुराना है, और कला उपयोगी चीजों के उत्पादन से पुरानी है।"

आपने सुना? *खेल श्रमकार्य से पुराना है, और कला उपयोगी चीजों के उत्पादन से पुरानी है।*

अब आप समझ गये होंगे कि मैंने आपसे ब्यूशर के शब्दों पर सावधानी से गौर करने को क्यों कहा था : मैं इतिहास के जिस सिद्धान्त का पक्ष ले रहा हूँ उस पर यह एक जबर्दस्त प्रहार है। यदि खेल सचमुच श्रमकार्य से पुराना है, और कला सचमुच उपयोगी चीजों के उत्पादन से पुरानी है, तो इतिहास की भौतिकवादी व्याख्या—कम से कम उस रूप में, जिसमें 'पूँजी' के लेखक ने उसे प्रस्तुत किया है—*तथ्यों द्वारा आलोचना के आगे टिक ही नहीं सकती,* और तब मेरी पूरी दलील ही उलट-पुलट जायेगी : तब मुझे कला की आर्थिक गतिविधि पर निर्भरता की नहीं, बल्कि आर्थिक गतिविधि की कला पर निर्भरता की दलील देनी पड़ेगी। लेकिन क्या ब्यूशर का कहना सही है?

आइये पहले इस बात की जाँच-पड़ताल करें कि वह खेल के बारे में क्या कहता है? कला पर चर्चा हम बाद में करेंगे।

स्पेंसर के अनुसार, खेल की प्रमुख अभिलाक्षणिक विशिष्टता यह है कि यह जीवन-निर्वाह की आवश्यक प्रक्रियाओं में सीधे कोई योगदान नहीं करता। खिलाड़ी की गतिविधि कोई उपयोगितावादी उद्देश्य नहीं पूरे करती। वैसे यह सच है कि खेल के दौरान होनेवाली अंगों की कसरत खिलाड़ी व्यक्ति, और लम्बे समय में समूची मानव-जाति, दोनों के लिए उपयोगी सिद्ध होती है। लेकिन कसरत तो उन गतिविधियों में भी शामिल है जो उपयोगितावादी उद्देश्यों के लिए की जाती हैं। महत्त्वपूर्ण कसरत नहीं, बल्कि यह तथ्य है कि उपयोगितावादी गतिविधि, कसरत और मनोरंजन प्रदान करने के अतिरिक्त, कुछ व्यावहारिक उद्देश्य भी पूरे करती है—जैसे, भोजन जुटाना—जबकि खेल का ऐसा कोई उद्देश्य नहीं होता। जब एक बिल्ली चूहे का पीछा करती है, तो अपने अंगों की कसरत का आनन्द उठाने के साथ-साथ लजीज भोजन भी प्राप्त कर लेती है; लेकिन जब वही बिल्ली फर्श पर धागे के गोले का पीछा करती है, तो उसे मनोरंजन के अलावा और कुछ भी नहीं मिलता। लेकिन अगर ऐसा है, तब सवाल यह उठता है कि ऐसी उद्देश्यहीन गतिविधि कैसे उत्पन्न हुई होगी?

हमें मालूम है कि स्पेंसर इस सवाल का क्या जवाब देता है। निम्नतर श्रेणी के जानवरों की सारी शारीरिक ऊर्जा जीवन-निर्वाह के लिए जरूरी काम पूरे करने में खर्च

होती है। अतः निम्नतर श्रेणी के प्राणियों की गतिविधि सिर्फ उपयोगितावादी होती है। लेकिन जीववैज्ञानिक सीढ़ी के उच्चतर सोपानों वाले प्राणियों के साथ यह बात नहीं है। उनमें उनकी पूरी की पूरी ऊर्जा उपयोगितावादी गतिविधि में ही नहीं खप जाती। बेहतर पोषण के चलते, बेशी ऊर्जा की एक निश्चित मात्रा उनके शरीर में संचित होती रहती है, और बाहर निकलने का जरिया चाहती है, और जब ऐसा कोई जानवर *खेलता* है तो वह इसी माँग को पूरा करता है। अतः खेल ऊर्जा खपाने की एक कृत्रिम कसरत है।*

खेल का जन्म ऐसे हुआ। और इसकी अन्तर्वस्तु क्या है? दूसरे शब्दों में, यदि खेल के दौरान एक जानवर अपनी ऊर्जा खर्च करता है, तो ऐसा क्यों है कि एक जानवर यह कसरत एक ढंग से करता है, जबकि दूसरा दूसरे ढंग से करता है; क्यों खेल का ढंग भिन्न-भिन्न प्रजातियों में भिन्न-भिन्न होता है?

स्पेंसर के अनुसार, शिकार करने वाले जानवरों में यह स्पष्ट है कि उनका खेल दिखावटी आखेट और दिखावटी लड़ाई होता है। यह पूरी तरह से "शिकार करने का नाट्य-अभिनय होता है—जो विध्वंसक मूलवृत्तियों की वास्तविक तुष्टि के अभाव में उनकी एक भावात्मक तुष्टि है।" इसका क्या मतलब है? इसका मतलब है कि जानवरों के खेल की अन्तर्वस्तु उस गतिविधि से निर्धारित होती है जिसके जरिये वे अपना जीवन-निर्वाह करते हैं। तब इनमें से प्राथमिक क्या है : खेल उपयोगितावादी गतिविधि से पहले है, या उपयोगितावादी गतिविधि खेल से पहले है? स्पष्ट है कि *उपयोगितावादी गतिविधि खेल* से पहले है, *अर्थात् उपयोगितावादी गतिविधि खेल से "पुरानी" है।* मनुष्यों में क्या स्थिति है? "बच्चों के खेल—गुड़ियों की देखभाल करना, चाय-पार्टियाँ देना आदि—वयस्क गतिविधियों के ही नाट्य-अभिनय हैं।" लेकिन वयस्क लोगों की गतिविधियाँ किन उद्देश्यों के लिए होती हैं? ज्यादातर मामलों में ये उपयोगितावादी उद्देश्यों के लिए होती हैं। अतः *मनुष्यों में भी उपयोगितावादी उद्देश्यवाली गतिविधि,* दूसरे शब्दों में, व्यक्ति और समाज के जीवन के लिए आवश्यक गतिविधि *खेल से पहले है और वही उसकी अन्तर्वस्तु को निर्धारित करती है।* खेल के विषय में स्पेंसर के कथन का यही तार्किक निष्कर्ष है।

यह निष्कर्ष इस विषय पर विल्हेल्म वुण्ट के दृष्टिकोण से भी पूरी तरह मेल खाता है।

यह मशहूर मनो-शरीरक्रिया विज्ञानी कहता है, "खेल श्रमकार्य का शिशु है। खेल का कोई भी ऐसा रूप नहीं है जिसमें किसी न किसी ऐसे गम्भीर पेशे का आदि रूप न हो, जो कहने की जरूरत नहीं कि, कालक्रम में खेल का पूर्ववर्ती हो। क्योंकि जीवन

---

* स्पेंसर, *दि प्रिंसिपल्स ऑफ साइकोलॉजी,* रूसी अनुवाद, सेण्ट पीटर्सबर्ग, 1876, ग्रंथ चार

की आवश्यकता ही मनुष्य को श्रमकार्य के लिए मजबूर करती है, लेकिन धीरे-धीरे वह अपनी ऊर्जा के इस उद्यम को मनोरंजन के रूप में भी लेने लगता है।"*

खेल ऊर्जा के उद्यम से मिले मनोरंजन का पुनः अनुभव करने की इच्छा से उत्पन्न होता है। ऊर्जा का भण्डार जितना ही अधिक होता है, खेलने की ललक भी उतनी अधिक जागृत होती है, बशर्ते कि अन्य बातें समान रहें। इसे विश्वसनीय ढंग से दर्शाना बहुत आसान है।

हर बार की तरह, यहाँ मैं अपने विचार को उदाहरणों के जरिये प्रदर्शित करूँगा।

हम जानते हैं कि आदिम जनों के नृत्य अक्सर जानवरों की हरकतों की ही पुनर्प्रस्तुति करते हैं।** इसकी क्या वजह है? शिकार का पीछा करने में ऊर्जा के खर्च होने से मिलने वाले सुख का पुनः अनुभव करने की इच्छा ही इसकी वजह होती है। देखिये कि एक एस्किमो सील का शिकार कैसे करता है : वह पेट के बल रेंगकर उस तक पहुँचता है; वह अपने सिर को वैसे ही उठाये रखने की कोशिश करता है जैसे सील करती है; उसकी हर हरकत की नकल करते हुए जब वह चोरी-चोरी उसके एकदम निकट जा पहुँचता है तभी वह अपना भाला फेंकने का निर्णय लेता है। शिकार करने में जानवर की शारीरिक क्रियाओं की नकल बहुत महत्त्वपूर्ण भूमिका निभाती है। फिर इसमें आश्चर्य की कोई बात नहीं कि जब शिकार करने में ऊर्जा के व्यय से प्राप्त सुख का पुनः अनुभव करने की इच्छा शिकारी में जागती है तो वह एक बार फिर जानवरों की शारीरिक क्रियाओं की नकल करने लगता है और इस तरह अपना अनूठा आखेट-नृत्य रचता है। लेकिन इस नृत्य के, अर्थात् *खेल* के चरित्र को कौन-सी चीज निर्धारित करती है? यह एक गम्भीर कार्य अर्थात् *आखेट* के चरित्र से निर्धारित होता है। खेल श्रमकार्य का शिशु है, और श्रमकार्य अवश्य ही कालक्रम में प्राथमिक है।

एक दूसरा उदाहरण लें। एक ब्राजीली कबीले का दौरा करने के दौरान फॉन डेन स्टाइनेन ने एक नृत्य देखा जिसमें एक घायल योद्धा की मृत्यु को अद्‌भुत नाटकीय प्रभाव के साथ चित्रित किया गया था। आपके विचार से कौन, किससे पहले आया था: युद्ध नृत्य से पहले, या नृत्य युद्ध से पहले? मैं समझता हूँ, युद्ध पहले आया, और युद्ध जैसे दृश्य प्रस्तुत करने वाले नृत्य बाद में उत्पन्न हुए। सबसे पहले युद्ध में घायल साथी की मृत्यु ने आदिवासी पर अपना प्रभाव छोड़ा होगा, और उसके बाद ही नृत्य के माध्यम से इस प्रभाव की पुनर्प्रस्तुति करने की लालसा जागृत हुई होगी। अगर मेरी बात सच है—और मेरा विश्वास है कि यह सच है—तो यहाँ भी मैं यह बेहिचक कह सकता हूँ कि किसी उपयोगितावादी उद्देश्य को पूरा करने की गतिविधि खेल से पुरानी

---

* *एथिक,* स्टुटगार्ट, 1886

** "उन्होंने (आदिवासियों ने) बन्दर नाच, भालू नाच, पंछी नाच वगैरह के बारे में बताया।" शोमबुर्ग, *वोएजेस इन ब्रिटिश गयाना,* लीपज़िग, 1847

है, और खेल उसी की सन्तान है।

ब्यूशर ने शायद इस पर यह कहा होता कि आदिम जनों के लिए युद्ध और आखेट दोनों मनोरंजन अर्थात् खेल हैं, श्रम कार्य नहीं। लेकिन यह तो महज शब्दों के साथ खिलवाड़ करना होता। आदिम आखेटक कबीले विकास की जिस मंजिल पर हैं, उनमें आखेट और युद्ध शिकारी के जीवन-निर्वाह और उसकी आत्म-रक्षा के लिए आवश्यक गतिविधियाँ हैं। दोनों का एक बहुत ही सुस्पष्ट उपयोगितावादी उद्देश्य है, और शब्दों का गम्भीर और लगभग जानबूझकर दुरुपयोग करते हुए ही कहा जा सकता है कि दोनों खेल ही हैं, जबकि खेल की स्पष्ट अभिलाक्षणिक विशिष्टता ही यह है कि उसमें ऐसे किसी उद्देश्य का अभाव होता है। इतना ही नहीं, आदिम जीवन के विशेषज्ञ भी यही बताते हैं कि आदिम जन कभी महज मनोरंजन के लिए शिकार नहीं करते।*

बहरहाल, एक तीसरा उदाहरण लेते हैं, जो मेरे द्वारा समर्थित दृष्टिकोण की सच्चाई पर किसी प्रकार के सन्देह की गुंजाइश नहीं रहने देता।

मैं उन आदिम लोगों के जीवन में सामाजिक श्रम के महत्त्व को पहले ही इंगित कर चुका हूँ, जो शिकार के अतिरिक्त खेती भी करते हैं। अब मैं दक्षिणी मिन्दानाओ के देशज कबीलों में से एक, *बागोबोसो* द्वारा सामाजिक रूप से खेतों में जुताई-बुआई करने के *तरीके* की ओर आपका ध्यान खींचना चाहूँगा। इस कबीले के पुरुष और स्त्रियाँ दोनों ही कृषि-कार्य करते हैं। जिस दिन धान की बुआई होनी होती है उस दिन पुरुष और स्त्रियाँ भोर में एक साथ जुटकर काम पर जाते हैं। पुरुष आगे-आगे चलते हैं और अपनी लोहे की कुदाली जमीन में धँसाते समय नृत्य करते हैं। उनके पीछे-पीछे स्त्रियाँ पुरुषों द्वारा बनाये गये सूराखों में धान के बीज डालकर मिट्टी से ढँकती जाती हैं। यह सब कुछ बड़े विधि-विधान से और गम्भीर तरीके से किया जाता है।

यहाँ हमें *खेल* (नृत्य) *श्रमकार्य के साथ* जुड़ा हुआ दिखायी देता है। लेकिन यह जुड़ाव इन दोनों के असली सम्बन्ध को धुँधला नहीं करता। अगर आप यह न मानते हों कि शुरू-शुरू में बागोबोसो जन मिट्टी में कुदाली धँसाने और धान बोने का कार्य मनोरंजन के लिए करते थे, और बाद में जाकर उन्होंने जीवन-निर्वाह के लिए भूमि को जोतना-बोना शुरू किया, तो आपको यह मानना ही होगा कि इस मामले में श्रमकार्य खेल से पुराना है, और खेल उन विशिष्ट दशाओं का एक उत्पाद है जिनमें बागोबोसो जन बुआई करते हैं। खेल श्रमकार्य का शिशु है जो कालक्रम में इसका पूर्ववर्ती था।

गौर करें कि ऐसे मामलों में स्वयं नृत्य *श्रमकर्ता की शारीरिक क्रियाओं की* पुनर्प्रस्तुति

---

* "रेड इण्डियन कभी भी मनबहलाव के लिए जानवरों का शिकार नहीं करते।" *डोर्से*, "ओमाहा सोशियोलॉजी", *थर्ड एनुअल रिपोर्ट।* हेल्वाल्ड : "शिकार अपने आप में एक कार्य है जिसमें शारीरिक ऊर्जा खर्च होती है और हाल में ही हमने यह जाना है कि वास्तविक आखेटक कबीले इसे अब भी मनोरंजन नहीं बल्कि आवश्यक कार्य मानते हैं।" *स्टोरी ऑफ़ कल्चर*, आग्सबुर्ग, 1876

भर होता है। इसके समर्थन में मैं स्वयं ब्यूशर को ही उद्धृत करूँगा। अपनी कृति, *आर्ट एण्ड रिद्म* में वह कहता है, "आदिम जनों के अनेक नृत्य निश्चित उत्पादन कार्रवाइयों की एक सचेत नकल के अलावा और कुछ नहीं हैं।...ऐसी अनुकरणात्मक प्रस्तुतियों के मामले में श्रमकार्य अवश्य ही नृत्य का पूर्ववर्ती है।" मैं नहीं समझ सकता कि इसके बाद ब्यूशर यह दावा कैसे कर सकता है कि खेल श्रमकार्य से पुराना है।

सामान्य तौर पर बिना अतिशयोक्ति के कहा जा सकता है कि *आर्ट एण्ड रिद्म* की सारी अन्तर्वस्तु इस प्रश्न—यानी श्रमकार्य के साथ खेल और कला के सम्बन्ध—पर स्वयं ब्यूशर की दृष्टि का पूरी तरह से और प्रखरता के साथ खण्डन कर देती है। यह सचमुच आश्चर्यजनक है कि ब्यूशर इस स्पष्ट अन्तरविरोध को नहीं देखता।

सम्भवतः वह खेल के उस सिद्धान्त से दिग्भ्रमित हो गया जिसे हाल ही में गिएसेन के प्रोफेसर कार्ल ग्रूस ने विज्ञान-जगत के समक्ष प्रस्तुत किया है। यहाँ ग्रूस के सिद्धान्त से परिचित हो लेना गलत नहीं होगा।

ग्रूस के विचार से, यह दृष्टिकोण कि खेल बेशी ऊर्जा की एक अभिव्यक्ति है, पूरी तरह तथ्यों से पुष्ट नहीं होता है। पिल्ले आपस में तब तक खेलते रहते हैं जब तक कि थककर चूर नहीं हो जाते, और थोड़ा आराम करके फिर खेलने लगते हैं। इस आराम से उनमें ऊर्जा का अतिरेक नहीं पैदा हो जाता, बल्कि उतनी ही ऊर्जा मिलती है कि वे फिर अपना खेल शुरू कर सकें। इसी तरह, हमारे बच्चे, जो उदाहरण के लिए, लम्बी दूरी तक चलते रहने के कारण बहुत थके हुए हों, जब खेलना शुरू करते हैं तो अपनी थकान तुरन्त भूल जाते हैं। वे बहुत देर तक आराम करने और अतिरिक्त ऊर्जा संचित हो जाने की जरूरत नहीं महसूस करते : "मूलवृत्ति उन्हें सक्रिय होने के लिए केवल तभी नहीं प्रेरित करती, जब आलंकारिक ढंग से कहें कि प्याला छलक रहा हो, बल्कि तब भी प्रेरित करती है जब उसमें सिर्फ एक बूँद रहती है।" खेल की अनिवार्य शर्त ऊर्जा की अधिकता नहीं, बल्कि महज एक अनुकूल परिस्थिति होती है।

लेकिन अगर ऐसा नहीं भी हो, तब भी स्पेंसर का सिद्धान्त (ग्रूस इसे शिलर- स्पेंसर सिद्धान्त कहता है) अपर्याप्त ही रहेगा। कारण कि इसकी कोशिश खेल के *शरीर क्रियात्मक* महत्त्व को स्पष्ट करने की है, लेकिन वह इसके *जीववैज्ञानिक* महत्त्व को स्पष्ट नहीं करता—जो कि कम नहीं है। खेल का, और खास तौर से कम उम्र के प्राणियों के खेल का, एक निश्चित जीववैज्ञानिक महत्त्व है। मनुष्यों और जानवरों, दोनों में, कम उम्र के प्राणियों का खेल उन गुणों को प्रदर्शित करता है जो अलग-अलग प्राणियों के लिए या समग्र रूप से उनकी पूरी जाति के लिए उपयोगी होते हैं। खेल कम उम्र के प्राणियों को उनकी भावी गतिविधि के लिए प्रशिक्षित करता है। चूँकि यह कम उम्र प्राणी को भावी जीवन की गतिविधि के लिए *प्रशिक्षित* करता है, इसीलिए यह उसका *पूर्ववर्ती* है, और इसी नाते ग्रूस इस बात पर सहमत नहीं हो सकता कि खेल श्रमकार्य का शिशु

है, बल्कि इसके विपरीत, वह यह मानता है कि *श्रमकार्य खेल का शिशु है।*

स्पष्ट है कि यह वही दृष्टिकोण है जो हमें ब्यूशर में दिखाई देता है। अतः मैंने खेल के साथ श्रमकार्य के सम्बन्ध को लेकर जितना कुछ कहा है, वह सब यहाँ भी लागू होता है। लेकिन ग्रूस इस सवाल को एक दूसरे कोण से देखता है : उसके दिमाग में मुख्यतः बच्चों का ही खेल है, वयस्कों का नहीं। इस कोण से इस विषय की पड़ताल करें, तो क्या सामने आता है?

आइये फिर एक उदाहरण लें। आयर का कहना है कि आस्ट्रेलियाई आदिवासियों के बच्चे अक्सर युद्ध का खेल खेलते हैं, और इसके लिए बड़े-बूढ़े उन्हें खूब उत्साहित करते हैं, क्योंकि इससे भावी योद्धाओं में चुस्ती-फुर्ती आती है।* यही चीज हमें उत्तरी अमेरिका के रेड इण्डियनों में भी देखने को मिलती है, जहाँ कभी-कभी कई-कई सौ बच्चे अनुभवी योद्धाओं के निर्देशन में ऐसे खेलों में भाग लेते हैं। कैटलिन का मानना है कि खेल का यह रूप रेड इण्डियनों की शिक्षा की एक प्रमुख शाखा है।** कम उम्र के प्राणियों को भावी जीवन के लिए तैयार करने वाले प्रशिक्षण का यह एक जीवन्त उदाहरण है। लेकिन क्या इस उदाहरण से उसके सिद्धान्त का समर्थन होता है? जवाब है : हाँ और नहीं। जिन आदिमजनों की मैंने चर्चा की है, उनके बीच प्रचलित "शिक्षा की प्रणाली" के तहत युद्ध का *खेल खेलना व्यक्ति के जीवन* में युद्ध में वास्तविक भागीदारी का एक पूर्वाभ्यास होता है। अर्थात्, यहाँ ग्रूस का कहना सही है : अलग-अलग व्यक्ति के दृष्टिकोण से, खेल वास्तव में उपयोगितावादी गतिविधि से पुराना है। लेकिन उपरोक्त जनों के बीच, शिक्षा की ऐसी प्रणाली क्यों उत्पन्न हुई जिसमें युद्ध के खेल का इतना महत्त्व है? इसे आसानी से समझा जा सकता है, क्योंकि उनके लिए ऐसे प्रशिक्षित योद्धाओं का होना बहुत महत्त्वपूर्ण है जो बचपन से ही सैन्य-अभ्यासों के आदी हों। अतः समाज (जाति) के दृष्टिकोण से देखने पर यह मामला एक बिल्कुल भिन्न रोशनी में दिखायी देने लगता है : वास्तविक युद्ध और उसके लिए अच्छे योद्धाओं की माँग पहले पैदा हुई, और तब इस माँग को पूरा करने के लिए युद्ध का खेल प्रचलन में आया। दूसरे शब्दों में, समाज के दृष्टिकोण से देखने पर, उपयोगितावादी गतिविधि खेल से पुरानी सिद्ध होती है।

एक और उदाहरण। आस्ट्रेलियाई स्त्रियाँ अपने नृत्य में यह भी दर्शाती हैं वे पौष्टिक कन्द-मूलों को जमीन से कैसे उखाड़ती हैं।*** इस नृत्य को उनकी बेटियाँ देखती हैं,

---

* *मैनर्स ऐण्ड कस्टम्स ऑफ दि एबोरिजिंस ऑफ आस्ट्रेलिया।*

** जार्ज कैटलिन, *लेटर्स ऐण्ड नोट्स ऑन दि मैनर्स, कस्टम्स ऐण्ड कण्डीशन ऑफ दि नार्थ अमेरिकन इण्डियंस*

*** "बच्चों का एक और लोकप्रिय खेल है बड़ों के नाच-गानों का अभ्यास करना।" आयर, पूर्वोक्त।

और अनुकरण करने की बालसुलभ परम्परागत प्रवृत्ति के चलते, वे भी अपनी माँओं की शारीरिक क्रियाओं को दोहराती हैं।* और ऐसा वे उस उम्र में करती हैं जब अभी उन पर भोजन जुटाने की कोई जिम्मेदारी नहीं होती। इस प्रकार, उनके जीवन में कन्द-मूल उखाड़ने का खेल (नृत्य) वास्तव में कन्द-मूल उखाड़ने का एक पूर्वाभ्यास होता है : उनके लिए, खेल श्रमकार्य से पहले है। लेकिन समाज के जीवन में, वास्तव में कन्द-मूल का उखाड़ना, निश्चय ही वयस्कों के नृत्य और बच्चों के खेल में कन्द-मूल उखाड़ने की प्रक्रिया की पुनर्प्रस्तुति से पहले आता है। *अतः समाज के जीवन में, श्रमकार्य खेल से पुराना* है।** मैं समझता हूँ कि यहाँ आकर बात पूरी तरह स्पष्ट हो जाती है। और अब सिर्फ यह पूछना रह जाता है कि एक अर्थशास्त्री या सामाजिक विज्ञान का कोई विद्यार्थी खेल के साथ श्रमकार्य के सम्बन्ध पर किस दृष्टि से विचार करे। मेरी समझ से इसका जवाब भी स्पष्ट है : सामाजिक विज्ञान के विद्यार्थी को इस सवाल पर—इस विज्ञान में उठने वाले किसी भी सवाल की भाँति ही—केवल समाज की दृष्टि से ही विचार करना चाहिए। उसे ऐसा ही करना चाहिए, क्योंकि इस दृष्टि से इस तथ्य का कारण जानना काफी आसान है कि व्यक्ति के जीवन में खेल श्रमकार्य से पहले आता है, लेकिन अगर हम व्यक्ति की दृष्टि से आगे नहीं बढ़ते तो हम इस बात को नहीं समझ सकते कि उसके जीवन में खेल श्रमकार्य से पहले क्यों आता है, और न ही यह समझ सकते हैं कि वह क्यों कुछ निश्चित खेलों में ही आनन्द लेता है।

यही बात जीवविज्ञान में भी लागू होती है, सिवाय इसके कि यहाँ पर "समाज" के स्थान पर "जाति" (अधिक सही कहें तो प्रजाति) शब्द आ जायेगा। यदि खेल का उद्देश्य कम उम्र व्यक्ति को उसके जीवन के भावी कार्यभार के लिए प्रशिक्षित करना है, तो स्पष्ट ही है कि प्रजाति के समक्ष सबसे पहले एक ऐसा निश्चित कार्यभार उपस्थित होता है जो एक निश्चित प्रकार की गतिविधि की अपेक्षा रखता है, और केवल तभी, और इस कार्यभार के कारण ही, अपेक्षित विशेषताओं के अनुरूप व्यक्तियों के चयन, और बचपन में ही उनके प्रशिक्षण की बात आती है। यहाँ भी, खेल श्रमकार्य, यानी उपयोगी गतिविधि के शिशु के अलावा और कुछ नहीं है।

यहाँ मनुष्य और निम्नतर प्राणियों के बीच एकमात्र अन्तर यही है कि निम्नतर प्राणी की अपेक्षा मनुष्य के पालन-पोषण में वंशानुगत मूलवृत्तियों की भूमिका कम

---

* "बच्चों का खेल बड़ों के कामों की नकल भर है।" *डर्नियर जर्नल ऑफ डाक्टर डेविड लिविंग्सटन।* "लड़कियाँ खेल-खेल में अपनी माँओं की नकल करती हैं।...लड़के छोटी ढालों, या तीर-कमान से खेलते हैं" (*एक्सपिडिशन टु जाम्बेजी,* डेविड ऐण्ड चार्ल्स लिविंगस्टन)। "आदिवासियों के खेल तरह-तरह के होते हैं, लेकिन आम तौर पर इनका सम्बन्ध उनके भावी पेशों से होता है" (आयर)।

** "ये खेल नवीनतम प्रकार के कार्य की सीधी नकल होते हैं।" क्लुत्शाक, पूर्वोक्त।

होती है। शेर का बच्चा जन्मजात शिकारी होता है, लेकिन मनुष्य जन्मजात शिकारी, किसान, सैनिक या व्यापारी नहीं होता, ऐसा वह सिर्फ अपनी परिवेशगत दशाओं के प्रभाव में ही बनता है। यह बात स्त्री-पुरुष दोनों के लिए सच है। कोई आस्ट्रेलियाई लड़की कन्द-मूल उखाड़ने या जीवन-निर्वाह के लिए आवश्यक ऐसा ही कोई और कार्य करने की मूलवृत्ति लेकर नहीं पैदा होती। यह तो उसकी अनुकरणात्मक रुझान से पैदा होती है : वह खेल-खेल में अपनी माँ के श्रमकार्य को दोहराने का अभ्यास करती है। लेकिन वह अपने पिता का नहीं, बल्कि अपनी माँ का ही अनुकरण क्यों करती है? इसका कारण यह है कि वह जिस समाज में है वहाँ स्त्री और पुरुष के बीच एक श्रम-विभाजन पहले ही से स्थापित है। और जैसा कि आप देख सकते हैं, इसका कारण भी व्यक्तियों की मूलवृत्तियों में नहीं, बल्कि उनके सामाजिक वातावरण में निहित है। लेकिन सामाजिक वातावरण जितना ही महत्त्वपूर्ण होता है, समाज के दृष्टिकोण को छोड़कर व्यक्तिगत दृष्टिकोण अपनाना उतना ही गलत होता है, जैसा कि ब्यूशर श्रमकार्य के साथ खेल के सम्बन्ध पर विचार करते हुए करता है।

ग्रूस का कहना है कि स्पेन्सर के सिद्धान्त में खेल के *जीववैज्ञानिक* महत्त्व को नजरन्दाज कर दिया गया है। लेकिन इससे अधिक दावे के साथ कहा जा सकता है कि स्वयं ग्रूस इसके *समाजशास्त्रीय महत्त्व* को समझ पाने में असफल रहा है। हो सकता है कि वह अपनी इस चूक को अपनी कृति के दूसरे भाग में ठीक करे, जो मनुष्यों के खेल पर केन्द्रित है। लैंगिक समूहों के बीच श्रम-विभाजन ब्यूशर के विचारों पर एक-दूसरे कोण से भी विचार करने का आधार प्रदान करता है। उसका मानना है कि वयस्क आदिवासी के लिए श्रमकार्य समय बिताने का जरिया है। निस्सन्देह, यह अपने आप में गलत है : शिकार आदिवासी जनों के लिए खेल-तमाशा नहीं, बल्कि जीवन-निर्वाह के लिए आवश्यक काम है।

स्वयं ब्यूशर ठीक ही कहता है कि "असभ्य जन अक्सर तेज भूख महसूस करते हैं, और वे अपनी एकमात्र पोशाक, कमरबन्द, से अपने पेट को कस लेते हैं, ताकि भूख की पीड़ा से कुछ राहत मिले।" क्या ऐसे अवसरों पर भी असभ्यजन खिलाड़ी ही बने रहते हैं—जो स्वयं ब्यूशर के ही अनुसार "अक्सर" आते रहते हैं—और आवश्यकता के बजाय, मनबहलाव के लिए शिकार करते हैं? लिश्टेंस्टाइन हमें बताता है कि बुशमैनों को कभी-कभी लगातार कई दिनों तक बिना खाये रह जाना पड़ता है। निस्सन्देह भूख के ऐसे समयों में, भोजन की तलाश तीव्र हो जाती है। क्या तब भी यह समय बिताने का जरिया ही रहता है? उत्तर अमेरिकी रेड इण्डियनों को जब लम्बे समय तक शिकार के लिए कोई भैंसा नहीं मिलता और भूखे रह जाने का संकट गहराने लगता है, तभी वे "भैंसा नृत्य" करते हैं। यह नृत्य तब तक चलता रहता है जब तक भैंसा दिखायी नहीं दे जाता, और इस प्रकार, रेड इण्डियन लोग नृत्य और भैंसा दिखायी देने के बीच

कारण-कार्य सम्बन्ध मानते हैं। इस तरह के सम्बन्ध की धारणा उनके दिमाग में कैसे उत्पन्न हुई होगी, इस सवाल को छोड़ दें, जो यहाँ हमारे लिए महत्त्वपूर्ण नहीं है, तो हम निश्चय ही यह कह सकते हैं कि न तो "भैंसा नृत्य" और न ही जानवर दिखायी देने पर शुरू होनेवाला शिकार मनबहलाव का जरिया है। यहाँ पर नृत्य स्वयं में एक उपयोगितावादी उद्देश्य के तहत की जाने वाली गतिविधि है, और यह रेड इण्डियनों के जीवन की प्रमुख गतिविधि के साथ घनिष्ठ रूप से जुड़ी हुई है।*

इसके अलावा, जरा हमारे इस तथाकथित खिलाड़ी की स्त्री के बारे में सोचें। सफर के दौरान वह भारी बोझ लादे चलती है, कन्द-मूलों की खुदाई करती है, झोंपड़ी बनाती है, अलाव जलाती है, चमड़ा कमाती है, टोकरियाँ बुनती है, और (बाद के कालों में) भूमि की जुताई-गुड़ाई करती है।** क्या यह सब खेल है, श्रमकार्य नहीं? एफ. प्रेस्कॉट के अनुसार, डकोटा रेड इण्डियनों में गर्मी में पुरुष प्रतिदिन एक घण्टे से ज्यादा श्रमकार्य नहीं करते। इसे आप चाहें तो मनबहलाव कह लें। लेकिन उसी कबीले की स्त्रियाँ उसी मौसम में रोजाना करीब छह घण्टे श्रम करती हैं—और इसे "खेल" कहना कठिन है। बेशक, जाड़े में पुरुष-स्त्री दोनों को गर्मियों की अपेक्षा अधिक श्रम करना पड़ता है—पुरुष रोजाना लगभग छह घण्टे, तथा स्त्री रोजाना

* ब्यूशर सोचता है कि आदिम मनुष्य काम किये बिना भी रह सकता था। वह कहता है, "निस्सन्देह ऐसे लम्बे दौर रहे हैं जब मनुष्य बिना काम किये रहता था, और अगर कोई चाहे तो पृथ्वी पर ऐसी अनेक जगहें मिल जायेंगी जहाँ सागो-वृक्ष, पिसांग, ब्रेडफ्रूट वृक्ष, नारियल और खजूर अभी भी उसे अवसर देते हैं कि वह न्यूनतम प्रयास कर जी सके।" यदि लम्बे दौर से ब्यूशर का आशय उस युग से है जब एक पृथक जीववैज्ञानिक प्रजाति (या नस्ल) के रूप में "मनुष्य" आकार ग्रहण कर ही रहा था, तो मैं कहूँगा कि उस समय हमारे पूर्वज शायद मानवाभ वानरों से ज्यादा या कम "काम" नहीं करते थे, जिनके बारे में हमें विश्वासपूर्वक यह कहने का अधिकार नहीं है कि उनके जीवन में खेल का महत्त्व जीवन निर्वाह के लिए जरूरी गतिविधि से अधिक है। जहाँ तक उन विशिष्ट भौगोलिक स्थितियों का सम्बन्ध है जो उसके कथनानुसार मनुष्य को न्यूनतम प्रयास कर जीवित रहने का अवसर देती हैं, तो यहाँ भी अतिरंजना से बचना चाहिए। कटिबन्धीय देशों की समृद्ध प्राकृतिक दशाएँ समशीतोष्ण देशों के मुकाबले मनुष्य से कम मेहनत का तकाजा नहीं करतीं। एहरेनरीश का तो यह मानना है कि कुल मिलाकर कटिबन्धीय देशों में ज्यादा ही श्रम करना पड़ता है (बोताकुडोस, *जर्नल ऑफ एथनोलॉजी*)।

बेशक, जब खाद्य वनस्पतियों की खेती शुरू होती है तो कटिबन्धीय देशों की उपजाऊ भूमि मनुष्य के श्रमकार्य को बहुत हल्का कर देने में सक्षम है, लेकिन ऐसी खेती तो सभ्यता के अपेक्षाकृत उच्चतर स्तर पर ही शुरू होती है।

** "इस गाँव में स्त्रियों का मुख्य काम लकड़ी और पानी लाना, खाना पकाना, लबादों तथा खालों को ठीक-ठाक करना, मांस और जंगली फलों को सुखाना तथा मक्का उगाना है।" कैटलिन, पूर्वोक्त।

लगभग दस घण्टे।

निश्चय ही और स्पष्ट ही, इसे "खेल" नहीं माना जा सकता। यह सीधे-सीधे श्रमकार्य है, जो भले ही उतना सघन और उतना थकाऊ न हो, जितना कि सभ्य समाज में मजदूरों द्वारा किया जाता है, फिर भी यह *एकदम निश्चित प्रकार की आर्थिक गतिविधि* है।

इस प्रकार, ग्रूस द्वारा प्रस्तुत खेल का सिद्धान्त ब्यूशर के उस दृष्टिकोण का बचाव नहीं कर पाता जिसका मैं विवेचन कर रहा हूँ। श्रमकार्य खेल से सचमुच उतना ही पुराना है जितना कि माँ-बाप अपने बच्चे से पुराने होते हैं, और जितना कि समाज अपने अलग-अलग सदस्यों से पुराना होता है।

लेकिन खेल के विषय को छूने के बाद, अब मैं आपका ध्यान ब्यूशर की एक दूसरी धारणा की ओर खींचना चाहता हूँ, जिससे आप अंशतः पहले से ही परिचित हैं।

उसके विचार से, मानव-विकास की आरम्भिक अवस्थाओं में, सांस्कृतिक विरासत पीढ़ी दर पीढ़ी हस्तान्तरित नहीं होती है, और यह आदिवासियों की जीवन-प्रणाली को उस विशेषता से वंचित कर देती है जो एक अर्थव्यवस्था का सबसे आवश्यक चिह्न होता है। लेकिन, अगर ग्रूस के अनुसार भी, खेल आदिम समाज में कम उम्र व्यक्ति को जीवन के भावी कार्यभारों के लिए प्रशिक्षित करने का कार्य करता था, तो स्पष्ट ही है कि खेल उन कड़ियों में से एक है जो विविध पीढ़ियों को परस्पर जोड़ती हैं, और वास्तव में यह सांस्कृतिक विरासत को पीढ़ी-दर-पीढ़ी हस्तान्तरित करने का एक माध्यम भी है।

ब्यूशर का कहना है : "बेशक यह माना जा सकता है कि आदिम मनुष्य पत्थर की कुल्हाड़ी से एक विशेष लगाव रखता है, जिसके बनाने में शायद उसकी पूरे साल की कड़ी मेहनत लगी है, यहाँ तक कि कुल्हाड़ी उसे अपने अस्तित्व का ही एक हिस्सा प्रतीत होती है; फिर भी यह सोचना गलत होगा कि यह बहुमूल्य चीज उसके बच्चों और नाती-पोतों को हस्तान्तरित होती रहेगी और भावी विकास के एक आधार का काम करेगी।" निश्चय ही ऐसी चीजें "मेरी" और "तेरी" की प्रारम्भिक अवधारणाओं के विकास में सहायक रही होंगी, फिर भी तमाम अवलोकन यही दर्शाते हैं कि ये अवधारणाएँ व्यक्ति विशेष के साथ जुड़ी होती हैं और उसी के साथ खत्म हो जाती हैं। "*निजी चीजें उसके मालिक के साथ ही कब्र में दफन हो जाती हैं* (तिरछे टाइप स्वयं ब्यूशर द्वारा प्रयुक्त), जिसके जीवनकाल में वे उसकी निजी सम्पत्ति थी। यह परम्परा दुनिया के सभी भागों में प्रचलित है और इसके अवशेष तमाम जनों में उनके विकास के सांस्कृतिक काल तक में देखे जा सकते हैं।"

निस्सन्देह, यह सच है। लेकिन किसी चीज के लुप्त हो जाने के साथ ही, *क्या वैसी ही चीज बनाने की योग्यता भी लुप्त हो जाती है?* नहीं, ऐसा होता। यहाँ तक

कि निम्नतर श्रेणी के आखेटक कबीलों में भी हम देखते हैं कि माँ-बाप अपने द्वारा हासिल की गयी समस्त तकनीकी जानकारी अपने बच्चों को दे देने की कोशिश करते हैं। "एक आदिवासी आस्ट्रेलियाई का बेटा जैसे ही चलना सीखता है, उसका पिता उसे शिकार करने और मछली मारने के अभियानों पर ले जाने लगता है, तथा उसे परम्परागत ज्ञान देने लगता है।"* और आस्ट्रेलियाई इस मामले में अपवाद नहीं हैं। उत्तर अमेरिकी रेड इण्डियनों में, गोत्र-समूह में विशेष शिक्षक नियुक्त करने का रिवाज है, जो नई पीढ़ी को भविष्य में काम आ सकने वाली सारी व्यावहारिक जानकारी से लैस करने का काम करते हैं। कूसा काफिरों में दस वर्ष से ऊपर के सारे बच्चे कबीले के मुखिया की कड़ी निगरानी में प्रशिक्षित किये जाते हैं; लड़कों को युद्ध और शिकार की शिक्षा दी जाती है, तथा लड़कियों को विविध प्रकार के घरेलू कार्य सिखाये जाते हैं। क्या यह पीढियों के बीच एक जीवन्त कड़ी नहीं है, पीढ़ी-दर-पीढ़ी सांस्कृतिक विरासत का हस्तान्तरण नहीं है?

भले ही किसी आदमी की मृत्यु हो जाने पर उसके साजो-सामान बहुधा उसकी कब्र में दफन कर दिये जाते हैं, फिर भी इन चीजों को उत्पादित करने की योग्यता पीढ़ी-दर-पीढ़ी हस्तान्तरित होती है, *और यह स्वयं चीजों के हस्तान्तरण से कहीं अधिक महत्त्वपूर्ण है।* बेशक, मृत व्यक्ति के साजो-सामान को उसकी कब्र में दफन कर देने से आदिम समाज में सम्पदा का संचय बाधित होता है; लेकिन पहली बात तो यह है, जैसा कि हम देख चुके हैं, कि इससे पीढ़ी-दर-पीढ़ी का जीवन्त सम्बन्ध बाधित नहीं होता, और दूसरी बात यह कि ढेर सारी चीजें तो सामाजिक सम्पत्ति होती हैं, और अलग-अलग व्यक्तियों की सम्पत्ति आम तौर पर अधिक नहीं होती है। इसमें मुख्यतः हथियार ही होते हैं, और आदिम आखेटक-योद्धा के हथियार उसके व्यक्तित्व के साथ इतने एकाकार होते हैं मानो वे उसके व्यक्तित्व का ही विस्तार हों, और इसीलिए दूसरे उसे अपने इस्तेमाल लायक नहीं समझते हैं।** इसी कारण, उन्हें उनके मालिक के साथ ही दफना देने से समाज की इतनी बड़ी क्षति नहीं होती, जितनी कि

---

* रात्जेल, *फोकलोर।* शैडेनवर्ग फिलिप्पींस के नेग्रिटो लोगों के बारे में भी यही कहता है। अण्डमान द्वीपसमूह के निवासियों में बच्चों की शिक्षा के बारे में देखें, मैन, *जर्नल ऑफ दि एंथ्रोपोलॉजिकल इंस्टीट्यूट,* ग्रंथ 12. अगर एमिल देशांस की बात पर यकीन किया जाये तो वेद्दा आम नियम के अपवाद हैं : वे अपने बच्चों को हथियारों का प्रशिक्षण नहीं देते हैं। लेकिन यह विश्वसनीय नहीं लगता। वैसे भी, आम तौर पर, देशांस एक योग्य अनुसन्धानकर्ता होने की छाप नहीं छोड़ता।

** अनेक में से एक उदाहरण यह है : "शिकारी को दूसरों के हथियार नहीं इस्तेमाल करने चाहिए। खासकर फुँकनी से जहरीले तीर फेंककर मारने वाले शिकारी दावा करते हैं कि किसी और के इस्तेमाल करने से वह बेकार हो जाता है और उसे अपने हाथ से जाने नहीं देते।" मार्शियस।

पहली नजर में देखने पर लगती है। जब प्रौद्योगिकी और सामाजिक सम्पदा के उत्तरोत्तर विकास के साथ मृत व्यक्ति के साजो-सामान को दफनाने से उसके सम्बन्धियों को भारी नुकसान होने लगता है, तब इसे धीरे-धीरे कम किया जाने लगता है, या एकदम बन्द कर दिया जाता है, और इसकी जगह महज प्रतीकात्मक विनष्टीकरण ले लेता है।

चूँकि ब्यूशर आदिमजनों में पीढ़ियों के बीच जीवन्त सम्बन्ध के अस्तित्व को अस्वीकार करता है, इसलिए यह आश्चर्यजनक नहीं है कि वह उनमें पैतृक भावना की मौजूदगी को लेकर भी बहुत सन्देहशील है।

उसका कहना है कि "आधुनिक नृजाति-विशेषज्ञों ने यह दर्शाने में कठिन श्रम किया है कि मातृ-प्रेम सांस्कृतिक विकास की सभी अवस्थाओं की आम विशेषता रहा है। निस्सन्देह यह मानना कठिन है कि जो भावना इतने मुग्धकारी रूप में सर्वत्र अनेक प्राणि-प्रजातियों में अभिव्यक्त होती है वह मनुष्य में नहीं रही होगी। लेकिन ऐसे अनेक प्रेक्षण दर्ज हैं जो यह इंगित करते हैं कि माँ-बाप और बच्चों के बीच आत्मिक सम्बन्ध संस्कृति की देन है, और निम्नतर श्रेणी के आदिम जनों में व्यक्ति का अपने अहं को बनाये रखने का सरोकार किसी भी दूसरे आत्मिक सरोकार से कहीं अधिक प्रबल होता है, और शायद उसका अहं ही उसका एकमात्र सरोकार होता है।...यह असीम अहम्मन्यता अनेक आदिम जनों की उस निर्ममता के रूप में अभिव्यक्त होती है जब वे अपने अभियानों के दौरान उन बीमार और बूढ़े व्यक्तियों को उनकी नियति पर या निर्जन स्थानों में छोड़ देते हैं, जो हट्टे-कट्टे और बलिष्ठ व्यक्तियों के लिए अवरोध बन सकते हैं।"

दुर्भाग्य से, ब्यूशर अपने इस तर्क के समर्थन में बहुत कम तथ्य देता है, और इस प्रकार हमें इस बात का कुछ पता नहीं चलता कि वह किन प्रेक्षणों की बात कर रहा है। इसलिए, बस यही किया जा सकता है कि उसके वक्तव्यों को ऐसे प्रेक्षणों की रोशनी में जाँचा जाये जिनसे मैं स्वयं परिचित हूँ।

आस्ट्रेलियाई मूल निवासियों को हर दृष्टि से आखेटक कबीलों की निम्नतम कोटि में रखा जा सकता है। उनका सांस्कृतिक विकास नगण्य ही है। अतः हम यह अपेक्षा कर सकते हैं कि वे अभी भी पितृ-प्रेम नाम की "सांस्कृतिक उपलब्धि" से अपरिचित ही होंगे। लेकिन ऐसी अपेक्षा तथ्यों से मेल नहीं खाती : *आस्ट्रेलियाई अपने बच्चों से गहरा जुड़ाव रखते हैं, वे अक्सर उनके साथ खेलते और उन्हें दुलारते- पुचकारते हैं।*

इसी तरह श्रीलंका के वेद्दा जन भी विकास के निचले सोपान पर ही हैं। ब्यूशर आत्यन्तिक असभ्यता के उदाहरण के तौर पर बुशमैनों के साथ उनका भी हवाला देता है। लेकिन वे भी टेनेण्ट के साक्ष्य के अनुसार, *"उल्लेखनीय रूप से अपने बच्चों एवं सम्बन्धियों से जुड़े होते हैं।"* एस्किमो भी, जिनकी संस्कृति हिमकाल से चली आ रही है, *"अपने बच्चों से बेहद प्यार"* करते हैं।

फादर गुमिला ने पहले ही लिखा है कि दक्षिण अमेरिकी रेड इण्डियन अपने बच्चों को बेहद प्यार करते हैं। वेट्ज ने तो इसे देशज अमेरिकी चरित्र की सबसे असाधारण विशेषताओं में से एक माना है।

इसी तरह काली चमड़ी वाले अनेक अफ्रीकी कबीलों के नाम गिनाये जा सकते हैं, जिनकी अपने बच्चों की स्नेहमयी देखभाल यात्रियों का ध्यान खींचती रही है।

संक्षेप में कहें तो, आधुनिक नृजाति-विज्ञान द्वारा प्रस्तुत आनुभविक आँकड़े इस मामले में भी ब्यूशर के दृष्टिकोण की पुष्टि नहीं करते।

आखिर उसकी इस गलती का स्रोत क्या था? वह यह था कि उसने आदिम जनों में बच्चों एवं बूढ़ों की हत्या के स्पष्टतः व्यापक रूप से प्रचलित रिवाज की एक गलत व्याख्या कर ली थी। बच्चों और बूढ़ों की हत्या के चलन से यह निष्कर्ष निकाल लेना कि बच्चों और उनके माँ-बाप के बीच कोई लगाव नहीं होता, पहली नजर में तर्कसंगत ही लगता है। लेकिन ऐसा सिर्फ *लगता* ही है, और वह भी बस *पहली नजर में।*

उदाहरण के तौर पर, शिशु हत्या आस्ट्रेलियाई मूल निवासियों में बहुत प्रचलित है। 1860 में, नारिन्येरी कबीले ने अपने एक-तिहाई नवजात शिशुओं को मार डाला था। प्रत्येक परिवार में जहाँ पहले ही से छोटे-छोटे बच्चे थे, नये पैदा होने वाले शिशु की हत्या कर दी गयी; उसी तरह विकलांग शिशुओं, जुड़वाँ बच्चों आदि की भी हत्या कर दी गयी थी। लेकिन इसका अर्थ यह नहीं है कि इस कबीले के लोग पितृ-भावना से रहित थे। इसके विपरीत, उन्होंने जिन बच्चों को जिन्दा रखने का फैसला किया था, उनका *"असीम धैर्य के साथ"* पालन-पोषण भी किया। अतः आप देख सकते हैं कि यह मामला पहली नजर में देखने पर जितना सरल लगता है उतना सरल है नहीं : शिशु हत्या के कारण आस्ट्रेलियाइयों ने अपने बच्चों को प्यार करना और धैर्यपूर्वक उनका पालन-पोषण करना बन्द नहीं कर दिया। और यह बात सिर्फ आस्ट्रेलियाइयों के लिए ही सच नहीं है। शिशु हत्या तो प्राचीन स्पार्टा में भी प्रचलित थी, परन्तु क्या इसका अर्थ यह है कि स्पार्टावासी अभी सांस्कृतिक विकास के उस स्तर पर नहीं पहुँचे थे जहाँ माँ-बाप अपने बच्चों को प्यार करना जान सकते?

जहाँ तक बीमार और बूढ़े व्यक्तियों की हत्या का सवाल है, तो उन दशाओं को ध्यान में रखना आवश्यक है जिनमें ऐसा होता है। ऐसी हत्याएँ तभी की जाती हैं जब बूढ़े व्यक्ति इतने जर्जर हो चुके होते हैं कि वे अपने गोत्र-समूह के साथियों के साथ अभियान पर नहीं जा सकते।* चूँकि गोत्र-समूह के पास ऐसे जर्जर सदस्यों को ढोकर

---

* देखें, कैटलिन, *लेटर्स ऐण्ड नोट्स।* कैटलिन कहता है कि ऐसे मौकों पर बूढ़े लोग अपनी निःशक्तता का जिक्र करते हुए खुद इस बात पर जोर देते हैं कि उन्हें मार दिया जाये। मुझे यह स्वीकार करना ही चाहिए कि लम्बे समय तक मुझे इस कथन पर विश्वास नहीं था। लेकिन जरा बतायें, क्या आपको लगता है कि तोल्स्तोय की कृति *मास्टर ऐण्ड मैन* का यह अंश मनोवैज्ञानिक सत्य के विरुद्ध है : "निकिता दिल ही दिल में इस बात पर खुश होता हुआ मर गया कि उसकी मृत्यु →

ले जाने के लिए यातायात साधनों का प्रायः अभाव ही होता है, इसलिए उनकी नियति पर छोड़ देना मजबूरी होती है, और ऐसी दशा में एक साथी के हाथों उनका मार दिया जाना सबसे कम बुरी नियति होता है। यहाँ इस बात को भी याद रखना चाहिए कि बूढ़े लोगों को छोड़ देना या उन्हें मार देना अन्तिम सम्भव क्षण तक टाला जाता है, और इसलिए उन कबीलों तक में ऐसा बहुत कम ही होता है जो इस रिवाज के लिए सबसे कुख्यात हैं। रात्जेल का कहना है कि डार्विन के अक्सर दुहराये जाने वाले इस कथन के बावजूद कि टिएरा फ्यूजियाई जन अपनी बूढ़ी स्त्रियों को मार कर खा जाते हैं, बूढ़े लोगों का इस कबीले में बहुत आदर किया जाता है। ठीक यही बात फिलिप्पीन द्वीप समूह के नेग्रिटो लोगों के बारे में अर्ल तथा ब्राजीली बोतोकुडो लोगों के बारे में एहरेनरीश (मार्तिएस को उद्धृत करते हुए) बताते हैं। हेकवेल्डर की रिपोर्ट के अनुसार उत्तर अमेरिकी रेड इण्डियन अपने बुजुर्गों को अन्य किसी से भी अधिक आदर देते हैं। श्वीनफर्थ अफ्रीकी दियुर जनों के बारे में बताता है कि वे सिर्फ अपने बच्चे की ही स्नेहपूर्वक देखभाल नहीं करते, बल्कि अपने बुजुर्गों का भी आदर करते हैं, और इसे वहाँ के प्रत्येक गाँव में देखा जा सकता है। स्टैनले के अनुसार, समूचे भीतरी अफ्रीका में बुजुर्गों का आदर करना एक सामान्य नियम है।

ब्यूशर एक ऐसी परिघटना को अमूर्त दृष्टिकोण से देखता है जिसे बिल्कुल ठोस ढंग से लेकर ही व्याख्यायित किया जा सकता है। आदिम जन बुजुर्गों—और साथ ही शिशुओं—की हत्या अपने चरित्र या अपने तथाकथित व्यक्तिवाद के नाते, या पीढ़ियों के बीच जीवन्त सम्बन्ध के अभाव के नाते नहीं, बल्कि उन दशाओं के चलते करते हैं जिनमें आदिम जनों को अपने अस्तित्व के लिए संघर्ष करना पड़ता है। मैंने अपने पहले पत्र में डार्विन की इस मान्यता की याद दिलायी थी कि यदि मनुष्य उन्हीं दशाओं में रहते जिनमें मधुमक्खियाँ रहती हैं, तो वे अपने समाज के अनुत्पादक सदस्यों को बिना किसी पश्चाताप के मार डालते, और यहाँ तक कि ऐसा करने में उन्हें एक कर्त्तव्य पूरा करने का आत्मसन्तोष भी मिलता। आदिम जन कमोबेश ऐसी ही दशाओं में जीते हैं जिनमें अनुत्पादक सदस्यों का खात्मा उनके समाज की एक नैतिक बाध्यता बन जाती है। और जब-जब वे ऐसी दशाओं में पड़ते हैं, तब-तब वे अतिरिक्त बच्चों और जर्जर बूढ़ों की हत्या करने को *विवश* हो जाते हैं। फिर भी वे न तो अहंवादी हैं और न ही व्यक्तिवादी, जैसा कि ब्यूशर उन्हें समझता है। इसे मैं इतने सारे उदाहरण देकर दर्शा चुका हूँ। आदिम जीवन की जो दशाएँ बच्चों और बूढ़े लोगों को मारने के लिए मजबूर करती हैं वे ही उन्हें गोत्र-समूह के भीतर जीवित सदस्यों के बीच

उसके बेटे और बहू पर से एक और इंसान का पेट भरने का बोझ कम कर देगी।..." मेरे विचार से, इसमें कुछ भी मनोवैज्ञानिक रूप से असत्य नहीं है। और अगर ऐसा है, तो कैटलिन के कथन में भी कोई बात ऐसी नहीं है जो मनोवैज्ञानिक रूप से असम्भव हो।

घनिष्ठ सम्बन्ध बनाये रखने के लिए भी मजबूर करती हैं। इससे यह विरोधाभास स्पष्ट हो जाता है कि बच्चों और बूढ़े लोगों की हत्या कभी-कभी उन्हीं कबीलों में की जाती है जिनमें मातृ-पितृ भाव और बूढ़े लोगों के प्रति आदर भाव प्रबल रूप से विकसित होता है। इस विरोधाभास का कारण आदिम जनों के *मनोविज्ञान* में नहीं, बल्कि उनकी *आर्थिक* दशाओं में निहित है।

आदिम जन के चरित्र के बारे में ब्यूशर की दृष्टि की जाँच पूरी करने से पहले मैं उसकी दृष्टि से सम्बन्धित दो और टिप्पणियाँ करना चाहूँगा।

पहली यह कि, ब्यूशर की नजर में, आदिम जनों के व्यक्तिवाद की एक सर्वाधिक प्रखर अभिव्यक्ति वह व्यापक रूप से प्रचलित परम्परा है जिसके तहत वे अपना भोजन अलग-अलग एकान्त में करते हैं।

मेरी दूसरी टिप्पणी यह है। अनेक आदिम जनों में परिवार के प्रत्येक सदस्य की अपनी निजी चल सम्पत्ति होती है जिस पर परिवार के अन्य सदस्यों का तनिक भी अधिकार नहीं होता, और जिस पर वे कोई दावा भी नहीं करते। बहुधा बड़े परिवार के कुछ सदस्य दूसरे सदस्यों से अलग छोटी-छोटी झोपड़ियों में रहते हैं। ब्यूशर इसे चरम व्यक्तिवाद की एक अभिव्यक्ति मानता है। लेकिन अगर वह एक समय में मौजूद रहे वृहत्तर रूस के बड़े किसान परिवारों के रिवाजों से परिचित होता, तो इसके बारे में उसकी दूसरी ही धारणा होती। ऐसे परिवारों की घरेलू अर्थव्यवस्था विशुद्ध रूप से समुदायवादी थी; लेकिन तब भी, परिवार के व्यक्तिगत सदस्य—उदाहरण के लिए, *बाबी* और *देवकी*—अपनी निजी चल सम्पत्ति रख सकते थे। यह परम्परा द्वारा इतनी दृढ़तापूर्वक सुरक्षित थी कि सर्वाधिक निरंकुश *बोल्शाक* भी उसका अतिक्रमण नहीं कर सकता था। ऐसे बड़े परिवारों में अक्सर ऐसा होता था कि विवाहित सदस्यों के लिए एक ही अहाते के भीतर अलग-अलग झोपड़ियाँ बना दी जाती थीं। (ताम्बोव गुबेर्निया में उन्हें *खातकी* कहा जाता था।)*

यह बिल्कुल सम्भव है कि आप आदिम लोगों की अर्थव्यवस्था के बारे में इन विचारों से पूरी तरह से ऊब चुके होंगे। लेकिन इतना तो आप मानेंगे ही कि मैं इन विचारों पर चर्चा किये बगैर नहीं रह सकता था। जैसा कि मैं पहले ही कह चुका हूँ, कला एक सामाजिक परिघटना है, और अगर आदिम जन सचमुच पूरी तरह व्यक्तिवादी होते, तब हमारे लिए उनकी कला के चरित्र की छानबीन करना बेकार ही होता, क्योंकि तब हमें उनमें कलात्मक गतिविधि का लेशमात्र भी देखने को नहीं मिलता। लेकिन इसमें कोई सन्देह नहीं कि उनकी कलात्मक गतिविधियाँ होती हैं : आदिम कला कोई मिथक या कल्पना नहीं है। अकेले यह तथ्य ही, "आदिम आर्थिक

* (*बाबी* —विवाहित स्त्री; *देवकी*—विवाहयोग्य लड़कियाँ; *बोल्शाक*—परिवार का पितृसत्तात्मक मुखिया; *खातकी*—झोपिड़याँ।)

प्रणाली" पर ब्यूशर के दृष्टिकोण को, अप्रत्यक्ष रूप से ही सही, पक्के तौर पर खारिज कर देने के लिए काफी है।

ब्यूशर अक्सर इस विचार को दुहराता है कि "चूँकि उसका (आदिम जन का–अनु.) जीवन निरन्तर घुमक्कड़ी का होता था, इसलिए वह उन भावनाओं तक को तिलांजलि देकर पूरी तरह अपने जीवन-निर्वाह की चिन्ता में डूबा रहता था, जिन्हें हम सबसे स्वाभाविक समझते हैं।" फिर भी, यही ब्यूशर, जैसा कि आप जानते हैं, इस बात पर विश्वास करता है कि अनगिनत सदियों तक मनुष्य बिना श्रमकार्य किये ही जीता रहा, और कि आज भी बहुतेरी ऐसी जगहें हैं जहाँ की भौगोलिक दशाएँ ऐसी हैं जो मनुष्य को बहुत कम मेहनत में ही जीवित रहने की सुविधाएँ प्रदान करती हैं। इसमें हमारा यह लेखक यह विश्वास और जोड़ देता है कि कला उपयोगी चीजों के उत्पादन से पुरानी है, ठीक वैसे ही जैसे खेल श्रमकार्य से पुराना है। अर्थात् :

पहला, आदिम मनुष्य नगण्य श्रम करके भी जीवित रहने में समर्थ था,

दूसरा, यह नगण्य श्रम भी आदिम मनुष्य की ऊर्जा को इतनी पूर्णता से सोख लेता था कि उसे और कोई गतिविधि करने की गुंजाइश ही नहीं रह जाती थी, या यों कह लें कि उन भावनाओं तक की भी कोई गुंजाइश नहीं रह जाती थी जो हमें इतनी स्वाभाविक लगती हैं।

तीसरा, आदिम जन हालाँकि अपने जीवन-निर्वाह को छोड़ कर और कुछ नहीं सोचता था, फिर भी उसने ऐसी चीजों के उत्पादन से शुरुआत नहीं की जो कम से कम उसके लिए उपयोगी हों, बल्कि ऐसी चीजें बनाईं जो उसकी सौन्दर्यात्मक आवश्यकताओं को सन्तुष्ट करती थीं।

यह सचमुच विचित्र बात है। यहाँ अन्तरविरोध स्पष्ट है : लेकिन इसे हल कैसे किया जाये?

इसे तब तक हल नहीं किया जा सकता जब तक हम उपयोगी चीजों के उत्पादन पर लक्षित गतिविधि से कला के सम्बन्ध के बारे में ब्यूशर के दृष्टिकोण की गलती को नहीं समझते।

ब्यूशर का यह कहना एक बड़ी गलती है कि उत्पादन उद्योग हर जगह शरीर की सजावट के साथ शुरू हुआ। उसने एक भी तथ्य ऐसा नहीं दिया है—और वह दे भी नहीं सकता था—जो हमें यह सोचने पर मजबूर करे कि शरीर की सजावट या गोदना गोदने का चलन आदिम हथियारों या श्रम के आदिम उपकरणों के निर्माण से पहले से था। कुछ बोतोकुडो कबीलों के चन्द-एक शारीरिक आभूषणों में, प्रमुख है *बोतोक*, जो होंठ में छेदकर पहना जानेवाला लकड़ी का एक टुकड़ा होता है। अब यह मानना तो अत्यन्त बेतुका होगा कि बोतोकुडो जन शिकार करना, या कम से कम एक नोकदार डण्डे की मदद से जमीन से पौष्टिक कन्द-मूल खोद निकालना सीखने

के भी पहले, लकड़ी के इस टुकड़े को आभूषण बनाना सीख चुके थे। आर. सेमन का कहना है कि कई आस्ट्रेलियाई कबीलों में कोई आभूषण नहीं पहने जाते। शायद एकदम ऐसा ही नहीं है : शायद सभी आस्ट्रेलियाई कबीलों में किसी न किसी प्रकार के आभूषण पहने जाते हैं, चाहे वे कितने भी थोड़े और कितने भी सरल क्यों न हों। लेकिन यहाँ भी यह मानना असम्भव है कि ये आभूषण, जो चाहे कितने भी सरल और कम क्यों न हों, आस्ट्रेलियाइयों के जीवन-निर्वाह की चिन्ता एवं उसके लिए आवश्यक श्रम के उपकरणों अर्थात् हथियारों एवं खाद्य वनस्पतियाँ प्राप्त करने के लिए इस्तेमाल किये जाने वाले नोकदार डण्डों के निर्माण के पहले ही चलन में आ गये और उनके जीवन में अपेक्षाकृत अधिक महत्त्वपूर्ण हो गये। सारासिन बन्धुओं का मानना है कि आदिम वेद्दा जनों में बाहरी संस्कृति से उनके परिचित होने से पूर्व, पुरुषों, स्त्रियों या बच्चों द्वारा *आभूषण नहीं इस्तेमाल किये जाते थे,* और कि आज भी पहाड़ी क्षेत्रों में ऐसे वेद्दा दिखायी देते हैं, जो कोई आभूषण नहीं पहनते। ये वेद्दा अपने कान भी नहीं छिदवाते, लेकिन वे हथियारों के इस्तेमाल से परिचित हैं, और उन्हें वे पहले से ही निर्मित करते आ रहे हैं। तब यह स्पष्ट ही है कि इन वेद्दा जनों में हथियारों के निर्माण से सम्बन्धित विनिर्माण उद्योग आभूषण-निर्माण से सम्बन्धित विनिर्माण उद्योग की अपेक्षा पहले से चला आ रहा है।

यह सच है कि चित्रकला का प्रचलन बहुत निम्न श्रेणी के आखेटक कबीलों—उदाहरण के लिए, बुशमैनों और आस्ट्रेलियाइयों—तक में है : उनकी बाकायदा कला दीर्घाएँ हैं, जिनके बारे में मुझे दूसरे पत्रों में चर्चा करने का मौका मिलेगा। चुक्ची और एस्किमो अपनी मूर्तिकारी और नक्काशी के लिए मशहूर हैं। इसी तरह मैमथ-युग में यूरोप में बसने वाले कबीलों की कलात्मक प्रवृत्तियाँ भी कम उल्लेखनीय नहीं रही हैं। ये सारे तथ्य बहुत महत्त्वपूर्ण हैं, जिन्हें कला का कोई भी इतिहासकार नजरन्दाज नहीं कर सकता। लेकिन यह कहने का क्या आधार है कि आस्ट्रेलियाई, बुशमैन, एस्किमो या मैमथ-युग के कबीले उपयोगी चीजों के उत्पादन से पूर्व ही कलात्मक गतिविधियों में संलग्न थे; कि उनमें कला श्रमकार्य से "पुरानी" थी? इसका कोई आधार नहीं है। बल्कि इसके विपरीत, आदिम आखेटकों की कलात्मक गतिविधि का चरित्र स्वयं ही यह निर्विवाद रूप से साबित कर देता है कि उनमें उपयोगी चीजों के उत्पादन और आर्थिक गतिविधि की शुरुआत कलात्मक गतिविधि की शुरुआत से पहले हुई और उसने कलात्मक गतिविधि पर बहुत प्रबल प्रभाव डाला। चुक्ची जनों के रेखाचित्र क्या दिखाते हैं। वे आखेटक जीवन-प्रणाली के दृश्य ही प्रस्तुत करते हैं? अतः स्पष्ट है कि चुक्ची जन आखेट में पहले से संलग्न थे और बाद में उसे ही अपने रेखाचित्रों में प्रस्तुत करना शुरू किया। इसी तरह, अगर बुशमैन लोग लगभग पूरी तरह से जानवरों—बैबून, हाथी, दरियाई घोड़ा, शुतुरमुर्ग

आदि—के चित्र बनाते हैं, तो इसका कारण यही है कि ये जानवर उनके आखेटक जीवन में बड़ी और निर्णायक भूमिका अदा करते हैं। पहले, मनुष्य ने जानवरों के साथ एक निश्चित सम्बन्ध बनाया (उनका शिकार करना शुरू किया), और उसके बाद ही—जानवरों के साथ ऐसे सम्बन्ध के नाते ही—उसमें इन जानवरों के चित्र बनाने की इच्छा जागृत हुई। अब इसमें कौन किससे पहले है : श्रमकार्य कला से पहले है, या कला श्रमकार्य से पहले है?

नहीं, महोदय, मेरा पक्का विश्वास है कि आदिम कला का इतिहास पूरी तरह अबोधगम्य रह जायेगा, यदि हम इस बात को नहीं समझते कि *श्रमकार्य कला से पुराना है, और कि आदमी ने सबसे पहले चीजों और परिघटनाओं को उपयोगितावादी दृष्टिकोण से देखा, और उसके बाद ही उसने उनका सौन्दर्यात्मक दृष्टिकोण से बोध करना शुरू किया।*

मैं अपनी इस धारणा के लिए कई—और मेरे विचार से एकदम विश्वसनीय—प्रमाण अपने अगले पत्र में पेश करूँगा, जिसकी शुरुआत इस बात की जाँच-पड़ताल से होगी कि *आखेटकों, पशुपालकों और खेतिहरों* में लोगों को विभाजित करने की पुरानी और प्रचलित पद्धति किस हद तक हमारी नृजाति-वैज्ञानिक जानकारी की वर्तमान स्थिति से मेल खाती है।

तीसरा पत्र

प्रिय महोदय,

मैंने अपने पिछले पत्रों में अक्सर "आखेटक जन", "निम्नतर श्रेणी के आखेटक कबीले" आदि अभिव्यक्तियाँ इस्तेमाल की हैं। क्या मुझे ऐसा इस्तेमाल करने का अधिकार था? दूसरे शब्दों में, क्या वह सुपरिचित पद्धति सन्तोषजनक है जिसके अनुसार लोगों को आखेटक जनों, पशुपालकों और खेतिहर जनों में विभाजित किया जाता है?

आजकल बहुत से लोग इस विभाजन को एकदम असन्तोषजनक मानते हैं। ब्यूशर भी उन्हीं में से एक है। उसका कहना है कि यह योजना इस मान्यता पर आधारित है कि आदिम जन शुरू में मांसाहारी थे, और धीरे-धीरे बाद में शाकाहारी बने। लेकिन वास्तव में मनुष्य ने शाकाहारी भोजन से ही शुरुआत की, वह फल, बेरियाँ, और कन्द-मूल खाता था। इस शाकाहारी भोजन के प्राकृतिक पूरक के तौर पर छोटे-छोटे जन्तु जैसे घोंघे, कीड़े-मकोड़े, चींटे आदि भी खाये जाने लगे। ब्यूशर आगे कहता है कि, "यदि हम अगले चरण की ओर संक्रमण पर दृष्टिपात करें, तो हम इस बात की कल्पना कर सकते हैं कि आदिम मनुष्य के लिए यह जान लेना कठिन नहीं रहा होगा कि जमीन पर गिरी किसी गाँठ या गुठली से एक पौधा उग आता है, और कम से कम यह जानवर पालने या मछली पकड़ने के लिए काँटा बनाने या जानवरों का शिकार करने के लिए तीर-धनुष बनाने से कोई कठिन काम नहीं था।" इसी क्रम में ब्यूशर अपना यह विश्वास प्रकट करता है कि खानाबदोश चरवाहों को खेतिहर से असभ्य बन गये लोग समझना चाहिए, और सुदूर उत्तर को छोड़कर, आज कहीं भी ऐसा कोई आदमी नहीं मिलेगा जिसके भोजन का अच्छा-खासा भाग शाकाहार न हो। एक-दूसरे स्थान पर वह कहता है कि आदिम जनों के आर्थिक विकास का क्रम पूरी तरह से भौगोलिक वातावरण पर निर्भर है और इसीलिए विकास के चरणों की एक ऐसी योजना प्रस्तुत करने की कोशिश बेमानी है जो "समान रूप से नीग्रो और पापुआई जनों पर, पोलीनेसियानों पर और रेड इण्डियनों पर भी लागू हो।"

ठीक यही विचार, कुछ वर्ष पहले, आदिम अर्थव्यवस्था के एक अन्य जर्मन शोधकर्ता, हेल्मुट पैंकोव ने भी 1896 में, बर्लिन ज्योग्राफिकल सोसायटी के जरनल

के अंक 3 में प्रकाशित अपने लेख में व्यक्त किया था। पैंकोव के अनुसार, लोगों को आखेटकों, चरवाहों और खेतिहर जनों में विभाजित करने की योजना से आदिम मानवजाति के आर्थिक जीवन को समझने में बाधा पहुँचती है। यह सच है कि यह जीवन अपने मूलाधार के लिहाज से हमेशा ही बहुत संकीर्ण रहा है, फिर भी हम जिस "गहन योजना" की चर्चा कर रहे हैं उसकी कल्पना से यह कहीं अधिक व्यापक है। इसमें आखेट के साथ खेती भी शामिल है और खेती के साथ-साथ पशुपालन भी चलता है। आम तौर पर, मानवजाति की प्रगति इतने सरल रूप से और इतने योजनाबद्ध ढंग से नहीं होती कि सारे लोगों की गतिविधियाँ एक ही नियम से संचालित हों। एक स्थान पर यह एक ढंग से आगे बढ़ती है, तो दूसरे स्थान पर दूसरे ढंग से।

पैंकोव यह भी मानता है कि यह "गहन योजना" भोजन जुटाने के विविध तरीकों के ऐतिहासिक प्रादुर्भाव के क्रम की एक गलत तस्वीर प्रस्तुत करती है। ब्यूशर की भाँति, उसका भी यही विश्वास है कि *कृषि आर्थिक उद्देश्य से पशुओं के पालन की पूर्ववर्ती है।* पैंकोव का सामान्य निष्कर्ष है कि यह सामान्य योजना आर्थिक और सांस्कृतिक विकास के वास्तविक क्रम से बहुत ही कम मेल खाती है और शोधकार्य की उपलब्धियों का तकाजा यह है कि हम इसे फौरन खारिज कर दें।

इस निष्कर्ष का पूर्ण समर्थन ए. विएरकाण्ट भी करता है, जो आदिम अर्थव्यवस्था के विकास के रूपों का एक नया वर्गीकरण सुझाता है। मेरे ख्याल से आपको इस नये वर्गीकरण से परिचित करा देना उपयोगी रहेगा।

विएरकाण्ट कहता है कि निम्नतर श्रेणी के कबीले वे हैं जो प्रकृति-प्रदत्त उन उपहारों को बस एकत्र करने का काम करते हैं, जो उपभोग के लिए एकदम तैयारशुदा होते हैं। वह उन्हें *बटोरनेवाले* कहता है। इन बटोरनेवालों में, उदाहरण के लिए, आस्ट्रेलियाई मुख्य भूभाग के आदिवासी जन आते हैं, जो जंगली पौधों की जड़ें और घोंघे एकत्र करके अपना जीवन-निर्वाह करते हैं, तथा अत्यन्त आदिम रूप में शिकार भी करते हैं। इनमें बुशमैन, टिएरा फ्यूजियाई, बोतोकुडो, अण्डमान द्वीपसमूह के आदिवासी, फिलिप्पीन द्वीपसमूह के नेग्रिटो यानी संक्षेप में, वे सारे कबीले आते हैं जिन्हें मैंने निम्नतर श्रेणी के आखेटक कबीले कहा है।

विकास के अगले चरण पर हमें आखेट करना, मछली मारना, पशुपालन करना और कृषि का एक विशेष रूप देखने को मिलता है जिसे जर्मन शोधकर्ताओं ने हाल ही में हैकबाउ (गैंती से भूमि की गोड़ाई) नाम दिया है। केवल शिकार करने और मछली मारने वाले अपवादस्वरूप सिर्फ ऐसी ही भौगोलिक दशाओं में पाये जाते हैं, जहाँ "जलवायु सम्बन्धी कारणों से भूमि की गोड़ाई असम्भव है", जैसे पुरानी और नयी दुनिया के सुदूर उत्तर में। इस सर्द क्षेत्र के नीचे एक अत्यन्त विस्तृत भूभाग है

जिसमें आखेट, पशुपालन, और गैंती से भूमि की गोड़ाई करने के काम संयुक्त रूप से किये जाते हैं, या यूरोपीय लोगों के प्रादुर्भाव से पहले के युग में ही संयुक्त हो गये थे। लेकिन अलग-अलग लोगों में भोजन प्राप्त करने के ये अलग-अलग ढंग भिन्न-भिन्न अनुपात में एक-दूसरे से जुड़े हैं।... (पाण्डुलिपि अधूरी)

चौथा पत्र

प्रिय महोदय,

मैंने अपने पहले पत्र के अन्तिम भाग में कहा था कि मैं अगले पत्र में यह दर्शाने का प्रयास करूँगा कि आदिम जनों—जिन्हें जर्मन *नेटुरफोकर* कहते हैं—की कला को इतिहास की भौतिकवादी अवधारणा के दृष्टिकोण से कितनी आसानी से व्याख्यायित किया जा सकता है। अब मुझे अपना वादा पूरा करना चाहिए।

लेकिन सबसे पहले मैं शब्दावली के मामले में एक बार फिर आपके साथ सहमति चाहूँगा। आदिम कबीलों से हमारा क्या अभिप्राय है? नेटुरफोकर से हम क्या समझते हैं?

'नेटुरफोकर' शब्द आम तौर पर उन असंख्य और विविध कबीलों के लिए इस्तेमाल होता है जिनका सांस्कृतिक विकास अभी भी *सभ्यता* की अवस्था तक नहीं पहुँचा है। लेकिन सभ्य और असभ्य जनों के बीच की विभाजक रेखा क्या है?

लुइस एच. मॉर्गन अपनी सुप्रसिद्ध पुस्तक *एनशेंट सोसायटी* में मानता है कि सभ्यता का युग ध्वन्यात्मक वर्णमाला और साहित्यिक अभिलेखों की रचना के साथ शुरू हुआ। मैं समझता हूँ कि काफी आपत्तियों के बगैर मॉर्गन से सहमत होना कठिन है। लेकिन मुद्दा यह नहीं है। हम सभ्य और असभ्य जनों के बीच की विभाजक रेखा को चाहे जितना भी पीछे ले जायें, लेकिन यह तो मानना ही पड़ेगा कि असभ्य जनों में कबीलों की अत्यन्त विशाल संख्या शामिल है जो संस्कृति के अत्यन्त भिन्न-भिन्न स्तरों पर हैं। इसीलिए यहाँ पर विचारणीय आँकड़े भी अनिवार्यतः बहुत व्यापक और विविधतापूर्ण होंगे। बेशक, नस्ली विशिष्टताओं का प्रभाव, अगर कहीं हो भी तो, इतना कम है कि उसे पहचान पाना लगभग असम्भव ही है : एक नस्ल की कला और दूसरी नस्ल की कला के बीच शायद ही कोई अन्तर मिलता है। ल्यूब्के का कहना है कि "आदिम कला, यानी मानवजाति की इस सार्वभौमिक भाषा ने धरती को एक ही किस्म के स्मारकों से आच्छादित किया, जिनके पुरावशेष प्रशान्त महासागर के द्वीपसमूहों से लेकर मिसीसिपी नदी के तटों तक, तथा बाल्टिक सागर के तटों से लेकर यूनानी द्वीपसमूह तक, एक व्यापक क्षेत्र में फैले हुए देखे जा सकते हैं।" इसलिए, ज्यादातर मामलों में, हम नस्ली विशिष्टताओं के प्रभाव को व्यवहारतः शून्य मान सकते हैं। इससे हमारा कार्यभार बहुत आसान हो जाता है। लेकिन तब भी यह काफी

कठिन बना रहता है क्योंकि असभ्य कबीलों में ऐसे कबीले भी शामिल हैं जो असभ्यता और बर्बरता की भिन्न-भिन्न अवस्थाओं में हैं। हम इन आँकड़ों के साथ तालमेल कैसे करें?

हम आदिम जनों की कला की विवेचना सभ्य लोगों की कला से अलग क्यों करते हैं? इसलिए कि सभ्य लोगों की कला में प्रौद्योगिकीय और आर्थिक प्रभावों पर समाज के वर्गों में विभाजन और उसके फलस्वरूप पैदा हुए वर्ग-विरोधों का पर्दा पड़ा रहता है। अतः जो कबीला ऐसे विभाजन से जितना ही दूर है, वह मेरी छानबीन के लिए उतनी ही अधिक उपयुक्त जानकारियाँ प्रदान करता है। वे कौन से कबीले हैं जो सभ्य लोगों की विशिष्ट सामाजिक प्रणाली से, अर्थात् समाज के वर्गों में विभाजन से, सबसे अधिक दूर हैं? वे, जिनकी उत्पादक शक्तियाँ सबसे कम विकसित हैं। और जिन कबीलों की उत्पादक शक्तियाँ सबसे कम विकसित हैं, वे तथाकथित *आखेटक कबीले* हैं, जो अपना जीवन-निर्वाह मछली मारने, शिकार करने तथा जंगली पौधों के फलों एवं कन्द-मूल एकत्र करने के जरिये करते हैं। इसलिए मैं मुख्यतः उन्हीं की, और उन कबीलों की चर्चा करूँगा जो अपने सांस्कृतिक विकास में तथाकथित आखेटक कबीलों के सबसे निकट हैं। उच्चतर कबीलों, जैसे अफ्रीकी नीग्रो जनों की चर्चा केवल उसी हद तक की जायेगी जिस हद तक वे आखेटक कबीलों के अध्ययन से प्राप्त परिणामों की पुष्टि करते हैं या उनमें बदलाव करने पर विवश करते हैं।

नृत्य

मैं अपनी बात की शुरुआत नृत्य से करूँगा, जो सारे आदिम कबीलों के जीवन में बहुत महत्त्वपूर्ण भूमिका अदा करता है।

अर्न्स्ट ग्रॉस का कहना है, "नृत्य की अभिलाक्षणिक विशिष्टता उसकी गतियों का लयबद्ध क्रम है। बिना लयबद्धता के कोई नृत्य नहीं होता।" प्रथम पत्र में हम देख चुके हैं कि संगीतात्मक लयबद्धता का बोध करने और आनन्द उठाने की मानसिक क्षमता मानव-प्रकृति में (और सिर्फ मानव में ही नहीं) निहित होती है। लेकिन यह क्षमता नृत्य में कैसे अभिव्यक्त होती है? नर्तकों की लयबद्ध गतियाँ क्या संकेत देती हैं? इनका नर्तकों के जीवन के साथ, उनकी उत्पादन-प्रणाली के साथ क्या सम्बन्ध है?

नृत्य कभी-कभी जानवरों की हरकतों के सरल अनुकरण भर होते हैं। जैसे, आस्ट्रेलियाइयों के मेढक, तितली, एमू, डिंगो और कंगारू नृत्य। उत्तर अमेरिकी रेड इण्डियनों के भालू-नृत्य और भैंसा-नृत्य भी ऐसे ही होते हैं। और शायद ब्राजीली रेड

इण्डियनों के "मछली" नृत्य तथा बकाइरी कबीले के चमगादड़ नृत्य भी इसी कोटि में रखे जा सकते हैं।

ये नृत्य अनुकरण की मानसिक क्षमता को प्रकट करते हैं। आस्ट्रेलियाई अपने कंगारू नृत्य में इस जानवर की हरकतों की इतनी सटीक नकल प्रस्तुत करते हैं कि आयर के कथनानुसार, उसकी इस प्रस्तुति पर यूरोप के किसी भी थिएटर में तालियों की गड़गड़ाहट गूँज सकती है।[9]

...(कैसे) वह ओपोसम को पकड़ने के लिए पेड़ पर चढ़ती है, कैसे वह घोंघे निकालने के लिए गोता लगाती है, या कैसे वह जमीन से पौष्टिक कन्द-मूल खोदती है। पुरुष भी ऐसे ही नृत्य करते हैं उदाहरण के लिए, आस्ट्रेलियाई माझी नाव खेने का नृत्य करते हैं, या न्यूजीलैण्डवासी डोंगी बनाने का नृत्य करते हैं। ये सारे नृत्य उत्पादन प्रक्रियाओं की ही सरल प्रस्तुतियाँ हैं। इन पर काफी ध्यान देने की जरूरत है क्योंकि ये आदिम कलात्मक गतिविधि और उत्पादक गतिविधि के बीच के निकट सम्बन्ध के उल्लेखनीय उदाहरण हैं। स्वाभाविक ही है कि इन्हीं से मेल खाते सामाजिक संगठन भी विकसित होते हैं। लेकिन आदिम आखेटकों में, ऐसे संगठन बहुत व्यापक नहीं हो सकते, कारण कि उनकी आखेटक जीवन प्रणाली की दशाएँ इसकी इजाजत नहीं देतीं, क्योंकि आखेट से प्राप्त जीवन-निर्वाह के साधन बहुत ही कम और अनिश्चित होते हैं। आयर आस्ट्रेलियाइयों के बारे में बताता है, "एक साथ घुमक्कड़ी करनेवालों की संख्या काफी हद तक साल के मौसमों और हर मौसम में मिलने वाले खाद्य-पदार्थों की उपलब्धता पर निर्भर करती है।" फिर भी, एक आस्ट्रेलियाई झुण्ड में, आम तौर पर, 50 से अधिक व्यक्ति नहीं होते। फिलिप्पीन के आयती जन 20-30 व्यक्तियों के झुण्डों में रहते हैं; बुशमैनों के झुण्डों में 20-40 परिवार होते हैं; बोताकुदो आदि के झुण्डों में सौ-सौ व्यक्ति तक हो जाते हैं। वैसे 40 परिवारों या 200 व्यक्तियों का झुण्ड भी आकार की दृष्टि से ही होता है। जीवन की ये दशाएँ, जीवन-निर्वाह के साधनों की यह कमी, आदिम आखेटकों के अलग-अलग झुण्डों के बीच अक्सर टकरावों का भी कारण बन जाती हैं। टी. वेट्ज के अनुसार, उत्तरी अमेरिका के रेड इण्डियनों की अधिकतर लड़ाइयाँ एक निश्चित भू-भाग में शिकार करने के अधिकार को लेकर ही होती रहती हैं।

ऐसी लड़ाइयाँ कैसे छिड़ती हैं—इसे स्टैनले की मध्य अफ्रीका के नीग्रो कबीलों के सदस्यों के साथ हुई एक बातचीत के जरिये भलीभाँति समझा जा सकता है। स्टैनले ने जब उनसे पूछा कि "क्या तुम लोग अपने पड़ोसियों से हरदम लड़ते-झगड़ते रहते हो?" तो उनका जवाब था : "नहीं, हमारे कुछ युवक शिकार खेलने जंगलों में जाते हैं, वहाँ हमारे पड़ोसी उन पर अचानक टूट पड़ते हैं, तब हम भी वहाँ पहुँच जाते हैं, और वे हमसे तब तक लड़ते हैं जब तक कि कोई पक्ष थककर चूर न हो जाये या

शिकस्त न खा जाये।"* इस तरह, आदिम कबीलों के बीच अक्सर होते रहने वाले टकराव एक-दूसरे के प्रति विद्वेष और उग्र प्रतिशोध की भावना को जन्म देते हैं, जिसके चलते बार-बार टकराव होते रहते हैं। नतीजतन, आदिम आखेटक कबीलों को हरदम शत्रुतापूर्ण आक्रमण के विरुद्ध सतर्क रहना पड़ता है। और चूँकि उनकी संख्या इतनी थोड़ी होती है और उनके संसाधन इतने कम होते हैं कि वे अपने बीच से योद्धाओं की एक विशेष फौज नहीं खड़ी कर सकते, इसलिए हरेक शिकारी को योद्धा भी बनना पड़ता है, और इसीलिए एक *आदर्श योद्धा* को ही आदर्श व्यक्ति माना जाता है। स्कूलक्राफ्ट उत्तर अमेरिकी रेड इण्डियनों के बारे में बताता है कि जनमत की समूची शक्ति युवकों को निडर योद्धा बनाने और उनके भीतर योद्धा की शान के प्रति ललक पैदा करने पर ही केन्द्रित होती है। उनके तमाम धार्मिक अनुष्ठानों का यह भी एक लक्ष्य होता है; अतः यह कोई आश्चर्यजनक बात नहीं है कि उनके नृत्य भी इसी लक्ष्य की ओर निर्दिष्ट होते हैं। इसी तरह...।[10]

यदि रूप और अन्तर्वस्तु की पूर्ण संगति ही एक सच्चे कलाकर्म की पहली और प्रमुख पहचान है, तो यह मानना ही पड़ेगा कि आदिम जनों के युद्ध नृत्य अपने सम्पूर्ण अर्थ में कलात्मक होते हैं। यह बात कितनी सच है, इसे भूमध्यरेखीय अफ्रीका में स्टैनले द्वारा देखे गये एक युद्ध-नृत्य के निम्नलिखित वर्णन से जाना जा सकता है।

"तैंतीस पुरुषों की तैंतीस कतारें एक साथ ऊपर उछलती थीं और एक साथ जमीन पर आती थीं।...जब वे तेजस्वितापूर्ण ऊर्जा के साथ ऊपर उठते थे, और फिर करुण चीख के साथ नीचे गिरते थे, तो वे एक हजार सिर एक मालूम पड़ते थे।...उनका जोश दर्शकों में भरने लगा था, जो जिज्ञासा से भरी चमकती आँखें लिये, अपनी दाहिनी बाँहें ऊपर उठाये कसी मुट्ठियाँ लहराते खड़े थे।...और जब इन नतर्क योद्धाओं ने अपने सिर झुकाये और जमीन पर गिर पड़े, और जब उनके गीत में वेदना के स्वर गूँज उठे, तो हमारे दिलों में एक ऐसी भावना भर उठी जिसकी व्याख्या नहीं की जा सकती। ऐसा महसूस होने लगा जैसे हम कोई भयानक पराजय, लूटपाट और खून-खराबा देख रहे हों, कि हम बर्बाद झोपड़ियों और वीरान खेतों के बीच विधवाओं और अनाथों को विलाप करते देख रहे हों...।" स्टैनले कहता है कि उसने अफ्रीका में जितनी नृत्य-प्रस्तुतियाँ देखी थीं, उनमें से यह निश्चय ही सबसे अच्छी और सबसे उद्वेलनकारी थी।

---

* यह सही है कि रात्जेल के अनुसार न्यूजीलैण्ड के मूल निवासियों में युद्ध के कारण कई बार मानव-मांस खाने की इच्छा होती है। लेकिन ऐसे मामलों में युद्ध को शिकार का ही एक रूप माना जाना चाहिए। यह उल्लेखनीय है कि आदिम जनों में कई बार ऐसे कारणों से युद्ध छिड़ जाता है जो हमारे यहाँ एक दीवानी अदालत की जाँच के विषय होते। लेकिन परस्पर विरोधी पक्ष किसी मजिस्ट्रेट का प्राधिकार स्वीकार करें, इसके लिए जिस किस्म का सत्ता संगठन जरूरी है वह विकास की आखेटक अवस्था में असम्भव है।

इस प्रकार, आदिम आखेटक जनों के युद्ध-नृत्य ऐसी कलात्मक कृतियाँ हैं जो उन भावनाओं और आदर्शों की अभिव्यक्ति करती हैं जो उनकी विशिष्ट जीवन-प्रणाली की दशाओं में अनिवार्यतः और स्वभावतः विकसित होते हैं। चूँकि उनकी जीवन-प्रणाली पूरी तरह उनकी उत्पादक शक्तियों की दशा से निर्धारित होती है, इसलिए हमें मानना ही होगा कि अन्तिम रूप से, उत्पादक शक्तियों की दशा ने ही उनके युद्ध-नृत्य के चरित्र को निर्धारित किया है। यह इस बात से और भी स्पष्ट है कि उनमें हरेक योद्धा के साथ-साथ शिकारी भी होता है, और वे युद्ध में वे ही हथियार इस्तेमाल करते हैं, जिनसे वे शिकार करते हैं।

इसी तरह, आखेटक कबीलों के आवाहन और अंत्येष्टि नृत्य भी उनकी जीवन-प्रणाली से एक घनिष्ठ कारण-कार्य-सम्बन्ध के तहत जुड़े होते हैं। आदिम जन बहुत-सी आत्माओं के अस्तित्व में विश्वास करते हैं, लेकिन इन अलौकिक शक्तियों के प्रति उनका दृष्टिकोण उन्हें अपने निजी हित में इस्तेमाल करने के विविध प्रयासों तक ही सीमित होता है।* किसी आत्मा को तुष्ट करने के लिए, वे उसे किसी न किसी ढंग से खुश करने की कोशिश करते हैं। वे उसे लुभावना भोजन ("चढ़ावा") खिलाना चाहते हैं या उसके सम्मान में ऐसे नृत्य प्रस्तुत करते हैं जिनसे वे स्वयं सर्वाधिक आनन्द प्राप्त करते हैं। अफ्रीकी नीग्रो, जब एक हाथी मारने में कामयाब हो जाते हैं, तो वे आत्माओं के सम्मान में उसके इर्द-गिर्द नृत्य करते हैं। इससे स्पष्ट है कि ऐसे नृत्य उनकी आखेटक जीवन-प्रणाली से ही सम्बन्धित हैं। इसका *अंत्येष्टि* नृत्यों पर भी कम प्रभाव नहीं है, अगर हम इस बात को याद रखें कि जब कोई आदमी मर जाता है तो वह एक *आत्मा* बन जाता है, जिसको उसके बाद जीवित बचे जन वैसे ही तुष्ट करने की कोशिश करते हैं जैसे वे अन्य आत्माओं को तुष्ट करने की कोशिश करते हैं।**

आदिम जनों के *प्रणय-नृत्य* हमारी नजर में अत्यन्त अश्लील लग सकते हैं। कहने की जरूरत नहीं है कि इस तरह के नृत्यों का किसी आर्थिक गतिविधि से कोई *प्रत्यक्ष* सम्बन्ध नहीं है। ऐसी नृत्य-प्रस्तुति एक आदिम शरीर-क्रियात्मक आवश्यकता की एक खुली अभिव्यक्ति होती है, जो मानवाकार वानरों के प्रणय अभिनय से काफी मिलती है। निस्सन्देह आखेटक जीवन-प्रणाली का प्रभाव ऐसे नृत्यों पर पड़े बिना नहीं रहता,

* यह सोच प्रायः उन अफ्रीकी नीग्रो लोगों में भी पायी जाती है जिनके सांस्कृतिक विकास का स्तर वास्तविक *आखेटक* कबीलों से ऊपर उठ चुका है। एक स्विस मिशनरी अफ्रीका के गुआम्बा नीग्रो लोगों के "धर्म" के बारे में यह लिखता है : "...आदि-आदि की मदद से यह व्यवस्था कायम रखी जाती है।"

** ब्राजीली रेड इण्डियन अन्तिम संस्कार के समय शिकारी गीत गाते हैं; किसी शिकारी को दफनाये जाते समय अन्य गीत उपयुक्त नहीं लगते।

लेकिन यह उसी हद तक पड़ता है जिस हद तक यह *आदिम समाज में स्त्री-पुरुष के पारस्परिक सम्बन्धों को* निर्धारित करता है।

मैं देख रहा हूँ, कि आप सन्तुष्ट होकर अपने हाथ मल रहे हैं। आप कह उठते हैं, "अहा, तो आदिम जनों तक की सारी आवश्यकताएँ उनकी विशिष्ट उत्पादन-प्रणालियों और अर्थव्यवस्था के रूपों से ही सम्बन्धित नहीं होतीं। उनकी प्रणय-भावनाएँ इस बात को स्पष्टतः दर्शाती हैं। और अगर एक बार भी हम सामान्य नियम में एक भी अपवाद स्वीकार कर लेते हैं, तो आर्थिक कारक का कितना भी महत्त्व क्यों न हो, इस नियम को निरपवाद तो नहीं ही कहा जा सकता, और तब इतिहास की आपकी समूची व्याख्या ही धराशायी हो जाती है।"

इसे फौरन ही स्पष्ट करना चाहिए। भौतिकवादी व्याख्या के किसी भी समर्थक के दिमाग में यह बात कभी नहीं रही कि वह यह दावा करे कि मनुष्य के आर्थिक सम्बन्ध ही उसकी शरीर-क्रियात्मक आवश्यकताओं को भी उत्पन्न और निर्धारित करते हैं। निस्सन्देह यौन भावना तो हमारे वानर-सरीखे पूर्वजों में उन सुदूर अतीत के कालों में भी मौजूद थी, जब वे उत्पादक अर्थव्यवस्था के न्यूनतम आदिम रूपों से भी अभी परिचित नहीं थे। निस्सन्देह स्त्री-पुरुष के बीच सम्बन्ध इस भावना द्वारा निर्धारित होते हैं। लेकिन मनुष्य के सांस्कृतिक विकास की विविध अवस्थाओं में ये सम्बन्ध भिन्न-भिन्न *रूप* लेते रहे हैं, जो परिवार के विकास पर निर्भर रहे हैं, और परिवार का विकास उत्पादक शक्तियों के विकास और सामाजिक एवं आर्थिक सम्बन्धों के चरित्र द्वारा ही निर्धारित होता है।

यही बात *धार्मिक* विचारों के बारे में भी कही जा सकती है। प्रकृति में अकारण कुछ भी नहीं होता। मनुष्य के मनोविज्ञान में, इसका प्रतिबिम्बन उन परिघटनाओं के कारण तलाशने की आवश्यकता के रूप में होता है जिनमें उसकी दिलचस्पी होती है। आदिम मनुष्य की ज्ञान-राशि अत्यन्त संक्षिप्त होने के नाते, वह *"स्वयं ही अनुमान लगाता है"* और प्राकृतिक परिघटनाओं को चेतन शक्तियों की सोद्देश्य कार्रवाई समझता है। *जीववाद* का यही उद्‍गम है। इस जीववाद का आदिम मनुष्य की उत्पादक शक्तियों के साथ जो सम्बन्ध होता है, उसका दायरा प्रकृति के ऊपर मनुष्य की शक्ति के विस्तार के प्रत्यक्ष अनुपात में घटता जाता है। लेकिन, निश्चय ही इसका यह मतलब नहीं है कि जीववाद की उत्पत्ति आदिम समाज के *आर्थिक* रूप से हुई है। नहीं, जीववादी विचार मनुष्य के स्वभाव की उपज हैं, लेकिन उनका विकास, और मनुष्य के सामाजिक आचरण पर उनका प्रभाव, अन्तिम रूप से, आर्थिक सम्बन्धों द्वारा ही निर्धारित होता है। शुरू-शुरू में, जीववादी विचारों का, और खास तौर से मरणोत्तर जीवन में विश्वास का, मनुष्यों के पारस्परिक सम्बन्धों पर वास्तव में कोई प्रभाव न था, कारण कि यह विश्वास अभी भी बुरे आचरण के लिए दण्ड या अच्छे

आचरण के लिए पुरस्कार की किसी भी प्रत्याशा से असम्बद्ध ही था। ऐसा बहुत धीरे-धीरे हुआ कि यह आदिम मनुष्य की व्यावहारिक नैतिकता से सम्बद्ध होता गया। तब जाकर आदिम मनुष्य यह विश्वास करने लगा—जैसा कि उदाहरण के लिए, टौरेस स्ट्रेट द्वीपसमूह के निवासी करते हैं—कि दफन कर दिये जाने के बाद बहादुर योद्धाओं की आत्माएँ साधारण जन की आत्माओं की अपेक्षा अधिक सुखी जीवन जीती हैं। यह विश्वास ऐसे विश्वासियों के आचरण पर एक अत्यन्त असन्दिग्ध और कभी-कभी अत्यन्त प्रबल प्रभाव छोड़ता है। और इस अर्थ में आदिम धर्म निस्सन्देह सामाजिक विकास का एक *"कारक"* है; लेकिन इस कारक का व्यावहारिक महत्त्व पूरी तरह इस बात पर निर्भर करता है कि जीववादी विचार व्यावहारिक बुद्धि के जिन नियमों से जुड़े होते हैं उनके द्वारा कौन-सी कार्रवाइयाँ तय की जाती हैं, और यह उन सामाजिक सम्बन्धों द्वारा ही निर्धारित होता है जो तत्सम्बन्धी आर्थिक मूलाधार से उत्पन्न हुए होते हैं।* इस तरह, यदि आदिम धर्म सामाजिक विकास के एक कारक के रूप में महत्त्व प्राप्त कर लेता है तो इस महत्त्व की जड़ें पूरी तरह अर्थव्यवस्था में ही निहित होती हैं।**

यही कारण है कि वे तथ्य, जो यह दर्शाते हैं कि कला बहुधा धर्म के प्रबल प्रभाव में भी विकसित होती है, किसी भी तरह से इतिहास की भौतिकवादी अवधारणा की सचाई को झुठलाते नहीं हैं। मैंने आपका ध्यान इस बिन्दु की ओर खींचना इसीलिए आवश्यक समझा था कि जो इसे भूल जाते हैं वे अत्यन्त हास्यास्पद गलतफहमी के शिकार हो जाते हैं और अक्सर पवनचक्कियों से लड़ने वाले डॉन क्विग्जोट जैसे लगने लगते हैं।

इसी के साथ मैं यह भी रेखांकित करना चाहूँगा : पहला स्थायी श्रम-विभाजन आदिम समाज में स्त्री-पुरुष के बीच हुआ श्रम-विभाजन है। जहाँ पुरुष आखेट और युद्ध में लिप्त रहते हैं, वहीं आम तौर पर स्त्रियों के जिम्मे जंगली पौधों की जड़ें और

---

* शायद इसी स्थिति को ध्यान में रखकर एमिल बर्नूफ ने कहा है : "यदि किसी राष्ट्र की जीवनचर्या उसकी परम्परा का उत्पाद है, जो कि असन्दिग्ध है, तो मनुष्य की सामाजिक स्थिति को विभिन्न धर्मों के अस्तित्व का कारण माना जाना चाहिए।"

** मैं कहना चाहता हूँ कि यहाँ "कारक" शब्द का इस्तेमाल मैं बहुत हिचकिचाते हुए ही कर रहा हूँ। रूढ़ ढंग से कहें, तो सामाजिक विकास का केवल एक कारक है, यानी, सामाजिक मनुष्य, जो एक खास ढंग से काम करता, सोचता, विश्वास करता और महसूस करता है—यह खास ढंग इस बात पर निर्भर करता है कि उत्पादक शक्तियों के विकास के साथ उसकी अर्थव्यवस्था क्या शक्ल अख्तियार करती है। जो लोग विभिन्न कारकों के ऐतिहासिक महत्त्व का अध्ययन किये बिना उस पर विवाद खड़ा करते हैं, वे प्रायः *अमूर्त अवधारणाओं का मानवीकरण* कर बैठते हैं।

फल (तथा घोंघे) एकत्र करने, बच्चों की देखभाल और घरेलू कार्य होते हैं। यह श्रम-विभाजन नृत्यों में भी प्रतिबिम्बित होता है, स्त्रियों और पुरुषों के अपने-अपने अलग नृत्य होते हैं, स्त्री-पुरुष एक साथ मिलकर विरल अवसरों पर ही नाचते हैं। फॉन डेन स्टाइनेन ब्राजीली रेड इण्डियनों के उत्सवों का वर्णन करते हुए बताता है कि इन उत्सवों में चलने वाले आखेट-नृत्यों में स्त्रियाँ इसलिए नहीं भाग लेतीं क्योंकि आखेट स्त्रियों का काम नहीं है। यह बिल्कुल सच है, और जैसा कि स्टाइनेन भी बताता है, ऐसे उत्सवों में स्त्रियाँ अतिथि-सत्कार के लिए भोजन तैयार करने जैसे घरेलू कामों में, अन्य अवसरों की अपेक्षा कहीं अधिक ही व्यस्त रहती हैं।

मैं कह चुका हूँ कि जीववादी विचार बहुत धीरे-धीरे ही आदिम नैतिकता से जुड़े। अब यह आम तौर पर एक सुविदित तथ्य है। लेकिन यह आम तौर पर सुविदित तथ्य काउण्ट लेव तोल्स्तोय के विचार के सीधे विरोध में है, जिसकी तरफ आपका ध्यान मैं पहले पत्र में खींच चुका हूँ। तोल्स्तोय का विचार है कि हमेशा और हर जगह ("हरेक समाज में") समाज के सभी सदस्यों में अन्तर्निहित अच्छाई और बुराई की चेतना एक *धार्मिक* चेतना ही होती है। आदिम जनों की कला में इतना महत्त्वपूर्ण स्थान रखने वाले ये विविधतापूर्ण और चित्रोपम नृत्य वे ही भावनाएँ और गतिविधियाँ प्रस्तुत करते हैं जिनका उनके जीवन में बुनियादी महत्त्व होता है। इसीलिए उनका इस बात से सीधा सम्बन्ध होता है कि क्या "अच्छा" है और क्या "बुरा", लेकिन अधिकतर मामलों में उनका आदिम "धर्म" से कोई सम्बन्ध नहीं होता। काउण्ट तोल्स्तोय का विचार मध्य युग के कैथोलिक लोगों तक के बारे में गलत है, जिनके बीच धार्मिक विचारों का व्यावहारिक नैतिकताओं के साथ सम्बन्ध काफी दृढ़ था और कहीं व्यापक दायरे तक फैला हुआ था। इन लोगों तक में "अच्छाई और बुराई" की चेतना हमेशा ही धार्मिक चेतना से जुड़ी नहीं होती थी, और इसीलिए उनकी कला में अभिव्यक्त भावनाओं का प्रायः धर्म से तनिक भी सम्बन्ध नहीं होता था।

लेकिन जहाँ अच्छाई और बुराई की चेतना हमेशा एक धार्मिक चेतना ही नहीं होती, वहीं यह भी असन्दिग्ध है कि कला सामाजिक महत्त्व केवल उसी हद तक प्राप्त करती है जिस हद तक वह ऐसी कार्रवाइयों, भावनाओं या घटनाओं को चित्रित, उद्‌बोधित या सम्प्रेषित करती है जो *समाज के लिए अत्यन्त महत्त्वपूर्ण होती हैं।*

हम इसे नृत्यों के मामले में देख चुके हैं, ब्राजीली *मछली-नृत्य* उस परिघटना से घनिष्ठ रूप से सम्बद्ध है जिस पर उस कबीले का जीवन निर्भर है, ठीक वैसे ही जैसे उत्तरी अमेरिका का *खोपड़ी नृत्य*, या आस्ट्रेलियाई स्त्रियों का *घोंघा पकड़ने का नृत्य।* यह सच है कि इन नृत्यों में से किसी से भी कोई प्रत्यक्ष लाभ न तो नर्तकों को मिलता है न ही दर्शकों को। यहाँ भी सदा की भाँति, सौन्दर्य का आनन्द किसी भी उपयोगितावादी धारणा से एकदम अलग रहकर ही उठाया जाता है। लेकिन *व्यक्ति*

ऐसी किसी चीज का आनन्द किसी प्रत्यक्ष लाभ का अनुभव किये बिना ले सकता है, जो *जाति* (समाज) के लिए बहुत उपयोगी हो। यहाँ भी हमें वही बात फिर देखने को मिलती है जिसे हम नैतिकता के मामले में देखते हैं : यदि वे कार्रवाइयाँ नैतिक हैं जिन्हें व्यक्ति व्यक्तिगत लाभ की किसी धारणा के बगैर करता है, तो इसका मतलब यह नहीं है कि नैतिकता का सामाजिक लाभ से कोई सम्बन्ध नहीं है। बल्कि इसके एकदम उलट बात यह है कि *व्यक्ति* का आत्मत्याग केवल उसी हद तक सार्थक होता है जिस हद तक वह *जाति* के लिए लाभदायक होता है। अतः काण्ट की यह परिभाषा गलत है कि सौन्दर्य वही है जो लाभ-हानि से ऊपर उठकर आनन्दित करता है। लेकिन हम इसके बदले में क्या परिभाषा दें? क्या हम यह कहें : सौन्दर्य वह है जो हमारे व्यक्तिगत लाभ से ऊपर उठकर आनन्दित करता है? नहीं, यह परिभाषा भी गलत ही होगी। जैसे किसी कलाकार की या यहाँ तक कि एक समष्टिगत कलाकार की भी, रचना उसके लिए अपने आप में ही एक लक्ष्य होता है, वैसे ही लोग जब किसी कलात्मक रचना (चाहे वह सोफोक्लीज का *आंतीगोन*, या माइकेलएंजिलो का *नाइट* या "माझियों का नृत्य" हो) का आनन्द लेते हैं, तो वे आम तौर पर तमाम व्यावहारिक उद्देश्यों को और खास तौर से जाति के लाभ की बात को भूल जाते हैं।

अतः कलात्मक रचनाओं का रसास्वादन उन चीजों (वस्तुओं, परिघटनाओं या मनोदशाओं) का रसास्वादन है जो लाभ की किसी सचेत धारणा के बगैर, जाति के लिए लाभदायक होती हैं।

कलात्मक रचना, चाहे उसका माध्यम बिम्ब हों या ध्वनियाँ, हमारी तर्कक्षमता पर नहीं, बल्कि हमारी मननक्षमता पर क्रिया करती है, और इसीलिए जब कोई कलात्मक रचना हममें समाज को लाभ के अलावा और कोई ख्याल नहीं जगाती, तब उससे कोई सौन्दर्यात्मक रसास्वादन भी नहीं मिलता। यहाँ पर सौन्दर्यात्मक रसास्वादन का सिर्फ एक दिखावा भर होता है, यानी इस ख्याल से मिलनेवाला सन्तोष। लेकिन चूँकि यह ख्याल उस बिम्ब के कारण जगा होता है, इसलिए हम, एक मनोवैज्ञानिक विच्युति के कारण, यह विश्वास कर लेते हैं कि यह आनन्द उस *बिम्ब* के कारण प्राप्त होता है, जबकि वास्तव में यह उस बिम्ब द्वारा प्रेरित *विचारों* के कारण प्राप्त होता है, और इसीलिए यह हमारी *मननक्षमता* की नहीं, बल्कि हमारी तर्कक्षमता की कार्रवाई में निहित होता है। सच्चा कलाकार हमेशा मननक्षमता को आकर्षित करता है, जबकि प्रयोजनवादी कला हमेशा हमारे भीतर सामान्य हित की अनुभूति उत्पन्न करने की कोशिश करती है—अर्थात् वह अन्तिम रूप से, हमारी *तर्कक्षमता* पर ही क्रिया करती है।

यह याद रखना होगा कि ऐतिहासिक तौर पर चीजों के प्रति सचेत उपयोगितावादी दृष्टिकोण अक्सर उनके प्रति सौन्दर्यात्मक दृष्टिकोण का पूर्ववर्ती होता

है। रात्जेल आदिम प्रथाओं के अनेक अनुसन्धानकर्ताओं की इस प्रवृत्ति को स्वीकार नहीं करता जो उन प्रथाओं पर भी सचेतनता आरोपित करते हैं, जहाँ उसका अस्तित्व नहीं होता सकता, फिर भी वह स्वयं ही कई महत्त्वपूर्ण अवसरों पर सचेतनता का सहारा लेता है। उदाहरण के तौर पर, यह सुविदित है कि लगभग हर जगह आदिम जन अपने शरीर पर तेल, या कुछ पौधों के रस, या महज मिट्टी पोतते हैं। यह प्रथा आदिम सौन्दर्य-प्रसाधन में बहुत महत्त्व रखती है। लेकिन यह शुरू कैसे हुई? रात्जेल का विचार है कि होटेन्टॉट लोग, जो अपने शरीर में बुचू नाम के एक सुगन्धित पौधे का रस पोतते हैं, कीड़ों से बचाव के लिए ऐसा करते हैं। वह कहता है कि ये लोग अपने केश में खूब तेल चुपड़ते हैं धूप की किरणों से बचाव के लिए। इसी तरह की मान्यता उत्तर अमेरिकी रेड इण्डियनों द्वारा अपने शरीर में तेल मालिश करने की प्रथा के बारे में जेसुईट लेफितो ने दी है।* आज फॉन डेन स्टाइनेन इसका बहुत दृढ़ता और विश्वसनीयता से समर्थन करता है। वह ब्राजीली रेड इण्डियनों द्वारा अपने शरीर में मिट्टी का लेप लगाने की प्रथा के बारे में बताते हुए यह रेखांकित करता है कि शुरू में उन्होंने यही देखा होगा कि मिट्टी चमड़ी को तरोताजा बनाती है और कीड़ों के दंश आदि से बचाती है, और बाद में जाकर ही उन्हें लगा होगा कि मिट्टी का लेप करने से शरीर की खूबसूरती बढ़ जाती है।

वह आगे कहता है, "मेरा मानना है कि साज-सँवार करने का आधार मनोरंजन है, वैसे ही जैसे खेल का आधार संचित बेशी ऊर्जा है, लेकिन जो चीजें आभूषण का काम देती हैं वे शुरू में अपनी उपयोगिता के कारण ही मनुष्य को ज्ञात हुई थीं। हमारे (ब्राजीली) रेड इण्डियनों में, उपयोगी चीज ही आभूषण के रूप में इस्तेमाल होती है, और हमारे पास यह विश्वास करने का पूरा आधार है कि उपयोगी होना आभूषण बनने का पूर्ववर्ती है।"

इस तरह, शुरू-शुरू में आदिम जन अपने शरीर पर तेल या रस का लेप इसीलिए लगाते थे कि वह *उपयोगी* था।** फिर एक समय आया जब इस तरह लिपा-पुता शरीर उन्हें सुन्दर मालूम पड़ने लगा, और तब वे सौन्दर्यात्मक आनन्द के लिए लेप लगाने लगे। एक बार जब यह क्षण आ गया, तब इसी के साथ कई और विविध "कारक" भी प्रकट हो गये, जिनका प्रभाव आदिम सौन्दर्यप्रसाधन कला के विकास

---

* "जंगली लोग अपने शरीर पर जो तेल मलते हैं, वे उन्हें बेतरह गन्दा और बदबूदार बना देते हैं...लेकिन ये तेल बेहद जरूरी होते हैं; ये न हों तो कीड़े-मकोड़े उन्हें खा जायेंगे।"

** जोएस्ट ठीक ही कहता है : "पशु जगत में भी ऐसे उदाहरण मिलते हैं। भैंसे, हाथी, दरियाई घोड़े और अन्य पशु प्रायः कीचड़ में लोट लगाते हैं जिसका स्पष्ट उद्देश्य मक्खियों-मच्छरों से बचने के लिए मिट्टी का कवच धारण करना होता है। मनुष्य भी ऐसा करता था और अब भी करता है, यह बात आसानी से समझी जा सकती है।"

को निर्धारित करने लगा। इसी प्रकार, बर्टन के अनुसार, पूर्वी अफ्रीका के वाजिजी कबीले के नीग्रो अपने सिर पर चूने का लेप लगाना पसन्द करते हैं, जिसका सफेद रंग उनकी काली चमड़ी को खूबसूरती से उभार देता है। इसी कारण से वाजिजी जन दरियाई घोड़े के दाँतों से बने झक सफेद आभूषण पहने दिखायी देते हैं। इसी तरह, ब्राजीली रेड इण्डियन भी फॉन डेन स्टाइनेन के अनुसार, नीले रंग के मनके खरीदना पसन्द करते हैं, जो उनकी चमड़ी पर कहीं अधिक उभरते हैं। आम तौर पर वैषम्य का प्रभाव (प्रति-थीसिस का सिद्धान्त) ऐसे मामलों में बड़ी भूमिका अदा करता है।

आदिम जनों की *जीवन-प्रणाली* भी इतना ही प्रभाव डालती है। शरीर को लेपने या रँगने की परम्परा की शुरुआत में, ऊपर वर्णित कारण के अलावा, दुश्मन के सामने अधिकाधिक भयंकर दिखायी देने की इच्छा भी एक कारण हो सकती है। जोएस्ट का कहना है कि "जब कोई आदिम जन शिकार या दुश्मन पर जीत हासिल करने के दौरान खून और कीचड़ से लथपथ हो जाता होगा, तब उसे देखकर उसके इर्द-गिर्द जमा हुए लोगों के चेहरों पर भय और घृणा का जो मिला-जुला भाव उभरता होगा, उसे वह जरूर गौर करता होगा, और वे लोग भी मौका आने पर यही भाव पैदा करने की कोशिश करते होंगे।"

हम जानते ही हैं कि शिकार में कामयाबी मिल जाने के बाद, कुछ आदिम कबीले मारे गये जानवरों का खून अपने शरीर पर पोत लेते हैं। हम यह भी जानते हैं कि आदिम योद्धा जब युद्ध अभियान पर जाते हैं या युद्ध नृत्य के लिए तैयार होते हैं तो लाल रंग पोतते हैं। ऐसा भी हो सकता है कि शरीर को लाल रंग में—खून के रंग में—रंगने की आदत योद्धाओं में *स्त्रियों* को खुश करने की इच्छा के कारण पैदा हुई हो, जो उस समय की जीवन-शैली के कारण ऐसे पुरुषों को नापसन्द करती हों जो कम युयुत्सु दिखाई देते थे।* अन्य रंगों के इस्तेमाल के दूसरे कारण रहे होंगे; कुछ आस्ट्रेलियाई कबीले मृतक के प्रति शोक-सूचक तौर पर अपने शरीर में सफेद मिट्टी पोत लेते हैं। ग्रॉस एक दिलचस्प प्रेक्षण यह प्रस्तुत करता है कि गोरे यूरोपवासियों में शोक-सूचक रंग *काला* होता है, जबकि काले आस्ट्रेलियाइयों में *सफेद*। इसकी क्या व्याख्या हो सकती है? मेरे ख्याल से इसका कारण यह है कि आदिम कबीले अपनी नस्ल की शारीरिक विशिष्टताओं पर आम तौर पर बहुत गर्व करते हैं। काली चमड़ी

* "कभी-कभी ये लड़ाइयाँ देखने के लिए...स्त्रियाँ और बच्चे भी मौजूद रहते हैं। स्त्रियों की मौजूदगी सम्भवतः योद्धाओं का हौसला बढ़ाने और उन्हें बहादुरी के कारनामे करने के लिए प्रेरित करने के लिए होती है।" आयर, पूर्वोक्त। "इसी तरह, परम्परा का तकाजा है कि विवाह से पहले युवा काफिर ने बहादुरी के कुछ कारनामे किये हों, या फिर रक्त से उसका बपतिस्मा हो चुका हो : जब तक उसकी कटार दुश्मन के खून से न रंगी गई हो, तब तक वह विवाह नहीं कर सकता।" एडवर्ड फोआ, *जर्नी टु लेक न्यासा,* पेरिस, 1887

वाले लोगों को सफेद चमड़ी बहुत भद्दी लगती है।* इसीलिए, वे अपनी सामान्य जीवनचर्या में, जैसा कि हम देख चुके हैं, अपनी चमड़ी के *कालेपन* को बढ़ा-चढ़ाकर और महत्त्व देकर प्रदर्शित करते हैं।** अगर शोक-संवेदना उन्हें अपने शरीर को सफेद रंग में रंगने को प्रेरित करती है, तो यह शायद प्रति-थीसिस के सिद्धान्त के कारण है। लेकिन कोई और भी कारण हो सकता है। जोएस्ट का विचार है कि आदिम जन अपने किसी रिश्तेदार की मृत्यु पर अपने शरीर को सिर्फ इसलिए रंगता है कि मृत व्यक्ति की आत्मा अगर कहीं उसे भी असमय ही आत्माओं के लोक में उठा ले जाना चाहे तो उसे पहचान न सके। अगर यह मान्यता सही है—और इसमें असम्भव कुछ भी नहीं है—तो काली चमड़ी वाले कबीले सफेद रंग सिर्फ इसीलिए पसन्द करते हैं कि यह उन्हें न पहचाने जाने लायक बनाने का सबसे अच्छा उपाय है।

बहरहाल, जो भी हो, इतना तो असन्दिग्ध है कि चमड़ी पर लेप लगाना बहुत जल्द ही चमड़ी को रँगने की एक अपेक्षाकृत अधिक संश्लिष्ट आदत में विकसित हो जाता है।*** लेप लगाने की प्रक्रिया भी शुरू में जितनी सरल रही होगी, अब उतनी सरल नहीं रह गयी है। अफ्रीका में, कुछ नीग्रो पशुपालक कबीले अपने शरीर पर मक्खन की एक मोटी परत का लेप चढ़ाना अच्छा समझते हैं****; दूसरे इसी काम के लिए गाय के गोबर की राख या गोमूत्र इस्तेमाल करते हैं।***** इनमें मक्खन, गोबर या मूत्र समृद्धि का प्रतीक माना जाता है, क्योंकि वे शरीर पर लगाने के लिए केवल उन्हीं को उपलब्ध होते हैं जिनके पास गोधन होता है। हो सकता है कि मक्खन और गाय का गोबर चमड़ी को लकड़ी की राख से कहीं बेहतर सुरक्षा प्रदान करते हों। यदि सचमुच ऐसा है, तो पशुपालन के विकास के साथ राख की जगह मक्खन या गोबर का प्रयोग *विशुद्धतः उपयोगितावादी* कारणों से शुरू हुआ होगा। लेकिन एक बार जब यह शुरू हो गया होगा, तब मक्खन या गोबर की राख शरीर पर पोतने से,

---

* "पृथ्वी के लगभग सभी भागों में माँएँ अपने बच्चों में उनकी कौम के बाह्य चिह्नों को ज्यादा से ज्यादा मुखर बनाने की कोशिश करती हैं।" श्वीनफर्थ, पूर्वोक्त।

** "बर्टन का दुभाषिया अपने गोरे साथियों की ओर इशारा करके पूछता था, 'ये गोरे पति के रूप में तुम्हें कैसे लगेंगे?' 'धत्! कतई नहीं!' सब खिलखिलाते हुए एक स्वर में यही जवाब देती थीं।" बर्टन, *वोएज टु ग्रैण्ड लेक्स ऑफ ओरियण्टल अफ्रीका।*

*** "दक्षिण अमेरिका के *ओयाम्पी* सिर्फ खुद को ही लाल-पीले रंग से नहीं रंगते, बल्कि अपने कुत्तों और पालतू बन्दरों को भी रंगते हैं।" रात्जेल, पूर्वोक्त।

**** "उनकी चमड़ी घी से तर रहती है, जो प्रतिष्ठा और सौन्दर्य का प्रतीक होता है।" बर्टन, पूर्वोक्त।

***** श्वीनफर्थ कहता है कि *चिल्लूक* लोगों में गरीब अपने शरीर पर *लकड़ी की राख* मलते हैं जबकि सम्पन्न व्यक्ति गोबर का इस्तेमाल करते हैं।

छाल की राख पोतने की अपेक्षा कहीं अधिक प्रीतिकर सौन्दर्यात्मक भावनाएँ पैदा होने लगी होंगी। लेकिन इतना ही नहीं है। अपने शरीर पर मक्खन या गोबर पोते व्यक्ति अपने साथियों को यह जताता है कि वह कंगाल नहीं है। स्पष्टतः यहाँ पर भी इस प्रदर्शन का अरोचक आनन्द गोबर या मक्खन से पुते शरीर को देखकर मिलने वाले सौन्दर्यात्मक आनन्द का पूर्ववर्ती ही है।

लेकिन आदिम जन अपनी चमड़ी में *तेल और रँग* ही नहीं लगाते। वे अपने शरीर को निश्चित, और अक्सर अत्यन्त जटिल पैटर्नों में क्षतांकित भी करते हैं; वे *गोदना* भी गोदवाते हैं, और ऐसा वे स्पष्टतः अपने शरीर को अलंकृत करने के लिए ही करते हैं। क्या यह कहा जा सकता है कि गोदना गोदवाने के मामले में भी, *उपयोग* की दृष्टि *सौन्दर्यात्मक आनन्द* की दृष्टि की पूर्ववर्ती है?

आपको मालूम होगा, कि गोदना के दो प्रकार हैं : 1) ठेठ गोदना और 2) *क्षतांकनों* की मदद से चमड़ी पर पैटर्न बनाना। ठेठ गोदना में यांत्रिक साधनों के जरिये चमड़ी में कुछ रंग भर दिये जाते हैं, जो एक निश्चित क्रम में गोदने पर कमोबेश एक स्थायी पैटर्न का रूप ले लेते हैं। चमड़ी पर क्षतांकन या दागने से बनने वाली लकीरों से चमड़ी की सजावट को कभी-कभी गोदना से भिन्न आस्ट्रेलियाई शब्द, *मनका* के नाम से जाना जाता है। जिन कबीलों में क्षतांकन प्रचलित है, उनमें गोदना का रिवाज नहीं है, और जिन कबीलों में गोदना प्रचलित है उनमें क्षतांकन का रिवाज नहीं है। लेकिन क्यों कुछ कबीले क्षतांकन पसन्द करते हैं तो कुछ कबीले गोदना? इसे आसानी से समझा जा सकता है, अगर इस बात को ध्यान में रखा जाये कि क्षतांकन काली चमड़ीवालों में प्रचलित है, और गोदना गोरी चमड़ीवालों में। जब किसी नीग्रो की चमड़ी काट दी जाती है और घाव भरने की प्रक्रिया को कृत्रिम ढंग से धीमा कर दिया जाता है तब उसमें मवाद बनने लगता है, और इस मवाद बनने की प्रक्रिया से नष्ट हुई रंजकता फिर नहीं उभरती, और नतीजतन वहाँ पर एक *पीला-सा* निशान बन जाता है। ऐसे निशान काली चमड़ी पर स्पष्ट झलकते हैं, जिन्हें किसी भी इच्छित पैटर्न में सजाया जा सकता है। काली चमड़ी वाले कबीलों को क्षतांकन से ही सन्तोष करना पड़ता है, क्योंकि गोदना द्वारा बनाया गया पैटर्न काली चमड़ी पर बहुत चटख नहीं उभरता। लेकिन गोरी चमड़ी वाले कबीलों की बात अलग है। उनकी चमड़ी पर क्षतांकन कम ही प्रभावी होते हैं, और वह गोदना के लिए अधिक उपयुक्त होती है। इस प्रकार, यहाँ चमड़ी का रंग ही निर्णायक होता है।

लेकिन इस तथ्य से मनका और गोदना की *उत्पत्ति* का पता नहीं चलता। वह कौन-सी चीज है जो काली चमड़ी वाले कबीलों को अपनी चमड़ी के क्षतांकन के लिए प्रेरित करती है, और क्यों गोरी चमड़ी वाले कबीले गोदना गोदवाना आवश्यक

समझते हैं?*

कुछ उत्तर अमेरिकी कबीले अपनी चमड़ी पर ऐसे जानवरों की आकृतियाँ गोदवा लेते हैं जिनके बारे में उनका यह विश्वास होता है कि वे ही उनके कबीले के संस्थापक रहे हैं। दूसरी तरफ बकाइरी कबीले के ब्राजीली रेड इण्डियन अपने बच्चों की चमड़ी पर रंग से बिन्दु और घेरे बना देते हैं ताकि वह जगुआर की खाल जैसे लगे, जिसे वे अपने कबीले का संस्थापक मानते हैं। यहाँ विकास का क्रम एकदम स्पष्ट है : शुरू-शुरू में आदिम जन अपनी चमड़ी पर कुछ निश्चित चिह्न रंग से बनाते थे, फिर बाद में चमड़ी काटकर चिह्न बनाने लगे। लेकिन ऐसा वे क्यों करने लगे? जहाँ तक कबीले के पूर्वज को चित्रित करने का सवाल है, सबसे स्वाभाविक उत्तर यह मालूम पड़ता है : आदिम जनों में अपनी चमड़ी पर ऐसा चिह्न रंग से बनवाना या चमड़ी काटकर बनवाना पूर्वज के प्रति श्रद्धा के तहत या इस विश्वास के तहत चलन में आया होगा कि पूर्वज और उसके सभी वंशजों के बीच एक रहस्यमय सम्बन्ध होता है। दूसरे शब्दों में, यह मान लेना बहुत स्वाभाविक है कि गोदने का रिवाज एक आदिम *धार्मिक* भावना के उत्पाद के तौर पर शुरू हुआ होगा। अगर यह परिकल्पना सही हो, तो हमें यह कहना पड़ेगा कि आखेटक जीवन-प्रणाली से एक आखेटकीय *मिथक शास्त्र* उत्पन्न हुआ, जो आदिम सजावटी आभूषण धारण करने के एक रूप का आधार बना। बेशक, इससे इतिहास की भौतिकवादी दृष्टि का विरोध नहीं होता; बल्कि उल्टे, यह इस सिद्धान्त का एक प्रखर उदाहरण हो सकता है कि कला के विकास और उत्पादक शक्तियों के विकास के बीच एक कारण-कार्य सम्बन्ध है—भले ही यह सम्बन्ध हमेशा प्रत्यक्ष न होता हो। लेकिन यह परिकल्पना जो पहली नजर में इतनी स्वाभाविक प्रतीत होती है, जाँच-पड़ताल में पूरी तरह खरी नहीं ठहरती। उत्तर अमेरिका के रेड इण्डियन अपने हथियारों पर, अपनी डोंगियों पर, अपनी झोपड़ियों पर और यहाँ तक कि अपने घरों में इस्तेमाल होने वाले बर्तनों पर अपने मान्य पूर्वज का चित्र तराशते या अंकित करते हैं। क्या इससे यह माना जा सकता है कि वे यह सब धार्मिक भावनाओं के तहत करते हैं? मुझे तो ऐसा नहीं लगता। मुझे ज्यादा सम्भव यही लगता है कि वे ऐसा महज यह चिह्नित करने की इच्छा से करते हैं कि वे सब चीजें उनके वंश विशेष के सदस्यों से सम्बन्धित हैं। और अगर ऐसा है, तो यह भी माना जा सकता है कि ब्राजीली माताएँ जब अपने बच्चों की चमड़ी पर रंग का लेपन करती हैं ताकि वह जगुआर की खाल जैसी लगे, तो ऐसा वे उनके वंशगत सम्बन्ध का एक चित्रमय संकेत देने की इच्छा से ही करती हैं। व्यक्ति के वंशगत

* संक्षेप के लिए आगे मैं चमड़ी को सजाने के दोनों तरीकों के लिए *गोदना* का इस्तेमाल करूँगा और सटीक शब्दावली का प्रयोग वहीं करूँगा जहाँ भ्रम से बचने के लिए ऐसा करना अनिवार्य हो।

सम्बन्ध का यह चित्रमय संकेत खास तौर से उनके बचपन में—उदाहरण के लिए, उनके साथ अपहरण की घटना होने पर—बहुत उपयोगी सिद्ध होता है। लेकिन यही चित्रमय संकेत उनकी किशोरावस्था में एक प्रत्यक्ष आवश्यकता बन जाता है। हमें ज्ञात है कि आदिम जनों में स्त्री-पुरुष के परस्पर सम्बन्धों के नियमन के लिए नियमों की एक संश्लिष्ट प्रणाली पायी जाती है। इन नियमों का उल्लंघन करने पर कड़ी सजा दी जाती है, और किसी सम्भावित गलती से बचने के लिए लैंगिक रूप से परिपक्व हो चुके व्यक्तियों की चमड़ी पर उपयुक्त चिह्न बना दिये जाते हैं। जिन स्त्रियों की चमड़ी पर ऐसे चिह्न नहीं होते, उनके बच्चों को अवैध माना जाता है और कुछ जगहों पर तो उन्हें मार डाला जाता है। अतः स्वाभाविक ही है, कि तरुणाई में कदम रखते ही वे गोदना गोदवाने की चिन्ता करने लगते हैं, चाहे उसमें कितनी भी पीड़ा क्यों न होती हो।*

लेकिन, निस्सन्देह, इतना ही नहीं है। गोदना के जरिये एक आदिम जन सिर्फ अपने वंशगत सम्बन्ध का ही संकेत नहीं देता, बल्कि कह सकते हैं कि, वह इसके माध्यम से अपनी पूरी जीवन-कथा भी बयान कर देता है। हेकवेल्डर ने एक बूढ़े रेड इण्डियन योद्धा के गोदनों का वर्णन इस प्रकार किया है : "उसके पूरे चेहरे, गर्दन, कन्धों, बाँहों, जाँघों और टाँगों पर तथा साथ ही उसकी छाती और पीठ पर भी उसके द्वारा किये गये भिन्न-भिन्न कामों और लड़े गये युद्धों के दृश्य अंकित थे, संक्षेप में कहें तो, उसका सारा इतिहास ही उसके शरीर पर अंकित था...।" और सिर्फ उसका अपना ही इतिहास नहीं। गोदने समूचे समाज के जीवन को, कम से कम उसके सभी आन्तरिक सम्बन्धों को प्रतिबिम्बित करते हैं। मैं इस बारे में कुछ नहीं कहता कि स्त्रियों के गोदने पुरुषों के गोदने से हमेशा ही भिन्न होते हैं। लेकिन पुरुषों के गोदने भी कतई एक जैसे नहीं होते : धनी जन अपने आप को गरीब जन से अलग दिखाना चाहते हैं, और दासस्वामी दासों से। धीरे-धीरे ऐसी स्थिति आती है कि अपेक्षाकृत ऊँची हैसियत रखने वाले व्यक्ति सामान्य भीड़ से अलग दिखने के लिए, *प्रति-थीसिस के सिद्धान्त के तहत, गोदने के रिवाज को छोड़ देते हैं।* संक्षेप में कहें तो, जेसुईट लाफितो का कहना बिल्कुल सही था कि उत्तर अमेरिकी रेड इण्डियन अपने शरीर पर जो विविध चिह्न "खुदवाये" रहते हैं, वे उनके लिए *"अभिलेख और संस्मरण"* का काम देते हैं। और अगर ऐसा "उत्कीर्णन" एक सार्वभौमिक रिवाज बन गया तो इसका कारण यही है कि यह आदिम समाज में व्यावहारिक रूप से उपयोगी और आवश्यक

* "लड़कियाँ... इस संस्कार के लिए उत्सुक रहती हैं।" आयर, पूर्वोक्त। केरोलिन आइलैण्ड्स में, "जैसे ही कोई लड़की पुरुष के साथ सम्भोग की उम्र में पहुँचती है, उसकी सारी सोच 'टेलेंगेकेल' (गोदना) पर टिक जाती है, क्योंकि इसके बिना कोई पुरुष उसकी ओर देखेगा भी नहीं।" जे.एस. कुबारी।

है। शुरू-शुरू में आदिम जन गोदना के इसी मूल्य को समझते थे, और आगे चलकर—काफी बाद में ही—गोदने से सजी चमड़ी को देखकर सौन्दर्यात्मक आनन्द अनुभव करने लगे होंगे। इस प्रकार, मैं हैबरलैण्ट की बात से सहमत होते हुए, इस धारणा का पुरजोर खण्डन करता हूँ कि गोदने का आरम्भिक उद्देश्य केवल साज-सँवार करना था। लेकिन इससे मुझे इस सवाल का उत्तर नहीं मिलता कि आदिम आखेटक किन व्यावहारिक उपयोगों के लिए गोदना गोदवाने के लिए उद्धत हुए होंगे। मुझे पक्का यकीन है कि "अभिलेख और संस्मरण" की उनकी आवश्यकता चमड़ी पर चिह्नों को "खुदवाने" की परम्परा के *प्रसार और सुदृढ़ीकरण* के लिए अत्यन्त प्रभावी रही होगी। लेकिन इस प्रथा की शुरुआत के और भी कारण रहे हो सकते हैं। फॉन डेन स्टाइनेन का विचार है कि इसकी शुरुआत उस प्रथा से हुई होगी जो अभी भी आदिम कबीलों में चिकित्सकों के बीच प्रचलित है, जिसके तहत वे *घाव को फैलने से रोकने के लिए चमड़ी का क्षतांकन* करते हैं। अपनी पुस्तक में उसने काताइजू कबीले की एक स्त्री की तस्वीर दी है जिसकी चमड़ी विशुद्धतः चिकित्सकीय उद्देश्य से क्षतांकित की गयी है। इन क्षतांकनों और साज-सँवार के उद्देश्य से ब्राजीली रेड इण्डियनों द्वारा किये जाने वाले क्षतांकनों को एक ही समझने की गलती कोई भी कर सकता है। अतः यह बिल्कुल सम्भव है कि गोदने का रिवाज आदिम शल्य-चिकित्सा के एक तरीके से विकसित हुआ होगा, जो आगे चलकर जन्म-प्रमाणपत्र, पासपोर्ट, "संस्मरण" आदि की भूमिका अदा करने लगा होगा। अगर ऐसा है, तो यह एकदम समझ में आने वाली बात है कि क्यों चमड़ी पर "उत्कीर्णन" के साथ धार्मिक अनुष्ठान भी किये जाते हैं : आदिम चिकित्सक और शल्यचिकित्सक अक्सर जादू-टोना और झाड़फूँक भी करते हैं। जो भी हो, इतना तो स्पष्ट है कि हम गोदना के बारे में जो कुछ भी जानते हैं उससे मेरे द्वारा सूत्रबद्ध इस सामान्य नियम की पुष्टि ही होती है कि चीजों के प्रति *उपयोगितावादी* दृष्टि उनके प्रति *सौन्दर्यात्मक* दृष्टि की पूर्ववर्ती है।

यही बात हमें आदिम साज-शृंगार की अन्य शाखाओं में भी देखने को मिलती है। आखेटक शुरू-शुरू में, मांसाहार के लिए अन्य जानवरों के साथ-साथ चिड़ियों का शिकार करते थे। मारे गये जानवरों के वे भाग—चिड़ियों के पंख, जानवरों की खाल, रीढ़, दाँत और नाखून—जो न उनके खाने के काम आ सकते थे और न ही अन्य जरूरतें पूरी कर सकते थे, उनकी ताकत, साहस और कौशल के प्रमाण और प्रतीक का काम तो करते ही थे। अतः वे जानवरों की खालें ओढ़ने लगे, उनके सींग अपने सिर पर धारण करने लगे, अपने गले में उनके नाखून और दाँत लटकाने लगे, और यहाँ तक कि अपने होंठों, कानों या बालों में चिड़ियों के पंख भी लगाने लगे। चमड़ी छेदकर पंख लगाने की प्रेरणा बहादुरी का बढ़-चढ़कर प्रदर्शन करने के साथ-साथ एक-दूसरे कारक, शारीरिक कष्ट सहन करने की क्षमता प्रदर्शित करने की लालसा से

उत्पन्न हुई होगी, जो एक ऐसे आखेटक के लिए बहुत ही मूल्यवान होगी जो साथ ही साथ योद्धा भी हो। फॉन डेन स्टाइनेन ठीक ही टिप्पणी करता है कि "अपनी नाक, होंठ या कान में छेदकर पहने गये *क्लेइनोद* (आभूषण) से युवक खुद को ज्यादा दिलेर महसूस करते होंगे। इस आभूषण को महज धागे से अपने शरीर से लटकाकर वे इतना फख्र नहीं महसूस करते।" इस प्रकार, नाक और कान छिदवाने का रिवाज धीरे-धीरे विकसित और स्थापित हुआ, और इस रिवाज को न अपनाना आदिम आखेटकों के सौन्दर्यात्मक बोध को जरूर ठेस पहुँचाता होगा। यह मान्यता कितनी सही है, इसे इस बात से समझा जा सकता है। जैसा कि मैं पहले बता चुका हूँ, आदिम लोग अपने नृत्यों में अक्सर जानवर का रूप प्रदर्शित करने के लिए मुखौटे पहनते हैं। फॉन डेन स्टाइनेन ने लिखा है कि ब्राजीली रेड इण्डियन चिड़ियों और यहाँ तक कि मछलियों का रूप बनाने के लिए तरह-तरह के मुखौटे पहनते हैं। लेकिन गौरतलब है कि ब्राजीली रेड इण्डियन जब उदाहरण के लिए, कबूतर का मुखौटा बनाते हैं, तब वे उसकी चोंच में पंख खोंसना नहीं भूलते, कारण कि उनकी मान्यता के अनुसार, यह चिड़िया आखेट के इस विजयचिह्न से सजकर अधिक सुन्दर दिखती है।

जब आखेट का एक विजयचिह्न इसे पहनने वाले आखेटक में ताकत या कौशल के किसी *सचेत* विचार से अलग, प्रीतिकर भावनाएँ जगाने लगता है, तो वह सौन्दर्यात्मक सुखानुभूति का विषय बन जाता है, और तब उसका रंग और रूप स्वतंत्र महत्त्व ग्रहण कर लेता है। उत्तर अमेरिकी रेड इण्डियन चिड़ियों के रंग-बिरंगे पंखों से बहुत सुन्दर मुकुट बनाते हैं।* फ्रेण्डली आइलैंड्स में एक खास पोलीनेशियाई चिड़िया के लाल पंखों का खूब व्यापार होता था। ऐसे ही अनेक उदाहरण दिये जा सकते हैं, और वे सारे आखेटक जीवन-प्रणाली की मूलभूत दशाओं से ही सम्बन्धित हैं।

चूँकि शिकार करना स्त्रियों का काम नहीं है, इसलिए यह एकदम स्वाभाविक ही है कि विजयचिह्नों को स्त्रियाँ कभी धारण नहीं करती थीं। लेकिन, इन्हें कानों, होठों या नथुनों के बीच में पहनने की प्रथा की बदौलत शरीर के इन भागों में हड्डियाँ, लकड़ी के टुकड़े, तिनके या यहाँ तक कि पत्थर के नग पहनने का चलन बहुत आरम्भिक अवस्था में ही शुरू हो चुका था। यह माना जा सकता है कि इसी प्रकार के आभूषणों से ब्राजीली *बोतोक्यू* का चलन शुरू हुआ होगा। चूँकि यह नये प्रकार का आभूषण पुरुषोचित पेशे—शिकार से अनिवार्यतः सम्बन्धित नहीं था, इसलिए, इसे स्त्रियों द्वारा धारण किये जाने में कोई आपत्ति नहीं थी। बल्कि ज्यादा सम्भावना तो यही लगती है कि इसका चलन सबसे पहले स्त्रियों ने ही शुरू किया होगा। अफ्रीका

---

* पहले पत्र में मैं बता चुका हूँ कि उत्तर पश्चिम अमेरिका के रेड इण्डियनों का पसन्दीदा आभूषण भूरे भालू के नाखून होते हैं। इससे पता चलता है कि शुरू में आदिम आभूषण आखेट में कौशल के प्रतीकचिह्न थे, जैसे खोपड़ी सैन्य पराक्रम का साक्ष्य होती है।

में, *बोंगो* कबीले की प्रत्येक स्त्री, शादी के समय अपना निचला होंठ छिदवा लेती है और उसमें लकड़ी का एक टुकड़ा पहन लेती है। इसके अलावा, कुछ स्त्रियाँ, अपनी नाक में किये गये सूराखों में तिनके पहनती हैं। यह प्रथा सम्भवतः उस समय शुरू हुई होगी, जब धातु-कर्म का ज्ञान अभी नहीं हुआ था, और स्त्रियाँ पुरुषों की नकल करना चाहते हुए भी युद्ध या शिकार के विजयचिह्नों को आभूषण के रूप में पहनने की अधिकारिणी नहीं थीं। धातु के आभूषणों से अभी वे अपरिचित थीं। धातु-कर्म ने आभूषणों के इतिहास में एक नये युग का सूत्रपात किया। धातु के आभूषणों ने शिकार के विजयचिह्नों के आभूषणों को धीरे-धीरे चलन से बाहर करना शुरू कर दिया।* पुरुष-स्त्री दोनों ही अपने हाथ-पाँव और गर्दन में धातु के कड़े पहनने लगे। अब होठ, नाक या कान में पंख, लकड़ी और तिनकों की जगह धातु के बने छल्ले, और लटकन पहने जाने लगे। बोंगो कबीले की युवतियाँ अक्सर अपनी नाक में लोहे के छल्ले पहनती हैं जो ठीक वैसे ही होते हैं जैसे यूरोपीय लोग खूँखार साँड़ को पहनाते हैं।** इसी तरह के छल्ले सेनेगाम्बिया की अनेक स्त्रियाँ भी पहनती हैं। बोंगो कबीले की स्त्रियाँ तो अपने कानों में करीब दर्जन भर लोहे के छल्ले पहनती हैं, जिनके लिए वे अपने कान के निचले भाग में ही नहीं, बल्कि ऊपरी भाग में भी कई जगह छेद करवाती हैं। श्वीनफर्थ का कहना है कि "छैल-छबीली स्त्रियाँ तो अपने शरीर को सजाने के लिए करीब सौ जगहों पर छिदवाती हैं।... उनके शरीर का एक भी उभार या चमड़ी की एक भी सलवट ऐसी नहीं बचती, जिसमें इस उद्देश्य के लिए छेद न किया गया हो।" नाक के छल्ले जैसा ही मामला ऊपरी होंठ में पहने जाने वाले छल्ले का है, जिसे *पलेले* कहते हैं, जिसकी चर्चा मैं पहले पत्र में कर चुका हूँ। जब *माकोलोलो* कबीले के बूढ़े मुखिया ने डेविड और चार्ल्स लिविंग्स्टन को बताया कि उसके कबीले की स्त्रियाँ *सुन्दरता* के लिए *पलेले* पहनती हैं, तो उसका कहना सही था, लेकिन वह यह नहीं बता सका कि ऊपरी होंठ में छल्ला पहनने को उसके कबीले के लोग आभूषण *कैसे* मानने लगे। वास्तव में इसका कारण उन अभिरुचियों में है जो उन्हें ठेठ आखेट युग से विरासत में मिली हैं और जो उत्पादक शक्तियों की नयी अवस्था के अनुरूप संशोधित हो गयी हैं।

---

* हालाँकि ये आभूषण बहुत हठी हैं और हम इन्हें पूरब की प्राचीन सभ्यताओं में पुरोहितों तथा राजाओं की पोशाकों में गुँथा हुआ देख सकते हैं। उदाहरण के लिए, असीरियाई राजा पंखों से सजा मुकुट पहनते थे जबकि मिस्र के कुछ पुरोहित धार्मिक अनुष्ठान सम्पन्न करते समय बाघ की खाल धारण कर लेते थे।

** यहाँ गौरतलब है कि नाक में लोहे के बुल्ले पहनना स्त्रियों की पसन्द पर छोड़ दिया जाता है लेकिन निचले होठ में लकड़ी का टुकड़ा खोंसे रखना बोंगो कबीले की हर स्त्री के लिए अनिवार्य है। इसी से यह स्पष्ट है कि बादवाला रिवाज ज्यादा पुराना है। श्वीनफर्थ, पूर्वोक्त।

मेरे ख्याल से, उत्पादक शक्तियों की अवस्था ही इस तथ्य को भी व्याख्यायित करती है कि इस नये युग में पुरुष अपनी स्त्रियों को वही आभूषण पहनने से नहीं रोकते थे जो वे स्वयं पहनते थे।* पहले नाक में या कान के ऊपरी भाग में छेद करके पहना जानेवाला पंख शिकार में कौशल का सबूत होता था, और स्त्रियों द्वारा उसे पहनना पुरुषों को बुरा लगता था, जो कभी शिकार नहीं करती थीं। लेकिन धातु के आभूषण कौशल के नहीं, बल्कि *सम्पत्ति* के प्रतीक होते हैं और धनी व्यक्ति महज दिखावे की गरज से यह कोशिश करते हैं कि उनकी स्त्रियाँ अधिकतम सम्भव आभूषण पहनें, क्योंकि इस समय तक—कम से कम कुछ स्थानों पर—स्त्रियाँ *उत्तरोत्तर उनकी सम्पत्ति बनती जा रही थीं।* स्टैनले कहता है, "मेरा विश्वास है कि चुम्बिरी (एक अफ्रीकी मुखिया) को जैसे ही कोई पीतल का तार मिल जाता, वैसे ही वह उसे गलाकर अपनी पत्नियों के लिए पीतल की सिकड़ियाँ बनवा लेता। मैंने मोटा-मोटी हिसाब लगाया, और मेरा अनुमान था कि उसकी पत्नियाँ मरने से पहले तक कम से कम 800 पौण्ड पीतल की सिकड़ियाँ अपने गले में पहन चुकी थीं; उसकी छह बेटियाँ—120 पौण्ड और उसकी प्रिय दासियाँ करीब 200 पौण्ड। इसमें प्रत्येक पत्नी और बेटी के हाथ और पैर के आभूषणों के लिए 6 पौण्ड पीतल के तार और जोड़ लें, और आप यह जानकर दंग रह जायेंगे कि चुम्बिरी के पास 1396 पौण्ड पीतल का चलता-फिरता भण्डार है।"**

---

* माकोलोलो कबीले में पलेले स्त्रियों का विशिष्ट आभूषण था लेकिन लिविंगस्टन ने रोवुमा नदी के किनारे पुरुषों को भी इसे पहने देखा। इससे पता चलता है कि माकोलोलो मुखिया का यह सोचना गलत था कि पलेले स्त्रियों के लिए मूँछ का स्थानापन्न था। इसी तरह, नथुनों के बीच पहने जानेवाला छल्ला भी हर जगह स्त्रियों का ही आभूषण नहीं है। उदाहरण के लिए, नाइजर नदी से उत्तर में कई जगह सराकोल, बम्बारा आदि कबीलों में पुरुष-स्त्री दोनों ही ऐसे धातु के छल्ले पहनते हैं। धातु के आभूषणों के प्रति इस ललक के कई बार अप्रत्याशित परिणाम होते हैं। अफ्रीका के पशुपालक कबीले *हेरेरो* में सम्पन्न व्यक्ति अपने पैरों में नीचे से ऊपर तक पीतल के तार के छल्ले पहनते हैं और चलते समय उनको दाएँ-बाएँ झुक-झुककर चलना पड़ता है क्योंकि उन्हें पैर उठाने में मुश्किल होती है। इस तरह से चलना वहाँ एक फैशन बन गया है। (एलिज़ी रेक्लू, न्यू ज्योग्राफी युनिवर्सल)

** स्त्रियों को दास बनाये जाने का माकोलोलो लोगों में जनसंख्या वृद्धि पर सीधा असर पड़ता है। "अमीर बूढ़े आदमी, जिनके पास बहुत से मवेशी होते हैं, सारी सुन्दर युवतियों से शादी कर लेते हैं।... कबीले के जिन युवकों के पास मवेशी नहीं होते, उन्हें बिना विवाह किये गुजारा करना होता है या फिर उन्हें ऐसी युवतियाँ मिलती हैं जिनसे कोई अमीर व्यक्ति विवाह नहीं करता। इस स्थिति के कारण अनैतिक सम्बन्ध खूब पनपते हैं और बच्चे कम होते हैं।" (डेविड एवं चार्ल्स लिविंगस्टन, पूर्वोक्त।) एक जर्मन लेखक[11] का यह कहना सही है कि जनसंख्या के अमूर्त नियम सिर्फ पशुओं और वनस्पतियों पर लागू होते हैं। लेकिन यह मानने

इस प्रकार, स्त्रियों के आभूषण कई "कारकों" के प्रभाव में विकसित और परिवर्तित होते रहे, लेकिन ध्यान रखें कि ये सभी "कारक" या तो आदिम समाज की उत्पादक शक्तियों की विशिष्ट अवस्था के परिणामस्वरूप पैदा हुए (पुरुषों द्वारा स्त्रियों को गुलाम बनाया जाना भी एक "कारक" था) या फिर मानव स्वभाव की एक स्थायी विशेषता होने के चलते, वे "अर्थव्यवस्था" के प्रत्यक्ष प्रभाव में, और इसी विशिष्ट ढंग से कार्यशील हो सकते थे। उदाहरण के लिए, दिखावे के रूप में, जिसके चलते पुरुष अपनी स्त्रियों के भरे-पूरे आभूषणों पर गर्व महसूस करते थे।

यह बताने के लिए किसी उदाहरण की आवश्यकता नहीं कि धातु के आभूषणों के प्रति आसक्ति केवल तभी पैदा हो सकी होगी जब मनुष्य ने धातुकला सीख ली होगी, अपने आप को और अपनी पत्नियों एवं दासियों को धातु के आभूषणों से सजाने की आदत भी समृद्धि का दिखावा करने की इच्छा से ही पैदा हुई होगी—यह भी स्पष्ट ही है और इसे अनेक उदाहरणों से सिद्ध किया जा सकता है। लेकिन यह न सोचें कि ऐसी अन्य प्रेरणाओं की ओर इंगित करना असम्भव है जिनकी वजह से ऐसे आभूषण धारण करने की ललक पैदा हुई होगी। बल्कि, इसके विपरीत, यह भी सम्भव है कि उन्हें (उदाहरण के लिए, हाथों और पैरों में पहने जाने वाले धातु के कड़े) शुरू-शुरू में इसलिए पहना गया होगा कि उनके कुछ व्यावहारिक उपयोग रहे होंगे; और फिर आगे चलकर वे सिर्फ व्यावहारिक उपयोग के लिए ही नहीं, बल्कि समृद्धि के दिखावे की इच्छा से भी पहने जाने लगे होंगे, जबकि *इसी के साथ-साथ* मनुष्य की रुचियाँ भी धीरे-धीरे इस रूप में विकसित होती रही होंगी कि हाथ-पाँव में पहने जाने वाले धातु के कड़े *सुन्दर प्रतीत होने लगे होंगे।*

यहाँ भी चीजों के प्रति उपयोगिता का दृष्टिकोण सौन्दर्यानुभूति के दृष्टिकोण का पूर्ववर्ती ही है।

शायद आप यह सवाल करें कि धातु के कड़े पहनने की क्या उपयोगिताएँ हो सकती हैं? मैं सबको तो नहीं गिनाउँगा, लेकिन कुछेक उपयोगिताओं को जरूर इंगित करूँगा।

पहली बात तो यह, जैसा कि हम पहले से जानते हैं, आदिम नृत्यों में लय-ताल एक बड़ी भूमिका अदा करता है। पैरों और तालियों की नपी-तुली थापें नृत्य में ताल देने का काम करती हैं। लेकिन आदिम नर्तकों के लिए इतना ही काफी नहीं होता।

के कारण हैं कि उसके बहुत से अन्य विचारों की तरह, इस सही विचार को भी वे भद्रजन उठाकर फेंक देंगे जिन्होंने उसके सिद्धान्तों का "संशोधन" करना अपना काम बना लिया है। इस "संशोधन" का अर्थ है इन सिद्धान्तों को एक-एक करके दरकिनार करना और उनकी जगह बुर्जुआ अर्थशास्त्रियों के सिद्धान्तों को लाना। "संशोधन" करने वाले भद्रजन पीछे चलते हुए "प्रगति" कर रहे हैं।[12]

अक्सर वे, अपने शरीर पर बजने वाली चीजों की गुँथी हुई मालाएँ पहनते हैं। कभी-कभी—उदाहरण के लिए, *बासुतो* कबीले के काफिरों के नृत्य में—ये बजने वाली चीजें महज सूखे चमड़े के थैलों में भरे हुए कंकड़-पत्थर ही होते हैं।*

इनके स्थान पर, *धातु* के झुनझुनों का इस्तेमाल निश्चय ही एक बड़ी प्रगति रहा होगा। हाथों और पैरों में लोहे के कड़े इन झुनझुनों का काम कर सकते हैं। और वाकई हम देखते हैं कि बासुतो काफिर नृत्य के वक्त ऐसे कड़े जरूर पहनते हैं।** धातु के कड़े जब आपस में टकराते हैं तो वे केवल उनके *नृत्य* के दौरान ही नहीं बल्कि चलने-फिरने के दौरान भी झनझनाते रहते हैं। निआम-निआम कबीले की स्त्रियाँ अपने पैरों में इतने कड़े पहनती हैं कि काफी दूर से ही उनके चलने की आवाज सुनायी देने लगती है। पैरों को लय-ताल से रखने पर यह आवाज चलने में सहूलियत देती है, और यह भी कड़े पहनने का कारण हो सकता है : हम जानते हैं कि अफ्रीका में भार ढोने वाले नीग्रो कभी-कभी अपने बोझ में घण्टियाँ लटका लेते हैं, जिनकी लय-बद्ध टुनटुनाहट उन्हें चलने में प्रेरित करती रहती है। धातु के छल्लों की लय-बद्ध ध्वनियों से स्त्रियों द्वारा किये जाने वाले विविध प्रकार के श्रमकार्यों, जैसे जाँते में अनाज पीसने में भी मदद मिलती है। शायद, शुरू-शुरू में इनके पहनने के कारणों में से यह भी एक रहा हो।

दूसरी बात यह है कि हाथों और पैरों में छल्ले पहनने का रिवाज धातु के आभूषणों के इस्तेमाल का पूर्ववर्ती है। हॉटेन्टॉट जन हाथी-दाँत के बने छल्ले पहनते थे। अन्य आदिमजन दरियाई घोड़े की खाल के छल्ले पहनते थे। यह रिवाज *डिंका* जनों में आज भी कायम है, हालाँकि जैसा कि हम पहले पत्र से जान चुके हैं, यह कबीला, श्वीनफर्थ के शब्दों, लौह युग से गुजर रहा है। हो सकता है, शुरू में इन छल्लों का इस्तेमाल काँटेदार पौधों से खुली बाँहों को बचाने के व्यावहारिक उद्देश्य से भी किया जाता हो।***

जब धातु कर्म प्रचलित होने लगा, तब खाल और हड्डी के बने छल्लों की जगह

---

* ई. केसालिस, *दि बासुतोज़,* पेरिस, 1859. गयाना के रेड इण्डियनों के नृत्य में मुख्य नर्तक कभी-कभी पत्थरों से भरे खोखले बाँस लिये रहते हैं जिसे वे बीच-बीच में जमीन पर ठोंकते हैं। इससे निकलने वाली ध्वनि नर्तकों की गति को नियमित करती है। आर.एच. शोमबुर्ग, *ट्रैवेल्स इन गयाना,* लीपज़िग, 1841.

* केसालिस, पूर्वोक्त। सम्भवतः छल्लों की *चमक* भी महत्त्वपूर्ण होती है, जो नर्तकों की गतियों को उभारती है।

*** यह ध्यान दें कि यहाँ उँगलियों में पहने जाने वाले छल्लों का नहीं, बल्कि बाँह और पैरों में पहनने वाले कंगनों का सन्दर्भ है। मैं जानता हूँ कि "पैर के कंगन" एक बेहूदा शब्द है लेकिन इस समय मैं और कुछ नहीं सोच पा रहा हूँ।

धातु के छल्ले इस्तेमाल होने लगे। चूँकि धातु के छल्ले समृद्धि के भी सूचक बनने लगे, इसीलिए इसमें आश्चर्य की कोई बात नहीं है कि हड्डी और खाल के बने छल्ले भौंडे आभूषण माने जाने लगे होंगे।* और तब ये भोंड़े आभूषण कम *सुन्दर* भी लगने लगे होंगे, उनकी उपयोगिता के बावजूद वे धातु के छल्लों के मुकाबले कम प्रीतिकर लगने लगे होंगे। इस तरह यहाँ भी व्यावहारिक रूप से *उपयोगी* होना सौन्दर्यात्मक रूप से *प्रीतिकर* होने का पूर्ववर्ती है।

अन्तिम बात यह है कि कबीलाई योद्धा के हाथ-पैर—और खास तौर से हाथ—ढँक कर लोहे के छल्ले उसे लड़ाई में दुश्मन के वारों से बचाते थे और उसके लिए उपयोगी होते थे। अफ्रीका में, *बोंगो* कबीले के योद्धा अपनी कलाई से कोहनी तक लोहे के छल्ले पहनते हैं। इस सजावट को डैगा-बोर कहते हैं, जिसे इस्पाती बख्तरबन्द का आदिम रूप कहा जा सकता है।

इस प्रकार हम देखते हैं कि अगर कुछ निश्चित धात्विक चीजें धीरे-धीरे *उपयोगी* चीजों से सौन्दर्यानुभूति पैदा करने वाली चीजों में रूपान्तरित होती गयीं, तो इसके पीछे अत्यन्त विविधतापूर्ण "कारक" रहे होंगे, लेकिन यहाँ भी, कुछ कारक अपने आप में उत्पादक शक्तियों के विकास के ही परिणाम थे, जबकि अन्य कारकों ने भी उत्पादक शक्तियों के विकास की विशिष्ट अवस्था के कारण ही उस विशिष्ट ढंग से अपनी भूमिका निभाई।

इनामा-स्टर्नेग ने 1885 में वियना नृजाति-विज्ञान सोसायटी के तत्वावधान में *"आदिम जनों के राजनीतिक-आर्थिक विचार"* विषय पर एक व्याख्यान दिया था, जिसमें उसने अन्य बातों के साथ-साथ यह सवाल उठाया था : "क्या वे (आदिम जन) अपने इस्तेमाल की चीजों को आभूषणों के रूप में इसलिए पसन्द करते हैं कि उनका एक निश्चित मूल्य होता है, या ये चीजें उनके लिए केवल इसीलिए मूल्यवान होती हैं कि वे आभूषण के काम आती हैं?" व्याख्यान में इस सवाल का स्पष्ट जवाब देने की कोशिश नहीं की गयी थी और ऐसी कोशिश कठिन ही होती, क्योंकि सवाल ही गलत ढंग से पेश किया गया था। सबसे पहले यह स्पष्ट करना जरूरी है कि *मूल्य से क्या मतलब है :* उपयोग-मूल्य या विनिमय-मूल्य। अगर आशय उपयोग-मूल्य से है, तो पक्के तौर पर कहा जा सकता है कि आदिम जनों में जो चीजें आभूषण के काम आती हैं, उन्हें पहले *उपयोगी माना गया था, या वे इस बात का प्रतीक थीं कि उनको रखनेवाला व्यक्ति कबीले के लिए उपयोगी गुण रखता था,* और बाद में ही ऐसा हुआ होगा कि वे *सुन्दर लगने लगी* होंगी। इस तरह उपयोग-मूल्य सौन्दर्यात्मक

* परों से बुने छल्ले पहनने का रिवाज *वाकोंजू* कबीले में बहुत प्रचलित है। लेकिन कवीले के खास सदस्य अब इनकी जगह धातु के छल्ले पहनने लगे हैं जिन्हें अब निस्सन्देह ज्यादा सुन्दर माना जाने लगा है। (देखें श्वीनफर्थ, पूर्वोक्त, स्टैनले, *डांसेज़ ऑफ ट्राइब्स ऑफ अफ्रीका।)*

मूल्य का पूर्ववर्ती था। लेकिन एक बार जब कोई चीज आदिम जनों की नजर में एक निश्चित सौन्दर्यात्मक मूल्य ग्रहण कर लेती है, तब वह उसे सिर्फ इसी मूल्य के नाते प्राप्त करने की कोशिश करते हैं, तथा उसके उद्गम को भूल जाते हैं या उनके बारे में कभी नहीं सोचते। जब विभिन्न कबीलों में विनिमय शुरू हो जाता है, तब सजावट की चीजें विनिमय की वस्तुओं में प्रमुख स्थान ग्रहण कर लेती हैं, और तब उनकी आभूषण के काम आ सकने की विशेषता ही कभी-कभी (लेकिन हमेशा नहीं) वह एकमात्र *मनोवैज्ञानिक* प्रेरणा बन जाती है जो क्रेता को उन्हें खरीदने के लिए प्रेरित करती है। जहाँ तक *विनिमय*-मूल्य का सवाल है, हम जानते हैं कि यह एक ऐतिहासिक कोटि है, जो बहुत धीमी गति से विकसित होती है, और जिसके बारे में आदिम आखेटक कबीले—सिर्फ एक अस्पष्ट धारणा ही रखते हैं, और इसीलिए, एक चीज के बदले दूसरी चीज के विनिमय का मात्रात्मक अनुपात शुरू-शुरू में ज्यादातर सांयोगिक ही रहा होगा।

यदि आदिम जनों को हासिल उत्पादक शक्तियों की अवस्था ही उनके विशिष्ट आभूषणों को निर्धारित करती है, तो किसी भी कबीले द्वारा इस्तेमाल किये जाने वाले आभूषणों का चरित्र उसकी उत्पादक शक्तियों की अवस्था का सूचक ही माना जाना चाहिए।

वाकई ऐसा है। एक उदाहरण प्रस्तुत है।

निआम-निआम नीग्रो मनुष्य के और जानवरों के दाँतों से बने आभूषणों को बेहद पसन्द करते हैं। वे शेर के दाँतों की भारी कीमत देते हैं, परन्तु इन दाँतों की माँग प्रकटतः उनकी आपूर्ति से ज्यादा ही रहती है, और इसीलिए निआम-निआम जन हाथी-दाँत के बनाये गये शेर के नकली दाँत इस्तेमाल करते हैं। श्वीनफर्थ बताता है कि ऐसे नकली दाँतों से बनी माला काली चमड़ी पर बहुत फबती है। लेकिन आप यह समझ ही रहे होंगे कि यहाँ पर मुख्य बात रंग-वैषम्य नहीं, बल्कि इस तथ्य में निहित है कि काली चमड़ी पर इतनी खूबसूरती से फबने वाले हाथी-दाँत के टुकड़े शेर के दाँतों के प्रतीक हैं। अब अगर कोई यह पूछे कि निआम-निआम नीग्रो जनों की जीवन-पद्धति क्या है, तो आप पूरे विश्वास के साथ इसका जवाब दे सकते हैं। आप बेझिझक कहेंगे कि वे आखेटक जीवन जीते हैं। और आपका जवाब सही होगा। इस कबीले के पुरुष मूलतः आखेटक ही हैं, जो मानव-मांस चखने से भी परहेज नहीं करते। वे खेती-बाड़ी से अपरिचित नहीं हैं, पर इसे वे स्त्रियों के जिम्मे छोड़ देते हैं।

लेकिन जैसा कि हम जानते हैं, ये निआम-निआम जन धातु के आभूषण भी पहनते हैं। यह उन आखेटक कबीलों, जैसे आस्ट्रेलियाइयों या ब्राजीली बकाइरी कबीलों के मुकाबले एक बड़ा अग्रवर्ती कदम है, जो धातु के आभूषणों से अपरिचित हैं। लेकिन आभूषणों की दृष्टि से आगे की ओर इस कदम का निहितार्थ क्या है? इसका निहितार्थ

यह है कि उत्पादक शक्तियाँ पहले ही एक कदम आगे बढ़ा चुकीं हैं।

एक और उदाहरण। फैन कबीले के बाँके-छैले अपने केश को चटख रंग के पंखों से सजाते हैं, अपने दाँतों को काले रंग में रंगते हैं (प्रति-थीसिस का सिद्धान्त : जानवरों से वैषम्य दिखलाने के लिए, जिनके दाँत हमेशा सफेद होते हैं), अपने कन्धे पर चीते या किसी अन्य जंगली जानवर की खाल ओढ़ते हैं, और अपनी कमरपेटी में एक बड़ा चाकू लटकाये रहते हैं। इसी कबीले की छैल-छबीली युवतियाँ लगभग निर्वस्त्र रहती हैं, लेकिन उनके हाथ ताँबे के कंगनों से सजे होते हैं, और बालों में ढेरों सफेद मनके गुँथे रहते हैं।

इन आभूषणों और फैन कबीले की उत्पादक शक्तियों की अवस्था के बीच क्या कोई कारण-कार्य सम्बन्ध है? न केवल ऐसा सम्बन्ध है, बल्कि इसे स्पष्टतः देखा जा सकता है। इस कबीले के पुरुषों के परिधान ठेठ आखेटक परिधान हैं। स्त्रियों के आभूषणों—मनकों और कंगनों—का आखेट से कोई प्रत्यक्ष सम्बन्ध नहीं है, लेकिन उन्हें शिकार के सबसे मूल्यवान उत्पादों में से एक—हाथी दाँत—के बदले प्राप्त किया जाता है। कबीले के पुरुष अपनी स्त्रियों को शिकार के विजयचिह्नों से शृंगार करने की अनुमति नहीं देते, लेकिन इन विजयचिह्नों के बदले वे अपनी स्त्रियों के लिए बने-बनाये आभूषण उन कबीलों (या जनों) से प्राप्त करते हैं जिनकी उत्पादक शक्तियाँ अपेक्षाकृत अधिक विकसित हैं। उत्पादक शक्तियों के विकास का यह उच्चतर स्तर ही उनकी स्त्रियों की सौन्दर्यात्मक अभिरुचियों को निर्धारित करता है।*

एक तीसरा उदाहरण। अफ्रीका की तांगानाइका झील में स्थित उबवारी द्वीप के उत्तरी भाग के निवासी छाल का बना ऐसा लबादा पहनते हैं जिसे रंगकर चीते की खाल जैसा बना दिया जाता है। आस-पड़ोस के अन्य सभी कबीलों में इस्तेमाल किये जाने वाले धातु के कंगन यहाँ पर सिर्फ धनी पुरुषों की पत्नियाँ ही पहनती हैं, गरीब स्त्रियों को छाल के कंगनों से ही सन्तोष करना पड़ता है। अन्तिम बात यह कि आस-पड़ोस के कबीलों में केश-विन्यास को कसे रखने के लिए धातु के तार इस्तेमाल किये जाते हैं, वहीं इस द्वीप के निवासी, घास का इस्तेमाल करते हैं। इन बातों का उबवारी के निवासियों की उत्पादक शक्तियों के साथ क्या सम्बन्ध है? वे क्यों अपने परिधान को रंगकर चीते की खाल जैसा बनाते हैं? उनके द्वीप में चीते नहीं पाये जाते, लेकिन तब भी वे इस जानवर की खाल को एक योद्धा का सबसे अच्छा परिधान मानते हैं। उनके भौगोलिक परिवेश की विशिष्टताओं ने परिधान की निर्माण-सामग्री

* चूँकि आदिम समाज में पुरुष शिकार और युद्ध के विजयचिह्नों को बहुत महत्त्व देते हैं, इसलिए अपनी सजावट में स्त्रियों से ज्यादा रूढ़िवादी होते हैं, जिनके पास *"खोने को कुछ नहीं है।"*

को तो बदल दिया, परन्तु वे उन सौन्दर्यात्मक अभिरुचियों को नहीं बदल सकीं जो परिधान-निर्माण की शैली को निर्धारित करती हैं।* भौगोलिक परिवेश की अन्य विशिष्टताओं ने—उस द्वीप पर धातु-भण्डारों के अभाव ने—उबवारी के निवासियों के बीच धातु के आभूषणों के प्रसार को तो बाधित किया, परन्तु इससे उनके भीतर ऐसे आभूषणों की ललक कम नहीं हुई : धनी पुरुषों की स्त्रियाँ इन्हें पहनती ही हैं। भौगोलिक परिवेश की उपरोक्त विशिष्टताओं के कारण, अन्य स्थानों की अपेक्षा, यहाँ पर यह प्रक्रिया धीमी है, पर हर जगह की तरह यहाँ भी सौन्दर्यात्मक अभिरुचियों का विकास उत्पादक शक्तियों के विकास के साथ-साथ चलता है और इसलिए हर जगह की तरह यहाँ भी सौन्दर्यात्मक अभिरुचियों का विकास उत्पादक शक्तियों के विकास की अवस्था का सूचक होता है, और इसका उलट भी होता है।

मैं बार-बार कह चुका हूँ कि आदिम आखेटक समाजों तक में सौन्दर्यात्मक अभिरुचियाँ प्रौद्योगिकी और अर्थव्यवस्था द्वारा सीधे नहीं निर्धारित होतीं। इसके बजाय, अक्सर अनगिनत और विविध मध्यवर्ती "कारक" भी अपना प्रभाव डालते रहते हैं। लेकिन एक अप्रत्यक्ष कारण-कार्य सम्बन्ध भी तो एक कारण-कार्य सम्बन्ध ही होता है। यदि *अ* एक मामले में *स* को सीधे उत्पन्न करता है, और दूसरे मामले में वैसा *ब* के माध्यम से करता है, जिसे वह पहले ही उत्पन्न कर चुका होता है, तो क्या यह कहा जा सकता है कि *स* की उत्पत्ति *अ* से नहीं हुई है? मान लें कि कोई रिवाज एक अन्धविश्वास से, या एक दिखावे से, या दुश्मन को डराने की इच्छा से पैदा हुआ है, लेकिन इतने ही से उस रिवाज की उत्पत्ति की व्याख्या नहीं हो जाती। तब भी हमें यह सवाल उठाना होगा कि क्या इसे पैदा करनेवाला अन्धविश्वास *सम्बन्धित* जीवन-प्रणाली—उदाहरण के लिए, *आखेटक जीवन-प्रणाली*—की अभिलाक्षणिक विशिष्टता था, और क्या दिखावे की मनुष्य की इच्छा को सन्तुष्ट करने या अपने दुश्मन को डराने का तरीका समाज की उत्पादक शक्तियों और उसकी अर्थव्यवस्था द्वारा निर्धारित नहीं था।

हमें सिर्फ यह सवाल पूछना भर होगा, और तथ्यों का अकाट्य तर्क हमें इसका जवाब हाँ में ही देने को विवश करेगा।

आदिम जन जिन डिजाइनों से अपने हथियारों और श्रम के उपकरणों को अलंकृत करते हैं...।[13]

---

* एक दिलचस्प प्रश्न : क्या ये अभिरुचियाँ ऐसे पुरखों से मिली हैं जो ऐसी जगहों पर रहते थे जहाँ जंगली जानवर आते-जाते रहते थे, या फिर उबवारी के निवासी उन पड़ोसियों के प्रभाव में आ गये जो अब भी आखेट करते हैं? मैं नहीं जानता कि इनमें से कौन-सी मान्यता सही है, लेकिन मैं यह जानता हूँ कि ये दोनों ही मेरी बात को गलत नहीं ठहराती हैं।

इसी तारतम्य में

क्या आपको कभी, उदाहरण के लिए, मध्य ब्राजील के रेड इण्डियनों या न्यू गिनी के पापुआइयों की कंघियों के चित्र देखने का अवसर मिला है? उनमें सिर्फ एक साथ बँधी कई तीलियाँ भर होती हैं। आप कह सकते हैं कि यह कंघी के विकास की पहली अवस्था है। इसके विकास की अगली अवस्था में, यह लकड़ी या हड्डी के एक चपटे टुकड़े की बनायी जाती है, जिसमें दाँते कटे होते हैं। ऐसी कंघियाँ, उदाहरणस्वरूप, मोनबुत्तू नीग्रो और बोरोत्से काफिर इस्तेमाल करते हैं। अपने विकास की इस अवस्था में, कभी-कभी ये कंघियाँ बड़ी मेहनत से अलंकृत की हुई होती हैं। लेकिन इस अलंकरण का सबसे अभिलाक्षणिक भाग पटरे पर खोदकर बनायी डिजाइन है जिसमें एक-दूसरे को काटती समानान्तर लकीरों की कतारें होती हैं। स्पष्टतः वे उन तस्मों का बोध देने के लिए होती हैं, जिनसे शुरुआती कंघी की तीलियाँ बाँधी जाती थीं। यहाँ अलंकरण उस चीज का चित्रण है जो पूर्ववर्ती दौर में एक उपयोगितावादी उद्देश्य पूरा करती थी। यहाँ भी, वस्तु के प्रति *उपयोग* की दृष्टि सौन्दर्यानुभूति की दृष्टि की पूर्ववर्ती है।

जो बात हम कंघी के मामले में देखते हैं, वही अनेक दूसरी चीजों के मामलों में भी देखने को मिलती है। आप जानते ही होंगे, कि आदिम जन अपने हथियार और उपकरण *पत्थर* के बनाते थे। आप शायद यह भी जानते होंगे कि शुरू-शुरू में कुल्हाड़ी में हत्था नहीं होता था। प्रागैतिहासिक पुरातत्त्व विज्ञान बहुत विश्वसनीय ढंग से यह दर्शाता है कि आदिम जनों के लिए हत्थे का आविष्कार एक अपेक्षाकृत जटिल और कठिन काम था, और वह चतुर्थ महाकल्प की उत्तरवर्ती अवस्था में ही अस्तित्व में आया। शुरू-शुरू में हत्थे को तस्मों के जरिये कुल्हाड़ी से बाँध दिया जाता था। आगे चलकर तस्मे की जरूरत नहीं रही, क्योंकि अब आदमी ने बिना तस्मे की मदद के ही हत्थे को कुल्हाड़ी से जोड़ना सीख लिया था। तब तस्मे चलन से बाहर हो गये, लेकिन अब उनकी जगह उनका चित्रांकन किया जाने लगा, जिसमें समानान्तर लकीरों की कतारें एक अलंकरण के रूप में बनायी जाने लगीं। यही बात ऐसे अन्य उपकरणों के साथ भी हुई, जिनके भाग शुरू में एक साथ बाँधे जाते थे और फिर किन्हीं अन्य साधनों से जोड़े जाने लगे। उनको भी उन तस्मों के चित्रांकनों से अलंकृत किया जाने लगा, जो शुरू में आवश्यक रहे थे। इस प्रकार *"ज्यामितीय"* डिजाइनों की शुरुआत

हुई, जिनका आदिम अलंकरण में इतना महत्त्वपूर्ण स्थान है, और जिन्हें चतुर्थ महाकल्प के उपकरणों में देखा भी जा सकता है। उत्पादक शक्तियों के और विकास ने इस प्रकार के अलंकरण के विकास को एक नया त्वरण दिया। इसमें बर्तन बनाने की कला विशेष रूप से साधन बनी। हम जानते हैं कि यह कला टोकरी बुनने की कला के बाद आयी। आस्ट्रेलियाई अभी भी मिट्टी के बर्तन बनाना नहीं जानते, और पत्तों या लताओं से बुने हुए बर्तन ही इस्तेमाल करते हैं। जब मिट्टी के बर्तन अस्तित्व में आ गये, तब उन्हें पहले आम तौर पर इस्तेमाल होने वाले चुन्नटदार बर्तनों की शक्ल-सूरत दी जाने लगी और उनकी बाहरी सतह पर वैसी ही समानान्तर लकीरों की कतारें चित्रित की जाने लगीं, जिनका जिक्र मैंने कंघी के उदाहरण में दिया है। मिट्टी के बर्तनों को अलंकृत करने का यह ढंग, जो कुम्हारी की कला की शुरुआत के साथ अस्तित्व में आया, अभी तक अत्यन्त सभ्य लोगों के बीच भी बहुत प्रचलित है। इसने कपड़ा-बुनाई की कला से भी कई मोटिफ लिये हैं।

कुछ पौधों—जैसे कुम्हड़े—के फल आदिम जनों द्वारा बर्तनों के रूप में इस्तेमाल किये जाते रहे हैं, और अभी भी किये जाते हैं। उन्हें लेकर चलने के लिए, उनके चारों ओर चमड़े या तन्तु के तस्मे बाँध दिये जाते थे। कुम्हारी की कला के अस्तित्व में आ जाने पर ये तस्मे भी अलंकरणों के रूप में इस्तेमाल होने लगे।

जब आदमी ने धातु कला सीख ली, तब मिट्टी के बर्तनों पर सीधी रेखाओं के साथ-साथ वक्राकार रेखाएँ भी बनायी जाने लगीं और कभी-कभी तो अत्यन्त जटिल डिजाइन भी। संक्षेप में कहें तो, यहाँ भी अलंकरण का विकास आदिम प्रौद्योगिकी के साथ, या दूसरे शब्दों में, उत्पादक शक्तियों के विकास के साथ बहुत घनिष्ठता और स्पष्टता के साथ जुड़ा हुआ है।

कहने की आवश्यकता नहीं कि ज्यामितीय या कपड़ा-बुनाई वाले पैटर्नों के रूप में अलंकरण सिर्फ मिट्टी के बर्तनों तक ही सीमित नहीं है, यह काठ की और यहाँ तक कि चमड़े की चीजों पर भी किया जाता है। सामान्य तौर पर कहा जाये तो, एक बार जब ऐसी डिजाइन अस्तित्व में आ जाती है, तो बहुत जल्द ही इसका बहुत व्यापक इस्तेमाल होने लगता है।

एहरेनरीश ने जिंगू नदी इलाके में अपने दूसरे अन्वेषण अभियान के बारे में बर्लिन नृतत्त्वशास्त्रीय सोसायटी के समक्ष अपने व्याख्यान में बताया है कि वहाँ के मूलनिवासियों के अलंकरणों में "ज्यामितीय आकृतियों वाली सभी डिजाइनें दरअसल कुछ निश्चित चीजों, ज्यादातर जानवरों की संक्षिप्त, और कभी-कभी शैलीकृत प्रस्तुतियाँ ही होती हैं। एक लहरदार रेखा जिसके दोनों तरफ बिन्दु हों, साँप का प्रतीक होती है, कोनों पर रंगी गई एक चतुष्कोणीय आकृति मछली का रूप प्रस्तुत करती है, जबकि एक समकोणीय त्रिभुज ब्राजीली रेड इण्डियन स्त्रियों की उस राष्ट्रीय

पोशाक का चित्रण करता है, जो चर्चित 'अंजीर के पत्ते' के ही एक रूप से ज्यादा और कुछ नहीं है।" * ऐसा ही उत्तरी अमेरिका में भी है। होम्स ने दर्शाया है कि इन भागों के रेड इण्डियनों के बर्तनों पर जो ज्यामितीय आकृतियाँ चित्रित होती हैं वे जानवरों की चमड़ी पर बने डिजाइनों को दर्शाती हैं। *सेनेगाम्बिया से लाकर पेरिस के मेसों देस मिशंस में रखे गये एक मिट्टी के बर्तन पर साँप का चित्र अंकित है और इस चित्रण से यह आसानी से जाना जा सकता है कि जानवरों की खालों के रेखांकन ज्यामितीय आकृतियों में कैसे ढल जा सकते हैं।*** और अन्त में यह कि अगर कभी आपको जाल्मार स्टोल्पे की कृति देखने का अवसर मिले तो पृष्ठ 37-44 गौर से देखें।—आप देखेंगे कि मानव-आकृतियों के चित्रण से क्रमिक विकास के क्रम में कैसे विशुद्ध ज्यामितीय आकृतियाँ विकसित हुईं।***

कहा जा सकता है कि आस्ट्रेलियाइयों के आलंकारिक डिजाइनों का अभी तक अध्ययन नहीं हुआ है। लेकिन हम अन्य जनों के आलंकारिक डिजाइनों के बारे में जो कुछ जानते हैं, उसे देखते हुए यह माना जा सकता है कि उनकी ढालों को अलंकृत करने के लिए बनायी गयी लकीरों की कतारें भी जानवरों की खाल का ही चित्रण है।

लेकिन कुछ मामलों में, आस्ट्रेलियाई मूलनिवासी जिन रेखाओं से अपने हथियारों को अलंकृत करते हैं उनका एक दूसरा महत्त्व भी है : वे भौगोलिक नक्शों का एक रूप होती हैं। यह विचित्र और अविश्वसनीय लग सकता है, लेकिन मैं आपको याद दिला दूँ कि इसी तरह के नक्शे साइबेरिया के युकागिर लोग भी बनाते हैं।

---

*"अंजीर के पत्ते" के इस रूप को *उलुरी* कहते हैं। फॉन डेन स्टाइनेन ने जब बकाइरी कबीले के रेड इण्डियनों के सामने एक समद्विबाहु त्रिभुज बनाया तो वे हँस पड़े और एक साथ बोल उठे : "उलुरी!" फॉन डेन स्टाइनेन मजाकिया लहजे में कहता है, "आजकल ज्यामिति के अध्यापक को त्रिभुज बनाने के लिए उलुरी से कोई मदद लेने की जरूरत नहीं है, लेकिन उलुरी एक तरह से रेखागणित का आदिरूप ही है।"

** मोर्तिल कहता है कि चतुर्थ महाकल्प के अन्त के करीब के इन अत्यन्त सरल सजावटी डिजाइनों में अलग-अलग तरतीब से सजाई "सीधी रेखाएँ" हैं। वह कहता है, "इन अत्यन्त सरल डिजाइनों के बाद लहरदार रेखाओं की श्रृंखला और कल्पना की अन्य उपजें आती हैं" (*प्रिहिस्ट्री*)। जो कुछ पहले कहा जा चुका है, उसके बाद हमारे पास इस बात पर सन्देह करने के पर्याप्त कारण हैं कि क्या ये वाकई कल्पना की उपज हैं? चतुर्थ महाकल्प की लहरदार रेखाएँ सम्भवतः वही दर्शाती हैं जो वे ब्राजीली रेड इण्डियनों के यहाँ दर्शाती हैं।

*** स्टोल्पे के अनुसार, आदिम लोगों के सजावटी डिजाइनों में "विशुद्ध रेखीय डिजाइन लोगों और प्राणियों की आकृतियों से लिये गये हैं। वनस्पति जगत आदिम जनों को शैलीकृत ढंग से प्रस्तुत करने के लिए कहीं कम सामग्री मुहैया कराता है।" हम जानते हैं कि यह उल्लेखनीय परिघटना आदिम समाज की उत्पादक शक्तियों के विकास से किस हद तक सम्बद्ध है।

जो जन आखेट से ही जीते हैं और खानाबदोश की जिन्दगी बिताते रहे हैं, उन्हें पुराने समय के खेतिहरों के मुकाबले इन नक्शों की ज्यादा जरूरत महसूस होती है, क्योंकि खेतिहर तो एक बार भी अपने ग्रामीण क्षेत्र की सीमा पार किये बिना ही अक्सर सारी जिन्दगी गुजार देते हैं। आवश्यकता सबसे बड़ा शिक्षक है। इसी ने आखेटकों को नक्शे बनाना सिखाया, और वे अन्य कलाएँ भी सिखायीं जिनसे हमारे खेतिहर पूरी तरह अनभिज्ञ रहे हैं : ये कलाएँ हैं *चित्रकारी* और *मूर्तिशिल्प*। वास्तव में आदिम आखेटक लगभग हमेशा से, अपने ढंग के कुशल और कभी-कभी उत्कृष्ट चित्रकार और मूर्तिकार रहे हैं। फॉन डेन स्टाइनेन बताता है कि उसकी यात्राओं में साथ देने वाले आदिवासी अक्सर शाम को रेत में पशुओं और आखेट के दृश्यों के चित्र बनाते थे। यह उनके मनबहलाव का एक प्रिय तरीका था। इस मामले में आस्ट्रेलियाई मूलनिवासी ब्राजीली रेड इण्डियनों से कम नहीं हैं। वे सर्दी से बचने के लिए ओढ़ी जाने वाली कंगारू की खालों पर, या पेड़ की छाल पर अपनी छुरी से बड़े मनोयोग के साथ रेखाचित्र खींचते हैं। फिलिप ने पोर्ट जैक्सन के निकट हथियारों, ढालों, मनुष्यों, चिड़ियों, मछलियों, छिपकलियों आदि के रेखाचित्र देखे थे। ये रेखाचित्र चट्टानों के फलकों पर उकेरे गये थे, और उनमें से कुछ तो आदिम कलाकारों के उच्च कलात्मक कौशल की गवाही देते थे। आस्ट्रेलिया के उत्तर-पश्चिमी समुद्र-तट पर ग्रे को ऐसी डिजाइनें देखने को मिलीं जो चट्टानों और पेड़ों पर आदमी के हाथ, पैर आदि की शक्लों में उकेरी गयी थीं। बेशक ये डिजाइनें अपरिष्कृत थीं। लेकिन ग्लेनेल्ग के ऊपरी भाग में उसे कई ऐसी गुफाएँ देखने को मिलीं जिनकी दीवारों पर अपेक्षाकृत अधिक दक्षता से रेखाचित्र उकेरे गये थे। कुछ अनुसन्धानकर्ताओं का ख्याल है कि ये रेखाचित्र आस्ट्रेलियाइयों द्वारा नहीं, बल्कि इन भागों में व्यापार के लिए आने वाले मलायावासियों में से किसी ने उकेरे थे। लेकिन, पहली बात तो यह कि इस विचार के समर्थन में कोई प्रत्यक्ष प्रमाण देना असम्भव है। और दूसरी बात यह है कि हमारे लिए यह महत्त्वपूर्ण नहीं कि ग्लेनेल्ग गुफाओं को किसने अलंकृत किया। हमारे लिए इतना ही काफी है कि आस्ट्रेलियाई भी ऐसे ही रेखाचित्र बनाने के शौकीन हैं—चाहे कुछ अपरिष्कृत ढंग से ही सही। और इस बात में कोई सन्देह नहीं हो सकता।

बुशमैनों के यहाँ भी यही चीज देखने को मिलती है। वे लम्बे समय से अपने रेखाचित्रों और नक्काशी करके उभारे गये चित्रों के लिए मशहूर हैं। फ्रिट्श ने होपटाउन के निकट चट्टानों पर उकेरी गयी जानवरों की हजारों आकृतियाँ देखी हैं। हचिंसन को बुशमैनों की आवासीय गुफाओं की दीवारों पर तमाम रेखाचित्र देखने को मिले हैं। ह्यूब्नर ने ट्रांसवाल में ऐसी हजारों आकृतियाँ देखी हैं जो नरम स्लेटी पत्थर पर बुशमैनों द्वारा उकेरी गयी थीं। बुशमैन के रेखाचित्रों में कभी अलग-अलग जानवर दिखते हैं तो कभी-कभी समूचे दृश्य, जैसे दरियाई घोड़े या हाथी के शिकार का दृश्य,

तीर-धनुष से शिकार का दृश्य, दुश्मन से लड़ाई के दृश्य आदि। इनमें खास तौर से हरमॉन के निकट एक गुफा में मिला भित्तिचित्र उल्लेखनीय है, जिसमें बुशमैनों को मैताबेले काफिरों के पशुओं पर धावा बोलते हुए चित्रित किया गया है। जहाँ तक मेरी जानकारी है, किसी ने भी इस भित्तिचित्र के उद्गम को लेकर सन्देह नहीं किया है, हर कोई यही मानता है कि यह बुशमैनों द्वारा बनाया गया है। और बेशक इस पर सन्देह करना कठिन है, क्योंकि बुशमैनों के पड़ोसी कबीलों के लोग अच्छे कलाकार नहीं हैं। लेकिन बुशमैनों की असन्दिग्ध और आम तौर पर स्वीकृत कलात्मक क्षमता इस बात का एक और सबूत है कि ग्रे द्वारा ग्लेनेल्ग की गुफाओं में पाये गये रेखाचित्र आस्ट्रेलियाई कलाकारों की ही कृतियाँ हैं : क्योंकि संस्कृति के मामले में आस्ट्रेलियाई और बुशमैन व्यवहारतः एक ही स्तर पर हैं।

इसी तरह, आर्कटिक क्षेत्र के आखेटक और मछुआरे भी रूपंकर कलाओं के प्रति रुझान प्रदर्शित करते हैं। एस्किमो और चुक्ची अपने हथियारों और उपकरणों को चिड़ियों और जानवरों की आकृतियों से अलंकृत करते हैं जो प्रकृति के साथ उनके गहरे लगाव का ही सूचक है। कभी-कभी वे समूची दृश्यावली भी चित्रित करते हैं, जो आखेटक और मछुआरे के जीवन से ही जुड़ी होती है क्योंकि इसी जीवन-पद्धति से वे परिचित होते हैं। एस्किमो की नक्काशियाँ सचमुच उल्लेखनीय हैं। इस मामले में मौजूदा कबीलों में उनका कोई सानी नहीं है। बस चतुर्थ महाकल्प के अन्तिम युगों में पश्चिमी यूरोप में बसने वाले कबीले ही उनकी बराबरी में रखे जा सकते हैं।

ये कबीले, जो न तो पशुपालन जानते हैं, न ही खेती करना, अपनी कला के बहुतेरे अवशेष खुदाई या नक्काशी की गयी वस्तुओं के रूप में छोड़ गये हैं। आज के आखेटक कबीलों की भाँति, वे भी अपनी कलात्मक कृतियों की प्रेरणाएँ लगभग पूरी तरह से प्राणि-जगत से ही प्राप्त करते थे। मॉर्टिलेट की जानकारी के अनुसार केवल दो ही ऐसे उदाहरण मिले हैं जिनमें पौधों का चित्रण है। प्राणियों में, वे अधिकतर स्तनधारी प्राणियों के चित्र बनाते थे, और उनमें भी खास तौर से उत्तरी रेण्डियर (जो उस समय पूरे पश्चिमी यूरोप में पाया जाता था), और घोड़े के जो तब तक पालतू नहीं बनाया जा सका था। बाद में वे बाइसन, जंगली बकरे, सैगा, हिरन, बारहसिंगा मैमथ, सूअर, लोमड़ी, भेड़िया, भालू, वनबिलाव, चितराला, खरगोश, आदि—संक्षेप में, जैसा कि मॉर्टिलेट बताता है, अपने समय के लगभग सभी स्तनधारी प्राणियों के चित्र बनाने लगे थे।...एक स्वाभाविक प्रश्न यह उठ खड़ा होता है कि अपने उत्तरवर्ती विकास के किस चरण में, किन ऐतिहासिक परिस्थितियों में, और किन कारणों से, कला पहली बार प्रत्ययवादी बनी? विज्ञान अभी इस सवाल का समुचित उत्तर नहीं दे सका है। मैं अपने अगले किसी पत्र में इस पर फिर चर्चा करूँगा।

मैं कह चुका हूँ कि आवश्यकता ने ही आदिम आखेटकों को चित्रकारी और मूर्ति

कला सिखायी। आइये देखें कि इसने कौन-सी शैक्षणिक विधियाँ अपनायीं।

उत्तर अमेरिकी रेड इण्डियन अपने विचारों के सम्प्रेषण या आदान-प्रदान के लिए, अक्सर उस चीज का सहारा लेते हैं जिसे स्कूलक्राफ्ट चित्र-लेखन कहता है। इस विधि से व्यक्त किये जाने वाले विचार आम तौर पर शिकार, युद्ध और जीवन के अन्य विविध आयामों से सम्बन्धित होते हैं। इस प्रकार, उनका चित्र-लेखन प्रथमतः व्यावहारिक, उपयोगितावादी उद्देश्य ही पूरा करता है। आस्ट्रेलियाइयों का ऐसा ही लेखन भी यही उद्देश्य पूरे करता है। "आस्ट्रेलिया महाद्वीप के भीतरी भाग में एक जलस्रोत के आसपास की चट्टानों पर आस्टिन ने कंगारू की टाँगों और आदमी के हाथों के चित्र देखे हैं जिनका उद्देश्य स्पष्टतः यह इंगित करना था कि वहाँ आदमी और जानवर पानी पीने आते थे।" ग्रे ने आस्ट्रेलिया के उत्तर-पश्चिमी समुद्र तट पर मानव-शरीर के विविध अंगों के जो चित्र देखे थे, वे शायद अनुपस्थित साथियों को सूचना देने के उपयोगितावादी उद्देश्य से ही बनाये गये थे। फॉन डेन स्टाइनेन बताता है कि उसने एक बार ब्राजील में एक नदी के तट पर आदिवासियों द्वारा रेत में बनाया एक चित्र देखा जिसमें मछली की एक स्थानीय किस्म दर्शायी गयी थी। उसने अपने साथ के रेड इण्डियनों को जाल फेंकने को कहा, और वे रेत में बनायी गयी मछली की किस्म की तमाम मछलियाँ पकड़ लाये। स्पष्टतः आदिवासियों ने यह चित्र अपने साथियों को यह सूचित करने के लिए बनाया था कि उस स्थान पर यह मछली पायी जाती है। लेकिन, निस्सन्देह यही एक मामला नहीं था, जिसमें आदिवासी चित्र-लेखन की आवश्यकता महसूस करते थे। अक्सर ऐसी आवश्यकता पड़ती रहती थी और आदिवासियों को निरन्तर चित्र-लेखन का सहारा लेना पड़ता था, और इसीलिए यह निश्चय ही उनकी आखेटक जीवन-प्रणाली के सबसे शुरुआती उत्पादों में से एक रहा होगा। वी.आई. जोकेल्सन ठीक ही कहता है, "मुझे ऐसा लगता है कि विचारों और मनोभावों की लिखित और मौखिक अभिव्यक्ति के तत्त्व एक ही साथ उत्पन्न हुए होंगे। हमें लेखन के बीज-रूप तो पशु-जगत तक में दिखायी देते हैं। खुरों के निशान भेड़िये को हिरन तक पहुँचा देते हैं। हिरन अपने खुरों के निशान से अनचाहे ही भेड़िये को यह सूचित कर देता है कि वह यहाँ से गुजरा है और किस दिशा में गया है। इस तरह जानवर अपने खुरों से जो लिखते थे, वह आदिम आखेटक के जीवन में भारी महत्त्व रखता था, और ये खुर-चिह्न लेखन के आदिरूप भी हो सकते हैं। युकागिर जैसे आखेटक कबीले के लिए, 'खुरचिह्न' का महत्त्व उनकी भाषा में भी प्रतिबिम्बित होता है। युकागिरी भाषा में प्रत्येक क्रिया के तीन रूप होते हैं। उनमें से एक जिसे मैं *प्रमाणविषयक* कहता हूँ, ऐसी क्रिया को व्यक्त करता है जिसके किये जाने का पता उसके संकेत-चिह्नों के आधार पर लगाया जाता है; उदाहरण के लिए, यदि आपने जंगल में दिखायी देने वाले पग-चिह्नों से यह जान लिया है कि अमुक व्यक्ति वहाँ पर

था, और वापस घर लौटने पर यह बात अपने परिवार को बताना चाहते हैं, तो आप कहेंगे : पग-चिह्नों से स्पष्ट है कि अमुक व्यक्ति जंगल में था। लेकिन युकागिरी भाषा में इसे एक ही शब्द में कह देंगे, जो सिर्फ *जाल* प्रत्यय जुड़ा होने से साधारण क्रियारूप 'था' अलग होता है। इस प्रकार हम देखते हैं कि भाषा के रूप तक 'पगचिह्नों' पर आधारित होते हैं। इसलिए एक-दूसरे से दूर स्थित व्यक्तियों के बीच संवाद-सम्प्रेषित करने में चिह्नों के सचेत इस्तेमाल के मॉडल पगचिह्न हो सकते हैं। लेकिन शुरू में ये चिह्न उनके द्वारा व्यक्त की जाने वाली चीजों या धारणाओं के सरल चित्रण भर होते थे, और चित्रण का सटीकपन कला से घनिष्ठ रूप से जुड़ा होता था।"* फलतः, आदिम आखेटक समाज में लेखन और *चित्रकारी* एक ही चीज होती थी, और निश्चय ही आखेटक जीवन-प्रणाली ने स्वाभाविक तौर पर और आवश्यकतावश आदिम कलाकारों की नैसर्गिक प्रवृत्तियों और प्रतिभाओं को प्रेरित, विकसित और प्रोत्साहित किया होगा।** वस्तुतः ऐसा ही रहा होगा...यह प्रतिभा निश्चय ही सिर्फ अस्तित्व के लिए प्रत्यक्ष संघर्ष में ही नहीं इस्तेमाल होती थी। युकागिरी जन प्रणय-निवेदन तक में लेखन का सहारा लेते हैं। यह एक ऐसा सुख है जिससे हमारे अधिकतर किसान भी अभी अपरिचित हैं, लेकिन आखेटक जीवन-प्रणाली का यह एक सरल और स्वाभाविक परिणाम है। उतना ही सरल और स्वाभाविक परिणाम यह तथ्य भी है कि आदिम जन अपने हथियारों, उपकरणों और यहाँ तक कि अपने शरीर तक को जानवरों की आकृतियों से अलंकृत करते हैं।*** जैसे-जैसे ये चित्रण शैलीकृत होते जाते हैं, वैसे-वैसे वे अपने आरम्भिक रूप से दूर होते चले जाते हैं, और अक्सर प्रत्ययवादी अनुसन्धानकर्ता उनके ऐसे चित्रण के अमूर्तन को देखकर मगन हो जाते हैं। आदिम आलंकारिक डिजाइनों और आखेटक जीवन-प्रणाली के बीच घनिष्ठ कारण-कार्य सम्बन्ध की मौजूदगी एकदम अभी हाल ही में स्पष्ट की जा सकी है, इन

---

* वी. आई. जोकेल्सन बताता है कि जंगलों में भटकने के दौरान यह लेखन युकागिरों के लिए क्या महत्त्व रखता था। गलत लेखन का दण्ड था आखेट में असफलता।

** यूरोपीय स्कूलों में पढ़ने वाले आस्ट्रेलियाई मूलनिवासियों के बच्चों में आम तौर पर रेखांकन की उन्नत प्रतिभा होती है। सेमन के अनुसार यह आश्चर्यजनक नहीं है, "क्योंकि उनके वयस्क न केवल दौड़ते पशुओं द्वारा जमीन, घास और पेड़ों पर छोड़े पगचिह्नों को पढ़ने में माहिर होते हैं बल्कि खुद बनाये चिह्नों से एक-दूसरे को समझने में भी उन्हें उतनी ही महारत होती है। कुछ कबीले तो इस मामले में चमत्कार कर दिखाते हैं।"

*** न्यूजीलैण्ड में गोदने को *मोको* कहते हैं, जिसका अर्थ होता है *छिपकली* या *साँप* (रात्जेल, *फोकलोर*)। स्पष्ट है कि शुरू में गोदना गोदने का रिवाज इन जानवरों की तस्वीरों तक सीमित था। उनकी शैलीकृत प्रस्तुतियाँ ही सम्भवतः उन "ज्यामितीय" पैटर्नों का आधार थीं जिनसे बाद में न्यूजीलैण्डवासी अपने शरीर को सजाने लगे।

डिजाइनों को अब इतिहास की भौतिकवादी दृष्टि के पक्ष में सर्वाधिक विश्वसनीय प्रमाणों की कोटि में रखा जाना चाहिए।

जैसा कि फॉन डेन स्टाइनेन ठीक ही कहता है, जर्मन भाषा का *जाइश्नेन* शब्द आदिम समाज में रेखांकन कला की उत्पत्ति से सम्बन्ध को बिल्कुल उजागर करता है। प्रकटतः यह शब्द *जाइशेन* शब्द से व्युत्पन्न हुआ है जिसका अर्थ होता है चिह्न। फॉन डेन स्टाइनेन का विचार है कि संवाद-सम्प्रेषण के माध्यम के तौर पर चिह्न बनाना रेखांकन से पुराना है। मैं उससे पूरी तरह सहमत हूँ, क्योंकि—जैसा कि आप जानते ही हैं—मेरा सामान्य तौर पर यह विश्वास है कि चीजों (और क्रियाओं) के प्रति उपयोगिता की दृष्टि उनके प्रति सौन्दर्यात्मक दृष्टि की पूर्ववर्ती है। फॉन डेन स्टाइनेन आगे कहता है : "अनुकरणात्मक प्रस्तुतियों से मिलनेवाला आनन्द, जिसने ग्राफिक कला के समूचे उत्तरवर्ती विकास को निर्धारित किया, शुरू से ही किसी हद तक एक कार्यशील कारक रहा है।" हम अगले किसी पत्र में देखेंगे कि क्या यह सच है कि चित्रकारी का *"समूचा" उत्तरवर्ती विकास* अनुकरणात्मक प्रस्तुतियों से मिलने वाले आनन्द से निर्धारित हुआ है। लेकिन इतना तो अपने आप में ही स्पष्ट है कि यदि अनुकरण से कोई आनन्द न मिलता, तो सूचना-सम्प्रेषण के उद्देश्य से चिह्न बनाने की अवस्था से आगे चित्रकारी कभी नहीं विकसित हुई होती। इसमें आनन्द एक असन्दिग्ध और अपरिहार्य तत्त्व था। अब प्रश्न यह है कि चतुर्थ महाकल्प के यूरोपीय आखेटक, आस्ट्रेलियाई और बुशमैन, एस्किमो और युकागिरी सभी अनुकरणात्मक प्रस्तुति से मिलने वाले आनन्द को इस कदर क्यों महसूस करते थे कि यह उनमें चित्रकारी की एक उत्कट इच्छा जगाता था, और क्यों उन अफ्रीकी नीग्रो लोगों में यह कम ही देखने को मिलती है जो लम्बे अर्से से खेती भी करते आ रहे हैं? इस सवाल का सन्तोषजनक जवाब केवल तभी दिया जा सकता है जब एक तरफ आखेटक जनों की विविध उत्पादक गतिविधियों को इंगित किया जाये, और दूसरी तरफ, खेतिहर जनों की गतिविधियों को। हम पहले ही देख चुके हैं कि आदिम आखेटकों के जीवन में चित्र-लेखन का कितना बड़ा महत्त्व है। यह जीने के लिए उनके संघर्ष की सफलता की शर्त के तौर पर अस्तित्व में आया। एक बार जब यह अस्तित्व में आ गया तो इसने अवश्य ही मानव-प्रकृति में अन्तर्निहित अनुकरण की प्रवृत्ति को एक निश्चित दिशा में निर्देशित किया होगा, लेकिन इसका इस या उस दिशा में विकास मनुष्य के इर्द-गिर्द की दशाओं पर निर्भर था। एक आदिम जन जब तक आखेटक बने रहते हैं, तब तक उनकी अनुकरण की प्रवृत्ति उन्हें, अन्य बातों के साथ-साथ, चित्रकार और मूर्तिकार बनाती है। इसका कारण स्पष्ट है। चित्रकार के रूप में उसकी जरूरत क्या होती है? अवलोकन की शक्ति और हाथ का सधापन। स्पष्टतः ये ही वे गुण हैं जिनकी उसे एक आखेटक के रूप में भी जरूरत होती है।

अतः उसकी कलात्मक गतिविधि उन्हीं गुणों की अभिव्यक्ति है जो उसके अस्तित्व के लिए संघर्ष की बदौलत उसमें विकसित हुए हैं। जब पशुपालन और खेतीबाड़ी की ओर संक्रमण के साथ, अस्तित्व के लिए संघर्ष की दशाएँ बदल जाती हैं, तब आदिम मनुष्य चित्रकारी की अपनी क्षमता भी काफी हद तक खो देता है जो आखेट-युग की एक विशेषता थी। "हालाँकि, जैसा कि ग्रॉस का कहना है, "खेतिहर और पशुपालक आखेटक से कहीं अधिक ऊँचे सांस्कृतिक स्तर पर होते हैं, फिर भी वे ग्राफिक कलाओं के मामले में आखेटक से काफी नीचे होते हैं, जिससे, प्रसंगवश, यह जाना जा सकता है कि कला और संस्कृति के बीच का सम्बन्ध उतना सरल नहीं है जितना कि कुछ दार्शनिक सोचते हैं।" ग्रॉस स्वयं ही कला के मामले में पशुपालक और खेतिहर लोगों के इस पिछड़ेपन के कारण को स्पष्ट करता है–जो पहली नजर में देखने पर काफी विचित्र मालूम पड़ता है। वह बताता है, "इतने विकसित स्तर पर अवलोकन की शक्ति और हाथ की दक्षता की जरूरत न तो खेतिहरों को पड़ती है, न पशुपालकों को; फलतः इनमें ये क्षमताएँ पृष्ठभूमि में चली जाती हैं, और इसी तरह प्रकृति का सटीक चित्रण करने की प्रतिभा भी।" यह बिल्कुल सच है। याद रखिये कि पशुपालन और खेती-बाड़ी की ओर संक्रमण...।[13]

'कला और सामाजिक जीवन' लेख नवम्बर 1912 में दिये गये एक व्याख्यान का संशोधित पाठ है। यह सेण्ट पीटर्सबर्ग से 1911 से 1915 तक प्रकाशित होनेवाली साहित्यिक और राजनीतिक मासिक पत्रिका *सोव्रेमेन्निक* (समकालीन) में नवम्बर-दिसम्बर 1912 तथा जनवरी 1913 में प्रकाशित हुआ था।

कला और सामाजिक जीवन

(1912)

कला और सामाजिक जीवन*

कला का सामाजिक जीवन से सम्बन्ध एक ऐसा सवाल है जो व्यापक रूप से ऐसे हर साहित्य में उभरता रहा है जो विकास की एक निश्चित अवस्था में पहुँच चुका है। ज्यादातर इस सवाल का जवाब दो प्रत्यक्षतः विपरीत अर्थों में से किसी एक अर्थ में दिया जाता रहा है।

कुछ कहते हैं : मनुष्य विश्राम के लिए नहीं बना है, बल्कि विश्राम मनुष्य के लिए है; समाज कलाकार के लिए नहीं बना है, बल्कि कलाकार समाज के लिए है। कला का कार्य मानवीय चेतना के विकास में मदद करना है, सामाजिक प्रणाली को उन्नत बनाना है।

लेकिन दूसरे इस दृष्टिकोण को जोरदार ढंग से खारिज कर देते हैं। उनके विचार से, कला अपने आप में ही एक *उद्देश्य* है; इसे किसी बाहरी उद्देश्य की पूर्ति का *साधन* बनाना सृजनात्मक उत्पादन की गरिमा को कम करना है, भले ही वह उद्देश्य कितना भी श्रेष्ठ क्यों न हो।

इनमें से पहला दृष्टिकोण (उन्नीसवीं सदी में—अनु.) सन् साठ के दशक के हमारे प्रगतिशील साहित्य में प्रखरता से प्रतिबिम्बित हुआ था। यहाँ पर पिसारेव के बारे में कुछ कहने की आवश्यकता नहीं, जिसके अत्यधिक एकांगीपन ने इसे लगभग हास्यास्पद बना डाला, बल्कि उसके बजाय हम चेर्नीशेव्स्की और दोब्रोल्यूबोव का नाम ले सकते हैं जो अपने समय के आलोचनात्मक साहित्य में इस दृष्टिकोण के सबसे पक्के समर्थक रहे हैं। चेर्नीशेव्स्की ने अपने आरम्भिक आलोचनात्मक निबन्धों में से एक में लिखा है :

"'कला, कला के लिए' का विचार हमारे समय में उतना ही विचित्र है जितना कि 'धन के लिए धन', 'विज्ञान के लिए विज्ञान' आदि का विचार। समूची मानवीय गतिविधि को अगर एक बेकार और निरर्थक पेशा नहीं बने रहना है तो उसे अवश्य

---

* यह लेख इस वर्ष (1912) लीज और पेरिस में रूसी में दिये मेरे व्याख्यान का संशोधित पाठ है। इसलिए इसका वाचिक प्रस्तुति का रूप एक हद तक बना हुआ है। इसके दूसरे भाग के अन्त में मैं सौन्दर्य के मानदण्डों के सम्बन्ध में श्री लुनाचार्स्की द्वारा पेरिस में सार्वजनिक रूप से मुझे सम्बोधित कर उठाई गई कुछ आपत्तियों की विवेचना करूँगा। उस समय मैंने मौखिक रूप से उनका उत्तर दिया था, लेकिन प्रेस में उन पर चर्चा मेरे ख्याल से उपयोगी होगी।

ही मानवजाति की सेवा में लगना होगा। धन का अस्तित्व इसलिए है कि मनुष्य इससे लाभान्वित हो सके; विज्ञान का अस्तित्व इसीलिए है कि वह मनुष्य का मार्गदर्शक बन सके; और इसी तरह, कला को भी किसी सार्थक उद्देश्य की पूर्ति में ही लगना चाहिए, न कि निरर्थक मनोरंजन में।" चेर्नीशेव्स्की के विचार से, कलाओं, और खास तौर से, "उनमें से सबसे गम्भीर", कविता का मूल्य समाज में उनके द्वारा बिखेरी जाने वाली कुल ज्ञानराशि द्वारा निर्धारित होता है। वह कहते हैं : "कला या और बेहतर ढंग से कहें तो कविता (केवल कविता, क्योंकि बाकी कलाएँ इस मामले में बहुत कम ही भूमिका अदा करती हैं) पाठक समुदायों के बीच ज्ञान की भारी मात्रा बिखेरती है, और इससे भी बढ़कर महत्त्वपूर्ण यह है कि यह विज्ञान द्वारा निरूपित अवधारणाओं से उन्हें परिचित कराती है—जीवन में कविता का यही महान उद्देश्य है।" ठीक यही विचार उनके प्रतिष्ठित शोध-निबन्ध *कला का यथार्थ से सौन्दर्यशास्त्रीय सम्बन्ध,* में भी प्रकट हुआ है। इसकी सत्रहवीं थीसिस के अनुसार, कला सिर्फ जीवन की पुनर्प्रस्तुति ही नहीं करती, बल्कि उसकी व्याख्या भी करती है; उसकी प्रस्तुतियों में बहुधा "जीवन की परिघटनाओं पर फैसले देने का उद्देश्य भी निहित होता है"।

चेर्नीशेव्स्की और उनके शिष्य दोब्रोल्यूबोव के विचार से, कला का कार्य निश्चय ही जीवन की पुनर्प्रस्तुति करना और उसकी परिघटनाओं पर फैसले देना था।* और यह सिर्फ कला के साहित्यिक आलोचकों एवं सिद्धान्तकारों का ही विचार नहीं था। यह कोई आकस्मिक बात नहीं थी कि नेक्रासोव ने अपनी कला को "प्रतिशोध और व्यथा" की कला कहा। उसकी एक कविता में 'नागरिक' 'कवि' से कहता है :

कवि तुम्हें है ईश्वरीय वरदान
उसके चुने हुए अग्रदूत! पर यह ठीक नहीं

---

* यह विचार बेलिंस्की द्वारा अपने जीवन के अन्तिम वर्षों में सूत्रबद्ध किये गये विचारों की अंशतः पुनरावृत्ति और अंशतः उनका आगे का विकास है। अपने लेख '1847 में रूसी साहित्य पर एक दृष्टि' में बेलिंस्की ने लिखा : "समाज का उच्चतम और पवित्रतम हित स्वयं इसका कल्याण है, जिसका लाभ इसके सभी सदस्यों को समान रूप से पहुँचे। इस कल्याण का मार्ग चेतना है और चेतना के विकास में कला की भूमिका विज्ञान से कम नहीं है। यहाँ विज्ञान और कला दोनों समान रूप से अपरिहार्य हैं और न तो विज्ञान कला का स्थान ले सकता है, न ही कला विज्ञान का।" लेकिन कला "जीवन की परिघटनाओं पर निर्णय देकर" ही मनुष्य की चेतना को विकसित कर सकती है। इस तरह, चेर्नीशेव्स्की का यह कथन रूसी साहित्य के सम्बन्ध में बेलिंस्की के अन्तिम विचारों से जुड़ा हुआ है।

कि जो हैं वंचित और विस्थापित
उनके कानों तक पहुँचे ही नहीं तुम्हारी अनुप्राणित कविता।
विश्वास करो, पतित नहीं हुई है मनुष्यता सारी,
बसता है अब भी ईश्वर हरेक के दिल में
और अब भी, गोकि दुखद और धीमी गति से,
पहुँच सकता है आस्था का स्वर उनकी आत्मा में।
तुम बनो नागरिक, सेवा करो कला की।
और जियो अपने जन की खातिर,
उन्हें, उन्हें ही दो अपना प्यार भरा दिल
और अपनी अन्तःप्रेरणा पूरी की पूरी।

इन शब्दों में नागरिक नेक्रासोव कला के कार्य के बारे में स्वयं अपनी समझ को प्रस्तुत करता है। उस समय रूपंकर कलाओं–उदाहरण के लिए, पेण्टिंग–के अधिकतर उत्कृष्ट प्रतिनिधि कला के कार्य को ठीक इसी ढंग से समझते थे। पेरोव और क्राम्स्कोइ ने भी नेक्रासोव की भाँति ही, कला की सेवा में "नागरिक" बनने का प्रयास किया; नेक्रासोव की रचनाओं की भाँति, उनकी कृतियाँ भी "जीवन की परिघटनाओं पर फैसले" देती थीं।*

सृजनात्मक कला के कार्य के दूसरे दृष्टिकोण का प्रबल समर्थक पुश्किन, अर्थात् निकोलस प्रथम के काल का पुश्किन था। "भीड़" (द रैबल) और "कवि के प्रति" (टु द पोएट) जैसी उसकी कविताओं से निस्सन्देह हर कोई परिचित है। लोग कवि से आग्रह करते हैं कि वह ऐसे गीत रचे जो सामाजिक नैतिकता को उन्नत करे, लेकिन बदले में, एक तिरस्कारभरी बल्कि अशिष्टताभरी फटकार ही पाते हैं :

दफा हो जाओ, अरे पाखण्डियो! क्यूँ परवाह करे
शान्तिप्रिय कवि तुम्हारी नियति की?
जाओ, बेधड़क धँसे रहो अपने ही पाप में :
मेरी वीणा नहीं उठायेगी तुम्हारा बोझ,

---

* 30 अप्रैल 1884 को मेंतोन से वी.वी. स्तासोव को लिखे क्राम्सकोइ के पत्र से पता चलता है वह बेलिंस्की, गोगोल, फेदोतोव, इवानोव, चेर्नीशेव्स्की, दोब्रोल्यूबोव और पेरोव के विचारों से काफी प्रभावित थे। (इवान निकोलायेविच क्राम्सकोई, जीवन; पत्र-व्यवहार और आलोचनात्मक लेख, सेण्ट पीटर्सबर्ग, 1888) हालाँकि, यह ध्यान देने की बात है कि क्राम्सकोइ के आलोचनात्मक लेखों में जीवन की परिघटनाओं पर मिलने वाले निर्णय प्रांजलता और प्रखरता की दृष्टि से ग्लेब उस्पेंस्की जैसों की तुलना में बहुत नीचे हैं, चेर्नीशेव्स्की और दोब्रोल्यूबोव का तो कहना ही क्या।

मैं पीठ फेरता हूँ तुम्हारे कृत्यों पर,
कोड़े, कालकोठरी और यातनाएँ
अपनी मूर्खता और बुराइयों के लिए
यही फल भोगते रहे तुम अब तक
और हमेशा भोगोगे, बुद्धिहीन दासो!

पुश्किन कवि के कार्य पर अपना दृष्टिकोण इन बहु-उद्धृत शब्दों में प्रस्तुत करता है :

नहीं, सांसारिक उद्वेलन के लिए नहीं,
न सांसारिक लिप्सा के लिए, न ही सांसारिक संघर्ष के लिए,
बल्कि मधुर गीत के लिए, अन्तःप्रेरणा के लिए,
प्रार्थना के लिए, लेता है कवि जन्म।

यहाँ पर कला, कला के लिए का तथाकथित सिद्धान्त बड़े प्रखर ढंग से सूत्रबद्ध हुआ है। यह अकारण नहीं था कि साठ के दशक के साहित्यिक आन्दोलन के विरोधी पुश्किन को बड़ी बेबाकी से बार-बार उद्धृत किया करते थे।

कला के कार्य पर इन दोनों परस्पर विरोधी दृष्टिकोणों में से किसे सही माना जाये?

इस सवाल का जवाब देने के लिए सबसे पहले यह देख लेना आवश्यक है कि यह सवाल ही खराब ढंग से सूत्रबद्ध किया गया है। ऐसे सभी प्रश्नों की भाँति, यह प्रश्न भी "कर्त्तव्य" के दृष्टिकोण से नहीं लिया जा सकता। यदि किसी कालखण्ड में किसी देश के कलाकार "सांसारिक उद्वेलन और संघर्ष" से दूर रहते हैं, और दूसरे कालखण्ड में संघर्ष तथा उसके साथ अनिवार्यतः जुड़े उद्वेलन की कामना करते हैं तो इसका कारण यह नहीं होता कि कोई व्यक्ति उनके लिए, भिन्न-भिन्न कालखण्डों में भिन्न-भिन्न "कर्त्तव्य" सुझाता है, बल्कि यह है कि कुछ निश्चित सामाजिक दशाओं में उन पर एक दृष्टिकोण हावी रहता है, जबकि दूसरी सामाजिक दशाओं में दूसरा दृष्टिकोण हावी रहता है। अतः यदि हमें इस विषय पर एक सही पहुँच अख्तियार करनी है, तो निश्चय ही हमें इसे इस दृष्टिकोण से नहीं देखना चाहिए कि क्या होना चाहिए, बल्कि इस दृष्टिकोण से देखना चाहिए कि वास्तव में है क्या और क्या होता रहा है। इसलिए हम सवाल को निम्नलिखित रूप में सूत्रबद्ध करना चाहेंगे :

वे सबसे महत्त्वपूर्ण सामाजिक दशाएँ क्या हैं जिनमें कलाकार और कला में गहरी दिलचस्पी रखने वाले लोग कला, कला के लिए का विचार धारण करते हैं और उससे अभिभूत हो जाते हैं?

जब हम इस प्रश्न का उत्तर देने की कोशिश करते हैं, तो इससे सम्बन्धित दूसरे प्रश्न का उत्तर देना कठिन नहीं रह जाता, और वह भी कम दिलचस्प प्रश्न नहीं है :

वे सबसे महत्त्वपूर्ण सामाजिक दशाएँ क्या हैं जिनमें कलाकार और कला में गहरी दिलचस्पी रखने वाले लोग कला का तथाकथित उपयोगितावादी दृष्टिकोण, अर्थात् कलात्मक उत्पादन के साथ "जीवन की परिघटनाओं पर फैसले के महत्त्व" को जोड़ने की प्रवृत्ति धारण करते हैं और उससे अभिभूत हो जाते हैं?

इन दोनों में से पहला सवाल एक बार फिर हमें पुश्किन को याद करने के लिए विवश करता है।

एक समय था जब वह कला, कला के लिए के सिद्धान्त में विश्वास नहीं करता था। एक समय था जब वह संघर्ष से कतराता नहीं था, बल्कि उसके लिए उत्सुक रहता था। यह अलेक्सान्द्र प्रथम के कालखण्ड की बात थी। उस समय वह यह नहीं सोचता था कि "लोगों को" कोड़ों, कालकोठरी और यातनाओं से सन्तुष्ट रहना चाहिए। इसके विपरीत, अपनी गेय कविता, "स्वतंत्रता" (फ़्रीडम) में उसने कटुतापूर्वक उद्घोष किया था :

दुखी राष्ट्र! सर्वत्र
झेलते लोग कोड़े और जंजीरें,
कर रहा राज अन्याय सभी पर,
सत्ता का दुरुपयोग कर रहे अभिमानी अभिजात
और छाये हैं अन्धे पूर्वाग्रह...

लेकिन उसके बाद उसका दृष्टिकोण पूरी तरह बदल गया। निकोलस प्रथम के दिनों में, उसने कला, कला के लिए के सिद्धान्त से नाता जोड़ लिया। दृष्टिकोण के इस बुनियादी बदलाव का कारण क्या था?

निकोलस प्रथम का शासन 14 दिसम्बर के हादसे[14] के साथ आरम्भ हुआ, जिसने हमारे "समाज" के उत्तरवर्ती विकास पर और स्वयं पुश्किन के भविष्य पर भारी प्रभाव डाला। "दिसम्बरवादियों" के दमन के साथ ही, उस समय के "समाज" के सबसे शिक्षित और सबसे विकसित प्रतिनिधि खत्म हो गये। इससे नैतिक और बौद्धिक स्तर काफी नीचे गिरना ही था। हर्ज़न कहते हैं, "हालाँकि मैं कमउम्र था, फिर भी मुझे याद है कि उच्च समाज कितना नीचे गिर चुका था और निकोलस प्रथम के गद्दी पर आसीन होने के साथ ही और अधिक पतित और चाटुकार बन गया। अभिजात वर्ग की स्वतंत्रता और गार्डों का जोशो-खरोश जो अलेक्सान्द्र के युग की विशिष्टता थी–यह सब 1826 में गायब हो गया। ऐसे समाज में एक संवेदनशील और प्रबुद्ध

व्यक्ति का जीना कष्टसाध्य ही था। "चारों तरफ मुर्दानगी और खामोशी", हर्ज़न ने एक दूसरे आलेख में लिखा, "सब के सब समर्पणशील, अमानवीय और निराश, और इसे भी बढ़कर अत्यन्त ओछे, बेहूदे और तुच्छ बन चुके थे। सहानुभूति चाहने वाले का सामना या तो एक डरी हुई निगाह से होता था या टहलुए की घूरती नजर से। उसे तिरस्कृत या अपमानित होना पड़ता था।" पुश्किन ने जिस समय "भीड़" और "कवि के प्रति" जैसी कविताएँ लिखीं, उस समय के उसके पत्रों में हम पाते हैं कि वह लगातार हमारी दोनों राजधानियों (सेण्ट पीटर्सबर्ग और मास्को—अनु.) के फीकेपन और ओछेपन की शिकायतें करता रहा था। लेकिन यह सिर्फ उसके आसपास का ओछापन ही नहीं था जिससे वह व्यथित था। "शासकीय दायरों" से उसके सम्बन्ध भी उसकी दारुण व्यथा के स्रोत थे।

एक दिलचस्प और बहुप्रचारित दन्तकथा के अनुसार, 1826 में निकोलस प्रथम ने दया करके पुश्किन की "युवावस्था की" राजनीतिक "गलतियों" को "माफ कर दिया", और यहाँ तक कि उसका विशालहृदय संरक्षक भी बन गया। लेकिन यह बात सचाई से कोसों दूर है। निकोलस प्रथम और इस प्रकार के मामलों में उसका दाहिना हाथ कहे जानेवाले व्यक्ति, खुफिया पुलिस प्रमुख बेंकेण्डोर्फ, ने पुश्किन को कोई "माफी" नहीं दी, और उनका "संरक्षकत्व" असह्य अवमाननाओं की एक लम्बी शृंखला में तब्दील हो गया। बेंकेण्डोर्फ ने 1827 में निकोलस प्रथम को रिपोर्ट दी : "पुश्किन के साथ मेरी मुलाकात के बाद उसने इंग्लिश क्लब में महामहिम के बारे में बड़े जोशो-खरोश के साथ बात की, और अपने सहभोजियों को आपकी सेहत का जाम पीने को मजबूर किया। वह एक पक्का खुरपेंचिया है, लेकिन यदि हम उसकी कलम और जबान को निर्देशित करने में कामयाब हो जाते हैं, तो *यह एक अच्छी बात होगी।"* इस उद्धरण के आखिरी शब्द ही पुश्किन को प्रदान किये गये "संरक्षकत्व" की असलियत खोल देते हैं। वे उसे यथास्थिति का एक चारण बना देना चाहते थे। निकोलस प्रथम और बेंकेण्डोर्फ ने पुश्किन की पूर्ववर्ती अनियंत्रित कला को सरकारी नैतिकता की प्रणाली में निर्देशित करना अपना लक्ष्य बना लिया था। और जब, पुश्किन की मृत्यु के बाद फील्डमार्शल पास्केविच ने निकोलस को लिखा : "मुझे एक लेखक के रूप में पुश्किन के लिए अफसोस है", तो निकोलस ने जवाब में कहा : "मैं तुम्हारे विचार से पूरी तरह सहमत हूँ, लेकिन पूरी निष्पक्षता से यह कहा जा सकता है कि उसके बारे में भविष्य को लेकर अफसोस किया जा सकता है, न कि अतीत को लेकर।" इसका मतलब यही है कि कभी न भुलाये जा सकने वाले सम्राट ने दिवंगत कवि को उन महान कृतियों के लिए पुरस्कृत नहीं किया था जिन्हें उसने अपने छोटे-से जीवनकाल में रचा, बल्कि उसके लिए पुरस्कृत किया था जिन्हें उसने भविष्य में पुलिस की समुचित निगरानी और मार्गदर्शन में लिखा होता। निकोलस ने उससे

उम्मीद की थी कि वह कुकोलनिक के नाटक, *द हैण्ड ऑफ द आल-हाइएस्ट सेव्ड आवर फादरलैण्ड,* जैसी "देशभक्तिपूर्ण" कृतियाँ रचेगा। यहाँ तक कि वी.ए. झुकोव्स्की जैसे आध्यात्मिक कवि ने भी, जो कि साथ ही एक बहुत बढ़िया दरबारी था, उसे यह समझाने की कोशिश की कि वह विवेक की आवाज सुने और उसे परम्परागत नैतिकता का आदर करने के लिए प्रेरित किया। 12 अप्रैल 1826 को पुश्किन को लिखे अपने एक पत्र में झुकोव्स्की ने लिखा : "हमारे नवयुवक (अर्थात् समूची परिपक्व हो रही पीढ़ी) जो बहुत कम शिक्षित हैं, और इसीलिए जिनके पास जीने के सहारे के रूप में कुछ नहीं है, तुम्हारी कविता के आकर्षण में ढँके तुम्हारे अनियंत्रित विचारों से परिचित हो गये हैं; तुम पहले ही काफी नुकसान पहुँचा चुके हो। इससे तुम्हें भयाक्रान्त होना चाहिए। प्रतिभा कुछ नहीं होती। मुख्य चीज नैतिक गरिमा है..."। अब आप इस बात से सहमत होंगे कि एक *ऐसी* स्थिति में रहते हुए *ऐसे* संरक्षण की बेड़ियाँ पहने हुए, और *ऐसे* निर्देश को सुनते हुए यह बिल्कुल क्षम्य ही है कि उसने अपने मन में "नैतिक गरिमा" के प्रति एक घृणा पाल ली, उन "लाभों" को घृणित मान लिया जिन्हें कला प्रदान कर सकती थी, और अपने परामर्शदाताओं एवं संरक्षकों पर चीख उठा :

दफा हो जाओ, पाखण्डियो! क्यूँ परवाह करे
शान्तप्रिय कवि तुम्हारी नियति की?

दूसरे शब्दों में, एक ऐसी स्थिति में रहते हुए, यह एकदम स्वाभाविक था कि पुश्किन कला, कला के लिए में विश्वास करने लगा और स्वयं प्रथम पुरुष में कवि के प्रति कह पड़ा :

तुम राजा हो, एकाकी और स्वतंत्र
कहीं भी जाने को
ले जाये जहाँ निर्बन्ध मन तुम्हारा
परिष्कृत, पोषित करते हो अपनी कला की सन्ततियों को
नहीं माँगते कोई पुरस्कार श्रेष्ठ कार्य पर।

डी.आई. पिसारेव इस मुद्दे पर मुझसे बहस करते और कहते कि कवि पुश्किन ने इन भावपूर्ण शब्दों का प्रयोग अपने संरक्षकों के लिए नहीं बल्कि "लोगों" के लिए किया था। लेकिन उस समय के लेखकों की दृष्टि-सीमा में वास्तविक लोग कभी नहीं आते थे। पुश्किन के लिए, "लोग' शब्द का वही अर्थ होता था जो अकसर उसकी कविताओं में पाये जाने वाले "भीड़" शब्द का अर्थ होता था। और निस्सन्देह यह "भीड़" शब्द मेहनतकश जनसमुदायों के लिए नहीं होता था। अपनी रचना "जिप्सी"

में, पुश्किन दमघोंटू शहरों में बसने वाले लोगों का वर्णन इस प्रकार करता है :

वे प्यार से शर्मिन्दा हैं, विचार से भयभीत,
घटिया पूर्वाग्रह राज करते हैं उनके दिमाग पर।
खुशी-खुशी बेच कर अपनी आजादी
खरीदते हैं उस पैसे से अपने लिए बेड़ियाँ।

यह विश्वास करना कठिन है कि यह वर्णन शहरी दस्तकारों के बारे में है।

यदि यह सब सच है, तो निम्नलिखित निष्कर्ष अपने आप ही निकल जाता है :

कला, कला के लिए का विश्वास वहीं पैदा होता है जहाँ कलाकार अपने सामाजिक वातावरण की सुसंगति में नहीं होता।

बेशक यह कहा जा सकता है कि ऐसे निष्कर्ष का औचित्य सिद्ध करने के लिए पुश्किन का उदाहरण ही पर्याप्त नहीं है। मैं न इसका विरोध करूँगा, न खण्डन। मैं दूसरे उदाहरण दूँगा, और इस बार मैं फ्रांसीसी साहित्य के इतिहास से उदाहरण प्रस्तुत करूँगा, अर्थात् एक ऐसे देश के साहित्य से जिसकी बौद्धिक प्रवृत्तियाँ—कम से कम पिछली सदी के मध्य तक—समूचे यूरोपीय महाद्वीप में काफी स्वीकार्य थीं।

पुश्किन के समकालीन, फ्रांसीसी स्वच्छन्दतावादी भी, कुछ अपवादों को छोड़कर, कला, कला के लिए के कट्टर विश्वासी थे। उनमें से शायद सबसे सुसंगत विश्वासी थिओफिल गोतिए था, जिसने कला के उपयोगितावादी दृष्टिकोण के समर्थकों की निम्नलिखित शब्दों में निन्दा की : "नहीं, मूर्खो, नहीं, घेंघेदार बौनो, कोई पुस्तक गाढ़े शोरबे में नहीं बदली जा सकती, न ही कोई उपन्यास एक जोड़े बढ़िया जूतों में बदला जा सकता है... भविष्य, भूत और वर्तमान के सभी पोपों की अँतड़ियों की कसम, नहीं, एक हजार बार नहीं!... मैं उनमें से हूँ जो फिजूल को आवश्यक समझते हैं; वस्तुओं एवं लोगों के प्रति मेरा प्रेम उनके द्वारा प्रदान की जा सकने वाली सेवाओं के विलोमानुपात में होता है।"

इसी गोतिए ने बोदलेअर से सम्बन्धित एक जीवनवृत्तात्मक टिप्पणी में, *Fleurs du mal* के लेखक की इसलिए खूब प्रशंसा की कि उसने "कला की पूर्ण स्वायत्तता" को बनाये रखा और यह "स्वीकार नहीं किया कि कविता का स्वयं के अलावा कोई अन्य उद्देश्य या लक्ष्य है, सिवाय इसके कि यह पाठक की आत्मा में, निरपेक्ष अर्थ में, सौन्दर्य की संवेदना जागृत करने" का कार्य करती है।

गोतिए की दृष्टि में "सौन्दर्य का विचार" सामाजिक और राजनीतिक विचारों से कितना कम जुड़ा हो सकता था, इसे उसके इस वक्तव्य से जाना जा सकता है :

"मैं रफाएल की एक असली पेंटिंग या एक निर्वसन सुन्दर स्त्री की पेण्टिंग देखने की खातिर एक फ्रांसीसी और नागरिक के रूप में अपने अधिकारों को खुशी-खुशी

छोड़ सकता हूँ।"

निश्चय ही यह तो पराकाष्ठा है। फिर भी सारे के सारे पारनेसियन[15] गोतिए से शायद सहमत ही होते हालाँकि उनमें से कुछ ऐसे भी थे जिन्हें उस अत्यधिक विरोधाभासी रूप को लेकर कुछ आपत्तियाँ थीं जिसमें वह खास तौर से अपनी युवावस्था में, "कला की पूर्ण स्वायत्तता" की माँग रखता था।

फ्रांसीसी स्वच्छन्दतावादियों एवं पारनेसियनों के इस दृष्टिकोण का कारण क्या था? क्या वे भी अपने इर्द-गिर्द के समाज के साथ सुसंगति में नहीं थे?

1857 में थिएटर फ्रांसेस द्वारा अल्फ्रेड द बिन्यी के नाटक *चैटरटन* के पुनः मंचन पर लिखे गये अपने एक आलेख में थिओफिल गोतिए ने 12 फरवरी, 1835 में हुई उसकी प्रथम प्रस्तुति को याद करते हुए लिखा :

"जिस नाट्यशाला में चैटरटन अपने जोशीले संवाद बोल रहा था, वह पीले चेहरे और लम्बे बालों वाले युवाओं से भरी हुई थी, जिनका दृढ़ विश्वास था कि कविताएँ लिखने या तस्वीरें बनाने को छोड़कर और कोई सम्मानजनक पेशा नहीं है... और जो *'बुर्जुआ'* को ऐसी हिकारतभरी नजरों से देखते थे, जिसकी बराबरी शायद फिलिस्टाइन के प्रति प्रकट की गयी हाइडेलबर्ग और जेना के *Füchse*[16] की घृणा भी नहीं कर सकती थी।"*

ये घृणास्पद "बुर्जुआ" कौन थे?

गोतिए के मुताबिक, "इसमें लगभग सभी शामिल थे—बैंकर, दलाल, वकील, सौदागर, दुकानदार आदि—यानी इसमें वह हर कोई शामिल था जो रहस्यवादी दायरे (यानी स्वच्छन्दतावादी दायरे—*प्लेखानोव*) से नहीं जुड़ा था और जो अपनी आजीविका नीरस किस्म के पेशों से चलाता था।"*

एक और उदाहरण देखें। थिओडोर द बानविल अपनी *Odes funambulesques* शीर्षक रचनाओं में से एक पर अपनी टिप्पणी में स्वीकार करता है कि उसे भी "बुर्जुआ" के प्रति इस घृणा की छूत लग गई थी। और वह भी बताता है कि इस शब्द का क्या आशय था। स्वच्छन्दतावादियों की भाषा में "बुर्जुआ" शब्द का आशय "उस आदमी से था जिसका एकमात्र ईश्वर पाँच फ्रैंक का सिक्का था, अपनी चमड़ी बचाने के अलावा जिसका कोई आदर्श नहीं था और जो कविता में भावुकतापूर्ण रोमांस तथा रूपंकर कलाओं में लिथोग्राफी को पसन्द करता था।"

इसे याद करते हुए द बानविल अपने पाठकों से आग्रह करता है कि वे इस बात पर आश्चर्य न करें कि *Odes funambulesques*—जो, गौरतलब है कि स्वच्छन्दतावाद के दौर के उत्तरार्द्ध में प्रकट हुई थी—में लोगों को सिर्फ इसी कारण छँटे बदमाशों के

---

* *हिस्ट्री ऑफ रोमांटिसिज्म*

रूप में दिखाया गया कि वे बुर्जुआ जीवन-शैली जीते थे और महान स्वच्छन्दतावादी प्रतिभाओं की कद्र नहीं करते थे।

ये उदाहरण स्पष्टतः इस बात के विश्वसनीय साक्ष्य हैं कि स्वच्छन्दतावादी वास्तव में अपने इर्द-गिर्द के बुर्जुआ समाज की सुसंगति में नहीं थे। वैसे यह भी सच है कि इससे बुर्जुआ सामाजिक सम्बन्धों को कोई खतरा नहीं था। स्वच्छन्दतावादी दायरों में युवा बुर्जुआ ही थे जिन्हें इन सम्बन्धों पर कोई एतराज तो नहीं था, लेकिन वे बुर्जुआ जीवन के घिनौनेपन, उबाऊपन और फूहड़पन पर भड़कते थे। वे जिस नयी कला पर इतने प्रबल रूप से मुग्ध थे, वह उनके लिए इस घिनौनेपन, उबाऊपन और फूहड़पन से बचने की एक शरणस्थली थी। पुनःस्थापना काल के बाद के वर्षों में और लुई फिलिप के शासनकाल के पूर्वार्द्ध में, अर्थात्, स्वच्छन्दतावाद के स्वर्णिम काल में, फ्रांसीसी युवाओं के लिए उस घिनौने उबाऊ बुर्जुआ जीवन का आदी बनना अपेक्षाकृत अधिक कठिन था, क्योंकि अभी उस महान क्रान्ति के, और नेपोलियन काल के उन भयानक तूफानों के गुजरे ज्यादा दिन नहीं हुए थे, जिनसे होकर फ्रांस गुजर चुका था, और जिन्होंने सारे मानवीय आवेगों को बड़ी गहराई तक आलोड़ित कर दिया था।* जब बुर्जुआ वर्ग ने समाज में प्रभावी स्थिति हासिल कर ली, और जब इसके जीवन से स्वतंत्रता-संघर्ष की आँच खत्म हो गई, तब नयी कला के लिए *बुर्जुआ जीवन-शैली के निषेध का आदर्शीकरण करने* के अलावा कुछ नहीं बचा। अब स्वच्छन्दतावादी बुर्जुआ संयम और सन्तुष्टि के प्रति अपने निषेध की अभिव्यक्ति सिर्फ अपने कला-कर्म में ही नहीं, बल्कि अपने बाहरी रूपरंग में भी करने के प्रयास में लग गये। हम गोतिए से पहले ही सुन चुके हैं कि जो नवयुवक *चैटरटन* की पहली नाट्य प्रस्तुति के समय नाट्यशाला में गैलरी के निचले भाग में भरे थे, उन्होंने लम्बे बाल रखे हुए थे। स्वयं गोतिए की लाल वास्कट के बारे में किसने नहीं सुना है, जिसको देखकर "भद्रजन" वितृष्णा से सिहर उठते थे? युवा स्वच्छन्दतावादियों के लिए, लम्बे बाल जैसे मनमौजी परिधान उनके और घृणास्पद बुर्जुआ के बीच एक विभाजक रेखा खींचने का काम करते थे। पीले चेहरे का भी यही आशय था : अर्थात्, यह बुर्जुआ तृप्ति-भाव के विरुद्ध एक प्रतिवाद था। गोतिए कहता है : "उन दिनों, स्वच्छन्दतावादी शाखा के

---

* अल्फ्रेड द मुसे ने इस असंगति का वर्णन इन शब्दों में किया है : "मानो दो अलग-अलग खेमे बन गये थे : एक ओर, उदात्त और पीड़ित मन थे, अनन्त की कामना करने वाली उन्मुक्त आत्माएँ सर झुकाये रोती थीं, रुग्ण स्वप्नों में डूबी थीं और कड़वाहट के महासागर में खड़े कमजोर सरकण्डों के सिवा कुछ दिखाई नहीं देता था। दूसरी ओर, हाड़-मांस के मनुष्य सीधे तने खड़े हैं, आनन्द में डूबे हैं और अपना धन गिनते रहने के सिवा उन्हें कोई फिक्र नहीं है। बस दो ही आवाजें सुनाई पड़ती हैं, सिसकियाँ और हँसी के ठहाके—एक आत्मा से आती है और दूसरी शरीर से।"

अन्तर्गत यह चलन जोरों पर था कि जितना सम्भव हो सके, चेहरे की पीली रंगत बनायी जाये, यहाँ तक कि हरापन, और लगभग शव-जैसा फीकापन लिये भी। इससे वह आदमी एक दुर्भाग्यपूर्ण, बायरनी रूपरंग लिये हुए और भावाकुल तथा पश्चाताप से भरा दिखता था। इससे वह स्त्रियों की नजरों में आकर्षक बन जाता था।" गोतिए हमें यह भी बताता है कि स्वच्छन्दतावादियों के लिए विक्टर ह्यूगो को उसके सजे-धजे रूपरंग के कारण माफ करना कठिन था, और वे अपनी निजी बातचीत में अकसर उस महान लेखक की इस कमजोरी पर दुख प्रकट करते थे, "जो उसे मानवजाति के सदृश और यहाँ तक कि बुर्जुआ वर्ग के भी सदृश बना देती थी।" यहाँ पर, सामान्य रूप से, यह गौरतलब है कि एक निश्चित रूप-रंग धारण करने का प्रयास हमेशा ही उस काल के सामाजिक सम्बन्धों को प्रतिबिम्बित करता है। इस विषय पर एक दिलचस्प समाजशास्त्रीय अनुसन्धान किया जा सकता है।

बुर्जुआ वर्ग के प्रति स्वच्छन्दतावादियों के इस दृष्टिकोण के चलते, यह स्वाभाविक ही था कि वे "उपयोगी कला" के विचार से ही भड़क उठते थे। उनकी दृष्टि में, कला को उपयोगी बनाना उसे उस बुर्जुआ वर्ग की सेवा में लगाने जैसा था, जिससे वे इतनी गहराई से नफरत करते थे। इससे यह स्पष्ट हो जाता है कि क्यों गोतिए उपयोगी कला—जिसका कि अभी-अभी मैंने उल्लेख किया है—के प्रचारकों पर इतना खुल्लमखुल्ला हमला करता था, जिन्हें वह "मूर्ख, घेंघेदार बौने" आदि कहा करता था। इससे इस विरोधाभास की वजह भी समझी जा सकती है कि उसकी नजरों में व्यक्तियों और वस्तुओं का मूल्य उनके द्वारा प्रदान की जाने वाली सेवाओं के विलोमानुपात में था।

मूलतः ये तमाम हमले और विरोधाभास पुश्किन की इन पंक्तियों के पूरक ही हैं :

दफा हो जाओ, अरे पाखण्डियो! क्यूँ परवाह करे
शान्तिप्रिय कवि तुम्हारी नियति की?

इसी तरह पारनेसियन और आरम्भिक फ्रांसीसी यथार्थवादी (गोंकूर बन्धु, फ्लाबेअर, आदि) भी अपने इर्द-गिर्द के बुर्जुआ समाज से बेहद घृणा करते थे। वे भी घृणास्पद "बुर्जुआ" को गाली देते नहीं थकते थे। यदि वे अपनी रचनाएँ छपवाते भी थे, तो सामान्य पाठक समुदाय के लिए नहीं, बल्कि कुछ चुनींदा "अज्ञात मित्रों के लिए" जैसा कि फ्लाबेअर ने अपने पत्र में लिखा है। उनका मानना था कि केवल गम्भीर प्रतिभा से रहित कोई लेखक ही व्यापक पाठक समुदाय में लोकप्रिय हो सकता है। लकोन्त द लील का कहना था कि किसी लेखक की लोकप्रियता उसके बौद्धिक घटियापन का सबूत है। यहाँ यह बताने की आवश्यकता नहीं है कि स्वच्छन्दतावादियों की भाँति ही, पारनेसियन भी कला, कला के लिए के सिद्धान्त के कट्टर समर्थक थे।

ऐसे तमाम उदाहरण दिये जा सकते हैं। लेकिन यह बिल्कुल अनावश्यक है। यह पहले ही काफी स्पष्ट हो चुका है कि कला, कला के लिए में विश्वास स्वाभाविक तौर पर कलाकारों के बीच वहीं पैदा होता है जहाँ वे अपने इर्द-गिर्द के समाज की सुसंगति में नहीं होते। लेकिन इस असंगति को और सही-सही परिभाषित करना गलत नहीं होगा।

अठारहवीं सदी के अन्त में, अर्थात् महान क्रान्ति से ठीक पहले की अवधि में, फ्रांस के प्रगतिशील कलाकार भी उस समय के "समाज" के साथ ठीक ऐसी ही असंगति में थे। डेविड और उसके मित्र "पुरानी व्यवस्था" के शत्रु थे। और यह असंगति निश्चय ही निराशाजनक थी, क्योंकि उनके और पुरानी व्यवस्था के बीच तालमेल एकदम असम्भव था। इसके अतिरिक्त, डेविड एवं उसके मित्रों तथा पुरानी व्यवस्था के बीच की असंगति, स्वच्छन्दतावादियों और बुर्जुआ समाज के बीच की असंगति के मुकाबले अतुलनीय रूप से ज्यादा गहरी भी थी। जहाँ डेविड और उसके मित्र पुरानी व्यवस्था का खात्मा चाहते थे, वहीं थिओफिल गोतिए और उसके साथी, जैसा कि मैं बार-बार कह चुका हूँ, बुर्जुआ सामाजिक सम्बन्धों पर कोई एतराज नहीं करते थे, वे बस यही चाहते थे कि बुर्जुआ व्यवस्था भौंडी बुर्जुआ आदतें पैदा करना बन्द कर दे।* लेकिन डेविड और उसके मित्र पुरानी व्यवस्था से विद्रोह करते हुए यह भलीभाँति जानते थे कि उनके पीछे कन्धे से कन्धा मिलाकर 'थर्ड एस्टेट' के दस्ते मार्च कर रहे थे, और कि बहुत जल्द यह थर्ड एस्टेट ही, एबे सिएज के शब्दों में, सर्वेसर्वा बन जानेवाला था। अतः *प्रचलित व्यवस्था* के साथ उनकी असंगति की जो भावना थी उसकी भरपायी उस *नये समाज* के साथ सहानुभूति की भावना से हो रही थी जो पुरानी व्यवस्था के गर्भ में परिपक्व हो चुका था और उसे विस्थापित कर डालने की तैयारी कर रहा था। लेकिन स्वच्छन्दतावादियों और पारनेसियनों के साथ हमें ऐसा कुछ नहीं मिलता : वे अपने समय के फ्रांस की सामाजिक व्यवस्था में परिवर्तन की न तो उम्मीद करते थे और न ही इच्छा रखते थे। यही कारण था कि उनके इर्द-गिर्द

---

* थिओडोर द बानविल स्पष्टतः कहता है कि "बुर्जुआ" के विरुद्ध स्वच्छन्दतावादियों के प्रहार एक सामाजिक वर्ग के रूप में बुर्जुआ वर्ग पर केन्द्रित नहीं थे। स्वच्छन्दतावादियों के इस *रूढ़िवादी* विद्रोह को, जो "बुर्जुआ" के विरुद्ध था पर बुर्जुआ व्यवस्था की जड़ों के विरुद्ध नहीं, आज के कुछ रूसी सिद्धान्तकार (जैसे श्री इवानोव-राजुमनिक) फिलिस्टाइनवाद के विरुद्ध एक ऐसा संघर्ष मानते हैं जो बुर्जुआ वर्ग के विरुद्ध सर्वहारा के सामाजिक एवं राजनीतिक संघर्ष से कहीं अधिक व्यापक था। मैं इस अवधारणा की गहराई की परख करने का जिम्मा पाठक पर छोड़ता हूँ। दरअसल, यह इस दुखद तथ्य की ओर इशारा करती है कि जो लोग रूसी सामाजिक विचारधारा के इतिहास का प्रतिपादन करने का बीड़ा उठाते हैं, वे प्रायः इससे पहले पश्चिमी यूरोप में विचारधारा के इतिहास से परिचित होने का कष्ट नहीं उठाते।

के समाज के साथ उनकी असंगति एकदम निराशाजनक थी।* हमारे पुश्किन को भी अपने समय के रूस में किसी परिवर्तन की उम्मीद नहीं थी। और निकोलस के काल में तो शायद उसमें किसी भी बदलाव की उम्मीद खत्म हो गई। *यही कारण था कि* सामाजिक जीवन के प्रति उसका दृष्टिकोण भी नैराश्य का पुट लिये हुए था।

मेरा ख्याल है कि अब मैं अपने पहले वाले निष्कर्ष को और विस्तार देते हुए कह सकता हूँ कि : *कला, कला के लिए का विचार तभी पैदा होता है जब कलाकार और कला में गहरी दिलचस्पी रखने वाले लोगों की अपने सामाजिक वातावरण के साथ निराशाजनक रूप से असंगति हो जाती है।*

लेकिन कुल मामला इतना ही नहीं है। हमारे "साठ के दशक के लोगों"[17]—जिनका यह दृढ़ विश्वास था कि जल्दी ही विवेक की विजय होगी, और डेविड और उसके मित्रों, जिनमें यह विश्वास किसी से कम दृढ़ नहीं था, का उदाहरण यही दर्शाता है कि *कला की तथाकथित उपयोगितावादी दृष्टि, अर्थात् जीवन की परिघटनाओं पर निर्णयों के महत्त्व को तथा इसके साथ ही जन्मने वाली सामाजिक संघर्ष में भागीदारी करने की आह्लादपूर्ण तत्परता को, कला के उत्पादनों के साथ जोड़ने की प्रवृत्ति वहीं पैदा होती और व्यापक बनती है जहाँ समाज के एक बड़े हिस्से और सृजनात्मक कला में कमोबेश सक्रिय दिलचस्पी रखने वाले लोगों के बीच एक पारस्परिक सहानुभूति पायी जाती है।*

यह बात कितनी सच हो सकती है, इसे निश्चित तौर पर निम्नलिखित तथ्य द्वारा साबित किया जा सकता है।

जब समाज में नई जान फूँकनेवाला 1848 की फरवरी क्रान्ति का तूफान उठ खड़ा हुआ, तो बहुतेरे फ्रांसीसी कलाकारों ने, जो कला, कला के लिए के सिद्धान्त में विश्वास करते थे, इसे फौरन छोड़ दिया। यहाँ तक कि बोदलेअर भी, जिसे आगे चलकर गोतिए ने एक ऐसे कलाकार का आदर्श उदाहरण कहा जो पूरी कट्टरता से यह विश्वास करता था कि कला को अनिवार्यतः स्वायत्त ही होना चाहिए, झटपट एक क्रान्तिकारी पत्रिका *ल सेल्यूत पब्लिक* निकालने लगा। बेशक, इसका प्रकाशन जल्दी ही बन्द हो गया, लेकिन 1852 तक आते-आते, बोदलेअर ने पिएर दूयूपों की कृति *शांसोंस* की भूमिका में, कला, कला के लिए के सिद्धान्त को बचकाना कहा, तथा घोषित किया कि कला का निश्चय ही एक सामाजिक उद्देश्य होना चाहिए। प्रतिक्रान्ति की विजय ने ही बोदलेअर और उस जैसी ही मानसिकता रखने वाले कलाकारों को फिर से पूरी तरह कला, कला के लिए के "बचकाने" सिद्धान्त का कायल बना दिया।

---

* जर्मन स्वच्छन्दतावादियों के दृष्टिकोण की विशेषता भी अपने सामाजिक परिवेश के साथ ऐसी ही हताश असंगति थी। ब्रांडेस ने अपनी कृति *दि रोमांटिक थॉट इन जर्मनी* में इसे बहुत अच्छे ढंग से दिखाया है।

"पारनासस" की भावी प्रतिभाओं में से एक, लकोन्त द लील ने इस विपर्यय के मनोवैज्ञानिक महत्त्व को बड़ी स्पष्टता से अपनी कृति, *पोएम्स एन्तीक्स* की भूमिका में व्यक्त किया, जिसका पहला संस्करण 1852 में प्रकाशित हुआ। उसने बताया कि अब कविता न तो शौर्यपूर्ण कार्रवाइयों के लिए प्रेरित कर सकती है, और न ही सामाजिक सद्गुणों को अपने में समाहित कर सकती है, क्योंकि, अब साहित्यिक पतन के सभी दौरों की भाँति ही, इसकी पवित्र भाषा केवल तुच्छ व्यक्तिगत भावनाओं को ही अभिव्यक्त कर सकती है...और अब यह लोगों को शिक्षित करने में समर्थ नहीं हो सकती। कवियों को सम्बोधित करते हुए लकोन्त द लील ने कहा कि मानव जाति, जिसके वे कभी शिक्षक हुआ करते थे, अब उनसे आगे निकल चुकी है। इस भावी पारनेसियन के शब्दों में, अब कविता का कार्यभार उन लोगों को "एक आदर्श जीवन प्रदान करना" रह गया है, जिनका कोई "यथार्थ जीवन" नहीं रह गया है। ये गहरे अर्थपूर्ण शब्द कला, कला के लिए के विचार के समूचे मनोवैज्ञानिक रहस्य को खोलकर रख देते हैं। आगे कई अवसर आयेंगे जब हमें अभी-अभी उद्धृत की गयी लकोन्त द लील की भूमिका की ओर लौटना होगा।

प्रश्न के इस पक्ष पर अपनी बात पूरी करते हुए, मैं यह जोड़ना चाहूँगा कि राजनीतिक सत्ता हमेशा कला के उपयोगितावादी दृष्टिकोण को तरजीह देती है। जाहिर है, उसी हद तक, जिस हद तक वह कला पर जरा भी ध्यान देती है। और यह समझ में आने वाली बात भी है : यह उसके हित में होता है कि जिससे स्वयं उसका हित सिद्ध होता है उसी की सेवा में सभी विचारधाराओं को लगा दिया जाये। और चूँकि राजनीतिक सत्ता, हालाँकि कभी-कभार क्रान्तिकारी भी होती है, पर अक्सर ही रूढ़िवादी और यहाँ तक कि प्रतिक्रियावादी भी होती है, इसलिए यह सोचना गलत है कि कला के उपयोगितावादी दृष्टिकोण को मुख्य रूप से क्रान्तिकारी और आम तौर पर प्रगतिशील दिमाग वाले लोग ही अपनाते हैं। रूसी साहित्य का इतिहास बहुत स्पष्टता से यह दर्शाता है कि हमारे संरक्षकों तक ने इसे नहीं छोड़ा है। यहाँ कुछ उदाहरण प्रस्तुत हैं। वी.टी. नारेझ्नी के उपन्यास *दि एडवेंचर्स ऑफ काउण्ट गाव्रिला सिमानोविच चिस्त्याकोव* के पहले तीन भाग 1814 में प्रकाशित हुए। यह पुस्तक तत्काल जन शिक्षा मंत्री, काउण्ट राजुमोव्स्की के निर्देश पर प्रतिबन्धित कर दी गयी। इस मौके पर जन शिक्षा मंत्री ने जीवन से साहित्य के सम्बन्ध को लेकर निम्नलिखित विचार व्यक्त किया :

"अक्सर उपन्यासों के लेखक, प्रकटतः बुराई के विरुद्ध अभियान चलाते हुए, वास्तव में, उसे ऐसे रंग में रँगते हैं या ऐसे ढंग से वर्णित करते हैं कि नवयुवक ठीक उन्हीं बुराइयों की ओर बहक जाते हैं जिनका वर्णन न किया गया होता तो बेहतर होता। एक उपन्यास की साहित्यिक खूबी चाहे जो भी हो, उसके प्रकाशन की अनुमति

तभी दी जा सकती है जब उसका सचमुच एक नैतिक उद्देश्य हो।"

जैसा कि हम देख रहे हैं, राजुमोव्स्की का विश्वास था कि कला अपने आप में कोई उद्देश्य नहीं हो सकती।

निकोलस प्रथम के सेवक भी, जो अपने राजकीय पद की बदौलत कला पर कुछ राय देने का अधिकार रखते थे, कला को ठीक इसी ढंग से लेते थे। आपको याद होगा कि बेंकेण्डोर्फ ने भी पुश्किन को सन्मार्ग पर निर्देशित करने का प्रयास किया था। आस्त्रोव्स्की भी सत्ता की सावधान निगरानी से नहीं बच सका था। जब मार्च 1854 में, उसकी कामेडी *'यह पारिवारिक मामला है—इसे हम खुद सुलझायेंगे'* प्रकाशित हुई और जब साहित्य और व्यापार जगत—के कुछ प्रबुद्ध प्रेमियों को यह आशंका हुई कि इससे व्यापारी वर्ग नाराज हो सकता है, तो जनशिक्षा मंत्री (पी.ए. शिरिन्स्की-शिख्मातोव) ने मास्को शिक्षा मण्डल के संरक्षक को आदेश दिया कि वह युवा नाटककार को बुलाये और "उसे समझाये कि उपन्यास और प्रतिभा का उपयोगी उद्देश्य बेतुकेपन और बुराई के सजीव चित्रण में ही नहीं, बल्कि उन्हें समुचित ढंग से खारिज करने में निहित होता है; सिर्फ विद्रूप प्रहसन में नहीं, बल्कि उच्च नैतिक मनोभावों की शिक्षा देने में निहित होता है, अर्थात् बुराई को अच्छाई से, हास्यास्पद और आपराधिक विचारों को आत्मोन्नत करने वाले विचारों एवं कार्यकलापों द्वारा काटने में निहित होता है और अन्त में, इस विश्वास को सुदृढ़ बनाने में निहित होता है, जो सामाजिक एवं निजी जीवन के लिए बहुत महत्त्वपूर्ण है, कि सभी दुष्कर्मों के लिए यहीं धरती पर उचित दण्ड मिल जाता है।"

स्वयं जार निकोलस प्रथम भी कला को मुख्यतः "नैतिक" दृष्टि से ही देखता था। जैसा कि हम जानते हैं, वह बेंकेण्डोर्फ की इस राय से सहमत था कि पुश्किन को पालतू बना देना अच्छा होगा। एक और उदाहरण देखें। आस्त्रोव्स्की का नाटक 'अपनी स्लेज पर टिके रहो' एक ऐसे समय में लिखा गया था जब वह स्लावपंथियों के प्रभाव में था और दोस्तों के साथ कुछ जाम चढ़ा लेने के बाद कहता था कि अपने कुछ दोस्तों की मदद से वह "पीटर के कामों को पलटकर रख देगा"—इस नाटक की प्रशंसा करते हुए निकोलस प्रथम ने कहा था, "यह नाटक नहीं, यह तो एक सबक है।" अब और अधिक उदाहरण न देते हुए, मैं अपने आप को इन दो तथ्यों तक सीमित रखूँगा। जब एन. पोलेवोई के पत्र *मास्कोव्स्की टेलीग्राफ*[18] ने कुकोलनिक के "देशभक्तिपूर्ण" नाटक *'सर्वशक्तिमान के हाथ ने हमारी पितृभूमि की रक्षा की'* की एक प्रतिकूल समीक्षा छाप दी, तो यह निकोलस के मंत्रियों की आँखों की किरकिरी बन गया और इसे प्रतिबन्धित कर दिया गया। लेकिन जब स्वयं पोलेवई ने देशभक्तिपूर्ण नाटक— *'रूसी नौसेना का पितामह'* और *'सौदागर इदोल्किन'* लिखे तो, जैसा कि पोलेवेई के भाई ने लिखा है, जार उसकी नाट्य प्रतिभा पर मुग्ध हो उठा।

"लेखक असाधारण प्रतिभावाला है," उसने कहा। "उसे लिखना चाहिए, लिखना चाहिए। बस यही तो उसे लिखना चाहिए। (वह मुस्कुराया) न कि पत्रिकाएँ प्रकाशित करनी चाहिए।"

और यह न सोचें कि रूसी शासक इस मामले में कोई अपवाद थे। नहीं, फ्रांस के लुई चौदहवें जैसा तानाशाही का अभिलाक्षणिक प्रतिनिधि भी इस मामले में कम कट्टर नहीं था कि कला अपने आप में कोई उद्देश्य नहीं हो सकती, बल्कि उसे निश्चय ही नैतिक शिक्षा का एक उपकरण होना चाहिए। और लुई चौदहवें के यशस्वी काल का समूचा साहित्य और समूची कला इसी विश्वास से ओतप्रोत थी। नेपोलियन प्रथम भी इसी तरह कला, कला के लिए के सिद्धान्त को घृणास्पद "सिद्धान्तवादियों' का एक घातक आविष्कार मानता था। वह भी यही चाहता था कि साहित्य और कला नैतिक उद्देश्यों के प्रति समर्पित रहें। और इस उद्देश्य में वह काफी सफल भी रहा, जैसा कि उदाहरणस्वरूप, इस तथ्य से साबित होता है कि उन दिनों समय-समय पर लगने वाली चित्र-प्रदर्शनियों (सैलों) में ज्यादातर चित्र कौंसुलेट और साम्राज्य के सैन्य कारनामों पर ही केन्द्रित होते थे। उसका छोटा भतीजा, नेपोलियन तृतीय भी उसी के पदचिह्नों पर चला, हालाँकि काफी कम कामयाबी के साथ। उसने भी यही कोशिश की कि कला और साहित्य उसी की सेवा में रहें जिसे वह नैतिकता कहता था। नवम्बर 1861 में ल्योंस के प्रोफेसर लाप्राद ने शिक्षात्मक कला के प्रति इस बोनापार्तवादी रुझान की, *Les Muses d' Etat* नामक एक व्यंग्य रचना में जबर्दस्त खिल्ली उड़ायी। उसने भविष्यवाणी की कि जल्द ही वह समय आयेगा जब राजकीय कलाएँ मानवीय विवेक को फौजी अनुशासन के तहत ला देंगी, तब आदेश ही राज करेगा और एक भी लेखक तनिक भी असन्तोष प्रकट करने का साहस नहीं करेगा।

धूप हो या बारिश, गर्मी हो या सर्दी,
हरदम सन्तुष्ट रहो : "चेहरे पर हो गुलाबी रंगत;
सख्त नापसन्द हैं मुझे दुबले और पीले लोग।
जो नहीं है हँसमुख, उसे टाँग दिया
जाना चाहिए सूली पर।"...

यहाँ प्रसंगवश यह भी बता दूँ कि इस चुटीले व्यंग्य के कारण लाप्राद को प्रोफेसर के अपने पद से हाथ धोना पड़ा था। नेपोलियन तृतीय की सरकार "राजकीय कलाओं" का उपहास बर्दाश्त नहीं कर सकती थी।

II

लेकिन सरकारी “दायरों” की बात छोड़ दें। दूसरे साम्राज्य[19] के फ्रांसीसी लेखकों के बीच, कुछ ऐसे भी थे जो कला, कला के लिए के सिद्धान्त को प्रगतिशील विचारों के कारण नहीं, बल्कि दूसरे ही कारणों से खारिज करते थे। उदाहरण के लिए, अलेक्सान्द्र द्यूमा कनिष्ठ ने, स्पष्ट तौर पर घोषित किया कि “कला, कला के लिए” शब्द निरर्थक है। उसके नाटक *Le fils Naturel* और *Le pere prodigue* निश्चित सामाजिक उद्देश्यों को आगे बढ़ाने के लिए समर्पित थे। वह अपनी रचनाओं द्वारा उस “पुराने समाज” को सहारा देना जरूरी समझता था, जो स्वयं उसी के शब्दों में, हर तरफ से भरभराकर ध्वस्त हो रहा था।

अल्फ्रेड मुसे की मृत्यु के ठीक बाद, 1857 में, उसके साहित्यिक कर्म की समीक्षा करते हुए लामार्तीन ने खेद प्रकट किया कि उसमें धार्मिक, सामाजिक, राजनीतिक या देशभक्तिपूर्ण आस्थाओं की कोई अभिव्यक्ति नहीं थी, और तुक एवं ताल के मोह में पड़कर विवेक को नजरन्दाज करने वाले समकालीन कवियों की उसने निन्दा भी की। अन्त में, एक जरा कम प्रतिभावान साहित्यकार मक्सीम द्यू काम्प का उदाहरण लें, जिसने केवल रूप (फॉर्म) के प्रति आसक्ति की भर्त्सना करते हुए, घोषित किया :

रूप तभी सुन्दर है, सत्य है
जब उसके पीछे विचार हो!
क्या अर्थ है एक सुन्दर ललाट का
यदि न हो मस्तिष्क उसके पीछे?

उसने पेण्टिंग की स्वच्छन्दतावादी शाखा पर भी प्रहार करते हुए कहा : “जैसे कुछ लेखकों ने कला, कला के लिए का सृजन किया है, ठीक वैसे ही श्री देलाक्रुवा ने *रंग के लिए रंग* का आविष्कार किया है। उनके लिए, इतिहास और मानवजाति बस सुचयनित रंगों को संयोजित करने के बहाने हैं।” इसी लेखक के विचार से, कला, कला के लिए की शाखा के दिन निश्चय ही लद चुके थे।

अब लामार्तीन और मक्सीम द्यू काम्प पर अलेक्सान्द्र द्यूमा कनिष्ठ से बढ़कर विध्वंसक प्रवृत्तियाँ रखने का सन्देह नहीं किया जा सकता। उन्होंने कला, कला के लिए के सिद्धान्त को इसलिए खारिज नहीं किया कि वे बुर्जुआ व्यवस्था की जगह एक नयी सामाजिक व्यवस्था चाहते थे, बल्कि इसलिए कि वे उन बुर्जुआ सम्बन्धों को सहारा देना चाहते थे, जो सर्वहारा वर्ग के मुक्ति आन्दोलन द्वारा बुरी तरह झकझोर दिये गये थे। इस मामले में वे स्वच्छन्तावादियों से—और खास तौर

से, पारनेसियन और प्रारम्भिक यथार्थवादियों से—सिर्फ इसी मायने में भिन्न थे कि वे बुर्जुआ जीवन-शैली के प्रति अपेक्षाकृत अधिक समझौतावादी रुख अपनाते थे। वे रूढ़िवादी आशावादी थे, जबकि स्वच्छन्दतावादी और पारनेसियन रूढ़िवादी निराशावादी थे।

इन सबसे यकीनन यही मतलब निकलता है कि कला की उपयोगितावादी दृष्टि एक रूढ़िवादी दृष्टि के साथ भी रह सकती है, और क्रान्तिकारी दृष्टि के साथ भी। इस दृष्टि के अपनाये जाने की प्रवृत्ति की सिर्फ एक ही पूर्वशर्त है : एक विशिष्ट सामाजिक व्यवस्था या सामाजिक आदर्श में जीवन्त दिलचस्पी—चाहे वह कोई भी व्यवस्था या आदर्श हो, और जब किसी कारणवश यह दिलचस्पी खत्म हो जाती है, तो यह प्रवृत्ति भी गायब हो जाती है।

अब हम यह देखेंगे कि कला की इन दोनों परस्पर विपरीत दृष्टियों में से कौन-सी दृष्टि कला की प्रगति के लिए अधिक अनुकूल होती है।

सामाजिक जीवन और सामाजिक चिन्तन के सभी सवालों की भाँति, यह सवाल भी किसी शर्त रहित उत्तर की इजाजत नहीं देता। हरेक चीज देश-काल की परिस्थितियों पर निर्भर करती है। निकोलस प्रथम और उसके भृत्यों को याद करें। वे पुश्किन, ऑस्त्रोव्स्की और अन्य समकालीन कलाकारों को, नैतिकता के पुरोहित बना देना चाहते थे—सशस्त्र पुलिस दल के अनुसार नैतिकता के। आइये, हम एक क्षण के लिए यह मानकर चलें कि वे अपने दृढ़ निश्चय में सफल हो जाते। तब इसका नतीजा क्या निकलता? इसका जवाब एकदम आसान है। जो कलाकार उनके प्रभाव में घुटने टेक देते, उनकी कला राजकीय कला बन जाती, क्षरण के अत्यन्त स्पष्ट लक्षण उसमें अभिव्यक्त होते, तथा उसकी विश्वसनीयता, ओजस्विता और आकर्षण में बेहद कमी आती।

पुश्किन की रचना, "रूस के निन्दकों को जवाब" को उसकी सर्वोत्तम काव्य कृतियों की कोटि में नहीं रखा जा सकता। इसी तरह, ऑस्त्रोव्स्की की कृति *अपनी स्लेज पर* भी, जिसे महामहिम ने एक "उपयोगी सबक" कहा था, कोई अद्‌भुत रचना नहीं है। फिर भी, इस नाटक में, आस्त्रोव्स्की ने एक-दो कदम उस आदर्श की दिशा में अवश्य बढ़ाये थे, जिसे प्राप्त करने के लिए बेंकेण्डोर्फ, शिरिन्स्की-शिख्मातोव और उन्हीं जैसे उपयोगी कला के समर्थक प्रयासरत थे।

अब यह भी मान लें कि थिओफिल गोतिए, थिओडोर द बानविल, लकोन्त द लील, बोदलेअर, गोंकूर बन्धु, फ्लाबेअर—या संक्षेप में कहें तो, स्वच्छन्दतावादियों, पारनेसियन और प्रारम्भिक फ्रांसीसी यथार्थवादियों—ने अपने आप को बुर्जुआ वातावरण के अनुकूल ढाल लिया होता और अपनी कला को अपने उन बुर्जुआ कुलीनों की सेवा में समर्पित कर दिया होता, जो बानविल के शब्दों में, पाँच फ्रैंक के

सिक्के को बाकी हर चीज से ऊपर रखते थे, तो इससे क्या हुआ होता?

इस प्रश्न का भी उत्तर आसान है : तब स्वच्छन्दतावादी, पारनेसियन और प्रारम्भिक फ्रांसीसी यथार्थवादी गहरे रसातल में जा गिरे होते। उनकी कृतियाँ कहीं कम शक्तिशाली, कहीं कम विश्वसनीय और कहीं कम आकर्षक रह गयी होतीं।

कलात्मक गुणवत्ता की दृष्टि से कौन-सी रचना बेहतर है : फ्लाबेअर की मादाम बोवारी या आगिए की *Le Gendre de monsieur Poirier?* निस्सन्देह, ऐसा सवाल पूछना ही निरर्थक है। कारण कि यहाँ पर अन्तर सिर्फ प्रतिभा का नहीं है। आगिए का नाटकीय फूहड़पन, जो बुर्जुआ संयमन और अनुकूलता का ही महिमामण्डन था, निश्चय ही उन सर्जनात्मक विधाओं से भिन्न सर्जनात्मक विधाओं की अपेक्षा रखता था जिनका इस्तेमाल फ्लाबेअर, गोंकूर बन्धु और दूसरे यथार्थवादी कर चुके थे, जो इस संयमन और अनुकूलता पर तिरस्कारपूर्वक मुँह फेर लेते थे। और अन्त में, कोई कारण अवश्य होगा जिसके नाते एक साहित्यिक प्रवृत्ति दूसरी के मुकाबले कहीं अधिक प्रतिभावान लोगों को आकर्षित करती है।

इससे क्या सिद्ध होता है?

इससे एक बात सिद्ध होती है जिससे थिओफिल गोतिए जैसे स्वच्छन्दतावादी कभी सहमत नहीं हो सकते थे, और वह यह है कि किसी कलाकृति की गुणवत्ता अन्तिम रूप से उसकी अन्तर्वस्तु की गुरुता द्वारा निर्धारित होती है। गोतिए सिर्फ यही नहीं मानता था कि कविता कुछ भी सिद्ध करने का प्रयास नहीं करती, बल्कि यह भी कि वह कुछ कहने का भी प्रयास नहीं करती, और कि किसी भी कविता का सौन्दर्य उसके संगीत, उसकी लय से निर्धारित होता है। लेकिन यह एक गम्भीर गलती है। इसके विपरीत, कविता और साहित्यिक कृतियाँ हमेशा कुछ न कुछ *कहती* ही हैं, क्योंकि वे हमेशा कुछ न कुछ *अभिव्यक्त* करती हैं। बेशक, बातों को "कहने" का उनका अपना ढंग होता है। कलाकार अपना विचार बिम्बों में व्यक्त करता है; प्रचारक अपनी सोच *तर्कसंगत निष्कर्षों* के जरिये प्रस्तुत करता है। और यदि एक लेखक एक निश्चित विषयवस्तु को प्रदर्शित करने के लिए, बिम्बों के बजाय तर्कसंगत निष्कर्षों का सहारा लेने लगे, या बिम्ब गढ़ने लगे, तो वह एक कलाकार नहीं बल्कि, प्रचारक ही होगा, भले ही वह निबन्ध या लेख लिखने के बजाय, उपन्यास, कहानियाँ या नाटक ही क्यों न लिखे। यह सब सही है। लेकिन इसका मतलब यह नहीं है कि साहित्यिक कृतियों में विचार का कोई महत्त्व नहीं है। मैं तो यहाँ तक कहना चाहूँगा कि विचार से रहित कोई साहित्यिक कृति हो ही नहीं सकती। यहाँ तक कि ऐसी कृतियों में भी, जिनके लेखकों का जोर केवल रूप पर ही होता है, और जो उनकी अन्तर्वस्तु से कोई सरोकार नहीं रखते, किसी न किसी रूप में कुछ विचार होते ही हैं। गोतिए, जो अपनी

काव्यात्मक कृतियों की वैचारिक अन्तर्वस्तु के प्रति कोई सरोकार नहीं रखता था, घोषित तौर पर कहता था कि रफाएल की एक वास्तविक पेण्टिंग या एक सुन्दर निर्वसन स्त्री की पेण्टिंग देखने के सुख के लिए वह फ्रांसीसी नागरिक के रूप में अपने राजनीतिक अधिकारों को भी तिलांजलि दे सकता है। ये दोनों बातें एक दूसरे से घनिष्ठ रूप से सम्बन्धित हैं : रूप के प्रति उसका एकनिष्ठ सरोकार उसकी सामाजिक और राजनीतिक उदासीनता से ही उपजा था। ऐसी कृतियाँ, जिनके लेखक केवल रूप पर ही जोर देते रहे हैं, हमेशा ही उनके अपने सामाजिक वातावरण के प्रति एक निश्चित—और जैसा कि मैं पहले ही स्पष्ट कर चुका हूँ, *निराशाजनक रूप से नकारात्मक*—दृष्टिकोण को प्रतिबिम्बित करती हैं। और इसी में एक विचार निहित है जो सामान्य तौर पर उन सभी में सर्वनिष्ठ होता है, जिसे प्रत्येक लेखक अपने-अपने विशिष्ट ढंग से व्यक्त करता है। लेकिन जहाँ यह बात है कि विचार से पूर्णतः रहित कोई साहित्यिक कृति हो ही नहीं सकती, वहीं यह भी है कि हर विचार साहित्यिक कृति में व्यक्त नहीं किया जा सकता। इसे रस्किन बहुत अच्छे ढंग से प्रस्तुत करता है, जब वह कहता है कि एक युवती अपने खोये प्रेम का गीत गा सकती है, पर एक कंजूस अपनी खोयी रकम का गीत नहीं गा सकता। और उसका यह कथन एकदम सही है कि एक कलाकृति की गुणवत्ता उन मनोभावों की उदात्तता द्वारा निर्धारित होती है जिन्हें वह कलाकृति अभिव्यक्त करती है। "आप अपनी किसी ऐसी भावना के बारे में सोचें जो आपके मनमस्तिष्क पर प्रबल रूप से छायी हुई हो। क्या इसे कोई गायक गीत में व्यक्त कर सकता है। स्वरमाधुर्य और कलात्मकता के साथ, इसे गा सकता है? यदि हाँ, तो यह एक सही भावना है। क्या इसे बिल्कुल गाया ही नहीं जा सकता या बस हास्यास्पद ढंग से ही गाया जा सकता है? तो यह एक घटिया भावना है।"[20] यही सच है, इसके अलावा और कुछ नहीं हो सकता। कला बौद्धिक सम्प्रेषण का एक माध्यम है। एक कलात्मक कृति में अभिव्यक्त मनोभाव जितना ही उच्च होता है, एक माध्यम के रूप में वह कृति भी उतनी ही प्रभावशाली होती है, यदि अन्य बातें समान रहें तो। एक कंजूस अपनी खोयी रकम का गीत क्यों नहीं गा सकता? बस इसीलिए कि यदि वह अपने नुकसान का गीत गाये, तो कोई भी उससे द्रवित नहीं होगा, अर्थात् उसका गीत स्वयं उसके और अन्य लोगों के बीच सम्प्रेषण के माध्यम का कार्य नहीं कर सकेगा।

युद्ध गीतों के बारे में मेरी क्या राय है?—यह सवाल मुझसे पूछा जा सकता है : क्या युद्ध भी मनुष्य-मनुष्य के बीच सम्प्रेषण के माध्यम का कार्य करता है? मेरा उत्तर है कि भले ही युद्ध गीत दुश्मन के प्रति घृणा की अभिव्यक्ति करता है, लेकिन इसके साथ ही साथ, यह सैनिकों के निष्ठापूर्ण साहस की, अपने देश, अपने राष्ट्र के लिए कुर्बान हो जाने की उनकी तत्परता आदि की प्रशस्ति भी करता है। यह जिस हद

तक इस तत्परता को व्यक्त करता है, उस हद तक यह सीमाओं (कबीला, समुदाय, राष्ट्र) के भीतर मनुष्य-मनुष्य के बीच सम्प्रेषण के माध्यम का कार्य करता है, जिनका दायरा मानवजाति, या अधिक सटीक कहें तो, मानवजाति के एक हिस्से द्वारा हासिल किये गये सांस्कृतिक विकास के स्तर से निर्धारित होता है।

इवान तुर्गनेव ने, जो कला की उपयोगितावादी दृष्टि के प्रचारकों को सख्त नापसन्द करते थे, एक बार कहा था कि माइलो की वीनस 1789 के सिद्धान्तों से कहीं अधिक असन्दिग्ध है। उन्होंने बिल्कुल सही कहा था। लेकिन यह कथन क्या दर्शाता है? निश्चय ही वह नहीं, जो इवान तुर्गनेव दर्शाना चाहते थे।

इस दुनिया में बहुतेरे ऐसे लोग हैं जिनके लिए 1789 के सिद्धान्त "सन्दिग्ध" ही नहीं बल्कि पूर्णतः अज्ञात हैं। एक ऐसे होटेन्टॉट आदिवासी से, जो कभी यूरोप के किसी स्कूल में न गया हो, पूछिये कि वह इन सिद्धान्तों के बारे में क्या सोचता है, और आपको जवाब मिलेगा कि उसने तो उनके बारे में कभी सुना ही नहीं है। लेकिन होटेन्टॉट के लिए सिर्फ 1789 के सिद्धान्त ही अज्ञात नहीं हैं; उसके लिए माइलो की वीनस भी ऐसे ही अज्ञात है। और अगर कभी वह इस कलाकृति को देख भी ले, तब भी वह उसके प्रति "अपने सन्देह" ही प्रकट करेगा। नारी-सौन्दर्य का उसका अपना ही आदर्श है, जिसका नृजातिवैज्ञानिक कृतियों में चित्रण अक्सर होटेन्टॉट वीनस के नाम से ही मिलता है। माइलो की वीनस "असन्दिग्ध रूप से" सिर्फ गोरी नस्ल के एक हिस्से के लिए ही आकर्षक है। गोरी नस्ल के इस हिस्से के लिए वह सचमुच 1789 के सिद्धान्तों से कहीं अधिक असन्दिग्ध है। लेकिन क्यों? सिर्फ इसीलिए कि ये सिद्धान्त जिन सम्बन्धों को अभिव्यक्त करते हैं वे गोरी नस्ल के विकास के सिर्फ एक निश्चित चरण से अर्थात् उस समय से ही सम्बन्धित हैं जब बुर्जुआ व्यवस्था सामन्ती व्यवस्था के विरुद्ध संघर्ष में अपने आप को स्थापित कर रही थी*—जबकि माइलो की वीनस उस नारी रूप का आदर्श है जो इस विकास के *कई* चरणों के अनुकूल है। कई चरणों से, सभी से नहीं। ईसाइयों में नारी-रूप का अपना ही आदर्श है। इसे बाइजेंटियन प्रतिमाओं में देखा जा सकता है। हर कोई जानता है

* फ्रांस की संविधान सभा द्वारा 20-26 अगस्त 1789 की अपनी बैठक में स्वीकार किये गये 'मनुष्य और नागरिक के अधिकारों का घोषणापत्र' का अनुच्छेद 2 कहता है : "हर राजनीतिक संघ का लक्ष्य मनुष्य के प्राकृतिक और अहस्तान्तरणीय अधिकारों का संरक्षण है। ये अधिकार हैं : स्वतंत्रता, सम्पत्ति, सुरक्षा और उत्पीड़न का प्रतिरोध।" *सम्पत्ति* की चिन्ता क्रान्ति के बुर्जुआ चरित्र की द्योतक है, जबकि "उत्पीड़न के प्रतिरोध" का अधिकार यह इंगित करता है कि क्रान्ति अभी अधूरी थी और उसे कुलीन वर्गों के कड़े प्रतिरोध का सामना करना पड़ रहा था। जून 1848 में फ्रांसीसी बुर्जुआ ने साफ कर दिया कि वह अब उत्पीड़न के प्रतिरोध के नागरिक अधिकार को नहीं मानता।

कि इन प्रतिमाओं के पूजक माइलो और अन्य सभी वीनसों के प्रति बहुत "सन्देहशील" थे। वे उन्हें शैतानी मूर्तियाँ कहते थे, और जहाँ भी सम्भव होता, उन्हें नष्ट कर देते थे। फिर एक समय ऐसा आया जब ये प्राचीन शैतानी मूर्तियाँ गोरी नस्ल के लोगों को फिर से लुभाने लगीं। इस दिशा में मार्ग प्रशस्त करने का कार्य पश्चिम यूरोपीय बर्गरों के मुक्ति आन्दोलन ने किया और यही आन्दोलन सर्वाधिक प्रखरता के साथ 1789 के सिद्धान्तों में प्रतिबिम्बित हुआ। इसलिए, तुर्गनेव जो भी कहें, हम यह कह सकते हैं कि जैसे-जैसे यूरोपीय जनता 1789 के सिद्धान्तों की उद्घोषणा के लिए अधिकाधिक परिपक्व होती गयी, वैसे-वैसे माइलो की वीनस भी नये यूरोप में अधिकाधिक "असन्दिग्ध" होती गयी। यह कोई विरोधाभास नहीं है; यह एकदम ऐतिहासिक तथ्य है। पुनर्जागरण काल में कला के इतिहास का कुल अर्थ—सौन्दर्य की अवधारणा की दृष्टि से—यही है कि मानवीय बाह्य रूप का ईसाई-मठवादी आदर्श उस लौकिक आदर्श द्वारा धीरे-धीरे पृष्ठभूमि में धकेल दिया गया जो शहरों के मुक्ति-आन्दोलन से उत्पन्न हुआ था, और जिसे साकार करने में प्राचीन शैतानी मूर्तियों की स्मृतियों ने मदद की। बेलिंस्की—जिन्होंने अपने साहित्यिक जीवन के आखिरी दिनों में ठीक ही कहा था कि "शुद्ध, अमूर्त, बिना शर्त, या जैसा कि दार्शनिकों का मानना है, *निरपेक्ष* कला कभी भी और कहीं भी अस्तित्व में नहीं रही है"—इसके बावजूद यह स्वीकार करने के लिए तैयार थे कि सोलहवीं सदी की इतालवी पेण्टिंग स्कूल की कलाकृतियाँ किसी हद तक निरपेक्ष कला के आदर्श के निकट थीं, कारण कि वे एक ऐसे युग की रचनाएँ थीं जिसमें "कला समाज के सबसे शिक्षित तबके की मुख्य और एकमात्र रुचि थी।" उसने, "रफाएल की मैडोना, सोलहवीं सदी की इतालवी पेण्टिंग की सर्वश्रेष्ठ कृति" का उदाहरण दिया जो तथाकथित सिस्टीन मैडोना के रूप में अब ड्रेस्डन गैलरी में रखी हुई है। लेकिन सोलहवीं सदी के इतालवी कला-स्कूल ईसाई-मठवादी आदर्श के विरुद्ध लौकिक आदर्श के संघर्ष की लम्बी प्रक्रिया का चरमोत्कर्ष थे। और सोलहवीं सदी के उच्च शिक्षित तबके में कला के प्रति दिलचस्पी चाहे कितनी भी एकनिष्ठ* क्यों न रही हो, यह निर्विवाद है कि रफाएल की मैडोना कृतियाँ ईसाई-मठवादी आदर्श के ऊपर लौकिक आदर्श की विजय की सर्वाधिक प्रातिनिधिक कलात्मक अभिव्यक्तियों में से हैं। यही बात, बिना किसी अतिशयोक्ति के उन कृतियों तक के बारे में कही जा सकती है जिन्हें रफाएल ने तब

---

* इसकी विशिष्टता इसी बात का द्योतक थी कि सोलहवीं शताब्दी में कला के गुणग्राहक अपने सामाजिक परिवेश से बुरी तरह कट चुके थे। उस समय भी, इस असंगति ने विशुद्ध कला की ओर, यानी कला, कला के लिए के दृष्टिकोण की ओर झुकाव को प्रेरित किया। इससे पहले, उदाहरण के लिए, गिओतो के समय में ऐसी असंगति नहीं थी और न ही ऐसा झुकाव।

चित्रित किया जब वह अभी अपने उस्ताद पेरुगिनो के प्रभाव में था, और जिनके चेहरे विशुद्धतः धार्मिक मनोभाव प्रतिबिम्बित करते लगते हैं। लेकिन उनके प्रकट धार्मिक बाह्य रूप के पीछे विशुद्धतः लौकिक जीवन की ऐसी जीवन्तता और ऐसा स्वस्थ आह्लाद दिखता है, जो बाइजेन्टियन कला-उस्तादों की पवित्र वर्जिन मैरी वाली कलाकृतियों से बिल्कुल ही नहीं मेल खाता है।* सोलहवीं सदी के इतालवी कला-उस्तादों की ये रचनाएँ उसी तरह "निरपेक्ष कला" की रचनाएँ नहीं थीं जैसे सिमाबो और दूचिओ दि बूनिन्सेन्या जैसे पूर्ववर्ती कला-उस्तादों की रचनाएँ। निस्सन्देह ऐसी कला पहले कभी भी और कहीं भी नहीं रही थी। और यदि इवान तुर्गनेव ने माइलो की वीनस को ऐसी ही कला का उत्पाद बताया, तो इसका कारण यही था कि वह भी, अन्य सभी प्रत्ययवादियों की भांति ही, मनुष्य के सौन्दर्यशास्त्रीय विकास की वास्तविक प्रक्रिया की एक गलत धारणा पाले हुए थे।

किसी भी समय में, किसी भी समाज या सामाजिक वर्ग में, सौन्दर्य के प्रचलित आदर्श की जड़ें अंशतः मानवजाति के विकास की जैविक दशाओं में होती हैं—जो विभेदकारी नस्ली विशिष्टताएँ भी पैदा करती हैं—और अंशतः उन ऐतिहासिक दशाओं में होती हैं जिनके अन्तर्गत वह समाज या वर्ग उत्पन्न हुआ और अस्तित्वमान होता है। इसीलिए इसमें हमेशा ही एक बहुत समृद्ध अन्तर्वस्तु होती है, जो निरपेक्ष नहीं होती है, बिना शर्त नहीं होती है, पर एकदम विशिष्ट अवश्य होती है। जो "शुद्ध सौन्दर्य" का पुजारी है वह इसी नाते उन जैविक और ऐतिहासिक-सामाजिक दशाओं से स्वतंत्र नहीं हो पाता है जो उसकी सौन्दर्यबोधात्मक अभिरुचि को निर्धारित करती हैं; वह बस कमोबेश जान-बूझकर इन दशाओं से आँखें मूँद ले सकता है। प्रसंगवश यह भी बता दें कि ठीक यही बात थिओफिल गोतिए जैसे स्वच्छन्दतावादियों के साथ थी, जिसके बारे में मैं पहले ही कह चुका हूँ कि काव्यकृतियों के सिर्फ रूप में उसकी दिलचस्पी का सीधा सम्बन्ध उसकी सामाजिक और राजनीतिक उदासीनता से था।

इस उदासीनता ने उसके कविकर्म की गुणवत्ता इस हद तक बढ़ाई कि वह बुर्जुआ फूहड़पन, बुर्जुआ संयमन और अनुकूलता के आगे घुटने टेकने से बच गया। लेकिन इसने उसकी गुणवत्ता को इस हद तक कम भी किया कि गोतिए का दृष्टिकोण संकुचित हो गया, और वह अपने समय के प्रगतिशील विचारों को आत्मसात न कर सका। अब हम *मदमोजाल द मोपैं* की भूमिका की ओर लौटें, जिसमें लगभग बचकाने ढंग से कला की उपयोगितावादी दृष्टि के समर्थकों पर प्रहार किया गया है। इस भूमिका में गोतिए घोषित करता है :

"हे भगवान, मानवजाति की आत्म-परिपूर्णता की कल्पित क्षमता की यह बात कितनी बेतुकी है, जिसे सुनते-सुनते हमारे कान पक गये हैं! कोई सोच सकता है कि

* यह गौरतलब है कि खुद पेरूगिनो के समकालीन उसके नास्तिक होने का सन्देह करते थे।

मानव-मशीन में उत्तरोत्तर सुधार सक्षम है, और कि एक पहिये को ठीक-ठाक करके या उसके प्रतिभार को सन्तुलित करके हम उसे बेहतर ढंग से कार्य करने योग्य बना सकते हैं।"

यह साबित करने के लिए कि बात ऐसी नहीं है, गोतिए मार्शल द बासमपिएर का उदाहरण देता है, जो अपनी तोपों की सेहत के लिए पीपाभर शराब पी जाता था। वह कहता है कि पीने के मामले में मार्शल को पीछे छोड़ना उतना ही कठिन है जितना कि आज के मनुष्य के लिए, खाने के मामले में, क्रोटोन के माइलो से आगे निकलना; जो एक ही बार में पूरा साँड खा जाता था। ये बातें, जो अपने आप में एकदम सच हैं, कला, कला के लिए के सिद्धान्त के उस रूप की ही अभिलाक्षणिक विशिष्टता हैं जिस रूप में स्वच्छन्दतावादी इसे प्रस्तुत करते थे।

यह सवाल पूछा जा सकता है : आखिर वे कौन थे जिनकी यह बात सुनते-सुनते गोतिए के कान पक गये थे कि मानव जाति आत्म-परिपूर्णता में सक्षम है? वे समाजवादी—अधिक सटीकता से कहें तो सेण्ट-साइमनवादी थे, जो *मदमोजाल द मोपैं* के प्रकाशन से कुछ ही समय पहले तक, फ्रांस में बहुत लोकप्रिय थे। सेण्ट-साइमनवादियों के ही विरुद्ध गोतिए ने ये टिप्पणियाँ की थी, जो अपने आप में बिल्कुल सत्य थीं, मार्शल द बासमपिएर की शराबखोरी और क्रोटोन के माइलो के पेटूपन से पार पाना कठिन है। लेकिन ये टिप्पणियाँ, अपने आप में बिल्कुल सच होते हुए भी, सेण्ट-साइमनवादियों के विरुद्ध निर्देशित होने पर बिल्कुल गलत हो जाती हैं। वे मानव जाति की जिस आत्म-परिपूर्णता की बात कह रहे थे उसका पेट की क्षमता बढ़ाने से कोई सम्बन्ध न था। सेण्ट साइमनवादियों के दिमाग में जो बात थी वह यह कि सामाजिक संगठन को बहुसंख्यक जनता, अर्थात् मेहनतकश, उत्पादक तबके के हित में सुधारा जाये। इसे बेतुका उद्देश्य कहना, और यह पूछना कि क्या इससे मनुष्य की बेतहाशा शराब पीने और मांस भक्षण करने की क्षमता बढ़ाने जैसा प्रभाव पड़ेगा, उस संकीर्ण बुर्जुआ मानसिकता का ही परिचायक था जो युवा स्वच्छन्दतावादियों को काँटे की तरह खटकती थी। इसका कारण क्या था? यह बुर्जुआ संकीर्णता एक ऐसे लेखक के चिन्तन में प्रवेश कैसे कर गयी जो अपने अस्तित्व की सारी सार्थकता जी-जान से उसी के विरुद्ध संघर्ष करने में देखता था?

मैं इस सवाल का जवाब, प्रसंगवश ही सही, कई बार दे चुका हूँ, और जैसा कि जर्मन कहते हैं, किसी दूसरे सन्दर्भ में। मैं इसका जवाब स्वच्छन्दतावादियों तथा डेविड और उसके मित्रों की मानसिक अभिवृत्तियों की तुलना के रूप में दे चुका हूँ। मैं बता चुका हूँ कि भले ही स्वच्छन्दतावादियों ने बुर्जुआ अभिरुचियों एवं आदतों के विरुद्ध विद्रोह किया था, फिर भी बुर्जुआ सामाजिक व्यवस्था पर उनका कोई एतराज न था। यहाँ जरूरी है कि हम इस बात की पूरी छानबीन करें।

कुछेक स्वच्छन्दतावादी—जैसे, पिएर लेरू के साथ घनिष्ठता के दिनों में जार्ज सांद—समाजवाद के प्रति सहानुभूति रखते थे। लेकिन वे अपवाद थे। सामान्य नियम यह था कि स्वच्छन्दतावादी बुर्जुआ फूहड़पन के विरुद्ध विद्रोह करते हुए भी सामाजिक सुधार का आह्वान करने वाली समाजवादी प्रणालियों को गहराई से नापसन्द करते थे। स्वच्छन्दतावादी सामाजिक व्यवस्था में किसी परिवर्तन के बिना ही सामाजिक तौर-तरीकों में परिवर्तन के इच्छुक थे। यहाँ यह बताने की जरूरत नहीं कि ऐसा होना एकदम असम्भव था। फलतः "बुर्जुआ" के विरुद्ध स्वच्छन्दतावादियों का विद्रोह व्यवहारतः उतना ही निष्प्रभावी सिद्ध हुआ जितना कि फिलिस्टाइनों के प्रति गोटिंजेन या ज्यां फुक्से का तिरस्कार। व्यावहारिक दृष्टि से "बुर्जुआ" के विरुद्ध स्वच्छन्दतावादी विद्रोह पूर्णतः निष्फल रहा। लेकिन इसकी व्यावहारिक निष्फलता के जो साहित्यिक नतीजे निकले वे कम महत्त्वपूर्ण नहीं थे। इसने स्वच्छन्दतावादी नायकों को ऐसा आडम्बरपूर्ण और बनावटी चरित्र प्रदान कर दिया, जिसके चलते, अन्ततः स्वच्छन्दतावादी शाखा ही धराशायी हो गयी। ऐसे आडम्बरपूर्ण और बनावटी नायक किसी साहित्यिक कृति का गुण नहीं माने जा सकते। और इसीलिए अब हमें ऊपर इंगित की गयी *खूबी* के साथ ही *खामी* को रखना होगा : *जहाँ स्वच्छन्दतावादियों की साहित्यिक कृतियों ने "बुर्जुआ" के विरुद्ध अपने लेखकों के विद्रोह से काफी कुछ प्राप्त किया, वहीं, उन्होंने इस बात से काफी कुछ खो दिया कि उस विद्रोह का कोई व्यावहारिक अर्थ नहीं था।*

प्रारम्भिक फ्रांसीसी यथार्थवादियों ने स्वच्छन्दतावादी रचनाओं की मुख्य खामी, यानी उनके नायकों के आडम्बरपूर्ण, बनावटी चरित्र को दूर करने की कोशिश की थी। इसीलिए, फ्लाबेअर के उपन्यासों में (शायद, *सलाम्बो* और *लेस कोंते* को छोड़कर) स्वच्छन्दतावादी बनावटीपन और आडम्बर का लेश भी नहीं मिलता। प्रारम्भिक यथार्थवादी "बुर्जुआ" के विरुद्ध लगातार विद्रोह करते रहे, लेकिन ऐसा उन्होंने दूसरे ही ढंग से किया। उन्होंने बुर्जुआ असंस्कृतों के मुकाबले ऐसे नायक नहीं सृजित किये, जो यथार्थ में मौजूद नहीं थे, बल्कि इसके बजाय उन्होंने असंस्कृतों को ही विश्वसनीय कलात्मक प्रस्तुति का विषय बनाने की कोशिश की। फ्लाबेअर अपने सामाजिक वातावरण के वर्णन के लिए उसी तरह वस्तुगत होना अपना कर्त्तव्य समझता था जैसे प्रकृतिविज्ञानी प्रकृति के प्रति होता है। वह कहता था कि "लोगों के साथ ठीक वैसा ही व्यवहार करना चाहिए जैसा शंकुदन्तों या घड़ियालों के साथ किया जाता है"। "इसमें परेशान होने की क्या बात है कि कुछ के सींग होते हैं और कुछ के जबड़े? उन्हें वैसे ही प्रस्तुत करो जैसे वे हैं, उनके भुसभरे मॉडल तैयार करो, और स्पिरिट के मर्तबानों में रख दो। लेकिन उन पर नैतिक फैसले मत दो। और तुम खुद क्या हो, पिद्दी मेढकों?" और फ्लाबेअर जिस हद तक वस्तुगत होने में सफल रहा, उस हद तक उसकी कृतियों में उकेरे गये चरित्रों ने "अभिलेखीय" महत्त्व ग्रहण किया, जिनका अध्ययन सामाजिक

मनोविज्ञान का वैज्ञानिक अनुसन्धान करने वाले हर व्यक्ति के लिए आवश्यक है। वस्तुगतता उसकी रचना-विधि की एक सशक्त विशेषता थी, लेकिन जहाँ वह कलात्मक सृजन की प्रक्रिया में वस्तुगत था, वहीं वह समकालीन सामाजिक आन्दोलनों के प्रति अपने दृष्टिकोण में अत्यन्त मनोगत भी था। थिओफिल गोतिए की भाँति, "बुर्जुआ" के प्रति उसकी तिक्त तिरस्कार-भावना के साथ ही उसमें उन सभी के प्रति भी प्रबल घृणा भरी हुई थी जो किसी न किसी भाँति बुर्जुआ सामाजिक सम्बन्धों का विरोध करते थे। वस्तुतः उसकी घृणा और भी प्रबल थी। वह सार्विक मताधिकार का कट्टर विरोधी था, और उसे वह "मानवीय मेधा का अपमान" कहा करता था। उसने जार्ज सांद को लिखे एक पत्र में कहा कि "सार्विक मताधिकार के अन्तर्गत मेधा और शिक्षा, जाति और यहाँ तक कि दौलत पर भी संख्या भारी पड़ जाती है, जबकि इनका मूल्य संख्या से कहीं बढ़कर है।" उसने एक दूसरे पत्र में लिखा कि सार्विक मताधिकार की अवधारणा दैवी अधिकार की अवधारणा से भी अधिक बेतुकी है। वह समाजवादी समाज को "एक खूँखार दैत्य" समझता था "जो समस्त व्यक्तिगत गतिविधि, समस्त व्यक्तित्व, समस्त विचार को निगल जायेगा, जो हर चीज को निर्देशित करेगा और सब कुछ खुद ही करेगा।" इस प्रकार हम देखते हैं कि "बुर्जुआ" से घृणा करनेवाला यह लेखक जनतंत्र और समाजवाद को खारिज करने में बुर्जुआ वर्ग के सर्वाधिक संकीर्णतावादी सिद्धान्तकारों से पूरी तरह मेल खाता था। और यही विशेषता उसके उन सभी समकालीनों में भी देखने को मिलती है जो कला, कला के लिए की हिमायत करते थे। बोदलेअर जो बहुत पहले ही अपने क्रान्तिकारी *सलुत पब्लिक* को भूल चुका था, एडगर एलन पो के जीवन पर लिखे अपने एक निबन्ध में कहता है : "ऐसे लोगों के बीच, जिनमें कोई कुलीन वर्ग न हो, सौन्दर्य की संस्कृति सिर्फ भ्रष्ट, पतित और विलुप्त ही हो सकती है।" इसी निबन्ध में वह यह भी कहता है कि केवल तीन ही गणमान्य हैं : "पुरोहित, सैनिक और कवि।" यह तो संकीर्णवाद से भी बढ़कर है, यह निश्चय ही एक प्रतिक्रियावादी मनोदशा है। ऐसा ही प्रतिक्रियावादी बार्बे द आर्वीली है। अपनी पुस्तक *लेस पोएते* में लारेंत पिशा की काव्य कृतियों की चर्चा करते हुए वह कहता है कि वह और भी महान कवि हो सकता था "अगर उसने निरीश्वरवाद और जनतंत्र—अपने चिन्तन के इन दो कलंकों को कुचल डाला होता।"

थिओफिल गोतिए ने जब *मदमोज़ाल द मोपैं* की भूमिका (मई 1835 में) लिखी, तब से काफी वक्त गुजर चुका है। सेण्ट साइमनवादी, जिन्होंने आत्म-परिपूर्णता की मानवजाति की क्षमता की बात कर-करके उसके कान पका दिये थे, सामाजिक सुधार की आवश्यकता का प्रचण्ड उद्‌घोष कर चुके थे। लेकिन तमाम काल्पनिक समाजवादियों की भाँति, वे शान्तिपूर्ण सामाजिक विकास में जी-जान से विश्वास करते थे, और *इसीलिए* वे भी वर्ग-संघर्ष के कम कट्टर विरोधी नहीं थे। इसके अतिरिक्त,

काल्पनिक समाजवादी मुख्यतः दौलतमन्दों को ही सम्बोधित करते थे। उन्हें यकीन नहीं था कि सर्वहारा वर्ग स्वतंत्रतापूर्वक कार्रवाई कर सकता है। लेकिन 1848 की घटनाओं ने दिखा दिया कि इसकी स्वतंत्र कार्रवाई बहुत जबर्दस्त हो सकती है। 1848 के बाद, अब सवाल यह नहीं रह गया कि धनी वर्ग गरीबों की नियति सुधारने का इच्छुक है या नहीं, बल्कि यह हो गया कि अब धनी और गरीब के बीच संघर्ष में कौन भारी पड़ेगा। अब आधुनिक समाज के वर्गों के बीच सम्बन्ध काफी सरलीकृत हो चुके थे। बुर्जुआ वर्ग के सारे सिद्धान्तकारों को महसूस होने लगा था कि अब मुद्दा यह है कि वह मेहनतकश जनसमुदायों को अपनी आर्थिक मातहती में बनाये रखने में कामयाब हो सकेगा या नहीं। यह अहसास उन लोगों के दिमाग में भी प्रवेश करने लगा था जो मानते थे कि कला समृद्ध वर्ग के लिए होती है। उनमें से विज्ञान के क्षेत्र में एक अति महत्त्वपूर्ण व्यक्तित्व, अर्नेस्ट रेनन ने अपनी कृति, *नैतिक एवं बौद्धिक सुधार* में एक ऐसी मजबूत सरकार की माँग रखी "जो कामकाज करने के लिए गँवार लोगों को विवश कर सके ताकि हम मुक्त होकर दिमाग के घोड़े दौड़ा सकें।"

उनके "दिमाग के घोड़े" किस दिशा में दौड़ें इस पर इस तथ्य का प्रभाव पड़ना ही था कि बुर्जुआ सिद्धान्तकार अब बुर्जुआ वर्ग और सर्वहारा के बीच संघर्ष के महत्त्व को पहले से बहुत ज्यादा समझ रहा था। प्राचीन बाइबिल में इसे बहुत ही अच्छे ढंग से कहा गया है : "निश्चय ही (दूसरों का) उत्पीड़न एक बुद्धिमान आदमी को पागल बना देता है।" अपने वर्ग और सर्वहारा वर्ग के बीच संघर्ष के निहितार्थ से वाकिफ हो जाने के बाद बुर्जुआ सिद्धान्तकार, सामाजिक परिघटनाओं के शान्तिपूर्ण वैज्ञानिक अनुसन्धान की क्षमता धीरे-धीरे खोते गये। और इसके फलस्वरूप उनके कमोबेश वैज्ञानिक कार्यों का अन्तर्निहित मूल्य भी काफी घट गया। जहाँ पहले, बुर्जुआ राजनीतिक अर्थशास्त्र डेविड रिकार्डो जैसे वैज्ञानिक महापुरुष पैदा करने में समर्थ था, वहीं अब फ्रेडरिक बास्तिआ जैसे बकवादी बौनों का बोलबाला हो गया। दर्शन पर प्रत्ययवादी प्रतिक्रिया हावी होती गयी, जिसका सारतत्त्व था आधुनिक प्राकृतिक विज्ञान की उपलब्धियों और पुराने धार्मिक विश्वासों के बीच तालमेल बैठाने, या ज्यादा सटीक रूप में कहें तो, प्रार्थनाघर और प्रयोगशाला के बीच तालमेल बैठाने की रूढ़िवादी इच्छा।* कला भी इस सामान्य नियति से नहीं बच सकती थी। हम आगे चलकर देखेंगे कि

---

* "कोई भी बारी-बारी से अपने प्रार्थनागृह और अपनी प्रयोगशाला में जा सकता है; इसमें कोई अन्तरविरोध नहीं है।" मोंतपेलियर में क्लीनिकल मेडिसिन के प्रोफेसर ग्रासे ने करीब दस वर्ष पूर्व यह कहा था। जूल सूरी जैसे सिद्धान्तकार बड़ी खुशी के साथ इस उक्ति को *'ब्रीफ हिस्ट्री ऑफ मेटेरियलिज्म'* जैसी अपनी किताबों में बार-बार उद्धृत करते हैं। सूरी का ही एक और लेख 'विज्ञान और धर्म' देखें जिसका मुख्य विचार दु बोइस-रेमण्ड के इन शब्दों में अभियक्त हुआ है : *ignoramus et ignorabimus.*[21]

वर्तमान प्रत्ययवादी प्रभाव के अन्तर्गत कुछ आधुनिक चित्रकार कैसे बेतुकेपन की हद तक जा पहुँचे हैं। फिलहाल मैं निम्नलिखित बातें कहना चाहूँगा।

प्रारम्भिक यथार्थवादियों की संकीर्णतावादी, और यहाँ तक कि अंशतः प्रतिक्रियावादी मनोवृत्ति अपने वातावरण का सांगोपांग अध्ययन करने और महान कलात्मक मूल्य की चीजें सृजित करने में उनके आड़े नहीं आती थी। लेकिन निस्सन्देह इससे उनकी दृष्टि सीमा काफी संकुचित हो गयी। अपने समय के महान मुक्ति आन्दोलन से खिन्न होकर मुँह फेर लेने के चलते, उन्होंने अपने प्रेक्षण में "शंकुदन्तों" और "घड़ियालों" में से सबसे दिलचस्प नमूनों को ही छाँटकर अलग कर दिया, उन लोगों को जिनका आन्तरिक जीवन सबसे समृद्ध था। वस्तुतः उन्होंने जिस वातावरण का अध्ययन किया, उसके प्रति उनके वस्तुगत दृष्टिकोण में, सहानुभूति का अभाव था। और तब यह स्वाभाविक ही था कि उन्हें, अपने रूढ़िवाद के चलते, सिर्फ घिसे-पिटे मध्यवर्गीय जीवन के "गन्दगीभरे कीचड़" में पैदा होने वाले "क्षुद्र विचार" और "क्षुद्र मनोभाव" ही दिखायी दिये, जिनसे वे सहानुभूति नहीं रख सकते थे। लेकिन वे जिन चीजों को देख या सृजित कर रहे थे उनके प्रति सहानुभूति का अभाव जल्द ही उनकी दिलचस्पी को भी घटा देनेवाला था, और ऐसा ही हुआ भी। इस प्रकार, प्रकृतिवाद, जिसकी शुरुआत उनकी उत्कृष्ट कृतियों से हुई, जल्द ही हुइसमान के शब्दों में, "एक अन्धी गली, एक बन्द सुरंग में" जा पहुँचा। अब यह, हुइसमान के ही शब्दों में, सिफलिस समेत हरेक चीज को अपनी विषयवस्तु बना सकता था।* लेकिन आधुनिक मजदूर वर्गीय आन्दोलन इसकी परिधि से बाहर ही बना रहा। बेशक, मैं यह भूला नहीं हूँ कि जोला ने *जर्मिनल भी लिखा*। लेकिन इस उपन्यास के कमजोर बिन्दुओं को छोड़ दें तो भी, यह जरूर याद रखना चाहिए कि जहाँ खुद जोला, जैसा कि उसने कहा था, समाजवाद की ओर झुकने लगा था, वहीं उसकी तथाकथित प्रयोगात्मक विधि महान सामाजिक आन्दोलनों के कलात्मक अध्ययन एवं वर्णन के लिए अनुपयुक्त थी, और अनुपयुक्त बनी रही। यह विधि उस भौतिकवाद के दृष्टिकोण से घनिष्ठ रूप से जुड़ी हुई थी जिसे मार्क्स ने प्राकृतिक-वैज्ञानिक कहा था, जो यह समझ पाने में असफल होता है कि *सामाजिक* मनुष्य की कार्रवाईयाँ, मानसिक रुझानें, अभिरुचियाँ और आदतें *शरीर-क्रियाविज्ञान या रोग विज्ञान* द्वारा समुचित रूप से व्याख्यायित नहीं की जा सकतीं, कारण कि वे *सामाजिक सम्बन्धों* द्वारा निर्धारित होती हैं। जो कलाकार इस विधि के प्रति निष्ठावान बने रहे, वे अपने "शंकुदन्तों" और "घड़ियालों" को एक विराट समग्र के सदस्य के रूप में नहीं, बल्कि अलग-अलग व्यक्तियों के रूप में ही समझ और चित्रित कर सके। हुइसमान ने इसे

---

* यहाँ हुइसमान बेल्जियन लेखक तबारां के उपन्यास *Les virus d'amour* (*प्रेम का वायरस*) की ओर इशारा कर रहे थे।

समझते हुए ही कहा था कि प्रकृतिवाद एक अन्धी गली में जा पहुँचा है और अब उसके लिए कुछ भी नहीं बचा है, सिवाय इसके कि वह एक बार फिर एक शराब-व्यापारी और एक पंसारिन के प्रथम प्रेम-सम्बन्ध को अपना विषय बनाये। लेकिन ऐसे सम्बन्धों पर आधारित कहानियाँ भी केवल तभी दिलचस्पी का विषय बन सकती थीं जब उनमें सामाजिक सम्बन्धों के कुछ पहलुओं पर रोशनी डाली जाती, जैसा कि रूसी यथार्थवाद ने किया। लेकिन, फ्रांसीसी यथार्थवादियों में ऐसी सामाजिक दिलचस्पी का अभाव था। इसका नतीजा यह हुआ कि अन्त में, "शराब-व्यापारी और पंसारिन के प्रेम-प्रपंच" की कहानियाँ भी अरुचिकर, उबाऊ, और यहाँ तक कि उबकाई लाने वाली बन गयीं। हुइसमान स्वयं भी अपनी प्रथम रचनात्मक कृतियों में—उदाहरण के लिए, अपने उपन्यास *Les Soeurs Vatard* में—विशुद्ध प्रकृतवादी ही था। लेकिन (स्वयं उसी के शब्दों में) "सात घातक पापों" का चित्रण करते-करते थककर, उसने प्रकृतिवाद को छोड़ दिया, और जैसी कि जर्मन कहावत है, उसने बाथवाटर के साथ-साथ बेबी को भी फेंक दिया। अपने उपन्यास *A Rebours* में—जो कि एक विचित्र उपन्यास है, और जगह-जगह बेहद दुरूह है, लेकिन अपनी खामियों के चलते ही काफी शिक्षाप्रद भी है—देस एसेन्ते के रूप में एक बूढ़े का चित्रण या जैसा कि पुराने लोग रहते हैं, *सृजन* एक प्रकार के सुपरमैन (पतनशील कुलीन वर्ग के एक सदस्य) के बतौर किया, जिसकी समूची जीवन-शैली "शराब व्यापारी" और "पंसारिन" के जीवन का पूर्ण निषेध प्रस्तुत करती थी। ऐसे टाइप चरित्रों का आविष्कार एक बार फिर लकोन्त द लील के इस विचार की पुष्टि करता था कि जहाँ कोई वास्तविक जीवन न हो वहाँ कविता का कार्यभार एक आदर्श जीवन की रचना करना है। लेकिन देस एसेन्ते का आदर्श जीवन मानवीय अन्तर्वस्तु से इस कदर रिक्त था कि इसका सृजन अन्धी गली से बाहर निकलने का कोई रास्ता नहीं सुझा सकता था। अतः हुइसमान ने रहस्यवाद का सहारा लिया जो उस परिस्थिति से पलायन का "प्रत्ययवादी" रास्ता था, जहाँ से कोई "वास्तविक" पलायन नहीं हो सकता था। उन परिस्थितियों में यह एकदम स्वाभाविक था। लेकिन देखिये हमें क्या मिला।

रहस्यवादी हो चुका कलाकार अपनी वैचारिक अन्तर्वस्तु को छोड़ नहीं देता; वह सिर्फ इसे एक विशिष्ट चरित्र प्रदान कर देता है। रहस्यवाद स्वयं में एक विचार है, लेकिन एक ऐसा विचार जो कुहरे की भाँति धुँधला और निराकार होता है, और जो तर्क बुद्धि से कट्टर बैर रखता है। रहस्यवादी कुछ न कुछ अवश्य कहना और सिद्ध करना चाहता है। परन्तु वह उन्हीं चीजों के बारे में कहता है जो "इस दुनिया की" चीजें नहीं होती हैं, तथा वह अपने साक्ष्यों को सामान्य विवेक के निषेध पर आधारित करता है। हुइसमान का मामला भी यही दर्शाता है कि वैचारिक अन्तर्वस्तु के बगैर कोई कलात्मक उत्पादन नहीं हो सकता। लेकिन जब कलाकार अपने समय की व्यापक

सामाजिक प्रवृत्तियों से आँखें मूँद लेते हैं, तब उनकी कृतियों में अभिव्यक्त किया गया अन्तर्निहित वैचारिक मूल्य बुरी तरह क्षरित हो जाता है। और उनकी कृतियाँ भी अपरिहार्यतः इसका शिकार हो जाती हैं।

कला और साहित्य के इतिहास में यह तथ्य इतना महत्त्वपूर्ण है कि इसकी विविध कोणों से सांगोपांग जाँच-पड़ताल आवश्यक है। लेकिन ऐसा करने से पहले, आइये अब तक हम अपनी जाँच-पड़ताल से जिन नतीजों तक पहुँचे हैं, उनका सार-संकलन कर लें।

कला, कला के लिए में विश्वास हर उस जगहं पैदा होता और जड़ जमाता है जहाँ कला-कर्म में संलग्न लोग अपने सामाजिक वातावरण के साथ बुरी तरह असंगत हो चुके होते हैं। यह असंगति कलात्मक सृजन पर इस हद तक असर डालती है कि कलाकारों को अपने वातावरण से ही ऊपर उठ जाने में सहायक बन जाती है। निकोलस प्रथम के समय में पुश्किन के साथ यही बात थी। फ्रांस में स्वच्छन्दतावादियों, पारनेसियनों और प्रारम्भिक यथार्थवादियों के साथ भी यही बात थी। ऐसे तमाम उदाहरण देकर यह दर्शाया जा सकता है कि जहाँ कहीं भी यह असंगति मौजूद होती है वहाँ हमेशा यही होता है। लेकिन स्वच्छन्दतावादी, पारनेसियन और यथार्थवादी अपने सामाजिक वातावरण के फूहड़पन के विरुद्ध विद्रोह करते हुए भी, उन सामाजिक सम्बन्धों पर कोई आपत्ति नहीं करते थे, जिसमें इस फूहड़पन की जड़ें थीं। इसके विपरीत "बुर्जुआ' को कोसते हुए भी वे बुर्जुआ व्यवस्था को बहुमूल्य समझते थे—पहले नैसर्गिक तौर पर, और बाद में एकदम सचेत तौर पर भी। आधुनिक यूरोप में बुर्जुआ व्यवस्था से मुक्ति का आन्दोलन जैसे-जैसे प्रबल होता गया, वैसे-वैसे कला, कला के लिए के फ्रांसीसी समर्थकों का लगाव भी उस बुर्जुआ व्यवस्था के साथ बढ़ता गया। और इस व्यवस्था से उनका लगाव जितना सचेत होता गया, उतना ही वे अपने कलात्मक उत्पादनों की वैचारिक अन्तर्वस्तु के प्रति उदासीन रहने में कम समर्थ होते गये। लेकिन सामाजिक जीवन की आमूलचूल पुनर्रचना की दिशा में निर्देशित नयी प्रवृत्ति की तरफ से आँखें मूँद लेने के कारण उनकी दृष्टि भी गलत, संकीर्ण और एकांगी होती गयी, और उनकी कृतियों में व्यक्त विचारों की गुणवत्ता भी कम होती गयी। इसका स्वाभाविक परिणाम यह हुआ कि फ्रांसीसी यथार्थवाद भीषण असमंजस में जा फँसा, जिसके चलते एक समय में यथार्थवादी (प्रकृतवादी) शाखा से सम्बन्ध रखने वाले लेखकों में पतनशील रुझानें और रहस्यवादी प्रवृत्तियाँ पैदा हो गयीं।

इस निष्कर्ष की विस्तृत जाँच और पुष्टि अगले आलेख में की जायेगी। अब इस चर्चा को समाप्त करने का समय है। लेकिन इससे पहले मैं सिर्फ पुश्किन के बारे में चन्द शब्द कहना चाहूँगा।

जब उसका कवि "भीड़" को अपशब्द कहता है तो हमें उसके शब्दों में गुस्सा

तो दिखायी देता है, परन्तु फूहड़पन नहीं, डी.आई. पिसारेव भले ही इस मामले में कुछ भी कहते रहें। कवि कुलीन वर्गीय भीड़—हाँ, सिर्फ कुलीन वर्गीय भीड़ को ही दोष देता है कि वे बर्तन-भाँडों को अपोलो बेल्वेदिअर[22] से ज्यादा महत्त्व देते हैं। वह वास्तविक जनता को नहीं दोष देता है जो उस समय रूसी साहित्य की दृष्टि सीमा से पूरी तरह बाहर थी। इसका मतलब सिर्फ यही है कि इन कुलीनों की संकीर्ण दुनियादारी की भावना पुश्किन को असह्य थी। इससे ज्यादा और कुछ नहीं। भीड़ को उपदेश देने से उसका दृढ़ इंकार सिर्फ यही सिद्ध करता है कि उसके मत में वे इस हालत से उबारे जाने के काबिल नहीं रह गये थे। लेकिन इस मत में लेशमात्र भी प्रतिक्रिया नहीं है। और इसी बिन्दु पर गोतिए जैसे कला, कला के लिए के समर्थकों से पुश्किन श्रेष्ठतर है। यह श्रेष्ठता सशर्त है। पुश्किन सेण्ट-साइमनवादियों पर फिकरे नहीं कसता। लेकिन शायद उसने कभी उनके बारे में सुना भी नहीं था। वह ईमानदार और उदारमना व्यक्ति था। लेकिन इस ईमानदार और उदारमना व्यक्ति को बचपन से ही कई वर्ग-पूर्वाग्रह संस्कारों के रूप में मिले थे। एक वर्ग द्वारा दूसरे वर्ग के शोषण का खात्मा जरूर उसे अव्यावहारिक और यहाँ तक कि हास्यास्पद कल्पना प्रतीत होता। अगर उसने इसके खात्मे के लिए किन्हीं व्यावहारिक योजनाओं के बारे में सुना होता और खास तौर से यदि ऐसी योजनाओं ने रूस में भी वैसी ही हलचल मचायी होती, जैसी कि सेण्ट-साइमनवादी योजनाओं ने फ्रांस में मचा रखी थी, तो सम्भव था कि वह उनके विरुद्ध प्रचण्ड विवादात्मक आलेखों और व्यंग्यपूर्ण टिप्पणियों के जरिये अभियान चलाता। पश्चिमी यूरोपीय मजदूरों की तुलना में रूसी भूदासों की श्रेष्ठतर स्थिति से सम्बन्धित उसके आलेख "राह चलते हुए आये विचार" में की गयी कुछ टिप्पणियाँ हमें यह सोचने पर बाध्य करती हैं कि इस मामले में वह भी, जो कि एक दूरदर्शी व्यक्ति था, लगभग उसी तरह की बुद्धिहीन दलीलें देता, जैसी गोतिए देता था, जो उससे काफी कम दूरदर्शी था। बहरहाल, रूस के आर्थिक पिछड़ेपन के चलते, वह इस कमजोरी से बच गया।

यह एक पुरानी, परन्तु हरदम नयी रहने वाली कहानी है। जब एक वर्ग, आर्थिक दृष्टि से अपने से निचले वर्ग के शोषण पर जीने लगता है, और जब उसने समाज पर अपना पूरा आधिपत्य कायम कर लिया होता है, उस समय से उसकी *अग्रगामी गति अधोगामी गति* बन जाती है। इसी में उस तथ्य की व्याख्या निहित है, जो पहली नजर में अबोधगम्य और यहाँ तक कि अविश्वसनीय भी लग सकता है, कि आर्थिक रूप से पिछड़े देशों के शासक वर्गों की विचारधारा प्रायः विकसित देशों के शासक वर्गों की विचारधारा से श्रेष्ठतर होती है।

रूस भी अब आर्थिक विकास के उस स्तर पर जा पहुँचा है, जहाँ कला, कला के लिए के समर्थक एक वर्ग द्वारा दूसरे वर्ग के शोषण पर आधारित सामाजिक

व्यवस्था के पक्षधर बन जाते हैं। इसीलिए, अब हमारे देश में भी, "कला की निरपेक्ष स्वायत्तता" के समर्थन में ढेरों सामाजिक प्रतिक्रियावादी बकवास उगली जाने लगी है। लेकिन पुश्किन के समय में ऐसा नहीं था। और यह उसका बहुत बड़ा सौभाग्य था।

III

मैं पहले ही कह चुका हूँ कि ऐसी कोई भी कलाकृति नहीं होती जो विचारों से रहित हो। साथ ही मैंने यह भी कहा है कि हर विचार किसी कलाकृति का आधार नहीं बन सकता। कोई कलाकार वास्तव में सिर्फ उसी चीज से प्रेरित हो सकता है जो लोगों के बीच अन्तर्क्रिया की गुंजाइश पैदा करने में सक्षम हो। ऐसी अन्तर्क्रिया की सम्भव सीमाएँ कलाकार द्वारा नहीं, बल्कि उससे सम्बन्धित सामाजिक इकाई द्वारा हासिल सांस्कृतिक स्तर से निर्धारित होती हैं। लेकिन एक वर्ग-विभाजित समाज में, वे वर्गों के पारस्परिक सम्बन्धों द्वारा और साथ ही साथ, विकास के उस चरण द्वारा भी निर्धारित होती हैं जो प्रत्येक वर्ग द्वारा उस समय तक हासिल किया गया होता है। जब बुर्जुआ वर्ग दुनियादारी और पुरोहिती कुलीनतंत्र के जुवे को उतार फेंकने के लिए संघर्ष कर रहा था, अर्थात् जब वह एक क्रान्तिकारी वर्ग था, तब वह सभी मेहनतकश जनसमुदायों का नेता था, और सबको मिलाकर एक ही "तृतीय" श्रेणी बनती थी। उस समय बुर्जुआ वर्ग के अग्रणी सिद्धान्तकार "विशेषाधिकार प्राप्त वर्गों को छोड़कर बाकी समूचे राष्ट्र" के भी सिद्धान्तकार थे। दूसरे शब्दों में, उस समय, उस अन्तर्क्रिया की सीमाएँ अपेक्षाकृत बहुत विस्तृत थीं जिसके लिए बुर्जुआ दृष्टिकोण वाली कलाकृतियाँ माध्यम का काम करती थीं। लेकिन जब बुर्जुआ वर्ग के हित सभी मेहनतकश जनसमुदायों के हित नहीं रह गये, और खास तौर से जब वे सर्वहारा वर्ग के हितों से टकराने लगे, तब इस अन्तर्क्रिया की सीमाएँ भी काफी संकुचित हो गयीं। अगर रस्किन का कहना था कि एक कंजूस अपनी खोई रकम का गीत नहीं गा सकता, तो अब ऐसा समय आ गया है जब बुर्जुआ वर्ग का दृष्टिकोण उस कंजूस के दृष्टिकोण जैसा होने लगा है, जो अपने खजाने को लेकर विलाप कर रहा है। अन्तर केवल यही है कि कंजूस अपनी खो चुकी चीज पर विलाप करता है, जबकि बुर्जुआ वर्ग उस नुकसान की सोचकर अपना धीरज खोये जा रहा है जो निकट भविष्य में होनेवाला है। मैं प्राचीन बाइबिल के शब्दों में कहना चाहूँगा, "(दूसरों का) उत्पीड़न एक बुद्धिमान आदमी को पागल बना देता है।" और एक बुद्धिमान आदमी पर इस डर का भी वैसा ही घातक असर हो सकता है कि दूसरों का उत्पीड़न करने का मौका उससे छिन सकता है। जब कोई शासक वर्ग अपने नाश के लिए परिपक्व हो जाता

है तब उसकी विचारधारा भी अपना अन्तर्निहित मूल्य खो देती है। उसके भावनात्मक अनुभव से उत्पन्न कला क्षरित होने लग जाती है। इस आलेख का उद्देश्य पिछले आलेख के सम्पूरक के तौर पर बुर्जुआ कला के वर्तमान पतन के कुछ सर्वाधिक स्पष्ट लक्षणों की जाँच-पड़ताल करना है।

हम समकालीन फ्रांसीसी साहित्य में रहस्यवादी रुझान के पैदा होने का कारण देख चुके हैं। इसका कारण अन्तर्वस्तु अर्थात् विचार के बिना रूप की असम्भाव्यता का बोध तथा हमारे समय के महान मुक्तिदायी विचारों को समझ सकने की असमर्थता में निहित है। इस बोध और इस असमर्थता के कई अन्य नतीजे भी सामने आये हैं जो साहित्यिक कृतियों के अन्तर्निहित मूल्य को कम करने में रहस्यवाद से पीछे नहीं हैं।

रहस्यवाद तर्कबुद्धि का कट्टर बैरी है। लेकिन केवल वही तर्कबुद्धि का बैरी नहीं है जो रहस्यवाद के आगे घुटने टेक देता है; बल्कि वह भी जो किसी न किसी कारण से और किसी न किसी तरह से एक मिथ्या विचार का समर्थन करता है। और जब एक मिथ्या विचार को एक साहित्यिक कृति का आधार बना दिया जाता है, तब उस कृति में अन्तर्निहित अन्तरविरोध पैदा हो जाते हैं जो अनिवार्यतः उसकी सौन्दर्यात्मक गुणवत्ता का क्षरण कर देते हैं।

मैं एक अवसर पर पहले ही एक ऐसी साहित्यिक कृति के उदाहरण के रूप में *एट-दि गेट ऑफ दि रेअल्म* का उल्लेख कर चुका हूँ, जो अपने बुनियादी विचार के मिथ्यात्व से ग्रस्त है।*

इस नाटक का पुनः उल्लेख करने के लिए पाठक मुझे क्षमा करेंगे।

इस नाटक का नायक इवार कारेनो नामक एक युवा लेखक है जो, प्रतिभावान तो नहीं, पर हास्यास्पद रूप से अहंकारी है। वह अपने आप को एक ऐसा व्यक्ति कहता है "जिसके विचार पक्षी की भाँति स्वतंत्र हैं।" और यह चिन्तक, जो एक पक्षी की भाँति स्वतंत्र है, लिखता क्या है? "प्रतिरोध" और "घृणा" के बारे में। कौन है वह जिसका उसके विचार से, प्रतिरोध करना आवश्यक है, तथा कौन है वह जिससे घृणा करना आवश्यक है? वह बताता है कि वह सर्वहारा वर्ग है जिसका प्रतिरोध किया जाना चाहिए, और सर्वहारा वर्ग ही है जिससे घृणा करनी चाहिए। निश्चय ही यह एक बिल्कुल नये किस्म का नायक है। साहित्य में अभी तक हमें इस किस्म के नायक बहुत ही कम मिले हैं—बेशक हम यह नहीं कहते कि एकदम नहीं मिले हैं। लेकन एक ऐसा आदमी जो सर्वहारा वर्ग का प्रतिरोध करने का उपदेश देता हो, असन्दिग्ध रूप से बुर्जुआ वर्ग का ही सिद्धान्तकार है। इवार कारेनो नामक बुर्जुआ वर्ग का यह सिद्धान्तकार स्वयं अपनी नजर में और अपने सर्जक क्नुत हाम्सुन की नजर में एक जबर्दस्त क्रान्तिकारी है। हम प्रारम्भिक फ्रांसीसी स्वच्छन्दतावादियों के उदाहरण से जान

* मेरी पुस्तक *'फ्रॉम डिफेंस टु अटैक'* में 'डा. स्टाकमान्स' सन' शीर्षक लेख देखें।

चुके हैं कि ऐसे "क्रान्तिकारी" दृष्टिकोण भी हैं जिनकी प्रमुख लाक्षणिक विशेषता रूढ़िवाद है। थिओफिल गोतिए "बुर्जुआ" से घृणा करता था, फिर भी वह उन लोगों के खिलाफ आग उगलता था जो यह कहते थे कि अब बुर्जुआ सामाजिक सम्बन्धों के खात्मे का समय आ गया है। स्पष्ट है कि इवार कारेनो विख्यात फ्रांसीसी स्वच्छन्दतावादी का ही एक मानस-पुत्र है। लेकिन यह मानस-पुत्र अपने पुरखे से काफी आगे निकल चुका है। यह उस चीज का सचेत बैरी है जिसके प्रति उसका पुरखा महज एक नैसर्गिक चिढ़ महसूस करता था।* अगर स्वच्छन्दतावादी रूढ़िवादी थे, तो इवार कारेनो परले दर्जे का प्रतिक्रियावादी है। और इतना ही नहीं, वह श्चेद्रिन के जंगली भूस्वामी[23] की किस्म का एक युटोपियन भी है। वह सर्वहारा वर्ग को ठीक वैसे ही खत्म कर देना चाहता है जैसे वह जंगली भूस्वामी मुझीक (रूसी किसान—अनु.) को खत्म कर देना चाहता था। उसका यह युटोपियावाद मजाकियेपन की हद तक जा पहुँचता है। आम तौर पर इवार कारेनो के वे सभी विचार, जो "पक्षी की भाँति" स्वतंत्र

* मैं उस समय की बात कर रहा हूँ जब गोतिए ने अपनी प्रसिद्ध लाल वास्कट को उतार नहीं फेंका था। बाद में—उदाहरण के लिए, पेरिस कम्यून के समय में—वह मजदूर वर्ग की मुक्तिकामी आकांक्षाओं का सचेत—और अत्यन्त कटु—शत्रु बन गया। लेकिन, यह भी ध्यान में रखना चाहिए कि इसी तरह फ्लाबेयर को भी क्नुत हाम्सुन का विचारधारात्मक पूर्ववर्ती कहा जा सकता है, और शायद ज्यादा अधिकारपूर्वक। उसकी एक नोटबुक में हम ये पंक्तियाँ पाते हैं : "प्रोमीथियस को आज ईश्वर के विरुद्ध नहीं, बल्कि नये ईश्वर, जनता के विरुद्ध विद्रोह करना होगा। पुरानी पुरोहिती, सामन्ती और राजतंत्रीय निरंकुश सत्ताओं का स्थान एक दूसरी निरंकुशता ने ले लिया है, जो अधिक सूक्ष्म, गूढ़ और उद्धत है, और जल्दी ही पृथ्वी पर एक भी मुक्त कोना नहीं रहने देगी।"

इसी किस्म का पक्षी-जैसा-मुक्त चिन्तन इवार कारेनो जैसों को प्रेरित करता है। 8 सितम्बर, 1871 को जार्ज सांद को लिखे एक पत्र में फ्लाबेयर कहता है : "मैं मानता हूँ कि यह भीड़, यह झुण्ड हमेशा ही घृणित रहेगा। केवल एक जैसी मानसिक क्षमता वाले लोगों के छोटे से समूह का महत्त्व है जो एक-दूसरे को मशाल थमाते रहते हैं।" इस पत्र में वे पंक्तियाँ भी हैं जिनका आशय यह है कि सार्वभौमिक मताधिकार मानव-मस्तिष्क का अनादर है क्योंकि इसके कारण संख्याबल "धन तक पर" हावी हो जाता है! (देखें फ्लाबेयर, *करेस्पॉण्डेंस,* पेरिस, 1910) सम्भवतः इवार कारेनो को इन विचारों में अपनी पक्षी-सी-मुक्त सोच की झलक मिलेगी। लेकिन ये विचार फ्लाबेयर के उपन्यासों में *प्रत्यक्षतः* प्रतिबिम्बित नहीं होते। शासक वर्ग के विचारक जनता की मुक्तिकामी आकांक्षाओं के प्रति अपनी घृणा को साहित्य में सीधे अभिव्यक्त करने की जरूरत महसूस करने लगें, यह नौबत तब आती है जब आधुनिक समाज में वर्ग संघर्ष और उन्नत हो चुका होता है। लेकिन समय आने पर जिन्होंने इस जरूरत को अभिव्यक्त किया, वे अब विचारधाराओं की "पूर्ण स्वायत्तता" की वकालत नहीं कर सकते थे। इसके विपरीत, उन्होंने माँग की कि विचारधाराओं को सर्वहारा के विरुद्ध संघर्ष में बौद्धिक शस्त्रों का काम करना चाहिए। लेकिन इसके बारे में बाद में।

हैं, बेतुकेपन के चरम तक जा पहुँचते हैं। उसकी दृष्टि में, सर्वहारा वर्ग एक ऐसा वर्ग है जो समाज के दूसरे वर्गों का शोषण करता है। यह कारेनो के पक्षी की भाँति स्वतंत्र विचारों में से सबसे गलत विचार है। और दुर्भाग्य यह है कि स्वयं क्नुत हाम्सुन भी प्रकटतः अपने नायक के इस गलत विचार का समर्थक है। उसके इवार कोरनो को तमाम मुश्किलों से सिर्फ इसलिए गुजरना पड़ता है क्योंकि वह सर्वहारा वर्ग से घृणा करता है और उसका "प्रतिरोध" करता है। इसी कारण वह न तो प्रोफेसर की कुर्सी पाने में समर्थ हो पाता है और न ही अपनी किताब प्रकाशित कर पाता है। संक्षेप में, वह उन्हीं *बुर्जुआओं* द्वारा प्रताड़ित होता है जिनके बीच वह जीता और काम करता है। लेकिन, दुनिया के किस भाग में, और किस यूटोपिया में ऐसा होता है कि बुर्जुआ वर्ग सर्वहारा वर्ग का "प्रतिरोध" करने के कारण ऐसा निर्मम प्रतिशोध लेता है? ऐसा बुर्जुआ वर्ग न तो कभी हुआ है, और न ही कभी होगा। क्नुत हाम्सुन ने अपने नाटक को एक ऐसे विचार पर आधारित किया जिसका यथार्थ के साथ असमाधेय अन्तरविरोध है। और इस नाते उसका नाटक इस कदर विकृत हो गया है कि यह ठीक उन्हीं स्थानों पर हँसी पैदा करता है जहाँ लेखक का इरादा त्रासद भाव पैदा करने का था।

क्नुत हाम्सुन काफी प्रतिभावान है। लेकिन कोई भी प्रतिभा झूठ को सच में नहीं बदल सकती। उसके नाटक की गम्भीर खामियाँ उसकी बुनियादी धारणा की अति अविश्वसनीयता की ही स्वाभाविक परिणतियाँ हैं। और उसकी अविश्वसनीयता वर्तमान समाज में वर्गों के संघर्ष को समझ पाने में लेखक की असमर्थता से पैदा हुई है जिसकी साहित्यिक प्रतिध्वनि उसका यह नाटक है।

क्नुत हाम्सुन फ्रांसीसी नहीं है। लेकिन इससे कोई फर्क नहीं पड़ता। *कम्युनिस्ट घोषणा-पत्र* ने बहुत उपयुक्तता के साथ इंगित कर दिया था कि सभ्य देशों में, पूँजीवाद के विकास के चलते, "राष्ट्रीय एकांगीपन और दिमागी संकीर्णता अधिकाधिक असम्भव होते जाते हैं, तथा अनेक राष्ट्रीय और स्थानीय साहित्यों से एक विश्व साहित्य जन्म लेता है।" यह सच है कि हाम्सुन एक ऐसे पश्चिमी यूरोपीय देश में पैदा हुआ और पला-बढ़ा जो आर्थिक रूप से सर्वाधिक विकसित देशों में से एक बनने से अभी काफी दूर है। निस्सन्देह, इसी से स्पष्ट हो जाता है कि समकालीन समाज में संघर्षरत सर्वहारा वर्ग की स्थिति के बारे में उसकी अवधारणा इतने बचकाने रूप से भौंडी क्यों है। लेकिन उसके देश का आर्थिक पिछड़ापन उसमें मजदूर वर्ग के प्रति वह घृणा और उसके विरुद्ध संघर्ष के प्रति वह सहानुभूति पैदा होने से नहीं रोक सका है जो आज अपेक्षाकृत अधिक विकसित देशों के बुर्जुआ बुद्धिजीवियों के बीच स्वाभाविक रूप से पैदा हो रही है। इवार कारेनो नीत्शेवादी टाइप चरित्र की एक किस्म भर है। और नीत्शेवाद क्या है? हम "बुर्जुआ" के विरुद्ध उस संघर्ष से अब भली-भाँति परिचित हैं जो बुर्जुआ व्यवस्था के प्रति अविचल सहानुभूति के साथ पूर्ण संगति में

रहता है। नीत्शेवाद उसी पूँजीवाद की अधुनातन अवस्था के तकाजों के अनुसार संशोधित और परिवर्द्धित संस्करण है। हाम्सुन के उदाहरण की जगह बड़ी आसानी से समकालीन फ्रांसीसी साहित्य से कोई उदाहरण रखा जा सकता है।

निस्सन्देह, *फ्रांस्वा द क्यूरे* आज के सबसे प्रतिभावान और—इस सन्दर्भ में यह बात ज्यादा महत्त्वपूर्ण है—सबसे विचारवान नाटककारों में से एक है। उसके नाटकों में से जिसे बेहिचक सबसे उल्लेखनीय कहा जा सकता है, वह है पाँच अंकों का नाटक *द रेपा द्यू लायन* जिसकी तरफ, जहाँ तक मेरी जानकारी है, रूसी आलोचकों ने कम ही ध्यान दिया है। इस नाटक का मुख्य पात्र ज्याँ द सांसी है। अपने बचपन की कुछ असाधारण परिस्थितियों के प्रभाव में, एक बार वह ईसाई समाजवाद का हिमायती हो जाता है, परन्तु बाद में वह उससे नाता तोड़कर बड़े पैमाने के पूँजीवादी उत्पादन का मुखर प्रवक्ता बन जाता है। नाटक के चौथे अंक के तीसरे दृश्य में, वह कुछ मजदूरों के बीच एक लम्बा-चौड़ा भाषण देता है, जिसके जरिये वह उन्हें इस बात का कायल करना चाहता है कि "उत्पादन में लगनेवाला मालिक का अहंवाद मजदूर समुदाय के लिए वैसे ही है जैसे गरीबों के लिए दान-दक्षिणा।" जब उसके श्रोता इस दृष्टिकोण से असहमति व्यक्त करते हैं, तब वह और भी उत्तेजित हो उठता है, तथा आधुनिक उद्योग में पूँजीपति और उसके मजदूरों की भूमिका को व्याख्यायित करते हुए एक दिलचस्प, चित्रात्मक तुलना पेश करता है।

वह गरजता है, "कहते हैं कि जंगल में शेर के पीछे-पीछे उसके शिकार की जूठन पाने के लिए सियारों का झुण्ड चलता है। वे इतने कमजोर होते हैं कि एक भैंसे का शिकार नहीं कर सकते, इतने सुस्त होते हैं कि दौड़कर एक हिरन को नहीं पकड़ सकते; इसलिए उनकी सारी उम्मीदें जंगल के राजा के पंजों पर टिकी होती हैं। सुन रहे हो न—उसके पंजों पर! साँझ घिरने पर वह अपनी माँद से निकलता है, भूख के मारे दहाड़ मारता है, और अपने शिकार की खोज में चल पड़ता है। शिकार दिखाता है! वह एक जोरदार छलाँग मारता है, एक विकट लड़ाई छिड़ जाती है, जीवन-मरण का संघर्ष होता है, और धरती खून से रँग जाती है, जो सिर्फ शिकार का ही खून नहीं होता। फिर शुरू होती है राजसी दावत, जिसे सियार ध्यान से और आदरपूर्वक देखते हैं। जब शेर खाकर सन्तुष्ट हो जाता है, तब बारी आती है सियारों के खाने की। क्या तुम सोचते हो कि यदि शेर अपने शिकार को सबमें बराबर-बराबर बाँट देता, और सिर्फ एक छोटा-सा हिस्सा अपने लिए रख लेता, तो सियारों को ज्यादा खाने को मिल जाता? नहीं, बिल्कुल नहीं। ऐसा दयालु शेर तो शेर ही नहीं रह जाता, वह बमुश्किल एक अन्धे आदमी के कुत्ते का काम करने लायक रह पाता। अपने शिकार की पहली कराह पर ही उसे मारने की कौन कहे, वह उसके घाव चाटने लगता। शेर तभी तक शेर है, जब तक वह खूँखार बनैला है, शिकार लोभी है, और

हमेशा मारने और खून बहाने को आतुर रहता है। ऐसा शेर जब दहाड़ता है, तब सियार उम्मीद से चटखारा भरने लगते हैं।"

हालाँकि यह दृष्टान्त खुद ही एकदम स्पष्ट है, पर मुखर वक्ता, इन संक्षिप्त, लेकिन सारगर्भित शब्दों में इसकी नैतिक शिक्षा की व्याख्या करता है : "मालिक जीवनदायी झरने का मुँह खोल देता है जिससे उछलती बूँदें मजदूरों पर भी पड़ती हैं।"

मैं जानता हूँ कि एक कलाकार को उसके नायकों के वक्तव्यों के लिए जिम्मेदार नहीं ठहराया जा सकता। लेकिन अक्सर ही वह इन्हीं वक्तव्यों के जरिये किसी न किसी ढंग से अपनी निजी राय भी प्रस्तुत करता है, और इस प्रकार हम यह जान जाते हैं कि उसका दृष्टिकोण क्या है। *ल रेपा द्यू लायन* नाटक के पूरे कथानक से स्पष्ट है कि ज्याँ द सांसी द्वारा मालिक की तुलना शेर से, और मजदूरों की तुलना सियारों से करने को खुद द क्यूरे पूरी तरह जायज मानता है। यह एकदम स्पष्ट है कि वह पूरे विश्वास के साथ अपने नायक के इन शब्दों को दुहरा सकता है : "मैं शेर में यकीन करता हूँ। मैं उन अधिकारों के सामने नतमस्तक हूँ जो उसके ताकतवर पंजों ने उसे दिये हैं।" वह मजदूरों को सियार की भाँति मानने के लिए तैयार है जो पूँजीपति द्वारा अपने श्रम से अर्जित सम्पदा की जूठन पर जीवित रहते हैं। ज्याँ द सांसी की ही तरह उसे भी लगता है कि मालिक के विरुद्ध मजदूरों का संघर्ष एक ताकतवर शेर के विरुद्ध ईर्ष्यालु सियारों का संघर्ष है। वस्तुतः यह तुलना ही उसके नाटक की बुनियादी धारणा है, जिससे उसके मुख्य पात्र की नियति जुड़ी हुई है। लेकिन इस धारणा में सच्चाई का लेशमात्र भी नहीं है। यह समकालीन समाज के सामाजिक सम्बन्धों के यथार्थ चरित्र की जो गलत प्रस्तुति करता है, वह बास्तिया और बावर्क सहित उसके तमाम अनुयाइयों के अर्थशास्त्रीय कुतर्कों से कहीं अधिक घातक है। बेशक सियार शेर के भोजन जुटाने में कुछ भी भूमिका नहीं निभाते, और तब भी उसका कुछ अंश अपनी भूख मिटाने के लिए पा जाते हैं। लेकिन कौन यह कहने का साहस करेगा कि किसी फैक्टरी में नियुक्त मजदूर उसके उत्पाद-सृजन में कोई योगदान नहीं करते? स्पष्टतः यह उनका श्रम ही तो है जो तमाम उत्पादों का सृजन करता है, चाहे इस पर कितना भी अर्थशास्त्रीय कुतर्क क्यों न किया जाये। बेशक, मालिक उत्पादन की प्रक्रिया में उसके संगठनकर्ता की भूमिका निभाता है। और एक संगठनकर्ता के रूप में वह भी एक मजदूर ही है। लेकिन, कौन नहीं जानता कि एक फैक्टरी मैनेजर की तनख्वाह और फैक्टरी मालिक का मुनाफे पर कब्जा में जमीन-आसमान का फर्क है। इस मुनाफे में से तनख्वाह निकाल देने पर जो रकम बचती है वह सीधे पूँजी का हिस्सा बन जाती है। यही तो असल सवाल है, कि यह शेष रकम पूँजीपति को क्यों मिल जाती है? लेकिन ज्याँ द सांसी के गवेषणात्मक व्याख्यान में इस सवाल के जवाब का संकेत तक नहीं है। और प्रसंगवश यह भी कह दें कि ज्याँ द सांसी को यह भान तक नहीं होता कि व्यवसाय में एक

बड़े शेयरधारक की हैसियत से होने वाली उसकी स्वयं की आमदनी का कोई औचित्य नहीं सिद्ध किया जा सकता, भले ही उद्यम-मालिक की शेर से और मजदूरों की सियारों से की गयी उसकी पूणर्तः मिथ्या तुलना सही ही क्यों न होती : कारण कि वह स्वयं तो कुछ भी नहीं करता, लेकिन तब भी व्यवसाय से हर साल भारी आमदनी बटोर लेता है। और अगर कोई सचमुच दूसरों की मेहनत पर जीनेवाले सियार की तरह है, तो वह स्वयं शेयरधारक ही है, जो सिर्फ अपने शेयरों पर नजर रखने का ही कार्य करता है, और ऐसा ही व्यक्ति बुर्जुआ व्यवस्था का वह सिद्धान्तकार भी है, जो स्वयं तो उत्पादन में कोई भागीदारी नहीं करता, लेकिन तब भी पूँजी की दावत के जूठन पर जीता है। दुर्भाग्य से स्वयं द क्यूरे भी, अपनी समस्त प्रतिभा के साथ, सिद्धान्तकारों की इसी कोटि में आता है। इसीलिए वह पूँजीपतियों के विरुद्ध उजरती मजदूरों के संघर्ष में बेहिचक पूँजीपतियों का साथ देता है और पूँजीपति जिन मजदूरों का शोषण करते हैं उनके प्रति पूँजीपतियों के असली दृष्टिकोण की एक नितान्त मिथ्या छवि पेश करता है।

और बूर्गे का नाटक *ला बैरीकेड* एक जाने-माने और निस्सन्देह प्रतिभावान कलाकार की बुर्जुआ वर्ग के सभी सदस्यों से सर्वहारा वर्ग के विरुद्ध एकजुट होने की अपील नहीं तो और क्या है? बुर्जुआ कला लड़ाकू बन रही है। उसके प्रतिनिधि अपने बारे में अब यह नहीं कह सकते कि वे “आन्दोलन और टकराव” के लिए नहीं पैदा हुए हैं। नहीं, वे टकराव के लिए उत्सुक हैं, और इसके साथ चलने वाले आन्दोलन से बचते नहीं हैं। लेकिन यह टकराव—जिसमें भाग लेने के लिए वे इतने आतुर हैं—किसलिए छेड़ा गया है? अफसोस, सिर्फ निजी हित के लिए। यह सच है कि वे अपने खुद के हित के लिए ऐसा नहीं करते—यह कहना थोड़ा अजीब लगेगा कि द क्यूरे या बूर्गे जैसे लोग अपनी निजी समृद्धि की उम्मीद में पूँजीवाद की हिफाजत कर रहे हैं। जो निजी हित उन्हें “आन्दोलित करता है”, और जिसके लिए वे “टकराव” में कूदना चाहते हैं, वह एक समूचे वर्ग का निजी हित ही है। लेकिन फिर भी यह निजी हित ही है। और अगर ऐसा है तो देखिये हमें हासिल क्या हुआ है?

स्वच्छन्दतावादी अपने समय के “बुर्जुआ” से क्यों घृणा करते थे? हमें इसका कारण मालूम है : इसलिए कि थिओडोर द बानविल के शब्दों में, “बुर्जुआ” पाँच फ्रैंक के सिक्के को बाकी हर चीज से ऊपर रखते थे। और द क्यूरे, बूर्गे एवं हाम्सुन जैसे कलाकार अपने लेखन से किस चीज की हिफाजत करते हैं? उन सामाजिक सम्बन्धों की, जो बुर्जुआ वर्ग के पाँच फ्रैंकों के विपुल स्रोत हैं। उन पुराने दिनों के स्वच्छन्दतावाद से ये कलाकार कितने दूर हैं। और किस चीज ने उन्हें उससे इतना दूर कर दिया है? सामाजिक विकास की अपरिहार्य यात्रा ने। जैसे-जैसे पूँजीवादी उत्पादन प्रणाली के अन्तर्निहित अन्तरविरोध तीखे होते गये हैं, वैसे-वैसे बुर्जुआ चिन्तन-शैली के प्रति निष्ठावान बने रहने वाले कलाकारों के लिए कला, कला के लिए

के सिद्धान्त के साथ चिपके रहना—और जैसा कि फ्रेंच शब्दावली में कहा जाता है, हाथी दाँत की मीनार में बन्द होकर जीते रहना—कठिन से कठिनतर होता गया है।

आधुनिक सभ्य दुनिया में, मेरे ख्याल से एक भी ऐसा देश नहीं होगा जहाँ बुर्जुआ युवक फ्रेडरिक नीत्शे के विचारों से सहानुभूति न रखते हों। थिओफिल गोतिए अपने समय के "बुर्जुआ" से जितनी घृणा करता था, शायद उससे कहीं अधिक घृणा नीत्शे अपने "सोये हुए" समकालीनों से करता था। लेकिन नीत्शे की नजर में उसके "सोये हुए" समकालीनों के साथ क्या गड़बड़ थी? उनका मुख्य दोष क्या था, जो अन्य सभी दोषों का स्रोत था? वह मुख्य दोष यह था कि वे समाज में प्रभुत्वशाली हैसियत रखने वाले लोगों के मुताबिक न तो सोचते थे, न महसूस करते थे, और खास तौर पर—न ही वैसा व्यवहार करते थे। वर्तमान ऐतिहासिक दशाओं में, इसका अर्थ यह भर्त्सना है कि वे सर्वहारा वर्ग के क्रान्तिकारी आक्रमणों के विरुद्ध बुर्जुआ व्यवस्था की हिफाजत में पर्याप्त शक्ति और दृढ़ता का प्रदर्शन नहीं करते थे। जरा देखें कि नीत्शे समाजवादियों के विरुद्ध कैसे गुस्से के साथ बात करता था। लेकिन, एक बार फिर, देखिये हमें हासिल क्या हुआ।

यदि पुश्किन और उसके समय के स्वच्छन्दतावादी "भीड़" को इसलिए फटकारते थे कि वह बर्तन-भाँडों पर बहुत अधिक ध्यान देती है, तो नव-स्वच्छन्दतावादी "भीड़" को इसलिए फटकारते हैं वह उनकी हिफाजत में बेहद सुस्त है, अर्थात् वह उन पर पर्याप्त ध्यान नहीं देती है। फिर भी ये नव-स्वच्छन्दतावादी, पुराने दिनों के स्वच्छन्दतावादियों की भाँति ही, कला की पूर्ण स्वायत्तता का राग अलापते हैं। लेकिन क्या कोई भी आदमी गम्भीरतापूर्वक उस कला को स्वायत्त कह सकता है जो सचेत तौर पर मौजूदा सामाजिक सम्बन्धों की हिफाजत को अपना लक्ष्य मानती है? हरगिज नहीं। ऐसी कला निश्चय ही उपयोगितावादी है। और यदि इसके प्रतिनिधि उपयोगितावादी विचारों से निर्देशित सृजनात्मक कार्य से घृणा करते हैं, तो यह सिर्फ एक गलत समझदारी ही है। और निश्चित रूप से—व्यक्तिगत लाभ के प्रयोजन की बात छोड़ दें, जो निश्चय ही ईमानदारी से कला के प्रति समर्पित व्यक्ति के लिए कभी सर्वोपरि नहीं हो सकता—उनके लिए सिर्फ ऐसे प्रयोजन असह्य हैं जिनका उद्देश्य बहुसंख्यक शोषित जनता को लाभ पहुँचाना है। लेकिन जहाँ तक मुट्ठीभर शोषकों को लाभ की बात है, उसे तो ये सर्वोच्च नियम मानते हैं। इस प्रकार, उदाहरण के लिए, क्नुत हाम्सुन या फ्रांस्वा द क्युरे का कला के उपयोगितावादी सिद्धान्त के प्रति दृष्टिकोण, सच कहा जाये तो, थिओफिल गोतिए या फ्लाबेअर के दृष्टिकोण के ठीक विपरीत ही है, हालांकि थिओफिल गोतिए और फ्लाबेअर में से कोई भी जैसा कि हम जानते हैं, रूढ़िवादी पूर्वाग्रहों से मुक्त नहीं था। लेकिन, गोतिए और फ्लाबेअर के समय के बाद सामाजिक अन्तरविरोधों के काफी तीखे होते जाने के कारण, बुर्जुआ अवस्थिति

रखने वाले कलाकारों के भीतर ये पूर्वाग्रह इतने प्रबल हो उठे हैं कि अब उनके लिए कला, कला के लिए के सिद्धान्त पर लगातार कायम रहना अतुलनीय रूप से अधिक कठिन हो गया है। बेशक यह मान लेना एक बड़ी गलती होगी कि अब उनमें कोई भी ऐसा नहीं है जो सुसंगत तौर पर इस सिद्धान्त पर कायम है। लेकिन, जैसा कि हम जल्द ही देखेंगे, इस सुसंगति की अब बहुत भारी कीमत चुकानी पड़ रही है।

नव-स्वच्छन्दतावादी–जो नीत्शे के प्रभाव में भी हैं–बड़े भोलेपन से कहते हैं कि वे "अच्छाई-बुराई से परे"[24] हैं। लेकिन अच्छाई-बुराई से परे होने का क्या मतलब है? इसका मतलब यही है कि मौजूदा सामाजिक व्यवस्था से अच्छाई-बुराई की जो अवधारणाएँ पैदा हुई हैं, उनके फ्रेमवर्क के भीतर उनके द्वारा किये जा रहे महान ऐतिहासिक कार्य का मूल्यांकन नहीं किया जा सकता। 1793 के फ्रांसीसी क्रान्तिकारी, प्रतिक्रियावाद के विरुद्ध अपने संघर्ष में, निस्सन्देह अच्छाई-बुराई से परे थे, अर्थात् उनकी कार्रवाइयों का अच्छाई-बुराई की उन अवधारणाओं के साथ अन्तरविरोध था जो पुरानी और मरणासन्न व्यवस्था से पैदा हुई थीं। ऐसे अन्तरविरोध को, जिसमें हमेशा ही बहुत त्रासदी होती है, केवल इसी आधार पर उचित ठहराया जा सकता है कि अस्थायी तौर पर अच्छाई-बुराई से परे हो जाने के लिए मजबूर कर दिये गये क्रान्तिकारियों की कार्रवाईयों का परिणाम यह होता है कि सामाजिक जीवन में अच्छाई के सामने बुराई शिकस्त खाती है। बास्तीय पर कब्जा करने के लिए, उसकी हिफाजत करनेवालों से लड़ना पड़ा था। और ऐसी लड़ाई छेड़ने वाले किसी भी व्यक्ति या समूह को अनिवार्यतः कुछ समय के लिए अच्छाई-बुराई से परे खड़ा होना पड़ता है। जिस हद तक बास्तीय पर कब्जे के द्वारा उस निरंकुश शासन पर रोक लगी जो "अपने मजे के लिए" लोगों को जेल भेज दिया करता था–निरंकुश फ्रांसीसी सम्राटों का यह सुविदित मुहावरा था–उस हद तक फ्रांस के सामाजिक जीवन में अच्छाई के सामने बुराई शिकस्त खाने को मजबूर हुई, और इसी रूप में निरंकुशता के विरुद्ध लड़नेवालों का अस्थायी तौर पर अच्छाई-बुराई से परे खड़े होना उचित था। लेकिन हर किसी का अच्छाई-बुराई से परे की अवस्थिति अख्तियार करना उचित नहीं कहा जा सकता। उदाहरण के लिए, इवार कारेनो अपने "पक्षी की भाँति स्वतंत्र" विचारों को अमल में उतारने के लिए अच्छाई-बुराई से परे जाने में शायद एक पल भी नहीं हिचकेगा। लेकिन, जैसा कि हम जानते हैं, उसके विचार, कुल मिलाकर सर्वहारा वर्ग के मुक्ति आन्दोलन के विरुद्ध एक निर्मम संघर्ष छेड़ने की दिशा में ही जाते हैं। अतः उसके लिए, अच्छाई-बुराई से परे होने का मतलब यह है कि वे थोड़े से अधिकार भी उसके लिए अड़चन न बनें, जिन्हें मजदूर वर्ग ने बुर्जुआ समाज में लड़कर हासिल किया है। और यदि उसका संघर्ष सफल हुआ तो इसका प्रभाव सामाजिक जीवन में बुराई को कम करने का नहीं, बल्कि बढ़ाने का ही होगा। इसलिए, उसके मामले में, अच्छाई-बुराई से परे होना किसी भी औचित्य

से परे हो जाना होगा। जब भी प्रतिक्रियावादी उद्देश्यों को आगे बढ़ाने के लिए ऐसा किया जाता है तो आम तौर पर यही होता है। यहाँ पर यह आपत्ति उठाई जा सकती है कि भले ही इवार कारेनो को सर्वहारा वर्ग की दृष्टि से उचित सिद्ध नहीं किया जा सकता लेकिन निस्सन्देह बुर्जुआ वर्ग की दृष्टि से तो उसे उचित ठहराया ही जायेगा। मैं इस बात से पूरी तरह सहमत हूँ। लेकिन इस मामले में बुर्जुआ वर्ग का दृष्टिकोण एक ऐसे विशेषाधिकार प्राप्त अल्पसंख्यक वर्ग का दृष्टिकोण है जो अपने विशेषाधिकारों को बनाये रखने की फिराक में रहता है। दूसरी तरफ, सर्वहारा वर्ग का दृष्टिकोण एक ऐसे बहुसंख्यक वर्ग का है जो सारे विशेषाधिकारों के खात्मे की माँग करता है। अतः यह कहना कि किसी व्यक्ति विशेष की कार्रवाई बुर्जुआ वर्ग के दृष्टिकोण से उचित ठहरायी जा सकती है, यह कहना हो जाता है कि यह उन सभी लोगों के दृष्टिकोण से निन्दनीय है जो शोषकों के हितों की हिफाजत नहीं करना चाहते। और मुझे इतने की ही दरकार है, क्योंकि आर्थिक विकास की अपरिहार्य गति यह गारण्टी देती है कि ऐसे लोगों की संख्या निश्चित तौर पर बढ़ती जायेगी।

नव-स्वच्छन्दतावादी "सोनेवालों" के प्रति दिल से घृणा रखते हुए आन्दोलन चाहते हैं। लेकिन वे जैसा आन्दोलन चाहते हैं वह एक *रक्षात्मक* आन्दोलन ही है, जो हमारे समय के *मुक्ति* आन्दोलन का ठीक उल्टा है। यही उनके मनोविज्ञान का कुल रहस्य है। इसी में इस तथ्य का भी रहस्य निहित है कि उनमें से सर्वाधिक प्रतिभासम्पन्न व्यक्ति भी वैसी उल्लेखनीय कृतियाँ नहीं रच सकता, जैसी कि वे तब रच सकते, यदि उनकी सामाजिक सहानुभूतियों की दिशा अलग होती और यदि उनका दृष्टिकोण भिन्न होता। हम पहले ही देख चुके हैं कि द क्यूरे ने अपने नाटक *ल रेपा द्यू लायन* को जिस विचार पर आधारित किया है वह कितना गलत है। और एक मिथ्या विचार एक साहित्यिक कृति को नुकसान ही पहुँचाता है, क्योंकि यह अपने पात्रों के मनोविज्ञान को विकृत्र कर देता है। यह दिखाना कठिन नहीं है कि इस नाटक के मुख्य नायक, द सांसी, के मनोविज्ञान में कितनी विकृति है। लेकिन इसके विस्तार में जाने का मतलब होगा अपने इस आलेख की योजना से काफी अधिक विषयान्तर कर देना। अतः मैं एक दूसरा उदाहरण ले रहा हूँ जिसे मैं संक्षेप में प्रस्तुत कर सकता हूँ।

ला बैरीकेड की बुनियादी धारणा यह है कि हर किसी को आधुनिक वर्ग-संघर्ष में निश्चित तौर पर अपने वर्ग की ओर से शामिल होना चाहिए। लेकिन बूर्गे अपने इस नाटक में किसे "सर्वाधिक प्रिय पात्र" मानता है? एक बूढ़े मजदूर को, जिसका नाम गोचेरों है, जो मजदूरों का नहीं, बल्कि मालिक का पक्ष लेता है।* इस मजदूर का व्यवहार नाटक के बुनियादी विचार को ही मूलभूत रूप से खण्डित कर देता है, और वह सिर्फ उन्हीं के लिए प्रिय हो सकता है जो आँख मूँदकर बुर्जुआ वर्ग से सहानुभूति

* वह खुद ऐसा कहता है। देखें *ला बैरिकेड* पेरिस, 1910, भूमिका।

रखते हैं। गोचेरों जिस मनोभाव से निर्देशित है वह अपनी बेड़ियों को पूजने वाले किसी गुलाम का मनोभाव है। और हम काउण्ट अलेक्सेई तोल्स्तोय के समय से ही जानते हैं कि जिसकी शिक्षा-दीक्षा गुलामी की मनोवृत्ति के तहत नहीं हुई है, उसमें किसी दास की निष्ठा के प्रति सहानुभूति जागृत करना कठिन है। वासिली शिबानोव को याद करें, जिसने कितने अद्‌भुत रूप में अपनी "दासवत निष्ठा" को बरकरार रखा। भयानक यातना के बावजूद, वह एक "नायक" की मौत मरा :

जार, उसकी जुबान पर हरदम बस यही शब्द रहते हैं :
वह बस अपने मालिक का गुणगान करता रहता है।[25]

लेकिन यह दासवत नायकत्व आधुनिक पाठक को शायद ही आकर्षित करे, क्योंकि वह शायद सोच भी नहीं सकता कि एक "बोलनेवाला औजार" अपने मालिक के प्रति ऐसी निष्ठा-भक्ति रख सकता है। फिर भी बूर्गे के नाटक का बूढ़ा गोचेरों एक तरह से वासिली शिबानोव ही है, जो एक भूदास से सर्वहारा बन गया है। कोई अन्धा ही होगा जो उसे नाटक में "सर्वाधिक प्रिय पात्र" कहेगा। और एक बात तो हर हाल में निश्चित ही है : यदि गोचेरों सचमुच प्रिय है, तो इसका अर्थ यही है कि बूर्गे के विपरीत, हर किसी को अपने वर्ग का नहीं, बल्कि उस वर्ग का पक्ष लेना चाहिए जिसके लक्ष्य को वह अधिक न्यायसंगत मानता है।

बूर्गे की कृति स्वयं उसी के विचार का खण्डन कर देती है। और ऐसा उसी कारण से होता है जिस कारण से दूसरों का उत्पीड़न करनेवाला बुद्धिमान व्यक्ति पागल हो जाता है। जब एक प्रतिभावान कलाकार एक गलत विचार से प्रेरित होता है, तो वह अपनी ही रचना को नष्ट कर डालता है। और आधुनिक कलाकार जब तक सर्वहारा वर्ग के विरुद्ध संघर्ष में बुर्जुआ वर्ग की हिफाजत के लिए उतावले रहेंगे तब तक वे सही विचार से प्रेरित नहीं हो सकते।

मैं कह चुका हूँ कि बुर्जुआ दृष्टिकोण रखने वाले किसी कलाकार के लिए कला, कला के लिए के सिद्धान्त पर लगातार कायम रहना अब पहले से बहुत कठिन है। इस बात को स्वयं बूर्गे ने भी स्वीकार किया है। यहाँ तक कि वह इस बात को काफी जोर देकर कहता है : "एक चिन्तनशील मस्तिष्क और संवेदनशील हृदय के लिए एक उदासीन इतिहास-लेखक की भूमिका" तब असम्भव हो जाती है जब ऐसे भीषण गलाकाटू संघर्षों की बात सामने आती है जिन पर कभी-कभी, अपने देश का और सभ्यता का सम्पूर्ण भविष्य निर्भर करता प्रतीत होता है।"* लेकिन यहाँ पर एक बात जोड़ना आवश्यक है। निस्सन्देह यह सच है कि एक चिन्तनशील मस्तिष्क और संवेदनशील हृदय रखनेवाला व्यक्ति आधुनिक समाज में चल रहे गृह-युद्ध का उदासीन

---

* *ला बैरिकेड,* भूमिका।

अवलोकनकर्ता नहीं बना रह सकता। लेकिन यदि उसका दृष्टि-क्षेत्र बुर्जुआ पूर्वाग्रहों से संकीर्ण हो गया हो, तो वह "बैरीकेड" के एक तरफ होगा, और यदि वह इन पूर्वाग्रहों से ग्रस्त नहीं है, तो दूसरी तरफ होगा। यह सच है। लेकिन बुर्जुआ वर्ग की सभी सन्तानों—या बेशक किसी भी वर्ग की सभी सन्तानों—के पास चिन्तनशील मस्तिष्क नहीं होता। और सभी चिन्तनशील मस्तिष्क वाले, हमेशा संवेदनशील हृदय वाले ही नहीं होते। उनके लिए तो अब भी यही आसान है कि वे कला, कला के लिए के सिद्धान्त में विश्वास करते रहें। यह सामाजिक—और यहाँ तक कि संकीर्ण वर्गीय—हितों के प्रति उदासीनता के बिल्कुल अनुरूप होता है। और बुर्जुआ सामाजिक प्रणाली, शायद अन्य किसी भी प्रणाली की अपेक्षा, ऐसी उदासीनता पैदा करने में कहीं अधिक सक्षम होती है। जब पीढ़ी दर पीढ़ी इस मशहूर सिद्धान्त में संस्कारित हो कि हरेक सिर्फ अपने लिए है और पीछे रह जानेवाला भाड़ में जाये तो ऐसे अहम्मन्यतावादियों का पैदा होना स्वाभाविक ही है। और, वास्तव में, हम देखते भी हैं कि और किसी भी समय की अपेक्षा आज के बुर्जुआ वर्ग के बीच ऐसे अहम्मन्यतावादी ज्यादा प्रकट हो रहे हैं। इस बात के लिए, हमारे पास इस वर्ग के सबसे मशहूर सिद्धान्तकारों में से एक, मौरिल बारे का एक मूल्यवान प्रमाण भी है।

वह कहता है, "हमारी नैतिकता, हमारा धर्म, हमारी राष्ट्रीय भावना—सब के सब तार-तार हो चुके हैं। अब उनसे जीवन के कोई भी नियम नहीं प्राप्त किये जा सकते। और जब तक हमारे शिक्षक प्रामाणिक सत्यों की स्थापना नहीं कर देते, तब तक हम एकमात्र यथार्थ, अपने अहं, से चिपके रहने के अलावा और कुछ नहीं कर सकते।"

जब एक व्यक्ति की नजर में उसके निजी अहं के अलावा बाकी सब कुछ "तार-तार हो चुका" हो, तब उसे आधुनिक समाज के केन्द्र में चल रहे महान युद्ध के एक निर्द्वन्द्व इतिहास-लेखक के रूप में कार्य करने से कोई भी चीज नहीं रोक सकती। लेकिन नहीं। अभी भी कोई ऐसी चीज बची है जो उसे ऐसा करने से रोक सकती है। और यह चीज समस्त सामाजिक दिलचस्पी का वह अभाव ही है जिसको काफी प्रखरता से बारे की उपरोक्त पंक्तियों में वर्णित किया गया है। आखिर कोई व्यक्ति सामाजिक संघर्ष के इतिहास-लेखक का कार्य ही क्यों करेगा, अगर उसकी तनिक भी दिलचस्पी न तो उस संघर्ष में हो, न ही समाज में? वह तो इस संघर्ष से जुड़ी प्रत्येक चीज से बुरी तरह ऊब जायेगा। और यदि वह एक कलाकार है, तब तो वह अपनी कृतियों में इसका संकेत भी नहीं देगा। उनमें भी वह, "एकमात्र यथार्थ"—अपने अहं—से ही सरोकार रखेगा। और भले ही अपने आप के अलावा और कोई साहचर्य न मिलने से उसका अहं भी ऊब ही सकता है, फिर भी वह उसके लिए एक काल्पनिक, 'भावातीत" दुनिया खोज लेगा, और वह एक ऐसी दुनिया होगी जो सारे सांसारिक "सवालों" से काफी ऊपर होगी। और यही काम आज के बहुतेरे कलाकार कर भी रहे हैं। मैं उन पर कोई

आरोप नहीं लगा रहा हूँ। वे स्वयं ही ऐसा कहते हैं। उदाहरण के लिए देखें हमारे देश की श्रीमती जिनैदा हिप्पियस क्या कहती हैं :

"मैं समझती हूँ कि मानव-स्वभाव की एक प्राकृतिक और सबसे बुनियादी आवश्यकता प्रार्थना है। हर कोई निश्चय ही प्रार्थना करता है या करने की कोशिश करता है—चाहे वह उसके प्रति सचेत हो या न हो, चाहे उसकी प्रार्थना का जो भी रूप हो, तथा वह किसी भी ईश्वर को सम्बोधित क्यों न हो। प्रार्थना का रूप प्रार्थना करने वाले की योग्यताओं और रुझानों पर निर्भर करता है। आम तौर पर कविता, और खास तौर पर, छन्दबद्ध गीत-रचना—शाब्दिक संगीत—उन रूपों में से एक है जो प्रार्थना हमारे दिलों में अख्तियार करती है।"

"शाब्दिक संगीत" को इस तरह प्रार्थना के सदृश रखना निश्चय ही नितान्त अतर्कसंगत है। कविता के इतिहास में ऐसी अनेक लम्बी कालावधियाँ रही हैं, जब "शाब्दिक संगीत" का प्रार्थना से कोई सम्बन्ध नहीं रहा है। लेकिन इस बिन्दु पर बहस की कोई जरूरत नहीं है। यहाँ पर मेरे लिए महत्त्वपूर्ण सिर्फ यही है कि पाठक श्रीमती हिप्पियस की शब्दावली से परिचित हो जाये, क्योंकि जब तक वह इससे परिचित नहीं होगा, तब तक वह निम्नलिखित अवतरणों को, जिनका अर्थ हमारे लिए महत्त्वपूर्ण हैं, पढ़कर हैरान होता रहेगा।

श्रीमती हिप्पियस आगे कहती हैं : "क्या यह हमारा दोष है कि अब हरेक का अहं दूसरे के अहं से पृथक, अकेला और एकाकी हो गया है, और इसी नाते एक दूसरे के लिए अबोधगम्य और अनावश्यक हो चुका है? हम सभी अपनी प्रार्थना की, अपनी कविता की शिद्दत से आवश्यकता महसूस कर रहे हैं, उसे समझना और आदर देना चाहते हैं—क्योंकि वह हमारे दिल की तात्कालिक पूर्णता का प्रतिबिम्बन है। लेकिन जिसका अपना अहं भिन्न है, उसे मेरी प्रार्थना अबोधगम्य और विजातीय लग सकती है। एकाकीपन की चेतना लोगों को एक-दूसरे से और भी अलग-थलग कर देती है, उन्हें अलग-अलग करके उनको अपने दिलों पर ताला जड़ देने के लिए मजबूर कर देती है। हम अपनी प्रार्थनाओं को लेकर शर्मिन्दा हैं, और यह जानते हुए कि हम उन्हें किसी और के साथ जोड़ नहीं सकते, उन्हें अपने आप से ही फुसफुसाकर या ऐसे संकेतों में कहते हैं जो सिर्फ हमें ही स्पष्ट हो सकते हैं।"

जब व्यक्तिवाद इस अति तक जा पहुँचता है, तब निस्सन्देह, जैसा कि श्रीमती हिप्पियस ठीक ही कहती हैं, "प्रार्थना (अर्थात्, कविता—*प्ले.*) के जरिये सम्प्रेषण की, अथवा सामूहिक प्रार्थनामय (अर्थात्, काव्यमय—*प्ले.*) संवेग की सम्भावना" बिल्कुल ही नहीं रह जाती। लेकिन इसका हानिकर प्रतिबिम्बन कविता में, और सामान्य तौर पर कला में हुए बिना नहीं रह सकता, जो कि उन माध्यमों में से एक है जिसके जरिये लोग एक-दूसरे से संवाद-सम्प्रेषण करते हैं। ओल्ड टेस्टामेण्ट में यहोवा द्वारा ठीक ही कहा

गया है कि मनुष्य का अकेले रहना अच्छा नहीं है। और स्वयं श्रीमती हिप्पियस के उदाहरण से इसकी बड़े अच्छे ढंग से पुष्टि हो जाती है। उनकी एक कविता में हम पढ़ते हैं :

यह पथ है निर्मम पर मुझे चलना ही होगा,
बढ़ता जायेगा यह निरन्तर मृत्यु की ओर
पर मैं करती प्रेम स्वयं से, ईश्वर के समान
और वह प्रेम ही रक्षक है मेरी आत्मा का।

हमें अवश्य ही इस पर सन्देह करना चाहिए। वह कौन है जो "स्वयं से ईश्वर के समान प्रेम करता है?" एक धुर अहम्मन्यतावादी ही तो। और एक धुर अहम्मन्यतावादी किसी की आत्मा की रक्षा भला क्या करेगा।

लेकिन यहाँ सवाल यह नहीं है कि श्रीमती हिप्पियस की और उसी जैसे उन व्यक्तियों की आत्माओं की रक्षा हो सकेगी या नहीं, जो "स्वयं से ईश्वर के समान प्यार करते हैं"। यहाँ सवाल यह है कि ऐसे कवि, जो अपने आप से ईश्वर के समान प्रेम करते हैं, इस बात में कोई दिलचस्पी नहीं रख सकते कि उनके इर्द-गिर्द समाज में क्या हो रहा है। उनकी महत्त्वाकांक्षाएँ अनिवार्यतः अत्यन्त अस्पष्ट होती हैं। *एक गीत* शीर्षक कविता में श्रीमिती हिप्पियस "गाती हैं" :

आह, दुख के उन्माद में मैं मरती हूँ, मरती हूँ,
यह स्वप्न है न जाने किसका जिसे मैं सँजोती हूँ, सँजोती हूँ,
जागी है यह तमन्ना न मालूम कैसे, कहाँ से,
फिर भी दिल ललकता है कि करिश्मा हो जाये कोई, हो जाये कोई,
हो जाये वह जो कभी न हो सकता हो, कभी न हो सकता हो,
ठण्डा, धूसर आसमाँ मुझे अजूबों की आस दिलाता है, दिलाता है,
फिर भी रोती हूँ बिन आँसू के, उस टूटे वादे पर,
दे दो मुझे वह जो इस जग में नहीं है, नहीं है, हे ईश्वर!

यहाँ बात एकदम स्पष्ट हो जाती है। एक व्यक्ति, जो "अपने आप से ईश्वर के समान प्रेम करता है", और जो दूसरों के साथ संवाद की सारी क्षमता खो चुका है, उसके पास कुछ नहीं रह जाता, सिवाय इसके कि वह "एक करिश्मे के लिए ललकता" रहे और उस चीज की तमन्ना करे "जो इस जग में नहीं है"--क्योंकि इस जग में जो कुछ है उसमें उसकी कोई दिलचस्पी नहीं हो सकती। सेर्गीएव-त्सेंस्की का लेफ्टीनेण्ट बाबाएव कहता है कि "कला रक्ताल्पता का उत्पाद है"। यह दर्शन बघारनेवाला प्राणी अगर यह विश्वास करता है कि *समूची* कला ही रक्ताल्पता का उत्पाद है, तो वह गम्भीर गलती कर रहा है। लेकिन इससे भी इंकार नहीं किया जा सकता कि यह "रक्ताल्पता" ही है जो ऐसी कला पैदा करती है जिसकी ललक उस

चीज को पाने की है जो "इस जग में नहीं है"। ऐसी कला सामाजिक सम्बन्धों की समूची प्रणाली के क्षरण की ही अभिलाक्षणिक विशिष्टता है, और इसीलिए इसे पतनशील कला कहना बिल्कुल सटीक है।

यह सच है कि यह कला सामाजिक सम्बन्धों की जिस प्रणाली अर्थात् उत्पादन के पूँजीवादी सम्बन्धों की जिस प्रणाली के क्षरण की अभिलाक्षणिक विशिष्टता है, वह अभी हमारे देश में क्षरित नहीं हुई है।[26] रूस में, पूँजीवाद अभी भी पुरानी व्यवस्था पर पूरी तरह हावी नहीं हो सका है। लेकिन पीटर प्रथम के समय से ही रूसी साहित्य पश्चिमी यूरोपीय साहित्य से बहुत अधिक प्रभावित रहा है। इसीलिए, जब-तब यह उन प्रवृत्तियों का शिकार होता रहा है जो पश्चिमी यूरोपीय सामाजिक सम्बन्धों से तो पूरी तरह मेल खाती हैं, परन्तु रूस के अपेक्षाकृत पिछड़े सम्बन्धों से काफी कम मेल खाती हैं। एक समय था जब हमारे कुलीन वर्ग के कुछ लोग विश्वकोशकारों के उन सिद्धान्तों पर मोहित थे,* जो फ्रांस में कुलीनतंत्र के विरुद्ध तृतीय श्रेणी के संघर्ष के अन्तिम चरणों से मेल खाते थे। अब ऐसा समय आ गया है जब हमारे बहुतेरे "बुद्धिजीवी" उन सामाजिक, दार्शनिक और सौन्दर्यशास्त्रीय सिद्धान्तों पर मोहित हो रहे हैं जो पश्चिमी यूरोपीय बुर्जुआ वर्ग के पतन के युग से मेल खाते हैं। यह मोह हमारे सामाजिक विकास के रास्ते का वैसे ही पूर्वाभास दे रहा है जैसे अठारहवीं सदी के लोगों का विश्वकोशकारों के प्रति मोह तत्कालीन सामाजिक विकास के रास्ते का पूर्वाभास दे रहा था।**

लेकिन, यदि रूसी क्षरण के प्रकट हो रहे रूप की घरेलू कारणों से समुचित व्याख्या नहीं की जा सकती है, तो इसका कतई यह मतलब नहीं है कि क्षरण के इस तथ्य की प्रकृति बदल जायेगी। पश्चिमी जगत से चलकर हमारे देश में प्रवेश कर चुकी यह सड़न यहाँ भी वही है जो अपने घर में थी यानी उस "रक्ताल्पता" का एक उत्पाद जो पश्चिमी यूरोप में हावी वर्ग की पतनशीलता से पैदा हुई है।

---

* उदाहरण के लिए, हेल्वेतियस की कृति *दि मैन* प्रिंस गोलित्सिन नामक रूसी ने 1772 में दि हेग में प्रकाशित की थी।

** रूसी कुलीनों की फ्रांसीसी विश्वकोशवादियों के प्रति आसक्ति का कोई व्यावहारिक परिणाम नहीं था। हालाँकि यह इस अर्थ में *उपयोगी* थी कि इसने कुछ कुलीनों के दिमाग से कई तरह के कुलीन पूर्वाग्रहों को दूर कर दिया। इसके विपरीत, हमारे बुद्धिजीवियों के एक तबके की पतनशील बुर्जुआ के दार्शनिक विचारों तथा सौन्दर्यात्मक अभिरुचियों के प्रति आसक्ति *हानिकारक* है। इस अर्थ में, कि यह उनके दिमाग को ऐसे बुर्जुआ पूर्वाग्रहों से भर देती है जिनकी स्वतंत्र उपज के लिए हमारी रूसी भूमि सामाजिक विकास के क्रम में अभी तैयार नहीं हुई है। ये पूर्वाग्रह कई ऐसे रूसियों के मन में भी घुस चुके हैं जो सर्वहारा आन्दोलन के प्रति सहानुभूति रखते हैं। नतीजा यह है कि उनके दिमाग में समाजवाद तथा इस आधुनिकतावाद का विचित्र मिश्रण भरा हुआ है जो बुर्जुआ वर्ग के क्षरण पर पनपा है। यह विभ्रम राजनीतिक रूप से अत्यन्त हानिकर है।

श्रीमती हिप्पियस शायद यह कहें कि मैं एकदम मनमाने ढंग से उन पर सामाजिक प्रश्नों के प्रति पूर्ण उदासीन होने का आरोप मढ़ रहा हूँ। लेकिन पहली बात तो यह है कि मैं उन पर कोई आरोप नहीं मढ़ रहा हूँ, मैंने सिर्फ उनके छन्दबद्ध उद्‌गारों को उद्धृत और उनके महत्त्व को परिभाषित भर किया है। मैंने इन उद्‌गारों को ठीक से समझा है या नहीं, इसका फैसला मैं पाठकों पर छोड़ रहा हूँ। और दूसरी बात यह है कि बेशक मैं इस बात से भी अवगत हूँ कि आजकल श्रीमती हिप्पियस सामाजिक आन्दोलन पर भाषण देने से भी गुरेज नहीं करती हैं। उदाहरण के लिए, दूमित्री मेरेझकोव्स्की और दूमित्री फिलोसोफोव के साथ मिलकर लिखी उनकी जो पुस्तक 1908 में जर्मनी से प्रकाशित हुई, वह रूसी सामाजिक आन्दोलन के प्रति उनकी दिलचस्पी के एक विश्वसनीय साक्ष्य का काम करती है। बहरहाल, उस पुस्तक की भूमिका पढ़ लेने से ही यह पता चल जायेगा कि लेखकगण में "न जाने किसके" प्रति कितनी जबर्दस्त ललक है। यह कहती है कि यूरोप रूसी क्रान्ति की कार्रवाइयों से तो परिचित है, परन्तु उसकी आत्मा से नहीं। और शायद, यूरोप को रूसी क्रान्ति की आत्मा से परिचित कराने के लिए लेखकगण यूरोपवासियों को यह बताते हैं : "हम आपसे वैसे ही मेल खाते हैं जैसे बायाँ हाथ दाएँ हाथ से...हम आपके समान ही हैं, लेकिन उल्टे अर्थ में।...काण्ट ने कहा होता कि हमारी आत्मा भावातीत जगत में बसती है, और आपकी प्रपंची जगत में। नीत्शे ने कहा होता कि आप पर अपोलो राज करता है, और हम पर डायोनिसस; आपकी प्रतिभा संयम में है, हमारी आवेगमयता में। आप समय रहते अपने आप को रोक सकते हैं; अगर आपके सामने कोई दीवार आ जाये तो आप रुक जाते हैं या घूमकर जाते हैं; लेकिन, हम उससे अपना सिर टकरा देते हैं। हमारे लिए चल पड़ना आसान नहीं है, पर एक बार जब हम चल देते हैं, तो रुक नहीं सकते। हम चलते नहीं, दौड़ते हैं। हम दौड़ते नहीं, उड़ते हैं। हम उड़ते नहीं, नीचे की ओर कूद पड़ते हैं। आपको स्वर्णिम मध्यमान प्रिय है, हमें अतियाँ प्रिय हैं। आप न्यायप्रिय हैं, हमारे लिए कोई नियम नहीं है। आप सन्तुलन बनाये रखने में समर्थ हैं; हम हमेशा उसे खोते रहते हैं। आपके पास वर्तमान का राज्य है, हम भविष्य का राज्य खोजते हैं। आप, अन्ततः हमेशा ही राज्यसत्ता को अपने द्वारा हासिल की जा सकने वाली स्वतंत्रताओं से ऊँची अहमियत देते हैं। इसके विपरीत, हम गुलामी की बेड़ियों में जकड़े रहने पर भी, विद्रोही और अराजकतावादी बने रहते हैं। तर्कबुद्धि और भावना, हमें निषेध की अति तक पहुँचा देती है, फिर भी, इस सबके बावजूद, अपने प्राणों और इच्छाशक्ति की गहराई में, हम रहस्यवादी हैं।"

यूरोपवासियों को और आगे पता चलता है कि रूसी क्रान्ति उतनी ही निरंकुश है जितनी कि वह राज्यसत्ता, जिसके विरुद्ध यह निर्देशित है, और कि यदि इसका सचेत आनुभविक लक्ष्य समाजवाद है, तो इसका अचेतन, रहस्यवादी लक्ष्य अराजकता

है। निष्कर्ष में लेखक यह घोषित करते हैं कि वे ये सारी बातें यूरोपीय बुर्जुआ वर्ग को सम्बोधित करके नहीं कह रहे हैं—फिर भला किसको सम्बोधित हैं ये, पाठक को? क्या आप सोच रहे हैं सर्वहारा वर्ग को? आप गलती पर हैं। वे सम्बोधित हैं "सार्वभौमिक संस्कृति के व्यक्तिगत मस्तिष्कों को, उन लोगों को जो नीत्शे के इस दृष्टिकोण को मानते हैं कि राज्यसत्ता सबसे क्रूर पिशाच है", आदि-आदि।

मैंने इन अवतरणों को बहस का मुद्दा बनाने के लिए नहीं उद्धृत किया है। सामान्यतः, मैं यहाँ पर वाद-विवाद नहीं कर रहा, बल्कि मैं तो सिर्फ कुछ निश्चित सामाजिक संस्तरों की निश्चित मानसिक अभिवृत्तियों का चरित्र-चित्रण और व्याख्या करने की कोशिश कर रहा हूँ। अभी-अभी मैंने जो उद्धरण प्रस्तुत किये हैं, मैं समझता हूँ कि वे यह दर्शा देने के लिए पर्याप्त हैं कि श्रीमती हिप्पियस, जो कि (आखिरकार!) सामाजिक सवालों में दिलचस्पी लेने लगी हैं, अभी भी वैसी ही हैं जैसी कि वह हमें ऊपर उद्धृत कविताओं में दिखी थीं, अर्थात् वह अभी भी उस पतनशील किस्म की हद दर्जे की व्यक्तिवादी बनी हुई हैं, जो किसी "करिश्मे" की आस लगाये है क्योंकि यथार्थ सामाजिक जीवन के प्रति उसका कोई गम्भीर रुख है ही नहीं। पाठक लकोंत द लील के उस विचार को भूले नहीं होंगे कि कविता अब उन लोगों को एक आदर्श जीवन प्रदान कर रही है, जिनका अब कोई यथार्थ जीवन नहीं रह गया है। और जब एक व्यक्ति का अपने इर्द-गिर्द के लोगों से कोई आत्मिक संसर्ग नहीं रह जाता, तब उसके आदर्श जीवन का भी धरती से सम्बन्ध टूट जाता है। तब उसकी कल्पनाशीलता उसे लोकेतर बना देती है, और वह रहस्यवादी बन जाता है। रहस्यवाद में डूब चुकी श्रीमती हिप्पियस की सामाजिक सवालों में दिलचस्पी एकदम व्यर्थ है।* लेकिन वह और उनके सहलेखक यह भी गलत सोच रहे हैं कि किसी "करिश्मे" की आस और "विज्ञान के रूप में राजनीति" का "रहस्यवादी" निषेध सिर्फ रूसी पतनशीलों की ही विशिष्टता है।** "मर्यादित" पश्चिमी जगत ने "नशे में धुत्त" रूस के पहले ही ऐसे

---

* अपनी जर्मन पुस्तक में मेरेझकोव्स्की, हिप्पियस और फिलोसोफोव उनके लिए प्रयुक्त "पतनशील" (डिकेडेण्ट) शब्द का खण्डन नहीं करते। वे बस विनम्रतापूर्वक यूरोप को यह सूचित करते हैं कि रूसी डिकेडेण्ट "विश्व संस्कृति की ऊँचाइयों पर पहुँच चुके हैं।"

** उनके रहस्यवादी अराजकतावाद से किसी को भी डर नहीं लगेगा। आम तौर पर, अराजकतावाद बुर्जुआ व्यक्तिवाद की मूलभूत स्थापनाओं का ही आत्यन्तिक निगमन है। इसीलिए हमें पतनशीलता के युग में अराजकतावाद से सहानुभूति रखने वाले इतने सारे बुर्जुआ विचारक मिलते हैं। जैसे, मौरिस बारे अपने विकास के उस दौर में अराजकतावाद से सहानुभूति रखता था जब उसका मानना था कि अपने अहं के सिवा और कोई यथार्थ नहीं होता। अब, शायद, वह *सचेत* रूप से अराजकतावाद के प्रति सहानुभूति नहीं रखता, क्योंकि उसके जैसे खास किस्म के व्यक्तिवाद के तूफानी प्रस्फोट बहुत पहले बन्द हो चुके हैं। जो "प्राथमिक →

लोग पैदा किये जो अतार्किक संवेगों के नाम पर विवेक के विरुद्ध विद्रोह करते हैं। प्रिझिबिजेव्स्की का पात्र एरिक फॉक सामाजिक जनवादियों और "जॉन हेनरी मैके जैसे बैठकबाज अराजकतावादियों" को सिर्फ इसीलिए गाली देता है कि, उसके मुताबिक, वे तर्कबुद्धि पर आवश्यकता से अधिक भरोसा करते हैं।

यह गैर-रूसी 'पतनशील' लेखक घोषित करता है, "वे सब के सब शान्तिपूर्ण क्रान्ति का उपदेश देते हैं, चलती गाड़ी में ही टूटा पहिया बदलने की बात करते हैं। उनका समूचा जड़सूत्रवादी ढाँचा ठीक इसी वजह से मूर्खतापूर्ण नासमझी से भरा हुआ है कि वह अति तर्कसंगत है, कि वह सर्वशक्तिमान विवेक पर आधारित है। लेकिन अभी तक जो कुछ हुआ है वह विवेक के नाते नहीं, बल्कि मूर्खता के नाते, अर्थहीन संयोग के नाते ही हुआ है।"

फॉक जिस "मूर्खता" और "अर्थहीन संयोग" का हवाला देता है उसकी प्रकृति ठीक वही है जो "करिश्मे" की आस की है, जिससे श्रीमती हिप्पियस और मेरेझकोव्स्की एवं फिलोसोफोव की यह जर्मन पुस्तक सराबोर है। यह वही घिसा-पिटा विचार है जो भिन्न-भिन्न नामों से प्रस्तुत हुआ है। इसका उद्‌गम-स्रोत आज के बुर्जुआ बुद्धिजीवियों के एक बड़े हिस्से की अतिशय मनोगतता में निहित है। जब कोई यह विश्वास बना ले कि उसका अपना अहं ही "एकमात्र यथार्थ" है, तब वह स्वीकार ही नहीं कर सकता कि उसके अहं और उसके इर्द-गिर्द की बाहरी दुनिया के बीच एक वस्तुगत, "तर्कसंगत", अर्थात् युक्तियुक्त सम्बन्ध भी हो सकता है। उसके लिए बाहरी दुनिया या तो पूर्णतः अवास्तविक है, या केवल अंशतः यथार्थ है। उसी हद तक कि उसका अस्तित्व एकमात्र सच्चे यथार्थ, अर्थात् उसके अहं पर आधारित है। अगर ऐसे व्यक्ति को दार्शनिक चिन्तन प्रिय हो, तो वह यही कहेगा कि बाहरी दुनिया के सृजन में, हमारा अहं ही अपनी निजी तर्कसंगतता के कम से कम कुछ अंश उसे प्रदान कर देता है; कोई दार्शनिक विवेक के विरुद्ध पूरी तरह विद्रोह नहीं कर सकता, तब भी नहीं, जब वह किसी उद्देश्य से, उदाहरण के लिए, धर्म के हित में—विवेक अधिकारों को कुछ सीमित कर देता है।* यदि अपने अहं को ही एकमात्र यथार्थ माननेवाला कोई

सत्य" उसके अनुसार "नष्ट कर दिये गये थे", वे अब उसकी नजर में "बहाल कर दिये गये हैं", और बहाली की प्रक्रिया यह है कि बारे ने सर्वाधिक फूहड़ राष्ट्रवाद का प्रतिक्रियावादी दृष्टिकोण अपना लिया है। और यह आश्चर्यजनक नहीं है : आत्यन्तिक बुर्जुआ व्यक्तिवाद और सर्वाधिक प्रतिक्रियावादी "सत्यों" के बीच बस एक कदम का फासला होता है। श्रीमती हिप्पियस, श्री मेरेझकोव्स्की और श्री फिलोसोकोव कृपया ध्यान दें।

* धर्म के पक्ष में तर्क के अधिकार को सीमित करने वाले विचारक का एक उदाहरण काण्ट है : "इसलिए, *विश्वास* के लिए स्थान बनाने के वास्ते, मुझे *ज्ञान* को समाप्त करना होगा।"

व्यक्ति दार्शनिक चिन्तन न करता हो तो वह इस मुद्दे पर मगजमारी नहीं करेगा कि उसका अहं कैसे बाहरी दुनिया की रचना करता है। ऐसी स्थिति में वह बाहरी दुनिया में विवेक–अर्थात् नियम–की लेशमात्र भी मौजूदगी स्वीकार नहीं करना चाहेगा। इसके विपरीत उसे यह दुनिया ही "अर्थहीन संयोग" का राज्य प्रतीत होने लगेगी। और अगर कभी उसे किसी बड़े सामाजिक आन्दोलन के साथ हमदर्दी दिखाने का अवसर मिले, तो वह, फॉक की भाँति निश्चय ही यही कहेगा कि ऐसे आन्दोलन की सफलता सामाजिक विकास की स्वाभाविक यात्रा द्वारा नहीं, बल्कि मानवीय "मूर्खता" द्वारा, या–यों कह लें कि–"अर्थहीन" ऐतिहासिक "संयोग" द्वारा सुनिश्चित हो सकती है। लेकिन, जैसा कि मैं पहले ही कह चुका हूँ, हिप्पियस और उनके दोनों सहलेखकों का रूसी मुक्ति आन्दोलन के प्रति रहस्यवादी दृष्टिकोण फॉक के इस दृष्टिकोण से मूलतः भिन्न नहीं है कि महान ऐतिहासिक घटनाओं के पीछे के कारण "अर्थहीन" होते हैं। हालाँकि ये लेखक रूसियों की मुक्तिकामी आकाँक्षाओं की अप्रतिम विशालता से यूरोप को चकाचौंध करने के लिए उत्सुक हैं, फिर भी दरअसल ये परले दर्जे के पतनशील हैं, जो सिर्फ उसी चीज के प्रति हमदर्दी रखने में समर्थ हैं "जो कभी न हो सकता हो, कभी न हो सकता हो"–या दूसरे शब्दों में कहें तो, ये यथार्थ में घटित होने वाली किसी भी चीज से हमदर्दी रखने में असमर्थ हैं। इसीलिए उनके रहस्यवादी अराजकतावाद से मेरे उन निष्कर्षों पर तनिक भी आँच नहीं आती जो मैंने श्रीमती हिप्पियस के छन्दबद्ध उद्गारों से निकाले हैं।

चूँकि मैंने इस मुद्दे को छेड़ ही दिया है तो मैं अपने विचार बेबाक ढंग से प्रस्तुत करूँगा। 1905-6 की घटनाओं ने रूसी पतनशीलों पर वैसी ही गहरी छाप छोड़ी है जैसी 1848-49 की घटनाओं ने फ्रांसीसी स्वच्छन्दतावादियों पर छोड़ी थी। इन घटनाओं की बदौलत अब उनमें भी सामाजिक जीवन के प्रति दिलचस्पी जाग उठी है। लेकिन यह दिलचस्पी स्वच्छन्दतावादियों के मिजाज के जितना कम अनुकूल थी, उससे बहुत कम ही रूसी पतनशीलों के मिजाज के अनुकूल है। इसीलिए यह और भी कम टिकाऊ सिद्ध हुई है। और इसीलिए इसे गम्भीरतापूर्वक लेने की कोई वजह नहीं बनती।

अब आधुनिक कला की ओर वापस लौटें। जब कोई व्यक्ति अपने अहं को ही एकमात्र यथार्थ समझने का आदी हो जाता है, तब वह, श्रीमती हिप्पियस की भाँति, "अपने आप से ईश्वर के समान प्रेम करता है"। इसे समझा जा सकता है, और यह अपरिहार्य भी है। और जब कोई आदमी "अपने आप से ईश्वर के समान प्रेम करता है" तब वह अपने कलात्मक सृजन में भी सिर्फ स्वयं से ही सरोकार रखता है। बाहरी दुनिया में उसकी दिलचस्पी सिर्फ उसी हद तक रहती है जिस हद तक वह, किसी न किसी रूप में उसके इस "एकमात्र यथार्थ", यानी उसके मूल्यवान अहं को प्रभावित करती

है। सुदरमान के सबसे दिलचस्प नाटक *डास ब्लूमेनबूट* के अंक दो के दृश्य एक में बैरोनेस एरफ्लिंगेन अपनी बेटी थिया से कहती है : "हमारी कोटि के लोग इसीलिए होते हैं कि वे इस दुनिया की चीजों को एक मस्ती-भरे चित्रपट का रूप देते रहें, जो हमारे सामने से गुजरता रहता है—या, यों कहें कि जो हमारे सामने से गुजरता हुआ *प्रतीत होता है।* क्योंकि, वास्तव में, गतिशील तो हम हैं। यह निश्चित है। और इतना ही नहीं, हमें किसी स्थिरक भार की आवश्यकता भी नहीं है।" ये शब्द बैरोनेस एरफ्लिंगेन की कोटि के लोगों के जीवन-लक्ष्य का बयान करते हैं; ऐसे लोग पूरे विश्वास के साथ बारे के इन शब्दों को दुहरा सकते हैं : "एकमात्र यथार्थ हमारा अहं है।" लेकिन इस जीवन-लक्ष्य को मानने वाले लोगों की नजर में कला सिर्फ उस चित्रपट को सजाने-सँवारने का एक साधन होनी चाहिए जो उनके सामने से गुजरता हुआ "*प्रतीत होता है।*" और यहाँ भी वे किसी स्थिरक भार की जहमत उठाने की कोशिश नहीं करते। वे कलात्मक कृतियों में वैचारिक अन्तर्वस्तु को या तो पूरी तरह तिलांजलि दे देते हैं, या उसे अपनी अतिशय मनोगतता की सनकों और चंचल अपेक्षाओं के अधीन कर डालते हैं।

अब पेण्टिंग की ओर मुड़ते हैं।

इम्प्रेशनिस्ट चित्रकार अपने चित्रों में वैचारिक अन्तर्वस्तु के प्रति पूरी उदासीनता पहले ही प्रदर्शित कर चुके हैं। उनमें से एक ने यह कहकर उनकी सोच को सटीक ढंग से व्यक्त किया है : "किसी तस्वीर में प्रमुख नाटकीय-पात्र प्रकाश ही है।" परन्तु प्रकाश का संवेदन मात्र एक संवेदन है—अर्थात्, यह *अभी* भाव नहीं है, अभी विचार नहीं है। एक कलाकार जो अपना ध्यान संवेदनों के क्षेत्र तक सीमित रखता है, वह भाव और विचार के प्रति उदासीन रहता है। वह एक अच्छा भूदृश्य पेण्ट कर सकता है। और वास्तव में, इम्प्रेशनिस्टों ने कई बेहतरीन भूदृश्य बनाये भी हैं। लेकिन भूदृश्य ही पेण्टिंग में सब कुछ नहीं है।* जरा लिओनार्दो दा विंची की पेण्टिंग *दि लास्ट सपर* को याद करें और

* आरम्भिक इम्प्रेशनिस्ट पेण्टरों में से कई महान प्रतिभाशाली थे। लेकिन ध्यान देने योग्य तथ्य यह है कि इन प्रतिभाशाली कलाकारों में उच्च कोटि का पोर्ट्रेट-पेण्टर कोई नहीं था। इसे समझा जा सकता है क्योंकि पोर्ट्रेट बनाने में प्रकाश मुख्य अभिनेता नहीं हो सकता। इसके अलावा, प्रसिद्ध इम्प्रेशनिस्ट पेण्टरों के भूदृश्य इसीलिए अच्छे हैं क्योंकि वे प्रकाश के विविध और चंचल प्रभावों को प्रभावशाली ढंग से सम्प्रेषित करते हैं; लेकिन उनमें "मूड" बहुत कम झलकता है। फायरबाख के इन शब्दों में यह बात बहुत अच्छे ढंग से अभिव्यक्त हुई है, "इन्द्रियों के सन्देश को सुसंगत ढंग से पढ़ना ही सोचना है।" याद रहे, कि "इन्द्रियों" या इन्द्रियबोध से फायरबाख का आशय हर उस चीज से था जो इन्द्रिय संवेदन के दायरे से सम्बन्ध रखती है। यह कहा जा सकता है कि इम्प्रेशनिस्ट "इन्द्रियों के सन्देश" को पढ़ नहीं सकते, और न उन्होंने ऐसा किया। उनकी शाखा की यह सबसे बड़ी कमी थी, और जल्दी ही यह इसके पतन का कारण बनी। जहाँ आरम्भिक और महान इम्प्रेशनिस्ट पेण्टरों के भूदृश्य बहुत अच्छे हैं, वहीं उनके अनगिनत अनुयायियों में से बहुतों के भूदृश्य कैरिकेचर जैसे लगते हैं।

पूछें कि क्या इस मशहूर भित्तिचित्र में प्रकाश प्रमुख नाटकीय-पात्र है? हम जानते हैं कि इसका विषय ईसा मसीह और उनके शिष्यों के आपसी सम्बन्ध का वह अति नाटकीय क्षण है, जब वह कहते हैं : "तुममें से एक मेरे साथ विश्वासघात करेगा।" लिओनार्दो दा विंची का कार्य स्वयं ईसा की मनोदशा को चित्रित करना था, जो इस भयानक रहस्य को जानकर बुरी तरह व्यथित हो उठे थे और उनके शिष्यों की मानसिक व्यथा को भी उभारना था, जो यह विश्वास ही नहीं कर सकते थे कि उनके छोटे-से समूह में कोई गद्दार भी हो सकता था। अगर कलाकार का यह विश्वास होता कि किसी पेंटिंग में प्रमुख नाटकीय-पात्र प्रकाश ही है, तो उसने इस नाटक को चित्रित करने की बात सोची ही नहीं होती। और अगर फिर भी वह यह भित्तिचित्र बनाता, तो उसकी मुख्य कलात्मक दिलचस्पी इस बिन्दु पर केन्द्रित नहीं होती कि ईसा और उनके शिष्यों के दिलों में क्या चल रहा था, बल्कि इस बात पर केन्दित होती कि वे जिस कक्ष में एकत्र थे उसकी दीवारों पर, उस मेज पर, जिसके इर्द-गिर्द वे बैठे हुए थे, तथा उनकी त्वचाओं पर क्या हो रहा था—यानी उसकी दृष्टि विविध प्रकाश-प्रभावों पर केन्द्रित होती। तब हमें एक जबर्दस्त आत्मिक नाटक नहीं, बल्कि उत्कृष्ट ढंग से चित्रित किये हुए प्रकाश के टुकड़े ही देखने को मिलते : एक टुकड़ा कक्ष की दीवार पर, दूसरा मेजपोश पर, तीसरा जूडस की मुड़ी हुई नाक पर, चौथा ईसा के गाल पर, आदि-आदि। लेकिन तब भित्तिचित्र का प्रभाव अत्यन्त क्षीण होता, तथा लिओनार्दो दा विंची की कलाकृति का विशिष्ट महत्त्व भी अत्यल्प ही रह जाता। कुछ फ्रांसीसी आलोचकों ने इम्प्रेशनिज्म की तुलना साहित्य में यथार्थवाद से की है। इस तुलना का कुछ आधार भी है। लेकिन यदि इम्प्रेशनिस्ट यथार्थवादी थे तो, यह स्वीकार करना होगा कि उनका यथार्थवाद एकदम सतही था, जो "प्रतीति के खोल" से गहरे नहीं जा सका था। और जब इस यथार्थवाद ने आधुनिक कला में एक व्यापक स्थिति हासिल कर ली तब इसके प्रभाव में प्रशिक्षित कलाकारों के पास सिर्फ एक ही विकल्प रह गया : या तो वे अपने कौशल को "प्रतीति के खोल" पर आजमाते रहें और अधिकाधिक विस्मयकारी और अधिकाधिक कृत्रिम प्रकाश-प्रभाव खोजते रहें; या, इम्प्रेशनिस्टों की गलती को महसूस कर लेने और यह समझ लेने के बाद कि, एक तस्वीर में प्रमुख नाटकीय-पात्र प्रकाश नहीं, बल्कि मनुष्य और उसके अत्यधिक विविधताभरे भावात्मक अनुभव हैं, "प्रतीति के खोल" से नीचे पैठने की कोशिश करें। और निश्चय ही आधुनिक चित्रकला में हमें ये दोनों ही प्रवृत्तियाँ देखने को मिलती हैं। "प्रतीति के खोल" में दिलचस्पी का सघनीकरण जिन विरोधाभासी कैनवसों पर देखने को मिलता है, उनके सामने सर्वाधिक उदार आलोचक भी हैरानी से कन्धे उचकाता है और यह स्वीकार करता है कि आधुनिक चित्रकला "कुरूपता के संकट" से गुजर रही है। दूसरी ओर, यह स्वीकार करना, कि "प्रतीति के खोल" पर रुक जाना असम्भव है, कलाकारों को वैचारिक अन्तर्वस्तु खोजने के लिए बाध्य करता है, यानी उस चीज को पूजने के

लिए प्रेरित करता है जिसे अभी हाल ही में उन्होंने तिलांजलि दे दी थी। लेकिन किसी कृति में वैचारिक अन्तर्वस्तु भरना उतना आसान नहीं है, जितना लगता है। विचार कोई ऐसी चीज नहीं है जो यथार्थ जगत से स्वतंत्र रूप में स्थित है। मनुष्य की विचार-राशि यथार्थ जगत के साथ उसके सम्बन्धों से ही निर्धारित और समृद्ध होती है। यदि यथार्थ जगत से किसी के सम्बन्ध ऐसे हों कि वह अपने अहं को ही "एकमात्र यथार्थ" मानता हो, तो वह विचारों के मामले में अपरिहार्यतः कंगाल ही रहेगा। न केवल वह विचारों से रहित होगा, बल्कि–और यही मुख्य बात है–वह किसी भी विचार की संकल्पना कर सकने में भी समर्थ नहीं होगा। जैसे रोटी के अभाव में लोग घास-पात खा लेते हैं, वैसे ही जिनके पास स्पष्ट विचार नहीं होते, वे अस्पष्ट संकेतों से, रहस्यवाद, प्रतीकवाद, और ऐसे ही उन तमाम "वादों" से उधार लिये गये स्थानापन्न से ही सन्तुष्ट हो लेते हैं, जो पतनशीलता के युग की ही अभिलाक्षणिक विशिष्टताएँ हैं। संक्षेप में, हमें पेण्टिंग में भी वही बात दिखायी देती है जिसे हम साहित्य में देख चुके हैं : यथार्थवाद अपनी अन्तर्निहित शून्यता के कारण क्षरित होने लगता है और प्रत्ययवादी प्रतिक्रिया हावी हो जाती है।

मनोगत प्रत्ययवाद हमेशा ही इस विचार पर आधारित रहा है कि हमारे अहं के अलावा और कोई यथार्थ नहीं है। परन्तु बुर्जुआ पतनशीलता के युग के निर्बन्ध व्यक्तिवाद से मिलकर यह विचार न केवल ऐसे लोगों के बीच सम्बन्धों को परिभाषित करनेवाला एक अहम्मन्यतावादी नियम बना दिया गया जिनमें से हरेक "अपने आप से ईश्वर के समान प्रेम करता है।" बल्कि उसे एक नये सौन्दर्यशास्त्र का सैद्धान्तिक आधार भी बना दिया गया है।

पाठक निस्सन्देह तथाकथित क्यूबिस्टों के बारे में सुन चुके होंगे। और अगर कभी उन्हें उनकी कुछ कलाकृतियों को देखने का मौका मिला होगा तो शायद मैं गलत होने का ज्यादा खतरा उठाये बिना यह मान सकता हूँ कि उन्हें उनसे कोई खुशी नहीं हुई होगी। जहाँ तक मेरी बात है, मुझे उनमें किसी भी सूरत में ऐसी कोई भी बात नहीं मिलती जो सौन्दर्यात्मक आनन्द देती हो। कला के नाम पर की गई इन कसरतों को देखते ही बेसाख्ता मुँह से ये शब्द निकल पड़ते हैं : "घनकृत बकवास।" लेकिन क्यूबिज्म का भी एक मकसद है। उसे चरम बकवास कह देने से उसकी उत्पत्ति की व्याख्या नहीं की जा सकती। बेशक, ऐसी व्याख्या की कोशिश करने का यह उपयुक्त अवसर नहीं है। फिर भी यहाँ उस दिशा में संकेत तो किया ही जा सकता है। मेरे सामने एक दिलचस्प पुस्तक है *दि क्यूबिज्म,* जिसके लेखक हैं अलबर्ट ग्लीजे और ज्याँ मेत्सिंगर। ये दोनों ही चित्रकार हैं और क्यूबिस्ट स्कूल से जुड़े हुए हैं। हम audiatur et alterapars* के नियम का पालन करते हुए देखें कि उनका क्या कहना है। वे अपनी विस्मयकारी सृजनात्मक पद्धति का औचित्य कैसे सिद्ध करते हैं?

* (दूसरे पक्ष को भी अपनी बात कहने का अवसर दिया जाये)

"हमारे बाहर कुछ भी वास्तविक नहीं है," वे कहते हैं, "....हमें उन वस्तुओं के अस्तित्व पर सन्देह नहीं है जो हमारी इन्द्रियों पर क्रिया करती हैं : लेकिन तर्कसंगत निश्चितता केवल उन बिम्बों के मामले में ही सम्भव हो सकती है जो इनसे हमारे मन में उभरते हैं।"

इससे ये लेखक यह निष्कर्ष निकालते हैं कि हम नहीं जानते कि वस्तुओं के अपने आप में क्या रूप हैं। और चूँकि ये रूप अज्ञात हैं, इसलिए इन लेखकों का मानना है कि वे उन्हें अपनी मर्जी के मुताबिक चित्रित करने के लिए स्वतंत्र हैं। वे कहते हैं कि वे अपने आप को, इम्प्रेशनिस्टों की भाँति, केवल संवेदनों के क्षेत्र तक सीमित नहीं रखना चाहते। वे हमें आश्वस्त करते हैं कि "हम सारतत्त्व की तलाश करते हैं, लेकिन उसे हम गणितज्ञों एवं दार्शनिकों द्वारा बड़ी मेहनत से गढ़ी गयी शाश्वतता में नहीं, बल्कि अपने व्यक्तित्व में ही तलाशते हैं।"

इन दलीलों में, जैसा कि पाठक स्वयं ही देख सकते हैं, सबसे पहले हमें यह सुविदित विचार दिखाई देता है कि हमारा अहं ही "एकमात्र यथार्थ" है। बेशक, यहाँ यह कम रूढ़ आवरण में है। ग्लीजे और मेत्जिंगर कहते हैं कि बाह्य वस्तुओं के अस्तित्व पर सन्देह करना उनकी सोच से बहुत दूर है। लेकिन बाह्य जगत के अस्तित्व को स्वीकार करने के तुरन्त बाद ही ये लेखक यह भी घोषित कर देते हैं कि बाह्य जगत अज्ञेय है। और इसका मतलब है कि उनके लिए भी उनके अहं के अतिरिक्त कोई यथार्थ नहीं है।

यदि वस्तुओं के बिम्ब हमारे मन में इसलिए उभरते हैं कि वस्तुएँ हमारी बाह्य इन्द्रियों पर क्रिया करती हैं, तो निश्चय ही यह नहीं कहा जा सकता कि बाह्य जगत अज्ञेय है : हम मुख्यतः इसी क्रिया के द्वारा तो इसका ज्ञान प्राप्त करते हैं। ग्लीजे और मेत्जिंगर गलती पर हैं। रूप अपने आप में पूर्ण होने की उनकी दलील भी बहुत कमजोर है। लेकिन अपनी गलतियों के लिए उन्हें गम्भीर रूप से दोषी नहीं ठहराया जा सकता : ऐसी ही गलतियाँ दर्शन में उनसे कहीं अधिक दक्ष लोगों ने की हैं। लेकिन एक चीज, जिसे नजरन्दाज नहीं किया जा सकता, यह है कि हमारे ये लेखक बाह्य जगत की कल्पित अज्ञेयता से यह निष्कर्ष निकालते हैं कि सारतत्त्व की तलाश "अपने व्यक्तित्व" में ही की जानी चाहिए। इस निष्कर्ष को दो तरह से समझा जा सकता है : एक तो, "व्यक्तित्व" को आम तौर पर समूची मानव जाति के अर्थ में लेकर, और दूसरे, प्रत्येक व्यक्तित्व को पृथक-पृथक लेकर। पहले तरीके से हम काण्ट के भावातीत प्रत्ययवाद पर जा पहुँचेंगे; दूसरे तरीके से हम इस कुतर्कपूर्ण स्वीकृति पर पहुँचेंगे कि प्रत्येक पृथक व्यक्ति सभी चीजों का पैमाना है। हमारे इन लेखकों का झुकाव अपने निष्कर्ष की कुतर्कपूर्ण व्याख्या की ओर ही है।

एक बार इस कुतर्कपूर्ण व्याख्या को स्वीकार कर लेने के बाद कोई चित्रकला

में, तथा बाकी हर चीज में, कुछ भी कहने-करने के लिए स्वतंत्र हो जाता है। अगर मैं "वुमन इन ब्लू" (गत वर्ष शरदान्त प्रदर्शनी में प्रदर्शित फर्नांद लेजर की पेण्टिंग) की जगह पर कई त्रिआयामी आकृतियाँ खींच दूँ तो भी किसे यह कहने का अधिकार है कि मैंने बुरी पेंटिंग बनाई है? स्त्रियाँ मेरे इर्द-गिर्द के बाह्य जगत का ही हिस्सा हैं। और बाह्य जगत तो अज्ञेय है। अतः एक स्त्री का चित्र बनाने के लिए मुझे अपने ही "व्यक्तित्व" से अपील करनी होती है और मेरा "व्यक्तित्व" उस स्त्री को अनेक बेतरतीब ढंग से सजाये गये घनों, या समान्तर षट्फलकों का रूप प्रदान कर देता है। प्रदर्शनी में जानेवाला कोई भी व्यक्ति इन घनों को देखकर मुस्करायेगा ही। लेकिन चलिये यह भी ठीक है। "भीड़" तो सिर्फ इसलिए हँसती है कि उसे कलाकार की भाषा समझ नहीं आती। निश्चय ही कलाकार को चाहिए कि वह भीड़ पर बिल्कुल ध्यान न दे। उन्हें "कोई छूट न देते हुए, कुछ भी स्पष्ट न करते हुए और न ही कुछ बताते हुए, कलाकार अपनी आन्तरिक ऊर्जा संचित करता है, जो उसके इर्द-गिर्द की हरेक चीज को प्रकाशित करती है।" और जब तक ऐसी ऊर्जा संचित नहीं होती, तब तक वह त्रिआयामी चित्र उकेरने के सिवा कुछ नहीं कर सकता।

इस प्रकार, हमें पुश्किन की कविता, "कवि से" की यह दिलचस्प पैरोडी मिलती है :

सच्चे कलाकार, क्या तुम ख़ुश हो अपनी रचना से?
हो? तब गरियाने दो भीड़ को तुम्हारे नाम पर
और थूकने दो उस वेदी पर जहाँ जलती है तुम्हारी लौ,
और हिलाने दो तुम्हारी तिपाई बचकानी उत्तेजना में।

इस पैरोडी में मजेदार बात यह है कि इस मामले में "सच्चा कलाकार" एकदम फालतू बकवास से भी सन्तुष्ट है। प्रसंगवश यह भी बता दें कि ऐसी पैरोडियाँ यह दर्शाती हैं कि अब सामाजिक जीवन की अन्तर्निहित द्वंद्वात्मकता ने कला, कला के लिए के सिद्धान्त को बेतुकेपन की हद तक पहुँचा दिया है।

मनुष्य के लिए अकेला रहना अच्छी बात नहीं है। कला के ये वर्तमान "प्रवर्तक" अपने पूर्ववर्ती कलाकारों की सर्जनाओं से सन्तुष्ट नहीं हैं। इसमें कोई बुराई नहीं है। बल्कि इसके विपरीत, कुछ न कुछ नया करने की ललक प्रायः प्रगति का स्रोत बनती है। लेकिन ऐसा नहीं है कि कुछ नया खोजनेवाला प्रत्येक व्यक्ति उसे सचमुच पा ही लेता है। इसके लिए यह जानना जरूरी होता है कि उसे कैसे खोजा जाये। लेकिन जो व्यक्ति सामाजिक जीवन की नयी शिक्षाओं पर आँखें मूँदे हुए हो, जिसके लिए अपने अहं को छोड़कर और कुछ भी यथार्थ न हो, वह कुछ "नये" की अपनी खोज में एक नये बेतुकेपन के अलावा और कुछ नहीं पा सकता। मनुष्य के लिए अकेला

रहना अच्छी बात नहीं है।

इससे यही लगता है कि वर्तमान काल की सामाजिक दशाओं में कला, कला के लिए के परिणाम सुखद नहीं हो सकते। बुर्जुआ पतनशीलता के युग का घोर व्यक्तिवाद कलाकारों को सच्ची प्रेरणा के सभी स्रोतों से वंचित कर देता है। यह उन्हें सामाजिक जीवन की मौजूदा गतिविधि से पूरी तरह बेखबर बना देता है, और उन्हें ऐसे व्यक्तिगत भावनात्मक अनुभवों की बन्ध्या तन्मयता के लिए अभिशप्त करता जा रहा है जो पूरी तरह महत्त्वहीन और विकृत कल्पना की फन्तासियों से भरे होते हैं। उनकी तन्मयता का कुल उत्पाद ऐसा है जिसका किसी भी प्रकार के सौन्दर्य से न केवल कोई रिश्ता है, बल्कि जो एक ऐसा स्पष्ट बेतुकापन भी परोस रहा है जिसका पक्षपोषण सिर्फ ज्ञान के प्रत्ययवादी सिद्धान्त की कुतर्कपूर्ण विकृतियों की सहायता से ही किया जा सकता है।

पुश्किन के "ठण्डे और अहंकारी लोग" कवि का गीत "खाली दिमागों" से ही सुनते हैं। मैं पहले ही कह चुका हूँ कि पुश्किन की कलम से निकले इस शब्द-संयोजन का ऐतिहासिक महत्त्व है। इसे समझने के लिए, हमें बस इस बात का ध्यान रखना होगा कि "ठण्डे और अहंकारी" विशेषण उस वक्त के रूसी भूदासों के लिए नहीं इस्तेमाल हो सकते थे। लेकिन ये उस वक्त की उच्च वर्गीय "भीड़" पर पूर्णतः लागू होते हैं, जिसके दिमागी भोथरेपन ने हमारे कवि को अन्त की ओर धकेला था। यह "भीड़" जिन लोगों से मिलकर बनी थी, वे बिना किसी अतिशयोक्ति के स्वयं के बारे में वही कह सकते थे जो पुश्किन की कविता में "भीड़" कहती है :

हम सभी हैं विश्वासघाती और पापी,
कृतघ्न, निर्लज्ज, पतुरियों की तरह,
उठती नहीं कोई भावना हमारे दिलों में।
गुलाम, चुगलखोर और मूर्ख, बुराइयों के
काले झुण्ड, पनपते हैं हम सब में।

पुश्किन ने देखा कि हृदयहीन कुलीनतांत्रिक भीड़ को "साहसिक" सबक सिखाना हास्यास्पद था; वे समझ ही नहीं पाते। उसने गर्व के साथ उनकी ओर पीठ फेर कर ठीक ही किया। लेकिन उसने एक गलती भी की—जो रूसी साहित्य के लिए दुर्भाग्यपूर्ण थी—कि उसने उनसे पूरी तरह नाता नहीं तोड़ लिया। लेकिन आजकल, अपेक्षाकृत अधिक विकसित पूँजीवादी देशों में, कवि—और आम तौर पर सभी कलाकार—जो पुराने बुर्जुआ विचार को उतार फेंकने में असमर्थ हैं, जनता के प्रति जो दृष्टिकोण रखते हैं वह उस दृष्टिकोण के ठीक विपरीत है जिसे हम पुश्किन के मामले में देखते हैं : अब दिमागी भोथरेपन का दोष "जनता" को—उस असली जनता को नहीं दिया जा सकता

जिसका आगे बढ़ा हुआ तबका अधिकाधिक सचेत होता जा रहा है, बल्कि यह दोष तो अब उन कलाकारों को ही दिया जा सकता है जो जनता की ओर से किये जाने वाले प्रभावशाली आह्वानों को भी "खाली दिमागों" से ही सुनते हैं। बहुत छूट देने पर भी, इन कलाकारों का दोष इतना तो है ही कि उनकी घड़ियाँ समय से कोई अस्सी वर्ष पीछे हैं। अपने युग की उत्कृष्ट आकांक्षाओं को छोड़कर, वे बड़े बचकानेपन से स्वयं को उस संघर्ष को जारी रखनेवाला मान बैठे हैं जिसे स्वच्छन्दतावादियों ने फिलिस्टाइनवाद के विरुद्ध छेड़ा था। पश्चिमी यूरोपीय सौन्दर्यशास्त्रियों और उनका अनुकरण करने वाले रूसी सौन्दर्यशास्त्रियों को आज के सर्वहारा आन्दोलन के तथाकथित फिलिस्टाइनवाद पर बढ़-चढ़कर बोलना बहुत प्रिय है।

यह हास्यास्पद है। मजदूर वर्ग के मुक्ति-आन्दोलन पर ये सज्जन फिलिस्टाइनवाद का जो आरोप मढ़ रहे हैं वह कितना निराधार है, इसे बहुत पहले संगीतकार रिचर्ड वैग्नर ने ही स्पष्ट कर दिया था। उसकी स्पष्ट राय थी कि मजदूर वर्ग का मुक्ति-आन्दोलन गम्भीरता से विचार करने पर, एक ऐसा आन्दोलन सिद्ध होता है जो फिलिस्टाइनवाद की दिशा में नहीं, बल्कि उससे दूर एक मुक्त जीवन की दिशा में, "कलात्मक मानवता" की दिशा में चल रहा है। यह एक ऐसा आन्दोलन है जो "जीवन को गरिमापूर्ण ढंग से जीने लायक बनाने के लिए है, जिसके भौतिक संसाधन जुटाने के लिए मनुष्य को अब अपनी समस्त जीवनी शक्ति नहीं खर्च करनी होगी।" जीवन-निर्वाह के साधन जुटाने के लिए अपनी समस्त ऊर्जा खर्च कर देने की यह आवश्यकता ही आजकल "फिलिस्टाइन" भावनाओं का स्रोत बनी हुई है। जीवन-निर्वाह के साधनों की निरन्तर चिन्ता ने "मनुष्य को कमजोर, दासवत, मूर्ख और तुच्छ बना दिया है; उसे एक ऐसे प्राणी में तब्दील कर दिया है जो न तो प्यार करने में सक्षम है, न घृणा करने में, और इस तरह वह एक ऐसा नागरिक बन गया है जो सिर्फ इस चिन्ता से राहत पाने के लिए किसी भी क्षण अपनी स्वतंत्र इच्छा के आखिरी अवशेष तक को कुर्बान कर देने के लिए तैयार रहता है।" मजदूर वर्ग के मुक्ति आन्दोलन का उद्देश्य इस अपमानजनक और भ्रष्टकारी चिन्ता को दूर करना ही है। वैग्नर का यही कहना है कि केवल इस चिन्ता को दूर करके ही, केवल सर्वहारा वर्ग की मुक्ति की कामना को पूरा करके ही, ईसा के इन शब्दों को चरितार्थ किया जा सकता है कि इसकी चिन्ता मत करो कि तुम क्या खाओगे, क्या पियोगे, आदि। उसका कहना और भी सही होता अगर उसने यह भी जोड़ दिया होता कि *सिर्फ* ऐसा हो जाने पर ही सौन्दर्यबोध को नैतिकता के साथ नत्थी करने का कोई गम्भीर आधार नहीं रह जायेगा, जैसा कि कला, कला के लिए के समर्थकों—जैसे फ्लाबेअर—का मानना है। फ्लाबेअर कहता था कि "सद्गुणसम्पन्न पुस्तकें बोझिल और झूठी हैं।" वह सही था—लेकिन सिर्फ इसीलिए कि वर्तमान समाज की नैतिकता—बुर्जुआ

नैतिकता—बोझिल और झूठी है। स्वयं फ्लाबेअर को प्राचीन "सद्गुण" में कुछ भी बोझिल या झूठा नहीं दिखायी दिया था। हालाँकि वह बुर्जुआ नैतिकता से बस इसी मायने में भिन्न था कि अभी इस पर बुर्जुआ व्यक्तिवाद की कालिख नहीं चढ़ी थी। निकोलस प्रथम के जनशिक्षा मंत्री के रूप में, शिरिंस्की-शिख्मातोव का मानना था कि कला का फर्ज है "इस आस्था को मजबूत बनाना, जो सामाजिक और निजी जीवन के लिए बहुत महत्त्वपूर्ण है, कि बुरे कामों का उचित प्रतिकार इसी धरती पर हो जाता है," यानी उस समाज में ही हो जाता है जिसकी पहरेदारी इतने जोश-खरोश के साथ शिरिंस्की-शिख्मातोव कर रहा था। निस्सन्देह यह मत झूठा, बोझिल और घटिया था। अगर कलाकार ऐसे झूठ और घटियापन से दूर रहते हैं तो ठीक ही करते हैं। और जब हम फ्लाबेअर की पुस्तक में यह पढ़ते हैं कि एक *निश्चित अर्थ में* "पाप से अधिक काव्यात्मक और कुछ नहीं होता", तो हम समझते हैं कि अपने *असली अर्थ* में यहाँ पाप को बुर्जुआ नैतिकतावादियों तथा शिरिंस्की-शिख्मातोवों के फूहड़, बोझिल और झूठे सद्गुण के बरक्स रखा गया है। लेकिन जब इस फूहड़, बोझिल और झूठे सद्गुण को पैदा करने वाली सामाजिक व्यवस्था का अन्त हो जायेगा, तब पाप का आदर्शीकरण करने की *नैतिक* आवश्यकता भी नहीं रह जायेगी। यहाँ मैं फिर याद दिला दूँ कि फ्लाबेअर को प्राचीन सद्गुण में कुछ भी फूहड़, बोझिल या झूठा नहीं दिखायी देता था, हालाँकि, इसके प्रति आदर भाव रखते हुए भी वह अपनी अधकचरी सामाजिक और राजनीतिक अवधारणाओं के चलते, इस नैतिकता के पैशाचिक निषेध जैसे, नीरो का आचरण की प्रशंसा भी कर सकता था। एक समाजवादी समाज में कला, कला के लिए का पक्षपोषण तार्किक दृष्टि से असम्भव होगा क्योंकि तब सामाजिक नैतिकता का भ्रष्टीकरण समाप्त हो गया रहेगा जो अभी शासक वर्ग द्वारा अपने विशेषाधिकारों को बनाये रखने के हठ का अनिवार्य परिणाम है। फ्लाबेअर का कहना था : "कला निरर्थकता की खोज है"। इन शब्दों में पुश्किन की कविता "भीड़" (द रैबल) के बुनियादी विचार की पहचान करना कठिन नहीं है। लेकिन कलाकार का इस विचार से चिपके रहना इसी बात का संकेत है कि वह शासक वर्ग के संकीर्ण उपयोगितावाद के विरुद्ध विद्रोह कर रहा है...। वर्गों के उन्मूलन के साथ ही, यह संकीर्ण उपयोगितावाद भी, जो *अहंवाद* के ही समतुल्य है, गायब हो जायेगा। अहंवाद का सौन्दर्यबोध से कोई मेल नहीं होता : अभिरुचि सम्बन्धी किसी भी निर्णय में यह बात शामिल होती है कि निर्णय लेनेवाला व्यक्ति निजी लाभ की भावना से प्रेरित नहीं होता। लेकिन *निजी* लाभ एक चीज है, और *सामाजिक* लाभ दूसरी। समाज के लिए उपयोगी होने की इच्छा, जो प्राचीन सद्गुण का आधार थी, आत्मोत्सर्ग का स्रोत होती है, और आत्मोत्सर्ग की कार्रवाई आसानी से सौन्दर्यात्मक चित्रण का विषय बन जाती है, और प्रायः बनती भी रही है, जैसा कि कला के इतिहास से ज्ञात होता है। जरा

आदिम जनसमुदाय के गीतों को या फिर, बहुत पीछे न जाकर एथेन्स में हर्मोडियस और एरिस्टोगिटोन की याद में निर्मित स्मारकों को याद करें।[27]

प्राचीन चिन्तक—उदाहरण के लिए, प्लेटो और अरस्तू इस बात से अच्छी तरह वाकिफ थे कि जब मनुष्य की समस्त ऊर्जा अपने जीवन-निर्वाह के भौतिक संसाधन जुटाने की चिन्ता में ही निचुड़ने लगती है तो वह कितना पतित हो सकता है। बुर्जुआ वर्ग के वर्तमान सिद्धान्तकार भी इस बात को जानते हैं। उन्हीं की तरह वे भी लोगों को अनवरत आर्थिक चिन्ताओं के पतनकारी बोझ से मुक्ति दिलाना जरूरी समझते हैं। लेकिन उनके दिमाग में जो लोग हैं वे उस उच्च सामाजिक वर्ग के सदस्य हैं जो श्रम के शोषण पर जी रहा है। वे इस समस्या का समाधान वहीं खोजते हैं जहाँ प्राचीन चिन्तकों ने खोजा था, यानी चुनींदा लोगों द्वारा उत्पादकों को दास बनाना। लेकिन यह समाधान यदि प्लेटो और अरस्तू के समय में ही रूढ़िवादी था, तो आज तो यह धुर प्रतिक्रियावादी है। लेकिन जहाँ अरस्तू के समय के रूढ़िवादी यूनानी दासस्वामी अपने "प्राक्रम" की ताकत से अपनी प्रभुत्वपूर्ण स्थिति बनाये रखने की आशा करते थे, वहीं आज जनसमुदायों को दास बनाने का उपदेश देने वाले विचारक बुर्जुआ शोषकों के पराक्रम को लेकर बहुत सशंकित हैं। यही कारण है कि वे राज्य के शीर्ष पर एक ऐसी अतिमानवीय प्रतिभा के प्रादुर्भाव का सपना देख रहे हैं जो अपनी लौह-इच्छाशक्ति से वर्ग-शासन के लड़खड़ाते खम्भों को सहारा दे सके। इसीलिए ऐसे पतनशील जो राजनीति में थोड़ी-बहुत दिलचस्पी रखते हैं, प्रायः नेपोलियन प्रथम के पक्के प्रशंसक होते हैं।

अगर रेनन ने एक ऐसी मजबूत सरकार का नारा दिया था जो "अच्छे-भले गँवारों" को उसके लिए काम पर लगा सके, ताकि वह मुक्त हो चिन्तन-मनन कर सके, तो वर्तमान सौन्दर्यशास्त्री एक ऐसी सामाजिक प्रणाली चाह रहे हैं जो सर्वहारा वर्ग को उनका काम करने के लिए लगा सकें, ताकि वे खुद उदात्त आनन्द के प्रति समर्पित हो सकें—जैसे क्यूब तथा अन्य त्रिआयामी चित्र खींचना। कोई भी गम्भीर काम कर पाने में जैविक रूप से असमर्थ होने के कारण वे ऐसी किसी भी सामाजिक प्रणाली के विचार से बुरी तरह भड़क उठते हैं जिसमें निकम्मों की कोई जगह न हो।

अगर आप भेड़ियों के साथ रहें, तो आपको भेड़ियों की तरह से हुँहआना पड़ेगा। आधुनिक सौन्दर्यशास्त्री दावा तो फिलिस्टाइनवाद के खिलाफ लड़ने का करते हैं, लेकिन वे खुद किसी आम या खास फिलिस्टाइन से कम श्रद्धापूर्वक सोने की बछिया की पूजा नहीं करते। मौक्लेंअर का कहना है, "वे कला में जिस आन्दोलन की बात करते हैं वह वास्तव में चित्र-बाजार का आन्दोलन है, जहाँ बाजार में उतारी जानेवाली नई प्रतिभाओं को लेकर सट्टेबाजी भी चलती रहती है।" प्रसंगवश मैं यह भी बता दूँ कि नई प्रतिभाओं को लेकर यह सट्टेबाजी ही, अन्य बातों के साथ-साथ, कुछ "नया"

पाने की व्यग्रता को भी स्पष्ट कर देती है, जिसका नशा आजकल के ज्यादातर कलाकारों के ऊपर चढ़ा हुआ है। लोग हमेशा ही कुछ "नया" पाने की फिराक में रहते हैं क्योंकि वे पुराने से सन्तुष्ट नहीं होते। लेकिन सवाल तो यह है कि वे सन्तुष्ट *क्यों* नहीं होते? बहुतेरे समकालीन कलाकार पुराने से सिर्फ इसी कारण सन्तुष्ट नहीं हैं, कि जब तक आम जनता उससे चिपकी रहेगी तब तक उनकी अपनी प्रतिभा बाजार में उतारी नहीं जा सकेगी। वे किसी नये विचार के प्रति प्रेम के कारण पुराने से बगावत करने पर आमादा नहीं हैं बल्कि उसी "एकमात्र यथार्थ" यानी अपने अहं के प्रति प्रेम के कारण हैं। लेकिन इस प्रकार का प्रेम कलाकार को प्रेरणा नहीं देता, यह उसे आत्मिक-लाभ की दृष्टि से, अपनी "बारादरी की देवप्रतिमा" तक को भी सम्मान देने से विरत कर देता है। मौक्लेअर कहता है, "कला के साथ मुद्रा का सवाल इतनी गहराई से जुड़ गया है कि कला की आलोचना पाप बनकर रह गयी है। अच्छे आलोचक जो सोचते हैं उसे नहीं कह पाते, और बाकी सिर्फ वही कहते हैं जो उनकी समझ से मौके के लायक होता है, क्योंकि आखिरकार, उन्हें अपने लेखन से ही तो जीविका कमानी है। मैं नहीं कहता कि यह कोई अपमानजनक बात है, लेकिन इससे समस्या की जटिलता का एहसास तो हो ही जाता है।"

इस प्रकार हम देखते हैं कि *कला, कला के लिए मुद्रा के लिए कला* में तब्दील हो चुकी है। और मौक्लेअर का सरोकार उन कारणों को जानने से जिनके चलते ऐसा हुआ है। और इसे जानना कठिन नहीं है। "एक समय था, जैसे मध्य युग में, जब सिर्फ अधिशेष का, उपभोग की आवश्यकता से अतिरिक्त उत्पादन का ही विनिमय होता था।

"फिर एक समय आया जब सिर्फ अधिशेष ही नहीं, बल्कि समस्त उत्पाद, समस्त औद्योगिक कार्रवाई ही वाणिज्य का हिस्सा बन गयी, जब समूचा उत्पादन ही विनिमय पर आधारित हो गया...।

"अन्ततः वह समय भी आया जब हरेक चीज जिसे मनुष्य अविलगनीय मानता आया था, विनिमय की, व्यापार की वस्तु बन गयी, विलगनीय हो गयी। यह ऐसा समय है जब, वे चीजें जो इसके पहले तक सम्प्रेषित तो की जाती थीं, पर उनका विनिमय कभी नहीं किया जाता था; जो दी तो जाती थीं पर बेची कभी नहीं जाती थीं, व्यापार की चीजें बन चुकी हैं—अर्थात् सद्गुण, प्रेम, विश्वास, ज्ञान, विवेक, आदि सब कुछ वाणिज्य का हिस्सा बन चुके हैं। यह सर्वव्यापी भ्रष्टाचार का समय है, सार्वभौमिक स्वार्थपरता का समय है, या यदि राजनीतिक अर्थशास्त्र की शब्दावली में कहें तो यह एक ऐसा समय है जब हरेक चीज का, चाहे नैतिक हो या भौतिक, एक बाजार-मूल्य बन चुका है और उसे बाजार में लाया जाता है ताकि उसका सही मूल्य आँका जा सके।"*

ऐसे में क्या यह कोई आश्चर्य की बात है कि सार्वभौमिक स्वार्थपरता के इस

* कार्ल मार्क्स, *दर्शन की दरिद्रता,* रूसी अनुवाद।

समय में कला भी स्वार्थपरक बन जाये?

मौक्लेअर इसे ऐसी स्थिति नहीं मानना चाहता जिस पर रोष प्रकट किया जा सके। मैं भी इस परिघटना को नैतिक दृष्टि से नहीं आँकना चाहता। मैं, जैसी कि कहावत है, इस पर न तो रोना चाहता हूँ न हँसना, बल्कि इसे समझना चाहता हूँ। मैं नहीं कहता कि आधुनिक कलाकारों को *निश्चित रूप से* सर्वहारा वर्ग की मुक्तिदायी आकांक्षाओं से प्रेरणा लेनी ही चाहिए। नहीं, अगर सेब के पेड़ पर सेब ही फलते हैं, और नाशपाती के पेड़ पर नाशपाती, तो जो कलाकार बुर्जुआ वर्ग के दृष्टिकोण के समर्थक हैं, उन्हें *निश्चय ही* सर्वहारा वर्ग की मुक्तिदायी आकांक्षाओं के विरुद्ध विद्रोह करना चाहिए। *पतनशीलता के युग में कला को "निश्चित तौर पर" पतनशील होना ही चाहिए।* यह अपरिहार्य है। और इस पर "रुष्ट" होने का कोई तुक नहीं है। लेकिन जैसा कि *कम्युनिस्ट घोषणापत्र* में ठीक ही कहा गया है, "ऐसे समय में जब वर्ग-संघर्ष निर्णायक दौर में पहुँच जाता है, शासक वर्ग के भीतर, वस्तुतः समूचे पुराने समाज के भीतर चल रही विलीनीकरण की प्रक्रिया एक ऐसा उग्र, भड़काऊ चरित्र अख्तियार कर लेती है कि शासक वर्ग का एक छोटा-सा तबका अपने आप छिटक कर अलग हो जाता है, और क्रान्तिकारी वर्ग के साथ हो लेता है, क्योंकि वह ऐसा वर्ग होता है जिसके हाथों में ही भविष्य होता है। अतः जैसे एक पूर्ववर्ती काल में, कुलीन वर्ग का एक तबका बुर्जुआ वर्ग के साथ जा मिला था, ठीक वैसे ही अब बुर्जुआ वर्ग का एक तबका, और खास तौर से, उन बुर्जुआ सिद्धान्तकारों का एक तबका, जिन्होंने अपने आप को इस समूचे ऐतिहासिक आन्दोलन का सैद्धान्तिक बोध कर सकने की सीमा तक उन्नत कर लिया है, सर्वहारा वर्ग के साथ होता जा रहा है।"

जो बुर्जुआ सिद्धान्तकार सर्वहारा वर्ग के साथ हो रहे हैं उनमें कलाकार बहुत थोड़े से ही हैं। इसका कारण शायद यह है कि मात्र ये ही थोड़े से ऐसे लोग हैं जिन्होंने "अपने आप को इस समूचे ऐतिहासिक आन्दोलन का सैद्धान्तिक बोध कर सकने की सीमा तक उन्नत कर लिया है", और आधुनिक कलाकार, पुनर्जागरण काल के महान उस्तादों से नितान्त भिन्न, बहुत कम ही चिन्तन करते हैं।* बहरहाल, जो भी हो, इतना तो निश्चित तौर पर कहा जा सकता है कि कोई भी कमोबेश प्रतिभावान कलाकार

---

* "हम यहाँ ज्यादातर युवा कलाकारों में आम तौर पर संस्कृति के अभाव की चर्चा कर रहे हैं। उनके साथ नियमित सम्पर्क से आपको पता चलेगा कि आम तौर पर वे नितान्त अनभिज्ञ हैं।...वर्तमान समय में विचारों के टकराव और नाटकीय स्थितियों को समझ पाने में असमर्थ या फिर उनके प्रति उदासीन रहते हुए वे तमाम बौद्धिक और सामाजिक आन्दोलनों से कटे हुए सिर्फ तकनीक की समस्याओं में डूबे रहते हैं और पेण्टिंग के सामान्य महत्त्व तथा बौद्धिक प्रभाव के बजाय सिर्फ इसके भौतिक रूप से सरोकार रखते हैं।" हॉल, *दि कण्टेम्पररी पेण्टिंग,* पेरिस, 1912.

अगर हमारे समय के महान मुक्तिदायी विचारों को आत्मसात करता है तो उसकी सृजन-शक्ति बहुत बढ़ जायेगी। शर्त बस यह है कि ये विचार उसके जीवन में रच-बस जायें, और उन्हें वह बिल्कुल एक कलाकार के रूप में ही व्यक्त करे।* इसके अतिरिक्त, यह भी आवश्यक है कि वह बुर्जुआ वर्ग के वर्तमान सिद्धान्तकारों के कलात्मक आधुनिकतावाद के बारे में एक सही राय रखने में समर्थ हो। शासक वर्ग अब एक ऐसी अवस्थिति में पहुँच गया है जहाँ से और आगे जाने का मतलब है रसातल में डूब जाना। और यही हश्र इसके सभी सिद्धान्तकारों का होनेवाला है। उनमें से जो सबसे आगे बढ़े गये हैं, वे ही अपने सभी पूर्ववर्तियों से अधिक गहरे डूब भी चुके हैं।

यहाँ प्रस्तुत अपने विचारों को जब मैंने पहली बार व्यक्त किया तो लुनाचार्स्की ने मुझे कई बिन्दुओं पर चुनौती दे डाली, जिनमें से कुछ प्रमुख बिन्दुओं की मैं जाँच-पड़ताल करना चाहूँगा।

पहली बात, उन्होंने कहा कि उन्हें यह देखकर आश्चर्य हुआ कि शायद मैं सौन्दर्य की एक निरपेक्ष कसौटी का अस्तित्व स्वीकार करता हूँ। उनके अनुसार, ऐसी कोई कसौटी नहीं होती। सब कुछ प्रवहमान और परिवर्तनशील है। सौन्दर्य के बारे में मनुष्य की धारणाएँ भी बदलती रहती हैं। अतः यह सिद्ध करने की कोई सम्भावना नहीं है कि आधुनिक कला सचमुच कुरूपता के संकट से गुजर रही है।

मैंने इस बात पर एतराज किया, और फिर करता हूँ कि मैं नहीं मानता कि सौन्दर्य की कोई निरपेक्ष कसौटी होती है या हो सकती है।** बेशक सौन्दर्य के बारे

---

* यहाँ मैं फ्लाबेयर को उद्धृत कर रहा हूँ। जार्ज सांद को लिखे एक पत्र में वह कहता है : "मैं मानता हूँ कि रूप और अन्तर्वस्तु दो ऐसी सत्ताएँ हैं जिनका कभी अलग-अलग अस्तित्व नहीं हो सकता।" *करेस्पॉण्डेंस।* अगर कोई सोचता है कि "विचार के लिए" रूप का त्याग करना सम्भव है, तो वह कलाकार नहीं रह जाता।

** ऐसे अनन्य सौन्दर्यात्मक मूल्यों, जो फैशन के दिखावे या झुण्ड की नकल के मातहत नहीं हैं, की तलाश मनमौजी अभिरुचि की गैरजिम्मेदाराना सनक भर नहीं है। एक एकल अक्षय सौन्दर्य का रचनात्मक स्वप्न, सौन्दर्य की जो विश्व को बचायेगी और गिरे हुए तथा गलत लोगों को नया प्रकाश और नवजीवन देगी, सौन्दर्य की उस जीती-जागती प्रतिमूर्ति का स्वप्न परम सत्ता के मूलभूत रहस्यों को भेदने की मानव आत्मा की कभी शान्त न होने वाली उत्कण्ठा से पोषण पाता है।" (वी. एन. स्पेरांस्की, *दि सोशल रोल ऑफ फिलॉसफी,* भूमिका, सेण्ट पीटर्सबर्ग, 1913) इस तरह के तर्क करने वाले लोग अपने ही तर्क से सौन्दर्य के एक निरपेक्ष मानदण्ड को स्वीकार करने के लिए बाध्य होते हैं। लेकिन इस तरह से तर्क करने वाले लोग खाँटी प्रत्ययवादी होते हैं, और मैं, खुद को उनसे कम खाँटी भौतिकवादी नहीं मानता हूँ। न केवल मैं किसी "एकल अक्षय सौन्दर्य" के अस्तित्व को स्वीकार नहीं करता; मैं तो यह भी नहीं जानता कि इन शब्दों का क्या अर्थ हो सकता है। और मुझे यकीन है कि खुद प्रत्ययवादी भी नहीं जानते हैं। ऐसे सौन्दर्य के बारे में तमाम बातें कोरी लफ्फाजी है।

में लोगों की धारणाएँ ऐतिहासिक प्रक्रिया के दौरान बदलती रहती हैं। लेकिन भले ही सौन्दर्य की कोई *निरपेक्ष* कसौटी न हो, भले ही उसकी सारी कसौटियाँ *सापेक्षिक* हों, फिर भी इसका अर्थ यह नहीं है कि कोई कलात्मक अभिकल्पना अच्छी तरह मूर्त हुई है या नहीं, इसे तय करने की कोई सम्भावना ही नहीं है। आइये यह कल्पना करें कि कोई कलाकार "नीले परिधान में स्त्री" की पेण्टिंग बनाना चाहता है। अगर उसके द्वारा चित्रित की गयी तस्वीर ऐसी स्त्री से मेल खाती है तो हम यही कहेंगे कि वह ऐसी तस्वीर चित्रित करने में सफल है। लेकिन यदि नीला परिधान पहने स्त्री की जगह, उसके कैनवस पर ऐसी तमाम त्रिआयामी आकृतियाँ दिखायी दें जिन पर यहाँ-वहाँ नीले धब्बे पड़े हों, तो हम कहेंगे कि उसने चाहे जो भी चित्रित किया हो, वह निश्चय ही एक अच्छा चित्र नहीं है। कला का निष्पादन इसकी अभिकल्पना से जितना ही अधिक मेल खाता है, या अधिक सामान्य ढंग से कहें कि कलाकृति का रूप उसके विचार से जितना अधिक मेल खाता है वह उतनी ही सफल मानी जाती है। यही वस्तुगत कसौटी है। और चूँकि ऐसी कसौटी स्पष्टतः है, इसलिए हम यह कहने के अधिकारी हैं कि, उदाहरणस्वरूप, लिओनार्दो दा विंची के चित्र किसी नन्हें थेमिस्टोक्लीस[28] के चित्रों से बेहतर हैं जो अपने मनबहलाव के लिए कागज खराब करता रहता है। जब लिओनार्दो दा विंची किसी दढ़ियल बूढ़े का चित्र बनाता था तब वह सचमुच एक दढ़ियल बूढ़े का ही चित्र होता था—वह इतना सजीव होता कि उसे देखकर हम कह उठते हैं : "अरे, यह तो मानो जिन्दा है!" लेकिन जब थेमिस्टोक्लीस दढ़ियल बूढ़े का चित्र बनाता है तो हमें उसके नीचे लिखना पड़ता है : "यह एक दढ़ियल बूढ़ा है"—ताकि किसी को समझने में गलतफहमी न हो। अतः श्री लुनाचार्स्की ने यह कहकर कि सौन्दर्य की कोई वस्तुगत कसौटी नहीं हो सकती, वही पाप किया है जिसके दोषी, क्यूबिस्टों समेत, तमाम बुर्जुआ सिद्धान्तकार हैं : अतिशय मनोगतवाद का पाप। मैं समझ नहीं पाता कि अपने आप को मार्क्सवादी कहनेवाला व्यक्ति कैसे इस पाप का भागी बन सकता है।

बहरहाल, यहाँ पर यह बता देना भी आवश्यक है कि मैं "सुन्दर" शब्द बहुत व्यापक अर्थ में इस्तेमाल कर रहा हूँ : एक दढ़ियल बूढ़े का *सुन्दर* चित्र बनाने का मतलब एक *सुन्दर* बूढ़े का चित्र बनाना नहीं है। कला का क्षेत्र "सुन्दर" के क्षेत्र से कहीं अधिक व्यापक है। लेकिन इस पूरे व्यापक क्षेत्र के लिए मैं जिस कसौटी—अर्थात् रूप और विचार की जिस सुसंगति—का जिक्र कर रहा हूँ, उसे उतनी ही व्यापक सुगमता से लागू भी किया जा सकता है। लुनाचार्स्की का मानना था (अगर मैंने उन्हें सही समझा है) कि रूप एक मिथ्या विचार के साथ भी सुसंगत हो सकता है। मैं इससे सहमत नहीं हो सकता। द क्यूरे के नाटक *ल रेपां द्यू लायन* को याद करें। यह, जैसा कि हम जानते हैं, इस मिथ्या विचार पर आधारित है कि मालिक अपने मजदूरों के

लिए वैसे ही है जैसे शेर सियारों के लिए, जो उसकी शाही दावत का जूठन खाकर जीवित रहते हैं। सवाल यह है कि क्या द क्यूरे पूरी ईमानदारी के साथ इस गलत विचार को अपने नाटक में व्यक्त कर सकता था? नहीं। यह विचार इसलिए गलत है कि यह मालिक और उसके मजदूरों के बीच के यथार्थ सम्बन्धों के विपरीत है। इसे एक साहित्यिक कृति में प्रस्तुत करना यथार्थ को विकृत करना है। और यथार्थ को विकृत करनेवाली कोई भी कलाकृति असफल होती है। यही कारण है कि *ल रेपा द्यू लायन* द क्यूरे की प्रतिभा के लिहाज से काफी घटिया रचना है। इसी कारण से *एट दि गेट ऑफ द रेल्म* भी हाम्सुन की प्रतिभा के लिहाज से काफी घटिया रचना है।

दूसरी बात यह कि श्री लुनाचार्स्की ने मेरे ऊपर अतिशय वस्तुनिष्ठता का आरोप लगाया। वह प्रकटतः इस बात पर सहमत थे कि सेब के पेड़ पर सेब ही फलना चाहिए और नाशपाती के पेड़ पर नाशपाती। लेकिन उनका कहना था कि बुर्जुआ दृष्टिकोण का समर्थन करने वाले कलाकारों के बीच ढुलमुल लोग भी हैं, जिन्हें अपने विचारों से कायम करना हमारा फर्ज है। उन्हें बुर्जुआ प्रभाव में छोड़ नहीं दिया जाना चाहिए।

मैं अपने ऊपर मढ़े गये इस दूसरे आरोप को पहले आरोप से भी कहीं कम समझ पा रहा हूँ। मैंने अपने व्याख्यान में कहा था—और जहाँ तक मुझे ख्याल है, साबित भी किया था—कि आधुनिक कला क्षरित हो रही है।* मैंने कहा था कि इस परिघटना का कारण—जिसके प्रति कोई भी ईमानदार कलाप्रेमी उदासीन नहीं रह सकता—यह है कि आज हमारे अधिकतर कलाकार बुर्जुआ दृष्टिकोण के समर्थक हैं और हमारे समय के महान मुक्तिदायी विचारों के प्रति एकदम सुन्न बने हुए हैं। यह कथन ढुलमुल लोगों को भला कैसे प्रभावित कर सकता है? यदि यह कायल कर लेने में

---

* मुझे डर है कि इससे भी गलतफहमी पैदा हो सकती है। "क्षरण" शब्द से मेरा आशय *एक पूरी प्रक्रिया है, कोई अलग-थलग परिघटना नहीं।* यह प्रक्रिया अभी समाप्त नहीं हुई है, जैसे कि बुर्जुआ व्यवस्था के क्षरण की सामाजिक प्रक्रिया अभी समाप्त नहीं हुई है। इसलिए ऐसा सोचना अजीब होगा कि आज के बुर्जुआ विचारक महत्त्वपूर्ण और गुणवान कृतियाँ रचने में बिलकुल असमर्थ हो चुके हैं। निश्चित रूप से, ऐसी कृतियाँ अब भी सम्भव हैं। लेकिन उनकी सम्भावना कम हो चुकी है। इसके अलावा, अब महत्त्वपूर्ण कृतियों पर भी क्षरणशीलता के युग की छाप रहेगी। उदाहरण के लिए, उपरोल्लिखित रूसी तिकड़ी को ही लीजिये : श्री फिलोसोफोव किसी भी क्षेत्र में किसी भी प्रतिभा से रहित हैं, श्रीमती हिप्पियस में कुछ कलात्मक प्रतिभा है और श्री मेरेझकोव्स्की तो एक प्रतिभावान कलाकार हैं। लेकिन यह देखना कठिन नहीं है कि श्री मेरेझकोव्स्की का नवीनतम उपन्यास (अलेक्सान्द्र प्रथम) उनके धार्मिक उन्माद से किस कदर ग्रस्त है, जो कि क्षरणशीलता के युग की एक विशेषता है। ऐसे युगों में महान प्रतिभावान लोग भी वह नहीं रच पाते जो वे अधिक अनुकूल सामाजिक स्थितियों में रच सकते थे।

सक्षम है तो इसे ढुलमुल लोगों को सर्वहारा वर्ग का दृष्टिकोण अख्तियार कर लेने के लिए प्रेरित करना चाहिए। और एक ऐसे व्याख्यान से इससे ज्यादा अपेक्षा नहीं की जानी चाहिए, जिसका उद्देश्य समाजवाद के सिद्धान्तों का प्रतिपादन या बचाव करना नहीं, बल्कि कला के प्रश्न की विवेचना करना था।

अन्त में, लेकिन यह भी कम महत्त्वपूर्ण नहीं है। श्री लुनाचार्स्की ने कहा कि यह सिद्ध करना असम्भव है कि बुर्जुआ कला पतनशील है। फिर उन्होंने कहा कि अगर मैंने बुर्जुआ आदर्शों के बरक्स इसकी विपरीत अवधारणा पर आधारित एक सुसंगत व्यवस्था—जहाँ तक मुझे याद है, उन्होंने इसी शब्द का प्रयोग किया था—को पेश किया होता तो बेहतर होता। उन्होंने श्रोताओं को आश्वस्त किया कि कालान्तर में ऐसी व्यवस्था का स्वरूप प्रस्तुत किया जायेगा। यह आपत्ति पूरी तरह मेरी समझ से परे है। यदि इस व्यवस्था का स्वरूप अभी प्रस्तुत *किया जाना है*, तो स्पष्ट ही है कि यह अभी प्रस्तुत नहीं किया जा सका है। और यदि यह अभी तक प्रस्तुत नहीं किया जा सका है, तो मैं इसे बुर्जुआ दृष्टिकोण के बरक्स कैसे पेश कर सकता था? और अवधारणाओं की यह सुसंगत व्यवस्था भला क्या हो सकती है? आधुनिक वैज्ञानिक समाजवाद असन्दिग्ध रूप से एक पूर्ण सुसंगत व्यवस्था है। और यह *पहले से ही* मौजूद है। लेकिन जैसा कि मैं पहले ही कह चुका हूँ, अगर कला और सामाजिक जीवन पर व्याख्यान देने की शुरुआत मैंने आधुनिक वैज्ञानिक समाजवाद के सिद्धान्त—उदाहरण के लिए, बेशी मूल्य का सिद्धान्त—प्रतिपादित करने से की होती तो यह बड़ा अजीब लगता। हर चीज उचित समय और उचित जगह पर ही ठीक होती है।

हो सकता है कि श्री लुनाचार्स्की अवधारणाओं की एक सुसंगत व्यवस्था की बात करते हुए सर्वहारा संस्कृति पर उन विचारों का हवाला दे रहे हों जिन्हें हाल ही में चिन्तन के उनके घनिष्ठ सहभागी, श्री बोग्दानोव ने अपने पर्चे में व्यक्त किया है। अगर ऐसा है तो उनकी आपत्ति का आशय यह हुआ कि यदि मैं बोग्दानोव के पास सीखने के लिए गया होता तो और प्रशंसा पाता। उनके परामर्श के लिए धन्यवाद। लेकिन ऐसा करने का मेरा कोई इरादा नहीं है। और अगर किसी को, अपनी अनुभवहीनता के चलते, श्री बोग्दानोव के पर्चे *सर्वहारा संस्कृति* में दिलचस्पी है, तो मैं उसे इतना ही याद दिलाना चाहूँगा कि श्री लुनाचार्स्की के चिन्तन के एक दूसरे घनिष्ठ सहभागी, श्री अलेक्सिंस्की ने *सोव्रेमेन्नी मीर* में इस पर्चे की बड़े प्रभावशाली ढंग से खिल्ली उड़ायी है।

टिप्पणियाँ

1. हैकेल और उसके अनुयायी तथाकथित *सामाजिक डार्विनवाद* के प्रतिनिधि थे जो प्रकृति के नियमों को मानव समाज पर लागू करने और वर्ग संघर्ष की व्याख्या अस्तित्व के लिए संघर्ष के नियम के अनुसार करने का प्रयास करते थे।

2. *स्गानरेल*—मोलियर के हास्य नाटक...का एक पात्र।

3. यहाँ ग्रैबिएल टार्ड की पुस्तक *'दि लॉज़ ऑफ इमिटेशन'* का सन्दर्भ है।

4. *राउण्डहेड्स*—मध्य वर्ग के प्रतिनिधि, इंग्लैण्ड में गृहयुद्ध से पहले राजा चार्ल्स प्रथम द्वारा बुलाये गये तथाकथित *लॉंग पार्लियामेण्ट* (1640-53) को मानने वाले।

5. *इतिहास के भौतिकवादी दृष्टिकोण का एक रूसी समर्थक*—स्वयं जी.वी. प्लेखानोव हैं। यह उद्धरण उनकी पुस्तक "डेवलपमेण्ट ऑफ दि मोनिस्ट व्यू ऑफ हिस्ट्री' से लिया गया है जो 1895 में बेल्तोव के छद्म नाम से प्रकाशित हुई थी।

6. *Correspondence Litteraire, Philosophique et Critique*—यह हस्तलिखित पत्रिका (पन्द्रह-सोलह प्रतियों में) पेरिस से फ्रेडरिक मेल्शियर ग्रिम नाम के लेखक और राजनयिक द्वारा निकाली जाती थी। वह एक प्रखर विश्वकोशवादी था। पत्रिका में वैज्ञानिक, साहित्यिक तथा अन्य समस्याओं पर बहसें होती थीं और यह उस समय (1753 से 1792) के प्रमुख साहित्यिक व्यक्तियों और कुछ राजनीतिज्ञों के बीच वितरित की जाती थी।

7. *"आर्थिक तार"* शब्द एन.के. मिखाइलोव्स्की से लिया गया है। इसकी शुरुआत इस प्रकार हुई : ग्लेब उस्पेंस्की की कहानी *दि केबिन* में घूम-घूम कर बाजे के तार बेचनेवाला एक विक्रेता अपने माल के ऊँचे दामों को सही ठहराने की कोशिश करते हुए कहता है कि "यह बेकार कचरा नहीं है" और "अगर यह तार मेरी जिन्दगी की गाड़ी खींच रहा है तो यह ध्यान रखना मेरा काम है कि इसकी आवाज बिलकुल सही हो।" मिखाइलोव्स्की ने मार्क्सवादियों के साथ बहस में "आर्थिक तार" जुमले का इस्तेमाल किया जो उसकी नजर में मनुष्य के आत्मिक जीवन को महज एक "आर्थिक कारक" तक सीमित कर देना चाहते थे।

8. देखें, कार्ल मार्क्स, *राजनीतिक अर्थशास्त्र की आलोचना में योगदान*।

9. पाण्डुलिपि में दो पृष्ठ गायब हैं।

10. पाण्डुलिपि में कुछ छूटा हुआ है।

11. यह *जर्मन लेखक* कार्ल मार्क्स हैं। देखें, पूँजी, खण्ड एक।

12. यह पत्र 1899 में लिखा गया था जब प्लेखानोव और जर्मन संशोधनवादियों एडवर्ड बर्नस्टीन तथा कोनराड श्मिट के बीच तीखी बहस छिड़ी हुई थी।

13. पाण्डुलिपि यहीं अधूरी रह जाती है।

14. 14 दिसम्बर 1825 को दिसम्बरवादियों के विद्रोह को जारशाही सरकार ने क्रूरतापूर्वक कुचल दिया। विद्रोह के पाँच नेताओं को फाँसी दे दी गयी, अन्य को साइबेरिया भेज दिया गया। दिसम्बरवादी मुख्यतः कुलीन वर्ग से आने वाले रूसी क्रान्तिकारियों की गुप्त सोसायटी के सदस्य थे जो भूदास प्रथा का अन्त और जारशाही की निरंकुशता को सीमित करना चाहते थे।

15. *पारनेसियन*—उन्नीसवीं शताब्दी के उत्तरार्द्ध के फ्राँसीसी कवियों का एक ग्रुप जो *La Parrnasse Contemparain* नामक पत्रिका में अपनी कविताएँ प्रकाशित करते थे और "कला, कला के लिए" के सिद्धान्त का समर्थन करते थे। इनमें थिओफिल गोतिए, चार्ल्स लकोंत द लील, चार्ल्स बोदलेअर तथा अन्य शामिल थे।

16. *Füchse* (लोमड़ियाँ) जर्मनी में छात्र संघों के नये सदस्यों को कहा जाता था।

17. यहाँ चेर्नीशेव्स्की, दोब्रोल्यूबोव, नेक्रासोव और अन्य रूसी क्रान्तिकारी जनवादियों का सन्दर्भ है जो 1860 में रूस में भूदास प्रथा के समापन तथा समाज के जनतांत्रिक रूपान्तरण के लिए आवाज उठा रहे थे।

18. *Moskovsky Telegraf* (मास्को टेलीग्राफ)—निकोलाई पोलेवोई द्वारा 1825 से 1834 तक मास्को से प्रकाशित वैज्ञानिक और साहित्यिक पत्रिका। यह शिक्षा के विकास की वकालत करती थी और सामन्ती भूदास व्यवस्था की आलोचक थी।

19. नेपोलियन तृतीय के शासन (1852-70) के दौरान फ्रांस का द्वितीय साम्राज्य।

20. जे. रस्किन। 1870 में आक्सफोर्ड विश्वविद्यालय में दिये कला-विषयक व्याख्यान।

21. *ignoramus et ignorabimus* (हम नहीं जानते और कभी जानेंगे भी नहीं)—प्रसिद्ध जर्मन शरीरविज्ञानी एमिल दु बोइस रेमण्ड द्वारा 1872 में "प्राकृतिक विज्ञानों की सीमाएँ" विषय पर अपने व्याख्यान में प्रस्तुत सिद्धान्त। दशकों तक यह सिद्धान्त दर्शन और विज्ञान में प्रत्ययवादी, अज्ञेयवादी रुझान का नारा बना रहा।

22. *अपोलो बेल्वेदिअर*—ग्रीक देवता अपोलो की मूर्ति जो अपनी सुन्दरता के लिए विख्यात है।

23. *जंगली भूस्वामी*—रूसी लेखक साल्तीकोव-श्चेद्रिन की इसी नाम की कहानी में वर्णित एक किस्म का भूस्वामी और भूदास-स्वामी।

24. *बियोण्ड गुड ऐण्ड इविल*—नीत्शे की एक कृति का शीर्षक।

25. रूसी कवि ए.के. तोल्स्तोय की व्यंग्य कविता 'वासिली शिबानोव' से।

26. यहाँ प्लेखानोव के अवसरवादी राजनीतिक विचारों की झलक मिलती है, जिनके मुताबिक रूस में, जहाँ औद्योगिक विकास अन्य देशों के मुकाबले देर से शुरू हुआ, उत्पादक शक्तियों और पूँजीवादी उत्पादन सम्बन्धों के बीच का टकराव अभी परिपक्व नहीं था और इसलिए समाजवादी क्रान्ति के लिए परिस्थितियाँ अनुकूल नहीं थीं।

27. *हार्मोडियस और एरिस्टोगिटन*—एथेंस के निरंकुश शासकों हिप्पियस और हिप्पार्कस के खिलाफ षड्यंत्र (514 ई.पू.) के नेता। उनके सम्मान में एथेंसवासियों ने पाँचवीं शताब्दी ई.पू. में एक स्मारक बनवाया।

28. *थेमिस्टोक्लीस*—गोगोल की कृति *मृत आत्माएँ* में भूस्वामी मानिलोव का आठ वर्षीय पुत्र।